Jana Schauf

Grundrechtsschutz im psychiatrischen Krankenhaus

Jana Schauf

Grundrechtsschutz im psychiatrischen Krankenhaus

Die Funktionstüchtigkeit des Richtervorbehalts bei Fixierungen im Maßregelvollzug gemäß § 63 StGB

DE GRUYTER

Jana Schauf, Universität Bielefeld

ISBN 978-3-11-134771-4
e-ISBN (PDF) 978-3-11-134786-8
e-ISBN (EPUB) 978-3-11-134808-7

Library of Congress Control Number: 2024934347

Bibliografische Information der Deutschen Nationalbibliothek
Die Deutsche Nationalbibliothek verzeichnet diese Publikation in der Deutschen Nationalbibliografie; detaillierte bibliografische Daten sind im Internet über http://dnb.dnb.de abrufbar.

Druck und Bindung: CPI books GmbH, Leck

www.degruyter.com

MIX
Papier | Fördert gute Waldnutzung
FSC® C083411

Meinem Ehemann

Vorwort

Die vorliegende Arbeit entstand während meiner Tätigkeit als wissenschaftliche Mitarbeiterin am Lehrstuhl für Strafrecht, Strafprozessrecht und Kriminologie der Fakultät für Rechtswissenschaft an der Universität Bielefeld. Sie wurde im Sommer 2023 als Dissertation angenommen. Relevante Rechtsprechung und Literatur sind bis Januar 2024 berücksichtigt worden.

Mein besonderer Dank gilt zunächst meinem Doktorvater, Herrn Professor Dr. Michael Lindemann, der nicht nur im Rahmen der Vorlesungen im kriminalwissenschaftlichen Schwerpunktbereich überhaupt erst den Anstoß zu dieser Arbeit gegeben, sondern mich auch während der Umsetzung fortwährend unterstützt und mir die notwendigen wissenschaftlichen Freiräume eingeräumt hat. Ebenfalls herzlich bedanken möchte ich mich bei Herrn Professor Dr. Stephan Barton für die zügige Erstellung des Zweitgutachtens sowie bei Herrn Professor Dr. Lutz Eidam für die freundliche Vertretung in der mündlichen Prüfung. Weiterhin gilt mein Dank auch Herrn Professor Dr. Andreas Ransiek für sein wertschätzendes Mitwirken als Vorsitzender im Rahmen des Prüfungsausschusses.

Ein herzlicher Dank gebührt darüber hinaus Herrn Professor Dr. Alexander Baur sowie Herrn Vorsitzender Richter am Landgericht Dr. Marc Petit für die konstruktiven Gespräche, die mir eine unschätzbare Hilfe gewesen sind. Weiterhin bedanken möchte ich mich bei Lena und Verena für das sorgfältige Korrekturlesen und die hilfreichen Rückmeldungen.

Zu guter Letzt gilt meinem Ehemann ein besonders großes Dankeschön, da er sich als Nicht-Jurist unermüdlich und engagiert durch die Feinheiten des psychiatrischen Maßregelvollzugs gekämpft hat und dabei stets ein offenes Ohr für mich hatte. Worte allein reichen nicht aus, um meine Dankbarkeit auszudrücken. Daher widme ich dir diese Arbeit.

Hamm, im Januar 2024
Jana Schauf

https://doi.org/10.1515/9783111347868-001

Inhalt

Abkürzungsverzeichnis

a. A.	andere Ansicht
a. a. O.	am angegebenen / angeführten Ort
abl.	ablehnend
Abs.	Absatz
ackpa	Chefärztinnen und Chefärzte der Kliniken für Psychiatrie und Psychotherapie an Allgemeinkrankenhäusern
a. F.	alte Fassung
AG	Amtsgericht
AK-StVollzG	Alternativkommentar zum Strafvollzugsgesetz
Alt.	Alternative
AnwBl	Anwaltsblatt
AöR	Archiv des öffentlichen Rechts
APuZ	Aus Politik und Zeitgeschichte
Art.	Artikel
ArztR-HdB	Handbuch des Arztrechts
Az.	Aktenzeichen
BayMRVG	Bayerisches Maßregelvollzugsgesetz vom 17. Juli 2015 (GVBl S. 222)
BayObLG	Bayerisches Oberstes Landesgericht
BeckOK	Beck'scher Online-Kommentar
BeckRS	Beck-Rechtsprechung
Beschl.	Beschluss
BewHi	Bewährungshilfe
BDK	Bundesdirektorenkonferenz – Verband leitender Ärztinnen und Ärzte der Kliniken für Psychiatrie und Psychotherapie (BDK) e.V.
BGB	Bürgerliches Gesetzbuch
BGBl	Bundesgesetzblatt
BGH	Bundesgerichtshof
BGHSt	Entscheidungen des Bundesgerichtshofs in Strafsachen
BMJV	Bundesministerium der Justiz und für Verbraucherschutz
bspw.	beispielsweise
BT-Drucks.	Bundestagsdrucksache
BVerfG	Bundesverfassungsgericht
BVerfGE	Bundesverfassungsgerichtsentscheidung
BVerfGG	Bundesverfassungsgerichtsgesetz
BVerfGK	Kammerentscheidung des Bundesverfassungsgerichts
BWPsychKHG	Gesetz über Hilfen und Schutzmaßnahmen bei psychischen Krankheiten Baden-Württemberg (Psychisch-Kranken-Hilfe-Gesetz) vom 25. November 2014 (GBl. S. 534)
bzw.	beziehungsweise
ca.	circa
ders.	derselbe
DGPPN	Deutsche Gesellschaft für Psychiatrie und Psychotherapie, Psychosomatik und Nervenheilkunde e.V.

https://doi.org/10.1515/9783111347868-002

d. h.	das heißt
dies.	dieselbe(n)
Diss.	Dissertation
DRiZ	Deutsche Richterzeitung
dt.	deutsche
DVBl	Deutsches Verwaltungsblatt
ebd.	ebenda
EGMR	Europäischer Gerichtshof für Menschenrechte
Einl.	Einleitung
et al.	et alii
etc.	et cetera
Ethik Med	Ethik in der Medizin
evtl.	eventuell
f. / ff.	die Folgende / die Folgenden
FamFG	Gesetz über das Verfahren in Familiensachen und in den Angelegenheiten der freiwilligen Gerichtsbarkeit
FamRZ	Zeitschrift für das gesamte Familienrecht
F.A.Z.	Frankfurter Allgemeine Zeitung
FEM	Freiheitsentziehende Maßnahmen
FD-StrafR	Fachdienst Strafrecht
FGPrax	Praxis der Freiwilligen Gerichtsbarkeit
Fn.	Fußnote
Forens Psychiatr Psychol Kriminol	Forensische Psychiatrie, Psychologie, Kriminologie
FS	Festschrift *sowie* Forum Strafvollzug
GA	Goltdammer's Archiv für Strafrecht
GG	Grundgesetz für die Bundesrepublik Deutschland vom 23. Mai 1949 (BGBl. S. 1)
ggf.	gegebenenfalls
GS	Gedächtnisschrift
GuP	Gesundheit und Pflege
GVG	Gerichtsverfassungsgesetz
GV	Gesetz- und Verordnungsblatt
Habil.-Schr.	Habilitationsschrift
HmbMVollzG	Hamburgisches Maßregelvollzugsgesetz vom 07. September 2007 (HmbGVBl. S. 301)
HeMi	Hessische Mitteilungen
Hrsg.	Herausgeber *sowie* herausgegeben
i. E.	im Ergebnis
i. H. v.	in Höhe von
Int J Ment Health Nurs	International journal of mental health nursing
i. S. d.	im Sinne des
i. S. e.	im Sinne eines / einer
ISI	Informationsdienst Soziale Indikatoren
i. S. v.	im Sinne von
i. V. m.	in Verbindung mit

JA	Juristische Arbeitsblätter
J Am Geriatr Soc	Journal of the American Geriatrics Society
jM	juris Die Monatszeitschrift
J Neurol Neurochir Psychiatr	Journal für Neurologie, Neurochirurgie und Psychiatrie
JR	Juristische Rundschau
Jura	Juristische Ausbildung
jurisPR-StrR	jurisPraxisReport Strafrecht
JuS	Juristische Schulung
JVA	Justizvollzugsanstalt
JZ	JuristenZeitung
Kap.	Kapitel
KFN	Kriminologisches Forschungsinstitut Niedersachsen e.V.
KG	Kammergericht
KK	Karlsruher Kommentar
KriPoZ	Kriminalpolitische Zeitschrift
KritV	Kritische Vierteljahresschrift für Gesetzgebung und Rechtswissenschaft
lt.	laut
LG	Landgericht
LK	Leipziger Kommentar
LT-Drs.	Landtagsdrucksache
LTO	Legal Tribune Online
LVR	Landschaftsverband Rheinland
LWL	Landschaftsverband Westfalen-Lippe
m. Anm.	mit Anmerkung
MedR	Medizinrecht
MüKo	Münchner Kommentar
MschKrim	Monatsschrift für Kriminologie und Strafrechtsreform
MRVZN	Maßregelvollzugszentrum Niedersachsen
MRVG NRW	Maßregelvollzugsgesetz Nordrhein-Westfalen vom 15. Juni 1999 (GV. NRW. S. 402)
MVollzG LSA	Maßregelvollzugsgesetz Sachsen-Anhalt vom 21. Oktober 2010 (GVBl. LSa Nr. 24, S. 510)
m. w. N.	mit weiteren Nennungen
Nds. MVollzG	Niedersächsisches Maßregelvollzugsgesetz vom 1. Juni 1982 (Nds. GVBl. S. 131)
NJ	Neue Justiz
NJW	Neue Juristische Wochenschrift
NJW-RR	Neue Juristische Wochenschrift Rechtsprechungs-Report
NK	Nomos Kommentar
N.N.	Nomen Nominandum
Nr.	Nummer(n)
NRW	Nordrhein-Westfalen
NStZ	Neue Zeitschrift für Strafrecht
NStZ-RR	Neue Zeitschrift für Strafrecht Rechtsprechungs-Report
NVwZ	Neue Zeitschrift für Verwaltungsrecht
NZFam	Neue Zeitschrift für Familienrecht
OLG	Oberlandesgericht

OVG	Oberverwaltungsgericht
PolG NRW	Polizeigesetz Nordrhein-Westfalen vom 25. März 1980 (GV. NRW. S. 234)
Psychiatr Prax	Psychiatrische Praxis
PsychKG	Psychisch-Kranken-Gesetz
Rn.	Randnummer(n)
R&P	Recht & Psychiatrie
RUB RR	Rechtsprechungs-Report der Ruhr-Universität Bochum
S.	Satz / Seite(n)
s.	siehe
s. o.	siehe oben
SBJL	Schwind / Böhm / Jehle / Laubenthal
SK	Systematischer Kommentar
sog.	sogenannt / sogenannte(r) / sogenannten
StGB	Strafgesetzbuch in der Bekanntmachung vom 13. November 1998 (BGBl. I S. 3322)
StPO	Strafprozessordnung in der Bekanntmachung vom 07. April 1987 (BGBl. I S. 1074)
StR	Strafsenat
st. Rspr.	ständige Rechtsprechung
StrUG NRW	Gesetz zur Durchführung strafrechtsbezogener Unterbringungen in einem psychiatrischen Krankenhaus und einer Entziehungsanstalt in Nordrhein-Westfalen (Strafrechtsbezogenes Unterbringungsgesetz NRW) vom 31.12. 2021 (GV. NRW. S. 1494)
StV	Strafverteidiger
StVollzG	Strafvollzugsgesetz in der Bekanntmachung vom 16. März 1976 (BGBl. I S. 581)
ThürMRVG	Thüringer Maßregelvollzugsgesetz vom 8. August 2014 (GVBl. Nr. 8, S. 545)
u. a.	unter anderem
UBG	Gesetz über die Unterbringung psychisch Kranker (Unterbringungsgesetz) des Saarlandes vom 11.11.1992 (Amtsblatt 1992, S. 1271)
Univ.	Universität
Urt.	Urteil
usw.	und so weiter
v.	von / vom
Verf.	Verfasser(in)
vgl.	vergleiche
Vorb.	Vorbemerkung
wistra	Zeitschrift für Wirtschafts- und Steuerstrafrecht
z. B.	zum Beispiel
ZBFS	Zentrum Bayern Familie und Soziales
ZIS	Zeitschrift für Internationale Strafrechtsdogmatik
zit.	zitiert
ZJS	Zeitschrift für das Juristische Studium
ZRP	Zeitschrift für Rechtspolitik
ZStW	Zeitschrift für die gesamte Strafrechtswissenschaft
z. T.	zum Teil

Einführung in die Thematik und Gang der Untersuchung

A. Einführung in die Thematik

Die verfassungsrechtlich gewährleistete Freiheit der Person nimmt als Grundlage und Voraussetzung der wesentlichen Entfaltungsmöglichkeiten eines Menschen einen hohen Rang unter den Grundrechten ein.[1] Diese freie Entfaltungsmöglichkeit, aber auch und gerade die generelle Geltung der Grund- und Menschenrechte sind in einer totalen Institution im Sinne Erving Goffmans[2] wie dem psychiatrischen Maßregelvollzug gemäß § 63 StGB, der nahezu zwangsläufig von einem besonderen Machtgefälle der Beteiligten zueinander geprägt ist, einer permanenten und strukturellen Gefährdung ausgesetzt.[3] Vor dem Hintergrund der im Einzelfall erheblichen Grundrechtseingriffe hat diese Ausgangslage folglich zur Konsequenz, dass der gesamte Bereich des geschlossenen Systems der psychiatrischen Unterbringung von einer besonderen Grundrechtssensibilität und einem diesbezüglichen Verantwortungsbewusstsein aller beteiligten Akteure geprägt sein muss.[4] In den Kontext dieses grundrechtsrelevanten Spannungsfeldes, das bedauerlicherweise eine in der juristischen Ausbildungsliteratur bislang nur unzureichend beachtete Schnittstelle zwischen der Rechtswissenschaft und den psychiatrisch-medizinischen Disziplinen betrifft,[5] ist nun auch das Urteil des Bundesverfassungsgerichts vom 24. Juli 2018[6] zur Zulässigkeit und zu den verfassungsrechtlichen Voraussetzungen von Fixierungen eines Patienten[7] im Rahmen der öffentlich-rechtlichen

---

1 BVerfG, Beschluss des Zweiten Senats vom 27. März 2012 – 2 BvR 2258/09, Rn. 49.

2 Allgemein zur Bedeutung Goffmans für die Gesellschaftswissenschaften sowie zur Aktualität seiner Werke *Dellwing*, Zur Aktualität von Erving Goffman, S. 1 ff.; speziell zur Aktualität des Konzepts der „totalen Institution“ und damit zur „folgenreichsten sozialwissenschaftlichen Auseinandersetzung mit geschlossener Unterbringung und ihren Folgen“ auch *Dollinger/H. Schmidt*, Zur Aktualität von Goffmans Konzept „totaler Institutionen“, S. 247 ff.

3 *Pollähne*, Verfassungsrechtliche Grundlagen und Menschenrechte, S. 31 Rn. B1; *Lübbe-Wolff/Lindemann*, NStZ 27 (2007), 450, 461; prägnant auch *Lindemann*, Die Sanktionierung unbotmäßigen Patientenverhaltens, S. 68 ff.

4 *Pollähne*, Verfassungsrechtliche Grundlagen und Menschenrechte, S. 31 Rn. B2.

5 *F. Walter*, JA 47 (2015), 87 spricht in diesem Zusammenhang von einem „Schattendasein“ in der juristischen Ausbildungspraxis und Prüfungsliteratur.

6 BVerfG, Urteil vom 24.07.2018 – 2 BvR 309/15, 2 BvR 502/16 = BVerfGE 149, 293–346.

7 Aus Gründen der besseren Lesbarkeit wird in der vorliegenden Arbeit die generische maskuline Form verwendet, sofern nicht explizit geschlechtsspezifische Aspekte hervorgehoben werden sollen.

https://doi.org/10.1515/9783111347868-003

Unterbringung zu setzen. In der Gesamtschau ist dieses Urteil als weiterer, wesentlicher Schritt auf dem Weg zu einer umfassenden Verrechtlichung des Straf- und vor allem des Maßregelvollzuges zu begreifen, deren Ausgangspunkt ebenfalls in einer Entscheidung des Bundesverfassungsgerichts[8] zu erblicken ist.[9] Wurde vor dieser Entscheidung noch davon ausgegangen, dass die Grundrechte von Gefangenen und Untergebrachten im Straf- und Maßregelvollzug und damit in einem sog. besonderen Gewaltverhältnis wegen ihrer gesteigerten Bindung an den Staat beschränkt waren, sodass auch erhebliche Grundrechtseingriffe grundsätzlich keiner gesetzlichen Grundlage bedurften, so ist der in Gang gesetzte Prozess der Verrechtlichung heute als grundlegender Kurswechsel mit der Konsequenz aufzufassen, dass gerade die Eigenheiten des Sonderrechtsverhältnisses einen qualifizierten Grundrechtsschutz zwingend erforderlich machen.[10] Weiter präzisiert und konkretisiert wurde diese Entwicklung auch durch nachfolgende Entscheidungen wie diejenige des Bundesverfassungsgerichts vom 8. Juni 2021,[11] in der erneut aufgezeigt worden ist, dass der Schutz gegen staatliche Zwangsbehandlungen zum traditionellen Gehalt des Grundrechts auf körperliche Unversehrtheit des Art. 2 Abs. 2 S. 1 GG gehört.[12] Auch (und gerade) in diesen besonderen Gewaltverhältnissen sind Grundrechtseinschränkungen folglich nur in dem Umfang zulässig, wie dies zur Erreichung von gemeinschaftsbezogenen Zwecken unerlässlich ist, die von der objektiven Werteordnung des Grundgesetzes gedeckt sind.[13] Nach wie vor gilt es daher, die überaus verletzliche Rechtssphäre der Betroffenen angesichts des totalen Charakters einer zwangsweisen Unterbringung gegen rechtswidrige Übergriffe zu stärken und mithilfe rechtlicher Maßstäbe einer Diffusion von Besserungs-, Sicherungs- und Strafgesichtspunkten konsequent entgegenzutreten.[14]

Nichtsdestoweniger beziehen sich die Angaben auf Angehörige jeglicher Geschlechter. Zur Begrifflichkeit des „Patienten" vgl. auch Fn. 29.

8 Sog. „Strafgefangenenbeschluss", BVerfGE 33, 1 ff. = NJW 1972, 811 ff. Zur Geltung der Grundrechte in Sonderrechtsverhältnissen formuliert AK-StVollzG-*Pollähne*, Vor § 136 StVollzG, Rn. 16 sehr treffend, dass die Grundrechtsausübung des Patienten keinem Erlaubnisvorbehalt unterliege.

9 Darstellungen der Entwicklung der Rechtslage im Maßregelvollzug bzw. zum Prozess der Vergesetzlichung in der forensischen Psychiatrie finden sich bei *Blau*, Schuld und Gefährlichkeit des psychisch abnormen Täters, S. 5 ff. sowie bei *Lindemann*, Die Sanktionierung unbotmäßigen Patientenverhaltens, S. 62 ff. Vgl. auch *Bernsmann*, Maßregelvollzug und Grundgesetz, S. 142 f., 151 f.

10 Grundlegend dazu *A. Baur*, R&P 37 (2019), 256.

11 BVerfG, Beschluss vom 08.06.2021, Az. 2 BvR 1866/17 und 2 BvR 1314/18.

12 A. a. O., Rn. 56; vgl. auch BVerfGE 79, 114 (201); 128, 282 (300).

13 *Bernsmann*, Maßregelvollzug und Grundgesetz, S. 151 mit Verweis auf BVerfGE 33, 1, 11.

14 So bereits *Lindemann*, Die Sanktionierung unbotmäßigen Patientenverhaltens, S. 49 f., 334, 338.

I. Die Entscheidung des Bundesverfassungsgerichts vom 24. Juli 2018

Diese spürbare Zunahme der Regelungsdichte ist vor allem der verfassungsgerichtlichen Rechtsprechung geschuldet, die wiederholt detaillierte gesetzliche Regelungen für Eingriffe im Rahmen des Maßregelvollzuges gefordert hat.[15] Die Frage der Reichweite und Realisierbarkeit des Grundrechtsschutzes von untergebrachten Personen in psychiatrischer Unterbringung ist nunmehr durch die genannte Grundsatzentscheidung des Bundesverfassungsgerichts vom 24. Juli 2018 Gegenstand der psychiatrischen und juristischen Auseinandersetzung geworden.[16] Die Kernaussage der Entscheidung des Bundesverfassungsgerichts besteht darin, dass jedenfalls eine absehbar nicht nur kurzfristige Fixierung an fünf bzw. sieben Punkten des Körpers, bei der sämtliche Gliedmaßen des Betroffenen mit Gurten am Bett festgebunden werden, aufgrund ihrer besonders hohen Eingriffsintensität eine rechtlich eigenständig zu beurteilende Freiheitsentziehung darstellt, die nur unter strengen verfassungsrechtlichen Voraussetzungen zulässig sein kann und den Richtervorbehalt des Art. 104 Abs. 2 GG abermals auslöst. Dies liegt zum einen daran, dass die Fortbewegungsfreiheit des Betroffenen bei dieser Form der Fixierung nach jeder Richtung hin vollständig aufgehoben und damit über das bereits mit der Unterbringung in einer geschlossenen Einrichtung verbundene Maß in Form der Beschränkung des Bewegungsradius auf die Räumlichkeiten der Unterbringungseinrichtung hinaus beschnitten wird.[17] Zum anderen sind solche Grundrechtseingriffe in der psychiatrischen Unterbringung als besonders kritisch einzustufen. Die beträchtliche Intensität folgt nicht nur daraus, dass ein solcher Eingriff im Rahmen der Unterbringung häufig Menschen trifft, die aufgrund ihrer psychischen Verfassung die Nichtbeachtung ihres Willens besonders intensiv empfinden, sondern insbesondere auch daraus, dass die jeweils Betroffenen für die Befriedigung ihrer natürlichen Bedürfnisse völlig von der rechtzeitigen Hilfe durch das Pflegepersonal abhängig sind. Es handelt sich zudem um einen gezielt vorgenommenen Eingriff in die Bewegungsfreiheit, der als umso bedrohlicher erlebt wird, je mehr der Betroffene sich dem Geschehen hilflos und ohnmächtig ausge-

---

15 Vgl. dazu BVerfG NStZ-RR 2007, 92; *A. Baur*, R&P 37 (2019), 256.

16 Vgl. nur *A. Baur*, LTO vom 24.07.2018, abrufbar unter https://www.lto.de/recht/hintergruende/h/bverfg-2bvr309-15-fixierung-oeffentlich-rechtliche-unterbringung-richterliche-anordnung/ (zuletzt aufgerufen am 25.01.2024); *Brilla/Lust*, jM 2019, 27; *Diekjobst*, RUB RR 2019, 1; *Gietl*, NZFam 5 (2018), 724; *Goerdeler*, R&P 36 (2018), 199; *Grotkopp/Fölsch*, DRiZ 2018, 326; *Jürschik/Schulte*, NVwZ 37 (2018), 1695; *Kaehler/Petit*, FamRZ 2019, 164; *Mazur*, NStZ 39 (2019), 365; *Muckel*, JA 50 (2018), 794; *Nenadić/Schmidt-Recla*, MedR 2019, 55; *Rodenbusch*, NStZ 39 (2019), 10; *Sachs*, JuS 59 (2019), 86.

17 BVerfG, Urteil vom 24.07.2018 – 2 BvR 309/15, 2 BvR 502/16, Rn. 70.

liefert sieht.[18] Allerdings ist es dem Gesetzgeber nach Ansicht des Bundesverfassungsgerichts nicht prinzipiell verwehrt, auch derart schwerwiegende Grundrechtseingriffe zuzulassen. Es ergeben sich jedoch aus dem Freiheitsgrundrecht sowie dem Verhältnismäßigkeitsgrundsatz strenge Anforderungen an dessen Rechtfertigung: Die gesetzliche Ermächtigungsgrundlage muss hinreichend bestimmt sein und sowohl materielle Voraussetzungen als auch Verfahrensanforderungen zum Schutz der Grundrechte der untergebrachten Person vorsehen.[19] Auf der Grundlage dieser Maßstäbe kann die Fixierung eines Untergebrachten zur Abwendung einer drohenden gewichtigen Gesundheitsschädigung sowohl des Betroffenen selbst als auch anderer Personen wie des Pflegepersonals oder der Ärzte gerechtfertigt sein.[20] Infolge des sich aus Art. 104 Abs. 2 S. 4 GG ergebenden Regelungsauftrages ist der Gesetzgeber verpflichtet, den Richtervorbehalt verfahrensrechtlich auszugestalten.[21] Das Bundesverfassungsgericht hat zu den Voraussetzungen an ein justizförmiges Verfahren ausgeführt, dass es jeweils auf die zur Entscheidung stehende Freiheitsentziehung abgestimmt sein muss, um den Besonderheiten der unterschiedlichen Anwendungszusammenhänge gerecht zu werden und dem Betroffenen die rechtsstaatlich zwingend vorgesehenen Sicherungen zu gewähren.[22] Dieser Verpflichtung ist der Bundesgesetzgeber im Rahmen seiner Gesetzgebungskompetenz insbesondere in Gestalt eines nunmehr bundeseinheitlichen Verfahrensrechts[23] nachgekommen.[24] Formal betrachtet bezog sich die Entscheidung des Bundesverfassungsgerichts zwar lediglich auf die öffentlich-rechtliche Unterbringung in Baden-Württemberg und Bayern; dennoch wird in der Literatur wohl einhellig von der Übertragbarkeit der Vorgaben auf vergleichbare Formen der staatlichen Freiheitsentziehung und damit auch auf den hier in Rede

18 A. a. O., Rn. 71.

19 A. a. O., Rn. 72.

20 A. a. O., Rn. 75.

21 Im Grundgesetz ist ein Richtervorbehalt für Wohnungsdurchsuchungen in Art. 13 Abs. 2 Hs. 1 GG normiert. Darüber hinaus gibt es z.T. gleichlautende und z.T. abweichende Normierungen für Freiheitsentziehungen und Wohnungsdurchsuchungen in den Landesverfassungen, vgl. Art. 102 Verfassung des Freistaates Bayern; Art. 8, 28 Verfassung von Berlin; Art. 9 Verfassung des Landes Brandenburg; Art. 14 Landesverfassung der Freien Hansestadt Bremen; Art. 4 Verfassung des Freistaats Thüringen; Art. 5, 19, 21, 23 Verfassung des Landes Hessen; Art. 5 Verfassung für Rheinland-Pfalz; Art. 13 Verfassung des Saarlandes; Art. 23 Verfassung des Landes Sachsen-Anhalt. Eine entsprechende Regelung in der Landesverfassung von Nordrhein-Westfalen findet sich hingegen nicht.

22 BVerfG, Urteil vom 24.07.2018 – 2 BvR 309/15, 2 BvR 502/16, Rn. 94.

23 Ausführlich dazu *A. Baur*, NJW 72 (2019), 2273, 2274.

24 Gesetz zur Stärkung der Rechte von Betroffenen bei Fixierungen im Rahmen von Freiheitsentziehungen vom 19. Juni 2019, BGBl. Jahrgang 2019 Teil I Nr. 23, S. 840.

stehenden psychiatrischen Maßregelvollzug gemäß § 63 StGB ausgegangen.[25] In der Folge hat auch der nordrhein-westfälische Gesetzgeber zunächst mit einer Anpassung des Maßregelvollzugsgesetzes NRW und der in diesem Zusammenhang neu eingefügten Norm des § 21a MRVG NRW reagiert.[26] Am 31. Dezember 2021 ist nun jedoch das Gesetz zur Durchführung strafrechtsbezogener Unterbringungen in einem psychiatrischen Krankenhaus und einer Entziehungsanstalt in Nordrhein-Westfalen – kurz StrUG NRW – in Kraft getreten. Gleichzeitig ist das Maßregelvollzugsgesetz NRW durch Gesetz vom 17. Dezember 2021 nach Maßgabe des § 62 StrUG aufgehoben worden.[27] Die Landesregierung Nordrhein-Westfalens hat die Gesetzesänderung damit begründet, dass eine grundlegende Überarbeitung des nordrhein-westfälischen Maßregelvollzugsgesetzes von 1999 aufgrund zahlreicher Veränderungen der rechtlichen Rahmenbedingungen insbesondere infolge der höchstrichterlichen Rechtsprechung sowie einer erheblichen Weiterentwicklung der empirischen Kenntnisse über den Maßregelvollzug angezeigt gewesen sei. Angesichts der Vielzahl an notwendig gewordenen Änderungen wurde aus Gründen der Übersichtlichkeit und Klarheit einer vollständigen Neufassung des Gesetzes in Gestalt des StrUG NRW der Vorzug vor einem (bloßen) Änderungsgesetz gegeben.[28] Die überaus begrüßenswerten Leitgedanken und Kernintentionen bei der

---

25 *A. Baur*, NJW 72 (2019), 2273, 2274; *ders.*, R&P 37 (2019), 116, 117 sowie *ders.*, Stellungnahme zur öffentlichen Anhörung des Ausschusses für Recht und Verbraucherschutz des deutschen Bundestages am 8. Mai 2019 zu dem Entwurf eines Gesetzes zur Stärkung der Rechte von Betroffenen bei Fixierungen im Rahmen von Freiheitsentziehungen der Fraktionen CDU/CSU und SPD (BT-Drs. 19/8939), S. 2. Zur Übertragbarkeit auf den Strafvollzug *Diekjobst*, RUB RR 2019, 1, 6; für die Übertragbarkeit auf die zivilrechtliche Unterbringung plädiert *Gietl*, NZFam 5 (2018), 724, 739. Vgl. zur Frage der Übertragbarkeit auch *Goerdeler*, R&P 36 (2018), 199, 201; *Jürschik/Schulte*, NVwZ 37 (2018), 1695; *Kaehler/Petit*, FamRZ 2019, 164, 164 f., 165 sowie *Rodenbusch*, NStZ 39 (2019), 10, 12. Nach *Brilla/Lust*, jM 2019, 27, 29 liegt eine Übertragung der Grundsätze nicht nur auf den Maßregel-, sondern auch auf den Strafvollzug sowie die Untersuchungshaft bzw. die einstweilige Unterbringung gemäß § 126a StPO nahe. Zur Handhabung der Frage der Übertragbarkeit in der Rechtsprechung s. LG Lübeck, Beschluss vom 10.08.2018 – 5 x StVK 1/18, BeckRS 2018, 17918; AG Lübeck, Beschluss vom 10.08.2018 – 150 XIV 1820 L, BeckRS 2018, 17923; LG Kleve, Beschluss vom 30.08.2018 – 4 T 181/18, BeckRS 2018, 20481.

26 Vgl. dazu das Gesetz zur Verbesserung des Rechtsschutzes bei Fixierungen im Justiz- und Maßregelvollzug und bei öffentlich-rechtlichen Unterbringungen in psychiatrischen Einrichtungen des Landes Nordrhein-Westfalen vom 02. Juli 2019, Gesetz- und Verordnungsblatt (GV. NRW.) Ausgabe 2019 Nr. 14 vom 16.7.2019, S. 299 bis 342.

27 Gesetz zur Durchführung strafrechtsbezogener Unterbringungen in einem psychiatrischen Krankenhaus und einer Entziehungsanstalt in Nordrhein-Westfalen (Strafrechtsbezogenes Unterbringungsgesetz NRW – StrUG NRW) vom 17. Dezember 2021, GV. NRW. S. 1494.

28 Beschlussempfehlung und Bericht des Ausschusses für Arbeit, Gesundheit und Soziales zu dem Gesetzentwurf der Landesregierung (Drs. 17/12306), 2. Lesung am 8. Dezember 2021, S. 73.

Gestaltung des neuen Gesetzes waren vor allem die Betonung des Schutzanspruchs der Allgemeinheit unter Beachtung der Grundrechte der untergebrachten Person[29] sowie die dringend angezeigte Vermeidung unverhältnismäßig langer Unterbringungsdauern, aber daneben auch die Stärkung des Selbstbestimmungsrechts der untergebrachten Person und die damit verbundene Schaffung fehlender und Konkretisierung bestehender Ermächtigungsgrundlagen für notwendige Grundrechtseingriffe, um zukünftig eine sichere sowie rechtsstaatlich korrekte und erfolgreiche Durchführung der Unterbringung gewährleisten zu können.[30] Konsequenz dieser gesetzgeberischen Vorgehensweise ist es nunmehr, dass nicht mehr die Norm des § 21a MRVG NRW Gegenstand der vorliegenden Untersuchung ist, sondern die vor allem in redaktioneller Hinsicht, aber zum Teil auch inhaltlich präzisierte Norm des § 33 StrUG NRW.

II. Unterbringungssituation im psychiatrischen Maßregelvollzug

Anknüpfend an die in gebotener Kürze dargestellte Entscheidung des Bundesverfassungsgerichts, auf die im Rahmen der Arbeit noch vertieft eingegangen wird,[31] soll hiesiger Untersuchungsgegenstand die nunmehr unter einem Richtervorbehalt stehende Zwangsmaßnahme der nicht nur kurzfristigen Fixierung einer untergebrachten Person im Rahmen der Unterbringung in einem psychiatrischen Krankenhaus gemäß § 63 StGB sein.[32] Dabei gilt es, sich zunächst zu vergegenwärtigen,

---

29 Im StrUG NRW wird – anders als noch im MRVG NRW – nicht mehr von Patienten, sondern von untergebrachten Personen gesprochen. In der vorliegenden Arbeit wird nun ein Mittelweg gewählt: Gerade dann, wenn es um die Behandlungssituation bzw. das Behandlungsverhältnis geht, soll auch weiterhin die Formulierung „Patient" gewählt werden. Dies erscheint nicht nur aufgrund des tradierten Verständnisses, sondern auch aufgrund der Formulierungen in anderen Gesetzen, in gerichtlichen Entscheidungen sowie in der Fachliteratur für die hiesige Auseinandersetzung zweckdienlich. Bei konkreter Bezugnahme auf die nordrhein-westfälische Gesetzesfassung wird hingegen von der untergebrachten Person bzw. dem Untergebrachten gesprochen. Es ist jedoch zu betonen, dass mit der gewählten Formulierung keine Bewertung bzw. Stellungnahme erfolgen soll.

30 Gesetzentwurf der Landesregierung, Gesetz zur Durchführung strafrechtsbezogener Unterbringungen in einem psychiatrischen Krankenhaus und einer Entziehungsanstalt in Nordrhein-Westfalen (Strafrechtsbezogenes Unterbringungsgesetz NRW – StrUG NRW) vom 13. Januar 2021, LT-Drs. 17/12306, S. 2 f. Ob dies tatsächlich – wie im Gesetzentwurf angegeben – insbesondere durch die genauere und transparentere Bezeichnung des Gesetzes verdeutlicht wird, erscheint jedoch fraglich, soll hier aber nicht weiter vertieft werden.

31 Im Rahmen des 3. Kapitels C. I.

32 Aufgrund der besonderen Patientengruppe, der dynamischen Entwicklung und den speziellen, von der Unterbringung im Rahmen des § 63 StGB abweichenden Fragestellungen soll im Rahmen dieser Arbeit die Unterbringung gemäß § 64 StGB nicht Gegenstand der Betrachtung sein.

welche Merkmale die dort untergebrachte Patientengruppe aufweist und wie sich die spezifische Unterbringungssituation im psychiatrischen Maßregelvollzug gestaltet. So wurde einleitend bereits festgestellt, dass die Unterbringung in einer totalen Institution naturgemäß von einem Machtgefälle der Beteiligten gekennzeichnet ist. Wie noch an anderer Stelle ausführlich darzulegen ist,[33] handelt es sich bei Untergebrachten des psychiatrischen Maßregelvollzugs doch um solche Personen, bei denen aufgrund einer zum Teil erheblichen rechtswidrigen Tat und einer darin zum Ausdruck gekommenen und anhaltenden Gefährlichkeit für die Allgemeinheit eine langjährige und grundsätzlich unbefristete Unterbringung in einem psychiatrischen Krankenhaus gerichtlich angeordnet worden ist. Diese Unterbringung in einem psychiatrischen Krankenhaus gemäß § 63 StGB dient damit in erster Linie dem Schutz der Allgemeinheit vor auch in der Zukunft für gefährlich erachtete Straftäter[34] und greift in besonders intensiver Form in die Grundrechte der betroffenen Person ein.[35] Von der psychiatrischen Maßregel sind auch solche Täter erfasst, bei denen eine Aussicht auf Heilung oder Besserung von vornherein zweifelhaft oder gar ausgeschlossen ist.[36] *Volckart* und *Grünebaum* konstatieren daher, dass es sich um grundsätzlich gemeinschaftsschwierige Personen handelt, da eine nicht geringe Anzahl der untergebrachten Personen im Rahmen der eigenen Entwicklung keine ausreichende Sozialisation erfahren hat.[37] *Lindemann* weist in diesem Zusammenhang auch auf die ungünstigen situativen Faktoren einer dauerhaften Unterbringung in einem fremdbestimmten Umfeld hin, in dem den Betroffenen nicht nur ein Normensystem auferlegt, sondern es überdies oftmals auch an privaten Rückzugsmöglichkeiten fehlen wird, sodass bereits aus baulichen und organisatorischen Gründen von einem erheblichen Eskalationspotential auszugehen ist, das sich im Vollzugsalltag in Konflikten entladen kann.[38] Dieses durch die Unterbringungssituation und das Patientenklientel gesteigerte Konfliktpotential kann im Einzelfall zu einer für alle Beteiligten aufreibenden Gefahrensituation führen, in der das Personal der Unterbringungseinrichtung als letztes Mittel der Krisenintervention zur Abwendung der Gefahr sodann den Betroffenen zu fixieren beabsichtigt. Solche Zwangsmaßnahmen wie die besondere Sicherungsmaßnahme der Fixierung stellen in der Alltagspraxis des psychiatrischen Maßregelvollzuges eine ethische, medizinische und auch juristische Herausforderung dar und greifen

---

33 Die Anordnungsvoraussetzungen von § 63 StGB werden im 2. Kapitel B. III. 2. erläutert.

34 BGH, Urteil vom 19.02.2002 – 1 StR 546/01.

35 *Detter*, NStZ 39 (2019), 128.

36 BGH, Urteil vom 08.09.1998 – 1 StR 384/98, NStZ-RR 1999, Rn. 44; BGH, Urteil vom 20.09.2011 – 1 StR 71/11, StV 2012, 83, Rn. 23.

37 *Grünebaum/Volckart*, Maßregelvollzug, III. Rn. 188.

38 *Lindemann*, Die Sanktionierung unbotmäßigen Patientenverhaltens, S. 2.

auf eine ganz erhebliche Weise in die Grundrechte der untergebrachten Person ein.[39] Diese Zwangsmaßnahmen belasten nicht nur die therapeutische Beziehung, sondern können überdies auch mit einer Traumatisierung und (weiteren) Stigmatisierung des Betroffenen verbunden sein.[40] Wegen der Verletzlichkeit des Untergebrachten aufgrund seiner psychischen Erkrankung ist die Frage nach der Effektivität des Grundrechtsschutzes hier besonders evident. Aus diesem Grund ist gerade (aber nicht nur) im psychiatrischen Maßregelvollzug des § 63 StGB ein offener Diskurs über die ethischen Grenzen, die potentielle Notwendigkeit und die rechtsstaatliche Legitimität von Zwang sowie eine Suche nach verfügbaren Alternativen und praktikablen Vermeidungsstrategien zwingend erforderlich. Hierbei sollten auch die Aspekte des Grundrechtsschutzes, des Sicherheitsbedürfnisses der Allgemeinheit sowie der notwendigen Handlungsfähigkeit der beteiligten Akteure umfassende Berücksichtigung finden und in einen angemessenen, den rechtstaatlichen Vorgaben entsprechenden Ausgleich gebracht werden. Im Rahmen dieser Diskussion erscheint es jedoch ebenso notwendig, auch die praktische Bedeutung der Fixierung im Vollzugsalltag des psychiatrischen Maßregelvollzuges gemäß § 63 StGB anhand von aktuellen Zahlen im Hinblick auf die Anzahl von Fixierungen sowie die Anzahl der Anträge bei Gericht bei absehbar nicht nur kurzfristigen Fixierungen in den Blick zu nehmen und für eine fundierte Auseinandersetzung nutzbar zu machen.

III. Konkretisierung des Untersuchungsgegenstandes

Die Materie der Zwangsmaßnahmen innerhalb einer psychiatrischen Unterbringung stellt sich als eine besonders vielschichtige und von einer Vielzahl von Faktoren beeinflusste Problematik dar. Der Betroffene befindet sich nicht nur in einer Situation außerordentlicher Abhängigkeit und ist infolgedessen häufig nicht selbst dazu in der Lage, eigenständig für seine Rechte einzustehen. Darüber hinaus ist er bei einem solchen Zwangseingriff auch der staatlichen Übermacht in besonders plastischer Weise ausgeliefert.[41] Die in diesem Zusammenhang angestoßene Debatte um die Frage des Grundrechtsschutzes der untergebrachten Person ist folglich auch als Ausdruck einer zunehmenden Sensibilisierung der Öffentlichkeit sowie der psychiatrischen und rechtlichen Praxis für die besondere Grundrechtsrelevanz

39 *Czernin et al.*, Psychiatr Prax 47 (2020), 242.
40 *Lang et al.*, R&P 35 (2017), 72.
41 *Rzepka*, Sicherungsmaßnahmen, S. 408 Rn. H119; vgl. dazu auch *A. Baur*, LTO vom 24.07.2018, s. Fn. 16 für weitere (Zitier-)Nachweise.

der Thematik aufzufassen, die staatliches Handeln gerade dort kritisch(er) hinterfragt und verlässliche Regelungen dort verlangt, wo Menschen diesem staatlichen Handeln aufgrund eines besonderen Zwangs- und Abhängigkeitsverhältnisses gleichsam ausgeliefert sind und die Vermeidung eines grundrechtsfreien Raumes sowie die Herstellung von Rechtssicherheit auf diese Weise zu einem rechtsstaatlichen Qualitätsmerkmal werden.[42] In diesem ersichtlichen Spannungsfeld, in dem die Disziplinen der Rechtswissenschaft, der Psychologie und Psychiatrie als Teilgebiet der Medizin sowie der Ethik aufeinander treffen, stellt sich nun im Anschluss an die Entscheidung des Bundesverfassungsgerichts innerhalb des aufgezeigten Prozesses der Vergrundrechtlichung sowie im Anschluss an das Tätigwerden des Gesetzgebers auf Bundes- und Landesebene naturgemäß die Frage, ob das ausgewählte Rechtsschutzinstrument des Richtervorbehalts bei der nicht nur kurzfristigen Fixierung zu einem effektiveren Grundrechtsschutz der Betroffenen beitragen kann und gleichzeitig ein ausgewogenes Verhältnis zwischen einer den rechtsstaatlichen Grundsätzen entsprechenden, aber auch möglichst praktikablen Gestaltung des Vollzugsalltages herzustellen vermag. Die Frage der Funktionstüchtigkeit des Richtervorbehalts wird trotz der insoweit angestoßenen und durchaus spürbaren Sensibilisierung der Öffentlichkeit sowie der Fachdiskurse gerade im psychiatrischen Maßregelvollzug noch maßgeblich durch die gemeinhin eher geringschätzende Wahrnehmung seitens der Gesellschaft beeinflusst. Die ersichtliche Gegenläufigkeit der Positionen in Gestalt einer vermehrten Anteilnahme auf der einen Seite sowie einer weiterhin vorhandenen Voreingenommenheit auf der anderen Seite zeigt in besonders eingängiger Weise den öffentlichen Zwiespalt, dem sich der psychiatrische Maßregelvollzug gegenwärtig ausgesetzt sieht. Die negative Einstellung in Bezug auf die Unterbringung von psychisch kranken Rechtsbrechern kann dabei durchaus als allgemeiner Paradigmenwechsel der Gesellschaft aufgefasst werden, da die Vorstellung, dass Kriminalität und damit grundsätzlich auch schwere Straftaten in gewisser Weise ein Teil des Lebensrisikos sind und derjenige, der eine staatlich verhängte Freiheitsstrafe verbüßt hat, das Recht auf Entlassung und Wiedereingliederung in die Gesellschaft hat, einem erhöhten Sicherheitsbedürfnis der Bevölkerung und einem steten Ruf nach härteren und höheren Strafen gewichen ist.[43] Diese Haltung hat einerseits zur Konsequenz, dass die Unterbringung und Behandlung im Rahmen des § 63 StGB oftmals eher als Ressourcenverschwendung und nicht als sinnvolle Rehabilitationsmaßnahme im Interesse einer funktionierenden, an rechtsstaatlichen Grundsätzen ausgerichteten Gesellschaft wahrgenommen wird. Dem Großteil der Bevölkerung mangelt es an einer gewissen

42 Ausführlich dazu *A. Baur*, Forensische Psychiatrie und Psychotherapie 25 (2018), 244, 246 ff.
43 *Steck-Bromme*, Verteidigung im Maßregelvollzug des § 63 StGB, S. 182.

Grundkenntnis über die Ausgestaltung und Rechtswirklichkeit der psychiatrischen Unterbringung mit der Folge einer oftmals tiefsitzenden Verunsicherung und ablehnenden Grundhaltung. Dies bedingt andererseits zugleich, dass die forensische Psychiatrie als ein sog. „Dark Room" wahrgenommen wird, der als nahezu rechtsfreier Raum der institutionellen Kontrolle entzogen zu sein scheint.[44] Noch deutlicher tritt die Relevanz der Thematik hervor, wenn zugleich berücksichtigt wird, dass dem Institut des Richtervorbehalts in der Praxis bisweilen die rechtsschützende Wirkung abgesprochen wird: Dieser sei ein „zahnloser Tiger",[45] ein „rechtsstaatliches Trostpflaster"[46] oder ein „stumpfes Schwert"[47] und habe lediglich die „Wirkung eines Palliativums"[48]. Es bestehe zudem eine auffällige Diskrepanz zwischen dem rechtsstaatlichen Anspruch des Richtervorbehalts und der alltäglichen Justizwirklichkeit,[49] sodass sich die Frage aufdrängt, ob der Richtervorbehalt seiner ihm durch den Gesetzgeber zugewiesenen und durch die Rechtsprechung herausgearbeiteten rechtsstaatlichen Funktion als Instrument der verfahrensrechtlichen Grundrechtssicherung gerecht wird.[50] Symptomatisch für die Wahrnehmung des Richtervorbehalts in der Praxis ist das folgende Zitat von *Stadler* aus dem Jahr 2013: „Während der Richtervorbehalt in der politischen Diskussion nahezu als Allheilmittel zur Aufrechterhaltung rechtsstaatlicher Zustände gepriesen wird, belegt die Praxis, dass er mehr und mehr zum Placebo verkommt, der keine rechtsstaatlich relevante Wirkung mehr erzielt, sondern vorwiegend dem (politischen) Zweck dient, neue Eingriffsbefugnisse rechtsstaatlich zu legitimieren."[51] Unter dem Eindruck der vorstehenden Ausführungen stellt sich die ausschlaggebende Frage nach der Funktionstüchtigkeit des Richtervorbehalts folglich als eine multiperspektivische und anspruchsvolle Problematik dar, die nicht losgelöst von den aufgezeigten

---

44 Vgl. zu diesem Begriff die eindrucksvolle Replik von *Saimeh*, Dark Rooms – ist die Forensik eine Gefahr für psychisch kranke Menschen?, S. 77; in diesem Sinne auch *Bernsmann*, Maßregelvollzug und Grundgesetz, S. 143, der von einem „praktisch rechtsfreien Raum" spricht.

45 *Brüning*, ZIS 1/2006, 29 in der Überschrift.

46 *Asbrock*, ZRP 31 (1998), 17.

47 *Stadler*, ZRP 46 (2013), 179.

48 So *Helmken*, StV 23 (2003), 193 bereits in der Überschrift.

49 *Gusy*, ZRP 36 (2003), 275; eine empirische Untersuchung zum Richtervorbehalt bei der Telefonüberwachung wurde im Jahr 2003 durchgeführt. Die auf Aktenanalysen und Interviews beruhende empirische Studie geht der Frage nach, wie der gesetzlich vorgeschriebene Richtervorbehalt bei der Telefonüberwachung in der Praxis gehandhabt wird. Sie führt zu dem Befund, dass die Richter fast immer dem Überwachungsantrag stattgeben und der Richtervorbehalt eher selten auf einer, wie vom Verfassungsgericht gefordert, eigenständigen Entscheidung der Richter beruht, vgl. dazu *Backes/Gusy/Begemann*, Wer kontrolliert die Telefonüberwachung?

50 *Asbrock*, ZRP 31 (1998), 17; *Krehl*, NStZ 23 (2003), 461.

51 *Stadler*, ZRP 46 (2013), 179, 180.

Aspekten der Verrechtlichung, Transparenz, Kontrolle und Kontrollierbarkeit, Verantwortlichkeit sowie der Grundrechtssensibilität und Praktikabilität vor dem Hintergrund der dynamischen Begleitumstände betrachtet und bewertet werden kann. Gegenstand der vorliegenden Arbeit ist daher insgesamt die Untersuchung der Funktionstüchtigkeit des Richtervorbehalts im Anwendungsbereich des § 33 Abs. 2, 5 StrUG NRW unter den spezifischen Bedingungen des psychiatrischen Maßregelvollzugs als ein Ausschnitt des Grundrechtsschutzes von untergebrachten Personen im psychiatrischen Krankenhaus nach Maßgabe des § 63 StGB.[52]

B. Auswirkungen auf den Gang der Untersuchung

Die vorstehende Einführung konnte einen ersten Eindruck von der Komplexität der Thematik liefern und dabei unterstreichen, dass es sich um eine vielschichtige Problematik handelt, die nur dann einer abschließenden Begutachtung unterzogen werden kann, wenn die einzelnen Schnittstellen stückweise herausgearbeitet werden, um sie sodann einer ganzheitlichen Betrachtung zuzuführen. Diese Ausgangslage hat für die vorliegende Bearbeitung zur Konsequenz, dass zunächst das Rechtsinstrument des Richtervorbehalts untersucht werden soll. Es wird nach einer kurzen Einleitung der Frage nachgegangen, welche Funktion dem Richtervorbehalt im Anwendungsbereich des § 33 Abs. 2, 5 StrUG NRW zukommt. Ein besonderes Augenmerk soll hier auf der spezifischen Situation des Untergebrachten im psychiatrischen Maßregelvollzug liegen, um eine auf den vorliegenden Untersuchungsgegenstand explizit zugeschnittene Funktionsbeschreibung des Richtervorbehalts ermitteln zu können. Im Anschluss daran werden der Umfang der richterlichen Prüfungs- und Entscheidungskompetenz sowie der Verfahrensablauf bei der dem Richtervorbehalt unterliegenden Maßnahme der Fixierung im Vollzug der psychiatrischen Maßregel untersucht (1. Kapitel). In der Folge werden sodann die tatsächlichen und rechtlichen Rahmenbedingungen des psychiatrischen Maßregelvollzuges gemäß § 63 StGB näher dargestellt. Zu diesem Zweck wird zunächst eine Einordnung der Maßregeln der Besserung und Sicherung in das System der Zweispurigkeit vorgenommen, um auf dieser Grundlage die Grundprinzipien bei der Anwendung des Maßregelvollzugsrechts sowie die Anordnungsvoraussetzungen des § 63 StGB aufzeigen zu können (2. Kapitel). Um den Bezug zur Norm des § 33 StrUG NRW und damit zum hiesigen Untersuchungsgegenstand herzustellen, sodass

52 Manche der Erkenntnisse lassen sich dabei durchaus auch auf andere Vollzugsformen der staatlichen Freiheitsentziehung sowie auf andere Richtervorbehalte übertragen, sind aber im Rahmen dieser Untersuchung maßgeblich auf den psychiatrischen Maßregelvollzug des § 63 StGB und den Richtervorbehalt des § 33 Abs. 2, 5 StrUG NRW zugeschnitten.

die vorangegangenen Ausführungen nicht gleichsam „im luftleeren Raum“ stehen, schließt sich nun eine eingehende Untersuchung der Zwangsmaßnahme der Fixierung im psychiatrischen Maßregelvollzug gemäß § 63 StGB an. Hier wird zunächst zur weiteren Konkretisierung des Untersuchungsgegenstandes eine Abgrenzung der Zwangsmaßnahme von der Zwangsbehandlung vorgenommen. In diesem Zusammenhang ist der Blick dafür zu schärfen, dass das maßgebliche Interesse der vorliegenden Arbeit aufgrund der primären Entscheidungskompetenz des Richters bei einer nicht nur kurzfristigen Fixierung gemäß § 33 Abs. 5 StrUG NRW im Vollzug der psychiatrischen Maßregel des § 63 StGB der Zwangsmaßnahme zur Gefahrenabwehr als besondere Sicherungsmaßnahme gilt. Anhand aktueller Zahlen in Bezug auf die Anzahl durchgeführter Fixierungen von untergebrachten Personen des psychiatrischen Maßregelvollzuges sowie die Anzahl der Anträge bei Gericht bei absehbar nicht nur kurzfristigen Fixierungen soll zunächst die Rechtswirklichkeit der Zwangsmaßnahme und damit die praktische Bedeutung der Fixierung für den Vollzugsalltag aufgezeigt werden. Anschließend wird die bereits angesprochene Entscheidung des Bundesverfassungsgerichts vom 24. Juli 2018 ausführlich vorgestellt, um in der Folge die gesetzgeberische Neugestaltung auf Bundes- und nordrhein-westfälischer Landesebene hinsichtlich tatbestandlicher Eingriffsschwelle sowie verfahrensrechtlicher Ausgestaltung zu untersuchen. Wegen der ausschließlichen Länderkompetenz im Hinblick auf den Vollzug der freiheitsentziehenden Maßregeln der Besserung und Sicherung und der damit verbundenen Zuständigkeit in Bezug auf Organisation und Ausgestaltung des psychiatrischen Maßregelvollzugs wird das Hauptaugenmerk hier auf der nordrhein-westfälischen Regelung im Gesetz zur Durchführung strafrechtsbezogener Unterbringungen in einem psychiatrischen Krankenhaus und einer Entziehungsanstalt in Nordrhein-Westfalen liegen. Da sich zudem die bereits bekannte Problematik des Bundesverfassungsgerichts als „Ersatzgesetzgeber“[53] bei der Lektüre des Urteils nahezu aufgedrängt hat, wird im Anschluss im Rahmen eines Exkurses die Frage untersucht, inwiefern die gerichtlichen Vorgaben bezüglich der Ausge-

---

53 Vgl. zu dieser Bezeichnung *Steiner*, NJW 54 (2001), 2919; *Götz/L. Schneider*, DVBl 2012, 145 sowie beispielhaft das Zitat bei *Janisch*, Süddeutsche Zeitung vom 10.06.2017, abrufbar unter https://www.sueddeutsche.de/politik/justiz-das-letzte-wort-1.3540019 (zuletzt aufgerufen am 25.01.2024): „Problematischer indes ist eine andere Karlsruher Eigenart: die Neigung zu detailreichen Urteilen, die ihm oft die Kritik als Ersatzgesetzgeber eingetragen haben.“ Zu dem Begriff des Ersatzgesetzgebers führt von Münch/Kunig-*Meyer*, Art. 93 GG Rn. 21 aus: „Es (Anmerkung: Gemeint ist das Bundesverfassungsgericht) hat aber faktisch die rechtswirksame Macht, seine Kompetenzen selbst zu formulieren. Es kann faktisch den „Ersatzverfassungsgesetzgeber“, sogar den „Verfassungsgeber“ spielen. In diese Rollen wird es nicht selten gedrängt. Es übernimmt sie aber manchmal auch ohne Zwang.“

staltung einer verfassungskonformen Ermächtigungsgrundlage sowie eines einheitlichen Verfahrens mit dem gesetzgeberischen Entscheidungsspielraum (noch) in Einklang zu bringen sind (3. Kapitel). Das Herzstück der vorliegenden Arbeit bildet die Untersuchung der Funktionstüchtigkeit des Richtervorbehalts im Anwendungsbereich des § 33 StrUG NRW. Es werden zunächst mögliche strukturelle, berufsorganisatorische sowie psychologisch bedingte Mängel des Richtervorbehalts in der praktischen Handhabung des psychiatrischen Maßregelvollzuges gemäß § 63 StGB ursachenbezogen kategorisiert und analysiert. Daran anschließend werden trotz der insoweit eindeutigen Vorgaben des Bundesverfassungsgerichts auch alternative Rechtsschutzkonzepte im Hinblick auf ihre Tauglichkeit untersucht, um nicht nur die Perspektive zu erweitern, sondern um darüber hinaus die zuvor ausführlich dargelegten Schwachstellen des Richtervorbehalts auf ihre Stichhaltigkeit hin überprüfen sowie die möglichen Vorteile im Vergleich zu anderen Rechtsschutzinstrumenten aufzeigen zu können. Bevor sodann die Frage der Funktionstüchtigkeit des Richtervorbehalts im Anwendungsbereich des § 33 Abs. 2, 5 StrUG NRW auf der Grundlage der vorangegangenen Erkenntnisse der verschiedenen Kapitel schlussendlich beantwortet wird, soll noch ein möglicher Korrektur- und Verbesserungsbedarf für die Praxis aufgezeigt werden (4. Kapitel). Den Abschluss der Arbeit bilden ein Fazit (5. Kapitel) sowie ein Ausblick, der sich der naturgemäß über der ganzen Thematik stehenden Leitfrage einer möglichst umfassenden Grundrechtsgewährleistung im Rahmen der psychiatrischen Unterbringung aus dem Blickwinkel einer patientenzentrierten Behandlungsgestaltung auf der Vollzugsebene widmen und so Auswirkungen eines positiven therapeutischen Umfeldes auf die Notwendigkeit von Zwangsmaßnahmen aufzeigen wird (6. Kapitel).

1. Kapitel: Die Entscheidungskompetenz des Richters im Anwendungsbereich des § 33 Abs. 2, 5 StrUG NRW

Der Richtervorbehalt ist als Ausdruck des gesetzgeberischen Willens aufzufassen, die Entscheidung über die Durchführung einer grundrechtseingreifenden Maßnahme dem Richter vorzubehalten.[54] Das Instrument des Richtervorbehalts knüpft folglich die Zulässigkeit eines Grundrechtseingriffs an die Einhaltung bestimmter Verfahrensvoraussetzungen.[55] Es handelt sich dabei um ein Instrument richterlicher Kontrolle,[56] das die Zuständigkeit der vollziehenden Gewalt durchbricht und die klassische Funktion der Judikative erweitert,[57] sodass der Richter letztlich über die Legitimität der Maßnahme entscheidet.[58]

Grundsätzlich stellt Art. 104 Abs. 2 GG unmittelbar geltendes und anzuwendendes Recht dar, aber der Gesetzgeber ist zur Ausgestaltung des Richtervorbehalts verpflichtet und ist dieser Verpflichtung unter anderem auf Bundesebene für den Straf- und Maßregelvollzug in Gestalt von § 171a Abs. 3 StVollzG und auf nordrhein-westfälischer Landesebene für den psychiatrischen Maßregelvollzug in Gestalt von § 33 Abs. 5 StrUG NRW nachgekommen.[59] Nach § 33 Abs. 4 StrUG NRW wird die besondere Sicherungsmaßnahme der Fixierung unabhängig von ihrer Dauer zunächst von der therapeutischen Leitung nach vorheriger ärztlicher Inaugenscheinnahme und Stellungnahme angeordnet. Bei Gefahr im Verzug können auch andere therapeutisch oder pflegerisch Beschäftigte diese Maßnahme vorläufig anordnen, wobei die ärztliche Inaugenscheinnahme und Stellungnahme sowie die Anordnung der therapeutischen Leitung unverzüglich nachzuholen sind. Absehbar nicht nur kurzfristige Fixierungen, die zur Abwehr einer gegenwärtigen erheblichen Selbstgefährdung oder einer von der untergebrachten Person ausgehenden *gegenwärtigen*[60] erheblichen Gefährdung bedeutender Rechtsgüter anderer im Sinne des Absatzes 2 unerlässlich sind, bedürfen jedoch darüber hinaus der vor-

---

54 *Kolz,* Einwilligung und Richtervorbehalt, S. 127; *Stadler,* ZRP 46 (2013), 179; *Disselkamp,* Der Richtervorbehalt bei der Blutprobenentnahme gemäß § 81a Abs. 2 StPO, S. 19.

55 *Gusy,* GA 2003, 672.

56 *Amelung,* NStZ 21 (2001), 337, 338; *Kolz,* Einwilligung und Richtervorbehalt, S. 131; *Krehl,* NStZ 23 (2003), 461; *Schnarr,* NStZ 11 (1991), 209, 210; *Talaska,* Der Richtervorbehalt, S. 70.

57 Dürig/Herzog/Scholz-*Mehde,* Art. 104 GG Rn. 72; *Stadler,* ZRP 46 (2013), 179.

58 *Kolz,* Einwilligung und Richtervorbehalt, S. 125.

59 BVerfG, Urteil vom 24.07.2018 – 2 BvR 309/15, 2 BvR 502/16, Rn. 95; BVerfGE 10, 302 (329); vgl. auch zu Art. 13 Abs. 2 GG BVerfGE 51, 97 (114); 57, 346 (355).

60 Dieser hier favorisierten Lesart der Norm widmet sich das 3. Kapitel der Arbeit ausführlich.

https://doi.org/10.1515/9783111347868-004

herigen richterlichen Entscheidung über die Zulässigkeit der Anordnung unter Beachtung der in Absatz 2 der Norm genannten Voraussetzungen. Bei Gefahr im Verzug darf die Maßnahme vorläufig durchgeführt werden, aber die richterliche Entscheidung ist in diesem Fall unverzüglich nachzuholen. Um die Funktionstüchtigkeit des Richtervorbehalts bei der absehbar nicht nur kurzfristigen Fixierung des Untergebrachten im Anwendungsbereich des § 33 StrUG NRW umfassend einordnen und bewerten zu können, soll daher zunächst dessen maßgebliche Funktion herausgearbeitet werden, da nur auf dieser Grundlage beurteilt werden kann, ob das Rechtsschutzinstrument das verfassungsrechtlich gebotene Schutzniveau tatsächlich zu gewährleisten vermag. Dabei erfährt die spezifische Unterbringungssituation des Betroffenen im psychiatrischen Maßregelvollzug naturgemäß eine besondere Berücksichtigung.

A. Funktion des Richtervorbehalts

In der rechtswissenschaftlichen Literatur und Rechtsprechung wird unterschiedlich beurteilt, welcher Sinn und Zweck und insbesondere welche Funktion dem Rechtsinstitut des Richtervorbehalts zukommt. Grundsätzlich betrachtet soll der Richtervorbehalt zwar in erster Linie die Einhaltung eines vom Gesetzgeber vorgesehenen Verfahrens sicherstellen. Dies ist jedoch nicht als Selbstzweck zu verstehen, sondern vielmehr als notwendiger rechtsstaatlicher Mechanismus einer Verfahrensvorschrift. Eine darüber hinausgehende Funktion muss hingegen ausdrücken (können), was der Richtervorbehalt leisten soll.[61] Die in diesem Zusammenhang vertretenen Ansätze vereinen zum Teil mehrere Funktionselemente und greifen so vielfach ineinander, sodass sie einer trennscharfen Abgrenzung nur schwerlich zugänglich erscheinen.[62] Die folgenden Ausführungen kategorisieren die ausschlaggebenden Funktionselemente und nehmen aufgrund des richtungsweisenden Untersuchungsinteresses die verfassungsrechtlich gemäß Art. 104 Abs. 2 S. 4 GG erforderliche und mit § 33 Abs. 2, 5 StrUG NRW erfolgte einfach-gesetzliche Ausgestaltung einer Rechtsgrundlage des Richtervorbehalts für absehbar nicht nur kurzfristige Fixierungen im psychiatrischen Maßregelvollzug in den Blick.

---

61 So auch zutreffend *Kolz*, Einwilligung und Richtervorbehalt, S. 128.

62 Vgl. dazu auch *Disselkamp*, Der Richtervorbehalt bei der Blutprobenentnahme gemäß § 81a Abs. 2 StPO, S. 44.

I. Präventive Kontrolle durch eine unabhängige und neutrale Instanz

Nach der in Rechtsprechung und Schrifttum überwiegend vertretenen Ansicht soll der Richtervorbehalt eine vorbeugende Kontrolle der in Rede stehenden Maßnahme durch eine unabhängige und neutrale Instanz sicherstellen und somit einer verstärkten Sicherung des Grundrechts aus Art. 2 Abs. 2 S. 2 GG dienen.[63] Speziell in Bezug auf die Freiheitsentziehung füge Art. 104 Abs. 2 GG dem Vorbehalt des förmlichen Gesetzes den verfahrensrechtlichen Vorbehalt einer richterlichen Entscheidung hinzu, der nicht der Disposition des Gesetzgebers unterliege.[64] Das Grundgesetz gehe in seiner Konzeption davon aus, dass der Richter aufgrund seiner persönlichen und sachlichen Unabhängigkeit und der strikten Unterwerfung unter das Gesetz nach Art. 97 GG die Rechte der Betroffenen im Einzelfall am besten und sichersten wahren könne.[65] Durch die Einschaltung des Richters soll von vornherein sichergestellt werden, dass die Interessen des Betroffenen angemessen berücksichtigt werden[66] und in den Rechtskreis des Einzelnen nicht in weiterem Umfang eingegriffen werde, als es der Zweck der in Rede stehenden Maßnahme erfordere.[67] Zudem könne der rechtlich ausgebildete Richter für die Einhaltung der tatbestandlichen Voraussetzungen der jeweiligen Eingriffsnorm Sorge tragen, sodass sich die Grundrechtseingriffe in den gesetzlich vorgesehenen Grenzen halten und diese auch hinsichtlich Dauer und Intensität insgesamt messbar und kontrollierbar bleiben.[68] Dem Richtervorbehalt komme damit insgesamt eine gesetzes- bzw. tatbestandswahrende Funktion zu.[69] Die in dieser Beschreibung zum Ausdruck kommende Kontroll- und Grundrechtssicherungsfunktion des Richtervorbehalts erscheint gerade für den schwerwiegenden Grundrechtseingriff einer absehbar nicht nur kurzfristigen Fixierung im Anwendungsbereich des § 33 StrUG NRW dienlich,

63 BVerfG, Urteil vom 24.07.2018 – 2 BvR 309/15, 2 BvR 502/16, Rn. 96; BVerfGE 57, 346 (355 f.) = NJW 1981, 2111; 76, 83 (91); 103, 142 (170) = NJW 2001, 1121; 105, 239 (248) sowie BVerfGE 139, 245 (265) = NJW 2015, 2787, Rn. 57. So auch Hömig/Wolff-*Wolff*, Art. 104 GG Rn. 8; BeckOK Grundgesetz-*Radtke*, Art. 104 GG Rn. 10; *Krehl*, NStZ 23 (2003), 461, 463; Dürig/Herzog/Scholz-*Mehde*, Art. 104 GG Rn. 72; für Art. 13 GG Jarass/Pieroth-*Jarass*, Art. 13 GG Rn. 17.

64 BVerfG, Urteil vom 24.07.2018 – 2 BvR 309/15, 2 BvR 502/16, Rn. 97; BVerfGE 105, 239 (248).

65 BVerfGE 77, 1 (51); 103, 142 (170).

66 BVerfG NJW 2015, 2787, 2789; BVerfGE 9, 89 (97) = NJW 1959, 427; BVerfGE 103, 142 (151) = NJW 2001, 1121; BVerfGK 2, 310 (314) = BeckRS 2004, 21090; BVerfG (3. Kammer des Zweiten Senats), NJW 2003, 2303 (2304).

67 BVerfGE 20, 162 (223) = NJW 1966, 1603.

68 So auch *Rabe von Kühlewein*, Der Richtervorbehalt, S. 416, der dies als gesetzeswahrende Funktion bezeichnet.

69 *Brüning*, ZIS 1/2006, 29; *Rabe von Kühlewein*, Der Richtervorbehalt, S. 421.

da auf diese Weise die berechtigten Interessen des Betroffenen bereits im originären Entscheidungsprozess angemessene Berücksichtigung finden können.

II. Kompensation der Schwere des Grundrechtseingriffs

Teilweise wird der Richtervorbehalt auch als Korrelat für die Schwere des Eingriffs in die Rechtssphäre des Betroffenen bezeichnet.[70] Eine Duldungspflicht ohne richterliche Prüfung könne dem Betroffenen insbesondere bei Freiheitsentziehungen[71] nicht zugemutet werden.[72] Auch bei diesem Begründungsansatz wird die besondere Stellung des Richters herangezogen, wenn davon ausgegangen wird, dass dieser die rechtsstaatliche Handhabung eines tiefgreifenden Grundrechtseingriffs gewährleisten soll.[73] Zu beachten gilt jedoch, dass dies lediglich einen (möglichen) Grund für die Existenz von Richtervorbehalten darstellen, nicht hingegen ihre Funktion abschließend erläutern kann.[74] In der Literatur wurde zudem darauf hingewiesen, dass die Intensität eines Grundrechtseingriffs mangels naturwissenschaftlicher Messbarkeit nicht abstrakt bestimmt werden, sondern vielmehr aufgrund des Selbstverständnisses des Grundrechtsträgers nur im Einzelfall eine Rolle spielen könne, wenn die betroffenen Rechtspositionen im Rahmen einer Verhältnismäßigkeitsprüfung also konkret gegenübergestellt und gegeneinander abgewogen werden können.[75] Die Schwere des Grundrechtseingriffs ist darüber hinaus in gewisser Weise davon abhängig, ob es sich um einen einfach-gesetzlichen oder verfassungsrechtlichen Richtervorbehalt handelt: Während die Rechtsprechung bei verfassungsrechtlichen Richtervorbehalten wie der Durchsuchung von Wohnungen[76] und Geschäftsräumen[77] gemäß Art. 13 Abs. 2 GG[78] oder der Freiheitsentzie-

70 Vgl. BVerfG NJW 2001, 1121; *Schnarr*, NStZ 11 (1991), 209, 210; Hömig/Wolff-*Wolff*, Art. 104 GG Rn. 8; Dreier-*Schulze-Fielitz*, Art. 104 GG Rn. 37 BVerfGE 10, 302 (323); 105, 239 (248), Rn. 25; *Krehl*, NStZ 23 (2003), 461, 463; Sachs-*Degenhart*, Art. 104 GG Rn. 19; Schwere des Eingriffs als einer von zwei Aspekten bei von Mangoldt/Klein/Starck-*Gusy*, Art. 104 GG Rn. 39.

71 *Gusy*, GA 2003, 672, 673.

72 *Krehl*, NStZ 23 (2003), 461, 463; *Ostendorf/Brüning*, JuS 41 (2001), 1063, 1064; von Mangoldt/Klein/Starck-*Gusy*, Art. 104 GG Rn. 39.

73 *Niese*, ZStW 1951, 199, 215 ff.

74 *Brüning*, Der Richtervorbehalt, S. 120 ff.; *Gusy*, GA 2003, 672, 673 f.; *Ostendorf/Brüning*, JuS 41 (2001), 1063, 1065; dazu auch *Disselkamp*, Der Richtervorbehalt bei der Blutprobenentnahme gemäß § 81a Abs. 2 StPO, S. 44 f.; *Kolz*, Einwilligung und Richtervorbehalt, S. 128.

75 *Wildhagen*, Persönlichkeitsschutz, S. 51 f.

76 BVerfG NJW 2003, 2303 (2304): „Art. 13 I GG bestimmt die Unverletzlichkeit der Wohnung. Damit wird dem Einzelnen zur freien Entfaltung der Persönlichkeit ein elementarer Lebensraum gewährleistet. In seinen Wohnräumen hat er das Recht, in Ruhe gelassen zu werden. In diese

hung gemäß Art. 104 Abs. 2 GG[79] stets einen schwerwiegenden Grundrechtseingriff annimmt und dies regelmäßig mit dem Schutz elementarer Grundrechte und einer damit einhergehenden erhöhten Schutzbedürftigkeit der Betroffenen begründet, wird eine solche Intensität bei einfach-gesetzlichen Richtervorbehalten wie beispielsweise der Entnahme einer Blutprobe nach § 81a StPO verneint.[80]

Die hier in Rede stehende Freiheitsentziehung des Untergebrachten durch die Zwangsmaßnahme der nicht nur kurzfristigen Fixierung stellt vor diesem Hintergrund jedoch einen schwerwiegenden Eingriff in dessen Grundrecht auf Freiheit der Person gemäß Art. 2 Abs. 2 S. 2 GG i.V.m. Art. 104 GG dar. Die Fortbewegungsfreiheit des Betroffenen wird – in Anhängigkeit von der Anzahl der Fixierungspunkte – teilweise vollständig aufgehoben und übersteigt daher die bereits mit der Unterbringung in einer geschlossenen Einrichtung verbundene Beschränkung der Bewegungsfreiheit auf die Räumlichkeiten der Unterbringungseinrichtung,[81] sodass der Eingriff eine besondere Intensität erlangt und von den Betroffenen regelmäßig als überaus bedrohlich empfunden wird.[82] Diese Einordnung wird zusätzlich dadurch verstärkt, dass der Eingriff im Rahmen der Unterbringung in einem psychiatrischen Krankenhaus naturgemäß Menschen trifft, die aufgrund ihrer psychischen Verfassung die Nichtbeachtung ihres Willens besonders intensiv empfinden,[83] sodass es vor diesem Hintergrund durchaus plausibel erscheint, dass der Richtervorbehalt (auch) der Kompensation der besonderen Eingriffsintensität dient. Anknüpfend an die obigen Ausführungen ist dieser Kompensationsgedanke

---

grundrechtlich geschützte Lebenssphäre greift eine Durchsuchung schwerwiegend ein."; vgl. dazu auch BVerfGE 96, 27 (40) = NJW 1997, 2163; BVerfGE 103, 142 (150 f.) = NJW 2001, 1121.

77 BVerfG, Urteil vom 02.03.2010, 1 BvR 256/08, 1 BvR 263/08, 1 BvR 586/08, Rn. 212 ff.: „Bei der Durchsuchung von Geschäftsräumen handelt es sich um einen tiefgreifenden Grundrechtseingriff."; vgl. dazu auch *Wildhagen*, Persönlichkeitsschutz, S. 55.

78 Zu den Strukturen und normativen Grundlagen des Art. 13 GG auch *Schoch*, Jura 32 (2010), 22.

79 BVerfG, Urteil vom 24.07.2018 – 2 BvR 309/15, 2 BvR 502/16, Rn. 59: „Unter die Fallgruppe tiefgreifender Grundrechtseingriffe fallen vornehmlich solche, die schon das Grundgesetz – wie die hier geltend gemachte Freiheitsentziehung gemäß Art. 104 Abs. 2 GG – unter Richtervorbehalt gestellt hat." Vgl. dazu auch BVerfGE 96, 27 (40); 104, 220 (233).

80 OLG Hamburg NJW 2008, 2597 ff., 2600; OLG Brandenburg, Beschluss vom 25.03.2009 – 1 Ss 15/09. Zu dieser Thematik auch *Fickenscher/Dingelstadt*, NStZ 29 (2009), 124; *Wildhagen*, Persönlichkeitsschutz, S. 55 f.; eine umfassende Analyse findet sich auch bei *Disselkamp*, Der Richtervorbehalt bei der Blutprobenentnahme gemäß § 81a Abs. 2 StPO, S. 44 ff., 50. Die Verf. kommt abschließend zu dem Ergebnis, dass die Intensität der Blutprobenentnahme selbst bei Einbeziehung anderer Grundrechte nicht so erheblich sei, dass der Richtervorbehalt zu ihrer Kompensation eingreife.

81 BVerfG, Urteil vom 24.07.2018 – 2 BvR 309/15, 2 BvR 502/16, Rn. 70.

82 Den möglichen Wirkungen und Empfindungen der Patienten bei einer Fixierung widmet sich auch das 3. Kapitel der vorliegenden Arbeit, vgl. 3. Kapitel C. II. 1. c).

83 BVerfG, Urteil vom 24.07.2018 – 2 BvR 309/15, 2 BvR 502/16, Rn. 71.

jedoch nicht als ausschließliche Funktionsbeschreibung des Richtervorbehalts zu bewerten, sondern vielmehr als verfassungsrechtlich gebotene Ergänzung. Folglich kann der Richtervorbehalt zwar auch, aber nicht ausschließlich, für Fälle schwerwiegender und tiefgreifender Grundrechtseingriffe wie der nicht nur kurzfristigen Fixierung eine rechtsstaatliche Kompensation darstellen.[84]

III. Unmöglichkeit rechtzeitigen Rechtsschutzes

Der Erklärungsansatz der Unmöglichkeit rechtzeitigen Rechtsschutzes stellt maßgeblich auf die prozeduralen Besonderheiten derjenigen Maßnahmen ab, die der richterlichen Mitwirkung bedürfen. Demzufolge soll der Richtervorbehalt die Unmöglichkeit rechtzeitigen Rechtsschutzes kompensieren.[85] Insbesondere bei heimlich stattfindenden Maßnahmen habe der Betroffene mangels rechtzeitiger Kenntniserlangung oftmals nicht die Möglichkeit, die Vollstreckung und damit auch die Schaffung vollendeter Tatsachen zu verhindern.[86] Zum Teil wird auch vertreten, dass der Richtervorbehalt aufgrund des Überraschungscharakters strafprozessualer Grundrechtseingriffe einen Ausgleich für das fehlende rechtliche Gehör des Betroffenen darstelle, da dieser häufig nicht in der Lage sei, von sich aus für die Befassung eines Richters mit der Sache zu sorgen.[87] Allerdings ist in diesem Zusammenhang ebenfalls zu berücksichtigen, dass gerade erst die Mitwirkung eines Richters den Anspruch auf rechtliches Gehör nach Art. 103 Abs. 1 GG begründet.[88] Wenn folglich noch kein solcher Anspruch bestehe, könne der Richtervorbehalt ein Fehlen desselben auch nicht kompensieren.[89] Vielmehr soll für den Fall, dass die in Rede stehende Maßnahme ohne vorherige Anhörung angeordnet wird, die Einschaltung des Richters für eine angemessene Berücksichtigung der Interessen des Betroffenen sorgen.[90] Ein Anspruch des Betroffenen auf rechtliches Gehör vor Gericht kann dann gemäß Art. 103 Abs. 1 GG gegebenenfalls nachträglich in einem

---

84 So im Ergebnis auch *Ostendorf/Brüning*, JuS 41 (2001), 1063, 1065.

85 *Gusy*, GA 2003, 672; vgl. dazu auch BVerfGE 51, 97, 111; BVerwGE 28, 285, 291; zweiter Aspekt bei von Mangoldt/Klein/Starck-*Gusy*, Art. 104 GG Rn. 39.

86 *Gusy*, GA 2003, 672, 673 f.

87 *Amelung*, NStZ 21 (2001), 337, 338; *Kolz*, Einwilligung und Richtervorbehalt, S. 131; *Schnarr*, NStZ 11 (1991), 209, 210; *Gusy*, GA 2003, 672, 673 f.

88 *Brüning*, Der Richtervorbehalt, S. 116; *Brüning*, ZIS 1/2006, 29; Dürig/Herzog/Scholz-*Remmert*, Art. 103 Abs. 1 GG Rn. 62 f.; *Rabe von Kühlewein*, Der Richtervorbehalt, S. 413; *Talaska*, Der Richtervorbehalt, S. 61; vgl. dazu auch BVerfGE 27, 88 (103).

89 *Brüning*, Der Richtervorbehalt, S. 116; *Rabe von Kühlewein*, Der Richtervorbehalt, S. 413; *Talaska*, Der Richtervorbehalt, S. 61.

90 Vgl. dazu BVerfGE 9, 89 (97) = NJW 1959, 427; BVerfGE 103, 142 (151) = NJW 2001, 1121.

Beschwerdeverfahren erfüllt werden.[91] Durch die bundesverfassungsgerichtliche Rechtsprechung wurde bestätigt, dass das Gebot der Effektivität des Rechtsschutzes auch für die nachträgliche gerichtliche Überprüfung Geltung beansprucht.[92]

Diesem Ansatz ist auf der einen Seite im Hinblick auf strafprozessuale Grundrechtseingriffe zuzustimmen, da einige Maßnahmen für eine vollumfängliche Wirkung auf ihren sofortigen Vollzug und eine Unkenntnis des Betroffenen angewiesen sind (etwa bei der Wohnungsdurchsuchung). Allerdings ist dieser Ansatz auf der anderen Seite nicht allgemeingültig, wenn berücksichtigt wird, dass zahlreiche Eingriffe nach der Rechtsordnung trotz des Überraschungseffekts beim Betroffenen nicht an eine vorherige richterliche Mitwirkung geknüpft sind (für Nordrhein-Westfalen z. B. der Einsatz von V-Leuten gemäß § 19 PolG NRW oder von verdeckten Ermittlern gemäß §§ 100a ff. StPO, § 20 PolG NRW sowie die polizeiliche Beobachtung gemäß § 163e StPO, § 16 PolG NRW).[93] Diese Abstufungen zwischen den einzelnen Maßnahmen können daher nicht abschließend mit der Unmöglichkeit rechtzeitigen Rechtsschutzes erklärt werden. Zudem ist für die Fixierung im Rahmen der Unterbringung in einem psychiatrischen Krankenhaus zu beachten, dass die Zwangsmaßnahme naturgemäß nicht heimlich und ohne Kenntnis des Betroffenen stattfinden kann, sondern vielmehr als Reaktion auf eine gegenwärtige Gefahrenlage durchgeführt wird. Ein möglicher Überraschungseffekt und eine damit einhergehende Unwissenheit des Betroffenen können in dieser Situation nicht festgestellt werden.[94] Allerdings hat der Betroffene aufgrund der Konstellation einer kurzfristigen Krisenintervention im Regelfall ebenfalls nicht die Möglichkeit, vor Durchführung der Zwangsmaßnahme noch rechtzeitigen Rechtsschutz zu erlangen. Auch der Richter selbst wird regelmäßig nicht *vor* Durchführung der Zwangsmaßnahme entscheiden können, sondern erst *im Nachhinein*.[95] Wenn der Betroffene folglich nicht nur wegen der krankheitsbedingten Ausnahmesituation in der psychiatrischen Unterbringung häufig nicht von sich aus für die Befassung eines Richters mit der Sache sorgen kann, sondern überdies wegen der Kurzfristigkeit der Maßnahme und des in der Praxis vorhandenen Handlungsdrucks regelmäßig keine

---

91 BVerfG NJW 2003, 2303, 2304.

92 BVerfG NJW 2003, 2303, 2304; BVerfGE 104, 220 (233) = NJW 2002, 2456; BVerfG (3. Kammer des Zweiten Senats) NJW 2002, 1333 = StV 2002, 348). Zum Rechtsschutz bei der richterlichen Durchsuchungsanordnung auch *Rabe von Kühlewein*, NStZ 18 (1998), 580.

93 Von Mangoldt/Klein/Starck-*Gusy*, Art. 104 GG Rn. 39; *Lisken/Mokros*, NVwZ 10 (1991), 609.

94 Auf eine krankheitsbedingt möglicherweise fehlende Erkennbarkeit für den Betroffenen soll aufgrund der vielfältigen Krankheitsbilder und der zum Teil komplexen Verflechtungen im Rahmen dieser primär juristischen Auseinandersetzung mit der Thematik nicht näher eingegangen werden.

95 So ausdrücklich das Bundesverfassungsgericht in seiner Entscheidung vom 24. Juli 2018, worauf im Laufe der Arbeit noch an zahlreichen Stellen näher eingegangen wird. Kursive Hervorhebungen im Schriftbild sind zum Zwecke der Verdeutlichung durch die Verf. vorgenommen worden.

vorherige Entscheidung des Richters möglich ist, so stellt sich der Aspekt der Unmöglichkeit rechtzeitigen Rechtsschutzes für die in Rede stehende Situation als tragfähiger Begründungsansatz dar. Daher ist *Voßkuhle* in seiner Kernintention zuzustimmen, wenn er die Kompensation des zu spät kommenden Rechtsschutzes neben der Grundrechtssicherung durch Verfahren als Leitlinien für die Auslegung und Anwendung der Einzelregelungen beschreibt,[96] da sich die Effektivität des Rechtsschutzes und die verfahrensrechtliche Grundrechtssicherung zum Schutze des Betroffenen in Gefährdungslagen als wesentliche Merkmale einer Funktionsbeschreibung der existierenden Richtervorbehalte darstellen. Zusammenfassend betrachtet kann das Element der Unmöglichkeit rechtzeitigen Rechtsschutzes für die hier maßgebliche Form des Richtervorbehalts gemäß § 33 Abs. 2, 5 StrUG NRW bei absehbar nicht nur kurzfristigen Fixierungen im Rahmen der psychiatrischen Unterbringung daher einen brauchbaren Beitrag zu einer Funktionsbeschreibung leisten.

IV. Ausdruck des Grundsatzes der Gewaltenteilung

Nach einem anderen Ansatz wird der Richtervorbehalt als Ausdruck des Gewaltenteilungsprinzips aufgefasst, um im Sinne einer Kompetenzverlagerung und Machtverteilung nicht nur eine Begrenzung der exekutiven Eingriffsmacht erreichen, sondern auch eine sachliche und personelle Entzerrung des Verfahrens herstellen zu können.[97] Das hinter diesem Gedanken zum Ausdruck kommende grundsätzliche Misstrauen gegenüber dem Handeln der Exekutive kann in seinen Grundzügen auf den historischen Gesetzgeber zurückgeführt werden.[98] Wesentlicher Faktor im Rahmen dieses Erklärungsansatzes ist folglich ebenfalls die sich in der Person des neutralen und unabhängigen Richters manifestierende besondere Vertrauensstellung, die eine dem Rechtsstaat entsprechende Richtigkeitsgewähr

96 *Voßkuhle*, FS Wahl, S. 443 (445 f.).

97 *Rabe von Kühlewein*, Der Richtervorbehalt, S. 414; nach *Hüls*, Polizeiliche und staatsanwaltliche Ermittlungstätigkeit, S. 285, ist der Richtervorbehalt heute auch als „ein Ausdruck objektiver Gewaltenteilung zwischen Exekutive und Judikative" zu verstehen; dazu auch *dies.*, ZIS 4 (2009), 160 sowie *Voßkuhle*, FS Wahl, S. 443 (445); näher hierzu insgesamt *Gusy*, GA 2003, 672. Zum Richtervorbehalt des Art. 13 Abs. 2, 1. Halbsatz GG auch BVerfGE 139, 245 (265 f.).

98 Ausführlich zur Geschichte des Richtervorbehalts *Ollinger*, Die Entwicklung des Richtervorbehalts im Verhaftungsrecht, S. 376 ff.; vgl. dazu auch *Disselkamp*, Der Richtervorbehalt bei der Blutprobenentnahme gemäß § 81a Abs. 2 StPO, S. 56 ff.; *Bitzigeio*, Der Richtervorbehalt im Spannungsfeld normativer Anforderungen und polizeilicher Praxis, S. 7; *Prechtel*, Das Verhältnis der Staatsanwaltschaft zum Ermittlungsrichter, S. 178 ff. m. w. N.; *Meier*, ZRP 43 (2010), 223, 225.

biete.[99] Dies wird auch durch die abwehrrechtliche Funktion der Grundrechte unterstrichen, die den einzelnen Bürger in subjektiv-rechtlicher Hinsicht im Sinne eines umfassenden Systems der Grundrechtssicherung vor rechtswidrigen Eingriffen des Staates schützen und insofern durch den Richtervorbehalt noch verstärkt werden.[100] Die Tragweite dieser besonderen Kontrollfunktion ist in dem hier vorliegenden Fall einer Fixierung hervorzuheben, da die Durchführung einer solchen Zwangsmaßnahme nicht etwa der Staatsanwaltschaft oder der Polizei obliegt, sondern den behandelnden Ärzten und Therapeuten als öffentliche Gewalt ausübende Private,[101] die sich mit Blick auf die Tatbestandsvoraussetzungen des § 33 StrUG NRW unter Umständen in einer gefahrenträchtigen Situation der akuten Eigengefährdung befinden und vor diesem Hintergrund nur bedingt in der Lage

---

99 *Kolz,* Einwilligung und Richtervorbehalt, S. 132 f.

100 *Rabe von Kühlewein,* Der Richtervorbehalt, S. 414 f.; *Kolz,* Einwilligung und Richtervorbehalt, S. 125; *Talaska,* Der Richtervorbehalt, S. 65.

101 So das Bundesverfassungsgericht in seinem Urteil vom 24.07.2018 – 2 BvR 309/15, 2 BvR 502/16, Rn. 95 in Bezug auf die öffentlich-rechtliche Unterbringung. S. auch BGH, Urteil vom 22.11.2012 – III ZR 150/12, Rn. 13: „Maßnahmen der gegen den Willen des Betroffenen erfolgenden Unterbringung und der ärztlichen Zwangsbehandlung auf Grund der Unterbringungsgesetze (...) sind stets öffentlich-rechtlicher Natur." Vgl. zur Privatisierung des Maßregelvollzugs nach dem hessischen Maßregelvollzugsgesetz auch das Urteil des Zweiten Senats des Bundesverfassungsgerichts vom 18. Januar 2012 – 2 BvR 133/10, Rn. 153 ff., 158: „Der Vollzug strafrechtlich verhängter Freiheitsentziehungen gehört zum Kernbereich hoheitlicher Tätigkeit. Der Maßregelvollzug steht darin, auch was die Intensität der möglichen Grundrechtseingriffe angeht, dem Strafvollzug in nichts nach"; zu berücksichtigen ist, „dass die Verwendung von Beamten im hessischen Maßregelvollzug bereits lange vor der Privatisierungsentscheidung und den zugrunde liegenden Rechtsänderungen selbst auf der Leitungsebene (...) nicht mehr üblich war." Für die hiesige Konstellation ist daher die Schlussfolgerung zu ziehen, dass es zwar auch behandelnde Ärzte mit Beamtenstatus geben wird, die folglich in das Staatsgefüge integriert sind, vgl. Art. 33 Abs. 5 GG. Es ist jedoch davon auszugehen, dass dies nicht der Regelfall ist. Vgl. dazu auch *Muckel,* JA 44 (2012), 396; *Sachs,* JuS 52 (2012), 668. Folglich gilt, dass die Ärzte im Maßregelvollzug wohl überwiegend keine Amtsträger gemäß § 11 Abs. 1 Nr. 2 lit. a) StGB, sondern Angestellte eines privaten Rechtsträgers sind (der Inhaber des Privatkrankenhauses ist insoweit als kraft Gewohnheitsrecht beliehener Unternehmer anzusehen, vgl. OLG Frankfurt am Main (4. Zivilkammer), Urteil vom 16.07.2019 – 8 U 59/18, Rn. 60). Allerdings unterscheiden sich die behandelnden Ärzte im Bereich des Maßregelvollzuges von ihrer Funktion her dennoch grundlegend von den Ärzten in sogenannten freien Berufen. Dazu auch *Grünebaum/Volckart,* Maßregelvollzug, III. Rn. 492: „Die therapeutische Tätigkeit der Ärzte und Psychologen im Maßregelvollzug spielt sich nicht in einer privaten Enklave ab. Sie sind auch insoweit in die Struktur des Krankenhauses als Behörde eingebunden und üben öffentliche Gewalt aus." Ihre Tätigkeit ist folglich aus der Staatsgewalt abgeleitet und dient mit dem Vollzug der staatlich verhängten Freiheitsentziehung auch staatlichen Zwecken, sodass es sich um eine funktionelle Wahrnehmung öffentlich-rechtlicher Aufgaben handelt und die behandelnden Ärzte zumindest Amtsträger gemäß § 11 Abs. 1 Nr. 2 lit. c) StGB sein dürften, vgl. Leitner/Rosenau-*Gaede,* § 11 StGB Rn. 20; NK-StGB-*Saliger,* § 11 StGB Rn. 26.

sein werden, eine den juristischen und medizinischen Voraussetzungen voll entsprechende Gesamtabwägung unter enormen Stressfaktoren vorzunehmen. Wird in diese Betrachtung noch die besondere Grundrechtsrelevanz der Thematik eingestellt, so erscheint es durchaus einleuchtend, dass der Grundsatz der Gewaltenteilung als tragendes Organisationsprinzip des Grundgesetzes[102] Ausgangspunkt für die Interpretation des Richtervorbehalts sein und so zu einer Machtverteilung innerhalb und Mäßigung der Staatsgewalten führen kann.[103] Es scheint jedoch nicht angebracht, dem Personal der Unterbringungseinrichtung pauschal eine unentwegte Missachtung der Grundrechte der Patienten zu attestieren und daraus eine zwingende Notwendigkeit externer Kontrolle herzuleiten. *Baur* hat diese Problematik im Rahmen eines Vortrags auf dem „33. Expertengespräch zu Fragen von Psychiatrie und Recht" des Landschaftsverbandes Westfalen-Lippe in Münster am 3. September 2018 wie folgt umschrieben: „Ich kann auch verstehen, dass man als verantwortungsbewusster Mitarbeiter des Maßregelvollzugs am Psychiatriemisstrauen des Bundesverfassungsgerichts Anstoß nimmt. Schließlich verstehe ich, wenn man es nur noch mit Verwunderung quittieren kann, dass man für bestimmte Dinge künftig einen außenstehenden Dritten oder einen Richter braucht – als sei das eine pure Selbstverständlichkeit und die Praxis der letzten Jahrzehnte eine permanente und tiefgreifende Missachtung der Rechte der Untergebrachten gewesen."[104] Allerdings ist in dieser Debatte ebenso zu berücksichtigen, dass das vordergründige Ziel der Grundintervention keine Sanktion im Sinne einer Reaktion auf etwaige Rechtsüberschreitungen war, sondern vielmehr ein (möglichst) umfassender Grundrechtsschutz einer besonders hilfsbedürftigen Personengruppe. Zudem stellt es sich als eine mit der Psychiatrie seit jeher verbundene Problematik dar, dass die Bevölkerung über die Ausgestaltung, den Ablauf und den Alltag innerhalb einer solchen Unterbringungseinrichtung kaum Bescheid weiß, aber dennoch mit zahlreichen Vorbehalten und Vorurteilen belastet ist, die durch eine effektheischende Berichterstattung spektakulärer Einzelfälle wie derjenigen des Gustl Mollath noch verstärkt werden.[105] Zu dem mit Händen greifbaren Misstrauen

102 In BVerfG NJW 2015, 2787, 2788 heißt es: „Zentraler Ausgangspunkt für das Verständnis des Richtervorbehalts ist der Grundsatz der Gewaltenteilung als tragendes Organisationsprinzip des Grundgesetzes, dessen Bedeutung in der politischen Machtverteilung, dem Ineinandergreifen der drei Gewalten und der daraus resultierenden Mäßigung der Staatsherrschaft liegt."

103 Von Mangoldt/Klein/Starck-*Huber*, Art. 19 GG Rn. 468.

104 *A. Baur*, Forensische Psychiatrie und Psychotherapie 25 (2018), 244, 254.

105 Vgl. zu diesem Fall *Hauer*, NJ 67 (2013), 456; *dies.*, ZRP 46 (2013), 209; *T. Walter*, ZRP 47 (2014), 103; *Kasiske*, NJW-Spezial 10 (2013), 632; *Brunn*, NVwZ 33 (2014), 494; *G. Hirsch/Gerhardt*, ZRP 46 (2013), 188; vgl. auch *Schiemann*, ZRP 49 (2016), 98 – 101 zur Novellierung des Rechts der Unterbringung in einem psychiatrischen Krankenhaus.

der Bevölkerung und der Skandalwirkung des Falles unter deutlicher Mitwirkung der Medienlandschaft führt *Saimeh* überaus treffend das Folgende aus: „Die Medien waren bis auf sehr wenige Ausnahmen überregionaler Nachrichtenmagazine und Zeitungen versessen auf einen vermeintlichen Skandal, bei dem bis zum Ergebnis des Wiederaufnahmeverfahrens völlig ungewiss ist, ob er zum Skandal überhaupt taugt. Sie wollten eine Story und zwar eine unter so maßloser Verzerrung der notwendigen Kontextinformationen, (...) den man nur dann als Unfug entlarven kann, wenn man vom Fach ist. Hier wurde auf das übelste mit Ängsten der Bürger gespielt und vor allem Misstrauen in jene gesät, die die Psychiatrie als helfende Institution dringend benötigen.“[106] Vor diesem Hintergrund sind die Entscheidung des Bundesverfassungsgerichts sowie das anschließende Tätigwerden des Gesetzgebers begrüßenswert und auch als Vorgang mit deutlicher Symbolwirkung aufzufassen. Es soll dem Personal der Unterbringungseinrichtung gerade nicht die Vertrauenswürdigkeit in Bezug auf ihre rechtmäßige Aufgabenwahrnehmung abgesprochen, sondern vielmehr eine „rechtlich-psychiatrische Gesamtverantwortung“ für besonders tiefgreifende Grundrechtseingriffe erreicht werden. Ein solcher Erlaubnisvorbehalt der richterlichen Kontrolle generiert eine Rechtmäßigkeit der Entscheidung und sorgt aus der Sicht der betroffenen Person dafür, dass im Sinne einer „Vier-Augen-Prüfung“[107] unzulässige Grundrechtseingriffe und Nachlässigkeiten in der konkreten Handhabung zu seinen Lasten vermieden werden (können). Folglich ist der Erklärungsansatz der Verschränkung der Gewalten zugunsten des individuellen Grundrechtsschutzes des Betroffenen für die Funktionsbeschreibung des Richtervorbehalts im Anwendungsbereich des § 33 Abs. 2, 5 StrUG NRW als stimmig einzuordnen.

V. Zusammenfassende Betrachtung

Unter dem Eindruck der soeben vorgestellten Erwägungen zur Funktion des Richtervorbehalts zeigt sich deutlich, dass eine Heranziehung mehrerer Elemente zur

---

106 *Saimeh*, Dark Rooms – ist die Forensik eine Gefahr für psychisch kranke Menschen?, S. 77 f., orthografische Ungenauigkeiten sind dem Original entnommen worden.

107 *Rabe von Kühlewein*, Der Richtervorbehalt, S. 421, nennt es „Vier-Augen-Prinzip“, da die Einschaltung einer weiteren Instanz zur Kontrolle der Exekutive erreicht werden soll; zitiert auch bei *Disselkamp*, Der Richtervorbehalt bei der Blutprobenentnahme gemäß § 81a Abs. 2 StPO, S. 57. Die Verf. geht davon aus, dass die Einbeziehung der Gewalten ein vermittelndes Element hin zur gesetzeswahrenden Funktion des Richtervorbehalts sei, da diese bereits im Vorfeld eine Selbstkontrolle des Staates garantieren soll, um so nachträgliche Korrekturen auf Antrag des Betroffenen nach Möglichkeit überflüssig zu machen.

Erklärung des Richtervorbehalts gemäß § 33 Abs. 2, 5 StrUG NRW angezeigt ist. Als vielversprechend haben sich neben dem Gedanken der präventiven Rechtsschutzkonzeption durch eine unparteiische Instanz in Form des sachlich und persönlich unabhängigen Richters auch die Idee der Kompensation eines schwerwiegenden Grundrechtseingriffs, der Unmöglichkeit rechtzeitigen Rechtsschutzes sowie der Grundsatz der Gewaltenteilung als tragendes Organisationsprinzip des Grundgesetzes erwiesen. Insbesondere bei einem so schwerwiegenden Grundrechtseingriff wie der absehbar nicht nur kurzfristigen Fixierung soll das Instrument des Richtervorbehalts folglich dafür sorgen, dass die spezifischen Verfahrensvorschriften sowie die gesetzlichen Grenzen der Eingriffsnorm eingehalten werden, um damit einen effektiven und möglichst umfassenden Grundrechtsschutz zu gewährleisten.[108] Dies soll maßgeblich durch den neutralen und unabhängigen Richter[109] erfolgen, der aufgrund seiner juristischen Expertise und seiner daraus resultierenden (Vertrauens-)Stellung im Rechtssystem eine besondere Gewähr für die Richtigkeit der Entscheidung[110] bieten kann. Diese Kontrollfunktion kann freilich nur dann zufriedenstellend erfüllt werden, wenn auch tatsächlich eine einzelfallbezogene Prüfung der in Rede stehenden Maßnahme erfolgt.[111]

VI. Einbeziehung der spezifischen Situation des Untergebrachten im psychiatrischen Maßregelvollzug

Wird noch einmal in Erinnerung gerufen, dass Gegenstand des maßgeblichen Urteils des Bundesverfassungsgerichts vom 24. Juli 2018 die Zulässigkeit von Fixierungen im Rahmen der öffentlich-rechtlichen Unterbringung und damit vor allem die freiheitsentziehende Unterbringung psychisch kranker Menschen im Falle akuter Selbst- oder Fremdgefährdung Kern der Betrachtung ist, so stellt sich weiterführend die Frage, ob die spezifische Situation des Betroffenen in einer psychiatrischen Unterbringung wie derjenigen in einem psychiatrischen Krankenhaus im Rahmen der bisher aufgezeigten Funktionsbeschreibung des Richtervorbehalts im Anwendungsbereich des § 33 Abs. 2, 5 StrUG NRW ausreichend berücksichtigt

---

108 *Amelung*, NStZ 21 (2001), 337, 338; *Gusy*, ZRP 36 (2003), 275; *Schnarr*, NStZ 11 (1991), 209, 210; *Talaska*, Der Richtervorbehalt, S. 70; von Mangoldt/Klein/Starck-*Gusy*, Art. 104 GG Rn. 39 f. So auch *Rabe von Kühlewein*, Der Richtervorbehalt, S. 421, im Sinne einer tatbestandswahrenden Funktion des Richtervorbehalts; vgl. auch *Asbrock*, ZRP 31 (1998), 17.

109 BVerfGE 20, 162 (223); 57, 346 (355 f.); 76, 83 (91); 103, 142 (151); BVerfG NJW 2005, 275, (276); BVerfG 2 BvR 308/04, Beschluss vom 04.02.2005.

110 So auch *Kolz*, Einwilligung und Richtervorbehalt, S. 130.

111 S. dazu auch *Stadler*, ZRP 46 (2013), 179.

worden ist. Diese Frage ist für die vorliegende Arbeit von besonderer Bedeutung, da lediglich anhand einer umfassenden Funktionsbeschreibung auch abschließend ermittelt werden kann, ob das Rechtsschutzinstrument des Richtervorbehalts seiner ihm zugedachten Funktion gerecht werden und zu einer effektiven Grundrechtssicherung der Betroffenen beitragen kann. Zu diesem Zweck wird nachstehend zunächst die Unterbringungssituation unter Berücksichtigung des sog. Sonderopfers[112] des Untergebrachten analysiert, um auf dieser Grundlage die notwendigen Kernelemente einer Funktionsbeschreibung des Richtervorbehalts aufzeigen zu können.

1. Unterbringungssituation des psychiatrischen Maßregelvollzugs

Bei den Untergebrachten des psychiatrischen Maßregelvollzuges gemäß § 63 StGB handelt es sich grundsätzlich um Personen mit einem ausgeprägten psychiatrischen Krankheitsbild, die im Zustand der Schuldunfähigkeit oder verminderten Schuldfähigkeit gemäß §§ 20, 21 StGB eine rechtswidrige Anlasstat begangen haben und mithin aufgrund eines symptomatischen Zusammenhangs zwischen der Tatbegehung und dem krankhaften Zustand als potentiell gefährlich für die Allgemeinheit eingestuft worden sind, sodass eine unbefristete Freiheitsentziehung in Form der Unterbringung in einem psychiatrischen Krankenhaus gerichtlich angeordnet worden ist.[113] Wie bereits aufgezeigt wurde, befindet sich die untergebrachte Person daher regelmäßig in einer Situation außerordentlicher Abhängigkeit und ist krankheitsbedingt häufig nicht selbst dazu imstande, eigenständig für ihre Rechte einzustehen.[114] Sie ist in der Folge in besonderem Maße auf die verfahrensmäßige Sicherung ihres Freiheitsrechts angewiesen,[115] sodass in diesem Zusammenhang auch von einer drohenden faktischen Grundrechtsverkürzung gesprochen wurde.[116] Die Geschlossenheit der Unterbringungseinrichtung und die dadurch für

---

112 Das System der Zweispurigkeit und das postulierte Sonderopfer des Betroffenen sind seit jeher vielfacher Kritik in der rechtswissenschaftlichen Literatur ausgesetzt, s. dazu vor allem *Lindemann*, FS 2019, 99, 101; vgl. auch den bereits sehr früh geäußerten Vorwurf eines „Etikettenschwindels" bei *Kohlrausch*, ZStW 44 (1924), 21, 33; ausführlich zum Streitstand und zur Frage der Abgrenzbarkeit der Strafe und der Maßregeln der Besserung und Sicherung *Best*, ZStW 114 (2002), 88, 100 ff.; *Kaspar*, ZStW 127 (2015), 654, 667 ff. sowie *Eser*, FS Müller-Dietz, S. 213 (214 ff.).

113 Eine eingehende Auseinandersetzung mit den Anordnungsvoraussetzungen des § 63 StGB erfolgt im Rahmen des 2. Kapitels.

114 Vgl. dazu die Nachweise in der Einleitung.

115 BVerfG, Urteil vom 24.07.2018 – 2 BvR 309/15, 2 BvR 502/16, Rn. 82.

116 So *Bernsmann*, Maßregelvollzug und Grundgesetz, S. 143. Die Geltung der Grundrechte sowie die uneingeschränkte Grundrechtsmündigkeit des psychisch Kranken gelten heute jedoch in juristischer Hinsicht als allgemein anerkannter Grundsatz, vgl. *Hartmann*, Umfang und Grenzen ärztlicher Zwangsbehandlung, S. 70. Zum Ganzen auch BVerfG NJW 1984, 1025; NJW 1990, 2309.

alle Angehörigen und Beteiligten eingeschränkte Möglichkeit der Unterstützung und Begleitung von außen erfordern einen besonderen Schutz des Betroffenen.[117] Auch und gerade im Maßregelvollzug erscheint daher die verstärkte Sicherung der Grundrechte und die Kontrolle durch eine unabhängige und neutrale Instanz als Erklärungsansatz des Richtervorbehalts essentiell. Unter Berücksichtigung der eingeschränkten Handlungsmöglichkeiten im Falle einer akuten Krisensituation, in der eine Zwangsfixierung des Betroffenen aus der Sicht des ärztlichen Personals unabdingbar erscheint und der in dieser Situation entgegengesetzten Interessen von Arzt und Patient – nämlich einerseits dem Interesse des Arztes an einer Abwendung der im Einzelfall drohenden Gefahr durch eine Fixierung des Patienten und andererseits dem Interesse des Patienten an der Aufrechterhaltung seines Selbstbestimmungsrechts – ist zudem gerade die Neutralität des Richters von maßgeblicher Bedeutung. Dieser ist aufgrund seiner rechtssystematisch vorgesehenen unparteiischen Position weniger versucht, im Interesse einer größtmöglichen Effektivität der Zwangsmaßnahme die Grundrechte des Betroffenen in unverhältnismäßiger Weise und damit unzulässig einzuschränken, da er als unbeteiligter Dritter die Interessen des Rechtsstaates vertritt. Ganz allgemein ist in einem solchen Fall davon auszugehen, dass mit jeder (weiteren) Kontrolle einer Maßnahme durch eine andere Institution die Gewähr für die Richtigkeit bzw. Rechtmäßigkeit derselben steigt und das in Gang gesetzte Verfahren gehemmt wird,[118] sodass der Gefahr einseitiger Entscheidungen vorgebeugt werden kann. Wird dieser Gedanke weitergeführt, so zeigt sich deutlich, dass gerade durch die Übertragung der Entscheidungskompetenz auf eine andere Instanz naturgemäß ein erhöhter Legitimationsaufwand für den Antragsteller entsteht,[119] da dieser eine bestimmte Entscheidung begehrt, sodass die Erforderlichkeit der beantragten Zwangsmaßnahme einer tragfähigen sowie überzeugenden Begründung bedarf. Diese ersichtliche „Sperrwirkung"[120] des Rechtsschutzinstruments bedingt folglich insgesamt eine gewisse Disziplinierungsfunktion.

---

117 Vgl. dazu den Gesetzentwurf der Fraktionen der CDU/CSU und SPD, Entwurf eines Gesetzes zur Stärkung der Rechte von Betroffenen bei Fixierungen im Rahmen von Freiheitsentziehungen, BT-Drs. 19/8939, S. 11.

118 Vgl. zu diesem Gedanken auch *Kolz*, Einwilligung und Richtervorbehalt, S. 162.

119 *Lisken/Mokros*, NVwZ 10 (1991), 609, 613.

120 So bereits *Habermehl*, JA 1990, 331, 334 f. im Hinblick auf den nicht unerheblichen Legitimationsaufwand durch die Notwendigkeit der Einholung einer Genehmigung.

2. Sonderopfer des Untergebrachten

Gerade bei einer Thematik rund um den psychiatrischen Maßregelvollzug stellt sich überdies zwangsläufig die Frage, ob das sog. Sonderopfer des Untergebrachten auf die Funktionsbeschreibung des Richtervorbehalts gemäß § 33 Abs. 2, 5 StrUG NRW ausstrahlt, sodass diese zur Vermeidung einer möglichen Doppelbelastung des Betroffenen aufgrund des Grundrechtseingriffs durch die in Rede stehende Zwangsmaßnahme selbst sowie des durch die Unterbringung in der Maßregelvollzugseinrichtung auferlegten Sonderopfers ausgeweitet werden müsste. Allerdings gilt es hier zu beachten, dass der Gesetzgeber eine einfach-gesetzliche Ausgestaltung des Richtervorbehalts für Fixierungen unabhängig vom Gedanken des Sonderopfers für die Bereiche des Straf- und Maßregelvollzugs, des Jugendstraf- und Jugendarrestvollzugs sowie des Vollzugs der Untersuchungshaft geregelt hat, sodass es sich scheinbar um eine rein akademische Diskussion handelt. Unabhängig von der Frage der Stimmigkeit dieser gesetzlichen Ausgestaltung[121] entbindet eine solche aber gerade nicht von einer kritischen Auseinandersetzung mit den diesbezüglichen Kernfragen, da sich andernfalls eine strafrechtstheoretische und rechtssystematische Einordnung im Regelfall schlichtweg erübrigen würde. Zudem ist auch zu berücksichtigen, dass sich mithilfe einer solchen Erörterung wertvolle Aspekte für das verfassungsrechtliche Schutzniveau und die damit einhergehende Frage der Funktionstüchtigkeit des Richtervorbehalts gewinnen lassen, die sodann für die folgenden Kapitel fruchtbar gemacht werden können. Folgerichtig wird die Frage der Ausstrahlungswirkung des Sonderopfergedankens auf die Funktionsbeschreibung des Richtervorbehalts gemäß § 33 Abs. 2, 5 StrUG NRW zumindest in ihrem Grundgedanken für die hiesige Konstellation aufgeworfen und im Hinblick auf ihre Geeignetheit einer kritischen Würdigung unterzogen.

a) Begriffsbestimmung des Sonderopfers

Das Strafgesetzbuch unterscheidet in seinem zugrunde liegenden zweispurigen Rechtsfolgensystem zwischen den Strafen auf der einen Seite und den Maßregeln der Besserung und Sicherung auf der anderen Seite.[122] Nach herkömmlicher Begründung ist dabei die Schuld des Täters für die Verhängung der Strafe Voraussetzung im Sinne einer Strafbegründungsschuld sowie Straflimitierung im Sinne

---

121 S. zur Frage der Übertragbarkeit sowie zu einer Einordnung und Bewertung dieser Vorgehensweise durch den Gesetzgeber bereits die umfangreichen Nachweise in Fn. 25.

122 Z.T. wird die Wiedergutmachung der Tatfolgen als dritte Spur vorgeschlagen, s. *Eser*, FS Müller-Dietz, S. 213 (236); *Kaspar*, ZStW 127 (2015), 654, 689 f.; vgl. zur Eröffnung einer dritten Spur im Hinblick auf § 46a StGB vor allem *Lindemann*, FS 2019, 99. Ausführlich zu den Gründen für ein zweispuriges System, zu der Entwicklung der Maßregeln der Besserung und Sicherung sowie zur sog. Krise der Zweispurigkeit LK StGB-*Radtke*, Vor § 61 StGB Rn. 1–26.

einer Strafzumessungsschuld.[123] Im Gegensatz dazu stellen Maßregeln der Besserung und Sicherung gerade keine Reaktion auf schuldhaft begangene Rechtsverletzungen dar, da Anknüpfungspunkt für die Anordnung und konkrete Ausgestaltung der jeweiligen Maßregel vielmehr die besondere Gefährlichkeit des Täters für die Allgemeinheit ist.[124] Zweck der Maßregeln der Besserung und Sicherung ist es, die Gesellschaft im Sinne einer präventiven Gefahrenabwehr vor dem Täter zu schützen und ihm gleichzeitig mithilfe von Behandlungs- und Resozialisierungsangeboten die Möglichkeit der Besserung zu verschaffen.[125] Aus diesem Grund wird die mit der Maßregel verbundene Freiheitsentziehung als Sonderopfer des Betroffenen[126] zum Wohle der Allgemeinheit bezeichnet.[127] Es handele sich dabei um einen schwerwiegenden Eingriff in den Schutzbereich der individuellen Freiheit und personalen Integrität des Betroffenen, der nicht nur wegen des damit verbundenen Freiheitsentzuges, sondern auch aufgrund des aufgezwungenen Verzichts auf eine selbstbestimmte Lebensweise einen Schaden verursache, der über das allgemeine Lebensrisiko hinausgehe, da er keine von jedermann hinzunehmende Krankheitsfolge sei, sondern vielmehr das Ergebnis einer Zuschreibung von Gefährlichkeit als juristisch-normativer Konsequenz der Krankheit.[128] Bezogen auf die Unterbringung in einem psychiatrischen Krankenhaus gemäß § 63 StGB begründet die Rechtsprechung den Gedanken des Sonderopfers damit, dass die zugrunde liegende Störung oder Erkrankung schicksalhaft und damit die aus ihr abzuleitende Gefährlichkeit kein vom Untergebrachten beherrschbares Persönlichkeitsmerkmal sei.[129]

---

123 *Fischer,* StGB, § 46 StGB Rn. 5; Lackner/Kühl/Heger-*Heger,* § 46 StGB Rn. 23; *Landau,* NStZ 35 (2015), 665, 667 f.; MüKo StGB-*Radtke,* Vorbemerkung zu § 38 StGB Rn. 69; *F. Walter,* JA 47 (2015), 87, 88; Schönke/Schröder-*Kinzig,* Vorbemerkung zu den §§ 38 ff. StGB Rn. 18.

124 S. nur *Lindemann,* Die Sanktionierung unbotmäßigen Patientenverhaltens, S. 49 f., 334; MüKo StGB-*van Gemmeren,* § 61 StGB Rn. 2; LK StGB-*Radtke,* Vor § 61 StGB Rn. 27 f.

125 *Eser,* FS Müller-Dietz, S. 213 (215).

126 S. zum Sonderopfer im Rahmen der Unterbringung in einem psychiatrischen Krankenhaus gemäß § 63 StGB im Vergleich zur Sicherungsverwahrung gemäß § 66 StGB auch OLG Hamm (1. Strafsenat), Beschluss vom 28.07.2015 – 1 Vollz (Ws) 260/15.

127 BVerfG, Urteil vom 05.02.2004 – 2 BvR 2029/01, Rn. 11; Urteil vom 04.05.2011 – 2 BvR 2333/08 u. a., Rn. 101; Beschluss vom 27.03.2012 – 2 BvR 2258/09, Rn. 62; *Landau,* NStZ 35 (2015), 665, 668; *Lindemann,* FS 2019, 99, 103; *Eisenberg,* NStZ 24 (2004), 240, 241; MüKo StGB-*van Gemmeren,* § 61 StGB Rn. 2; *Grünebaum/Volckart,* Maßregelvollzug, Einl. Rn. 2, III. Rn. 385; *Pollähne,* Verfassungsrechtliche Grundlagen und Menschenrechte, S. 31 Rn. B36 ff.; LK StGB-*Radtke,* Vor § 61 StGB Rn. 29; abl. *Bublitz,* ZIS 6 (2011), 714, 721 ff.

128 *Pollähne,* Verfassungsrechtliche Grundlagen und Menschenrechte, S. 43 f. Rn. B39.

129 BVerfGE 130, 372, 390 (27.03.2012 – 2 BvR 2258/09).

b) Ausstrahlungswirkung auf die Funktionsbeschreibung

Unabhängig von der komplexen Frage nach der prinzipiellen Abgrenzbarkeit von Strafe und Maßregel der Besserung und Sicherung ergibt sich bereits *prima vista*, dass die beiden Sanktionsformen zwar nicht im rechtssystematischen Sinne in ihrem kategorialen Anknüpfungspunkt (Schuld – Gefährlichkeit), jedoch in wesentlichen Punkten ihrer Begründungskonstruktionen und Zielvorstellungen übereinstimmen und so ein einheitliches Strafrechtsfolgensystem bilden.[130] Die grundlegende Entscheidung, welche rechtsstaatliche Grundrechtsabsicherung bei bestimmten Zwangsmaßnahmen zum Tragen kommt, darf jedoch nicht alleine von der Klassifizierung einer Reaktion als Strafe oder Maßregel der Besserung oder Sicherung abhängen, da andernfalls ausschließlich der Gesetzgeber über das Ausmaß und die Ausgestaltung des Rechtsschutzes entscheiden könnte.[131] Die besondere Belastung der den Richtervorbehalt auslösenden Zwangsmaßnahme ergibt sich ausschließlich durch eine nähere Betrachtung des in Rede stehenden Grundrechtseingriffs selbst und nicht erst durch einen vergleichenden Blick auf andere staatliche Vollzugsformen wie den Strafvollzug.[132] Das bedeutet, dass nicht das Sonderopfer über das rechtsstaatliche Schutzniveau entscheidet, sondern allein die Belastungswirkung der jeweiligen Maßnahme. Auch der Gedanke der größtmöglichen Grundrechtseffektivität spricht gerade dafür, vollzugsübergreifend einen gleichbleibend hohen rechtsstaatlichen Schutzstandard einzurichten.[133] Das hat zur Konsequenz, dass der Rechtsschutzmechanismus aus rechtsstaatlichen Gesichtspunkten für alle Formen des staatlichen Freiheitsentzugs[134] zum Tragen kommt, sodass die Aufopferung des Betroffenen zwar zwingend zu einem ausdifferenzierten Angebot von Behandlungs- und Rehabilitationsmaßnahmen zum Schadensausgleich und zur Herstellung

---

130 So zutreffend auch NK-StGB-*Neumann/Saliger*, Vorbemerkungen zu § 1 StGB Rn. 300. Nach *Kaspar*, ZStW 127 (2015), 654, 678 sei es treffender, die strafrechtlichen Sanktionen auf einem Kontinuum von Präventionsdimensionen einzuordnen.

131 *Jung*, Was ist Strafe?, S. 37, verweist darauf, dass „man die begrifflichen Einordnungen durch den Gesetzgeber nicht ungeprüft übernehmen sollte, wenn es sich um die Bewertung der Konsequenzen für die Betroffenen und das verfügbare Rechtsschutzinstrumentarium handelt (...)“.

132 Vgl. zu diesem Gedanken in Bezug auf die Einordnung der Sicherungsverwahrung *Kaspar*, ZStW 127 (2015), 654, 671.

133 *Best*, ZStW 114 (2002), 88, 97. Dies soll jedoch gerade nicht bedeuten, dass die Maßnahme der Fixierung nunmehr flächendeckend in allen Unterbringungsformen einer strafrechtlich begründeten Freiheitsentziehung für zulässig erklärt werden sollte, sodass in der Folge erstmalig Fixierungsbetten angeschafft würden, vgl. zu dieser Befürchtung *A. Baur*, NJW 72 (2019), 2273, 2277.

134 Zu beachten ist jedoch, dass die hiesigen Argumentationsmuster vor allem auf die psychische Erkrankung des Betroffenen abgestimmt sind und sich vor diesem Hintergrund nicht ohne Weiteres auf jegliche Form des Freiheitsentzugs beziehen können. Dieser Gedanke soll an dieser Stelle jedoch nicht weiter vertieft werden.

seiner Entlassungsfähigkeit führen muss,[135] dies aber im Umkehrschluss nicht bedeuten darf, dass der Strafvollzug herabzustufen[136] und dort rechtsstaatlich zwingende Grundrechtssicherungen wie der Richtervorbehalt zu versagen sind.[137] Es sollte aus verfassungsrechtlicher Sicht also stets auf eine Verbesserung der Vollzugsverhältnisse hingewirkt werden, die gleichermaßen den Straf- und Maßregelvollzug in den Blick nimmt.[138] Folglich stellt sich der Gedanke des Sonderopfers zwar als verfassungsrechtlich und rechtstaatlich überaus bedeutsam, aber nicht als erklärungstauglich für die Funktionsbeschreibung des Richtervorbehalts im Anwendungsbereich des § 33 Abs. 2, 5 StrUG NRW dar.

VII. Finale Funktionsbeschreibung des Richtervorbehalts im Anwendungsbereich des § 33 Abs. 2, 5 StrUG NRW

Unter dem Eindruck dieser Erkenntnisse soll der Richtervorbehalt des § 33 Abs. 2, 5 StrUG NRW folglich bei einem so schwerwiegenden Grundrechtseingriff wie der absehbar nicht nur kurzfristigen Fixierung des Untergebrachten im Rahmen der Unterbringung in einem psychiatrischen Krankenhaus dafür sorgen, dass die spezifischen Verfahrensvorschriften sowie die gesetzlichen Grenzen eines Eingriffs eingehalten werden (Kontrollfunktion), um damit einen effektiven und möglichst umfassenden Grundrechtsschutz zu gewährleisten (Grundrechtssicherungsfunktion). Der neutrale und unabhängige Richter bietet aufgrund seiner juristischen Expertise und der daraus resultierenden Vertrauensstellung im Rechtssystem eine besondere Gewähr für die Richtigkeit der Entscheidung. Gerade die Gedanken des Grundrechtsschutzes und die damit einhergehende verstärkte Sicherung des Grundrechts aus Art. 2 Abs. 2 GG sind im psychiatrischen Maßregelvollzug aufgrund der außerordentlichen Abhängigkeit der Betroffenen und der krankheitsbedingt häufig fehlenden Möglichkeit einer eigenständigen und eigenverantwortlichen Grundrechtssicherung zu akzentuieren. Wegen der Grundrechtssensibilität der Materie ist die verfassungs- und gesetzesmäßige Durchsetzung von Zwangsmaßnahmen von herausragender Bedeutung für eine funktionierende Rechtsordnung. Der Richtervorbehalt des § 33 Abs. 2, 5 StrUG NRW schützt damit die Integrität des Rechtsstaates und stellt insgesamt sicher, dass die Zwangsmaßnahme der Fi-

---

135 Vgl. nur *Pollähne*, Verfassungsrechtliche Grundlagen und Menschenrechte, S. 44 Rn. B40.

136 Ein zugleich plastisches und erfreuliches Beispiel schildert *Koop*, Forens Psychiatr Psychol Kriminol 13 (2019), 47 in einem Erfahrungsbericht über die Auswirkungen einer Reform in der JVA Oldenburg während seiner Zeit als Anstaltsleiter.

137 So zutreffend auch *Lindemann*, FS 2019, 99, 103.

138 S. dazu *Lindemann*, FS 2019, 99, 103 mit konkreten Verbesserungsvorschlägen und Nachweisen.

xierung stets auf dem Willen des demokratisch legitimierten Gesetzgebers beruht.[139] Darüber hinaus ist dem Richtervorbehalt auch eine Sperrwirkung im Sinne einer Disziplinierungsfunktion immanent. Die intensivierte Grundrechtssicherung ist aber nicht aufgrund eines Sonderopfers des Betroffenen auf die Unterbringung im Maßregelvollzug beschränkt, sondern aus den gezeigten rechtsstaatlichen Gesichtspunkten vielmehr auf alle Formen der staatlichen Freiheitsentziehung zu erstrecken, da nicht die jeweilige Unterbringungsform, sondern ausschließlich die besondere Belastungswirkung der Maßnahme die intensivierte Grundrechtssicherung auslöst.[140]

B. Richterliche Prüfungs- und Entscheidungskompetenz

Anknüpfend an diese Funktionsbeschreibung des Richtervorbehalts im Rahmen des § 33 Abs. 2, 5 StrUG NRW drängt sich nun die Frage auf, welchen tatsächlichen Umfang die Prüfungs- und Entscheidungskompetenz des Richters aufweist. Daher werden an dieser Stelle die Anforderungen an die Justizorganisation aufgezeigt und neben der personellen und sachlichen Ausstattung des Gerichts auch die Erreichbarkeit des richterlichen Bereitschaftsdienstes thematisiert.

I. Anforderungen an die Justizorganisation

Die zentralen Bausteine des Gewährleistungsgehalts der Richtervorbehalte im Hinblick auf die Rechtspraxis hat *Voßkuhle* anschaulich wie folgt umschrieben: „Die gewaltenübergreifende Verschränkung von behördlichem Verfahren und richterlicher Anordnung kennzeichnet den Richtervorbehalt und stellt besondere Anforderungen an die Gestaltung des institutionellen Zusammenspiels."[141] Aufgrund der Grundrechtssicherungsfunktion des Richtervorbehalts sind daher alle staatlichen Organe dazu verpflichtet, auch für die praktische Wirksamkeit des Richtervorbe-

---

139 So auch *Disselkamp,* Der Richtervorbehalt bei der Blutprobenentnahme gemäß § 81a Abs. 2 StPO, S. 54.

140 Das soll aber – wie in Fn. 133 gezeigt – gerade nicht bedeuten, dass eine flächendeckende Normierung der Tatbestandsvoraussetzungen einer Fixierung in jeglicher staatlichen Freiheitsentziehungsform und eine damit verbundene Erklärung der Zulässigkeit einer Fixierung erforderlich ist.

141 *Voßkuhle,* FS Wahl, S. 443 (448).

halts Sorge zu tragen.[142] Zu diesem Zweck besteht ein ungeschriebenes Gebot zu effektiver Kooperation.[143] Der verfassungsrechtlich begründeten Pflicht einer umfassenden Prüfung im Einzelfall könne der Richter nur bei einer entsprechenden Geschäftsverteilung, einer ausreichenden personellen sowie sachlichen Ausstattung des Gerichts, bei ausreichenden Aus- und Fortbildungsmöglichkeiten sowie einer vollständigen Informationsgrundlage nachkommen.[144] In personeller Hinsicht ist es folglich erforderlich, dass Richter in ausreichender Zahl zur Ausübung der Richtervorbehalte zur Verfügung stehen. In sachlicher Hinsicht ist dafür Sorge zu tragen, dass die verfassungsmäßig erforderliche Einzelfallprüfung des jeweiligen Richters durch die Bereitstellung eines angemessenen Arbeitsplatzes, die Möglichkeit eines Zugriffs auf Fachliteratur und Rechtsprechung sowie eine telekommunikative Erreichbarkeit gewährleistet ist.[145] Damit einhergehend muss der Richter sicherstellen, dass er entsprechend erreichbar ist und in einer angemessenen Zeit über die Anträge entscheiden kann.[146] Nach Ansicht von *Wiesneth* sollte überdies flächendeckend ein sog. Bereitschaftsdienstkoffer zur Verfügung stehen, der neben einem Mobiltelefon, einem Laptop mit Drucker und Faxfunktion sowie einem Diktiergerät auch einen Ordner mit einer umfassenden Formularsammlung beinhaltet.[147]

Dem Gebot der praktischen Wirksamkeit des Richtervorbehalts entsprechend, bedarf es eines richterlichen Bereitschaftsdienstes, der die uneingeschränkte Erreichbarkeit eines Ermittlungsrichters[148] am Tage, auch außerhalb der üblichen Dienststunden, gewährleistet.[149] Die Tageszeit muss dabei ganzjährig den Zeitraum von 6:00 bis 21:00 Uhr abdecken.[150] Ein Nachtdienst ist demgegenüber lediglich dann erforderlich, wenn mit einem erhöhten Fallaufkommen zu rechnen ist und

---

142 BVerfG, Urteil vom 24.07.2018 – 2 BvR 309/15, 2 BvR 502/16, Rn. 96 sowie BVerfGE 105, 239 (248); für Art. 13 GG vgl. BVerfGE 103, 142 (151 f.).

143 So *Voßkuhle*, FS Wahl, S. 443 (448) mit Verweis auf BVerfGE 103, 142 (152).

144 BVerfGE 103, 142 (152 f.) = NJW 2001, 1121; BVerfGE 139, 245 (267) = NJW 2015, 2787.

145 *Wildhagen*, Persönlichkeitsschutz, S. 152.

146 *Krehl*, NStZ 23 (2003), 461, 462.

147 *Wiesneth*, Der amtsgerichtliche Bereitschaftsdienst, § 1 V Rn. 9.

148 Ausführlich zum Begriff und zum Status des Ermittlungsrichters *Prechtel*, Das Verhältnis der Staatsanwaltschaft zum Ermittlungsrichter, S. 1 ff.

149 BVerfG, Beschluss des Zweiten Senats vom 12. März 2019 – 2 BvR 675/14, Rn. 58; BVerfGE 105, 239 (248) = NJW 2002, 3161; BVerfGE 139, 245 (267 f.) = NJW 2015, 2787, Rn. 64.

150 BVerfG, Urteil vom 24.07.2018 – 2 BvR 309/15, 2 BvR 502/16, Rn. 100: „Um den Schutz des Betroffenen sicherzustellen, bedarf es in diesem Zusammenhang eines täglichen richterlichen Bereitschaftsdienstes, der – in Orientierung an § 758a Abs. 4 Satz 2 ZPO – den Zeitraum von 6:00 Uhr bis 21:00 Uhr abdeckt“. Zur Erreichbarkeit des Richters während der Nachtzeit BVerfG, NJW 2002, 3161, 3162; 2004, 1442; OLG Hamm, NJW 2009, 3109; OLG Brandenburg, NStZ-RR 2009, 247.

somit ein praktischer Bedarf besteht,[151] der dann anzunehmen ist, wenn er über den bloßen Ausnahmefall hinausgeht.[152] Vor diesem Hintergrund ist zu fordern, dass in regelmäßigen Abständen das nächtliche Fallaufkommen geprüft und so festgestellt wird, ob es sich dabei lediglich um Ausnahmefälle handelt.[153] Dies haben die Gerichtspräsidien nach pflichtgemäßem Ermessen in eigener Verantwortung zu entscheiden. Dabei ist davon auszugehen, dass ihnen für die Art und Weise der Bedarfsermittlung ein Beurteilungs- und Prognosespielraum zusteht.[154] Maßgeblich sind zudem stets die spezifischen Verhältnisse im jeweiligen Gerichtsbezirk, sodass sich generelle Vorgaben verbieten.[155] Inwiefern ein solch erhöhter tatsächlicher Bedarf zur Nachtzeit für absehbar nicht nur kurzfristige Fixierungen im Anwendungsbereich des § 33 StrUG NRW besteht, kann daher nicht allgemeingültig bestimmt werden, sondern bedarf einer genaueren Untersuchung in Form einer hinreichend plausiblen Bedarfsprognose der Gerichtspräsidien in den jeweiligen Gerichtsbezirken.[156] Mit Blick auf die vorstehenden Ausführungen stellt sich jedoch die von erheblicher praktischer Relevanz geprägte Grundsatzfrage, wann noch von einem solchen Ausnahmefall auszugehen ist, der die Einrichtung eines Nachtdienstes prinzipiell nicht erforderlich macht und ab wann ein darüber hinausgehender tatsächlicher Bedarf besteht. Denn zu beachten gilt, dass ein solcher Grundrechtseingriff wie bei der Fixierung des Betroffenen zur Nachtzeit (mindestens) die gleiche Intensität aufweist wie ein solcher am Tage, sodass dementsprechend auch die gleiche oder zumindest eine vergleichbare Schutzbedürftigkeit des Betroffenen besteht.[157] Die erhebliche Grundrechtsrelevanz der Thematik sowie ihre besondere Bedeutung für den von der Zwangsmaßnahme betroffenen Personen müssen daher zwingend in diese Entscheidung einbezogen werden. Zudem

---

151 Hömig/Wolff-*Wolff*, Art. 104 GG Rn. 8; *Wiesneth*, Der amtsgerichtliche Bereitschaftsdienst, § 1 IV Rn. 8; *Wildhagen*, Persönlichkeitsschutz, S. 153; von Mangoldt/Klein/Starck-*Gusy*, Art. 104 GG Rn. 43; zur Gewährleistung richterlichen Eildienstes zur Nachtzeit in Bezug auf Art. 13 GG auch *Rabe von Kühlewein*, NStZ 30 (2010), 165.

152 BVerfG, Beschluss vom 12.03.2019 – 2 BvR 675/14, Rn. 58; BVerfGE 139, 245 (268); BVerfGK 2, 176 (178); 5, 74 (78). Vgl. zu dieser Entscheidung und ihren Auswirkungen auch die Anmerkungen von *Jahn*, JuS 59 (2019), 822; *Krumm*, NJW 72 (2019), 1428; *Muckel*, JA 51 (2019), 471; *Sachs*, JuS 59 (2019), 1039; *Vahle*, Kriminalistik 2019, 383.

153 OLG Hamm NJW 2009, 3109 (3112).

154 BVerfG, Beschluss vom 12.03.2019 – 2 BvR 675/14, Rn. 68 = BVerfGE NJW 2019, 1428, 1431.

155 BVerfG, Beschluss vom 12.03.2019 – 2 BvR 675/14, Rn. 71 = BVerfGE NJW 2019, 1428, 1431.

156 Zu den Bereichen mit praktischem Bedarf und zur „Beweislast" für einen tatsächlichen Ausnahmefall äußern sich *Fickenscher/Dingelstadt*, NJW 62 (2009), 3473, 3474.

157 So auch *Diekjobst*, RUB RR 2019, 1, 5, der zudem darauf hinweist, dass im Rahmen von § 758a Abs. 4 S. 2 ZPO die Vollstreckung einer richterlich angeordneten Durchsuchungsmaßnahme durch einen Gerichtsvollzieher geregelt ist, die grundsätzlich nicht zur Nachtzeit stattfindet.

ist in diesem Zusammenhang auch mit Nachdruck zu fordern, dass die Entscheidung des Bundesverfassungsgerichts nicht zu einer Herabsetzung der richterlichen Erreichbarkeit und einer damit verbundenen Einschränkung des Bereitschaftsdienstes führen darf.

II. Organisation des Bereitschaftsdienstes

Die Regelung des Bereitschaftsdienstes stellt sich als originär richterliche Aufgabe dar, sodass die Organisation dem jeweils zuständigen Präsidium obliegt.[158] Dies umfasst auch Ausmaß und Art der Regelung, über die das Präsidium sodann nach pflichtgemäßem Ermessen zu entscheiden hat.[159] Es obliegt daher den Präsidien der Amtsgerichte am Sitz der Staatsanwaltschaft (oder ihrer Zweigstelle, vgl. § 162 Abs. 1 S. 1 StPO) oder dem Präsidium des Landgerichts im Falle der Bereitschaftsdienstkonzentration gemäß § 22c GVG, im Einvernehmen mit den Präsidien der einbezogenen Amtsgerichte eine Prognoseentscheidung darüber zu treffen, ob und inwieweit in dem jeweils betroffenen Gerichtsbezirk ein über den Ausnahmefall hinausgehender praktischer Bedarf für die Einrichtung eines nächtlichen ermittlungsrichterlichen Bereitschaftsdienstes besteht.[160]

Nach § 22c Abs. 1 S. 1 GVG werden die Landesregierungen ermächtigt, durch Rechtsverordnung zu bestimmen, dass für mehrere Amtsgerichte im Bezirk eines Landgerichts oder mehrere Landgerichte im Bezirk eines Oberlandesgerichts ein gemeinsamer Bereitschaftsdienstplan aufgestellt wird oder ein Amtsgericht die Geschäfte des Bereitschaftsdienstes ganz oder teilweise wahrnimmt, wenn dies zur Sicherstellung einer gleichmäßigeren Belastung der Richter mit Bereitschaftsdiensten angezeigt ist. Nach der zweiten Variante der Norm kann folglich im Sinne einer „Konzentrationslösung" bestimmt werden, dass ein Amtsgericht im Bezirk eines Landgerichts die Geschäfte des Bereitschaftsdienstes ganz oder teilweise übernimmt. Nach der ersten Variante kann im Sinne einer „Pool-Lösung" auch bestimmt werden, dass für mehrere Amtsgerichte im Bezirk eines Landgerichts ein gemeinsamer Bereitschaftsdienstplan aufgestellt wird.[161] Gemäß § 22c Abs. 1 S. 4 GVG beschließen über die Verteilung der Geschäfte des Bereitschaftsdienstes nach Maßgabe des § 21e GVG im Einvernehmen die Präsidien der Landgerichte sowie im Einvernehmen mit den Präsidien der betroffenen Amtsgerichte. Kommt eine solche

---

158 *Schulte-Kellinghaus*, NJW 57 (2004), 477.
159 *Walther*, HeMi 2/2018, 6, 7 f.
160 BVerfG, Beschluss des Zweiten Senats vom 12. März 2019 – 2 BvR 675/14, Rn. 69.
161 Zum Ganzen s. *Wiesneth*, Der amtsgerichtliche Bereitschaftsdienst, § 1 III Rn. 5.

Einigung nicht zu Stande, obliegt die Beschlussfassung gemäß § 22c Abs. 1 S. 5 GVG dem Präsidium des Oberlandesgerichts, zu dessen Bezirk die Landgerichte gehören. Nach § 22c Abs. 2 GVG können die Landesregierungen die Ermächtigung nach Absatz 1 auch auf die Landesjustizverwaltungen übertragen.[162] Der Bereitschaftsdienstplan muss dabei Bestimmungen über die jeweils geltenden Zeiträume der Regelung enthalten sowie darüber, welche Richter im Einzelfall zum Bereitschaftsdienst eingeteilt sind; im Falle der „Pool-Lösung" ist zu regeln, welches Gericht zuständig ist und wie die Zuständigkeiten dann abzugrenzen sind, wenn der nach der regulären Geschäftsverteilung zuständige Richter erreichbar ist.[163] Für Nordrhein-Westfalen existiert eine darauf beruhende Bereitschaftsdienst-Verordnung (NRWBereitschDVO)[164], die in § 1 einen gemeinsamen Bereitschaftsdienstplan für ausgewählte Amtsgerichte vorsieht sowie in § 2 eine Konzentration des Bereitschaftsdienstes festlegt.

III. Prüfungsumfang

Mit der oben eingehend herausgearbeiteten Kontroll- und Grundrechtssicherungsfunktion des Richters korrespondiert naturgemäß die verfassungsrechtliche Verpflichtung zu einer einzelfallbezogenen und sorgfältigen Prüfung.[165] Während die Norm des § 21a Abs. 5 S. 1–3 MRVG NRW vorsah, dass eine absehbar nicht nur kurzfristige Fixierung nach Maßgabe des Absatzes 2 der vorherigen ärztlichen und richterlichen Anordnung bedurfte und die Anordnung nur bei Gefahr im Verzug durch die therapeutische Leitung oder, wenn deren Entscheidung nicht rechtzeitig eingeholt werden konnte, durch andere Bedienstete der Einrichtung vorläufig getroffen werden durfte, bestimmt § 33 Abs. 4 S. 1 StrUG NRW dagegen, dass eine Fixierung zunächst unabhängig von ihrer absehbaren Dauer von der therapeutischen Leitung nach vorheriger ärztlicher Inaugenscheinnahme und Stellungnahme angeordnet wird und lediglich die Durchführung einer Fixierung, durch die die Bewegungsfreiheit der untergebrachten Person absehbar nicht nur kurzfristig aufgehoben wird, nach § 33 Abs. 5 S. 1 StrUG NRW der vorherigen richterlichen Entscheidung über die Zulässigkeit der Anordnung unter Beachtung der in Absatz 2

162 Zum Interessenkonflikt zwischen den Richtern am Amtsgericht und der Landesjustizverwaltung vor dem Hintergrund des Gewaltenteilungsgrundsatzes *Schulte-Kellinghaus*, NJW 57 (2004), 477.
163 KK StPO-*Barthe*, § 22c GVG Rn. 5.
164 Verordnung über die Zusammenfassung von Geschäften des Bereitschaftsdienstes bei den Amtsgerichten des Landes Nordrhein-Westfalen (Bereitschaftsdienst – VO – § 22c GVG) vom 23. September 2003, zuletzt geändert durch Art. 1 Achte ÄndVO vom 12.6.2020 (GV. NRW. S. 511).
165 Vgl. dazu *Stadler*, ZRP 46 (2013), 179.

genannten Voraussetzungen bedarf. Musste nach § 21a Abs. 5 MRVG NRW folglich der Richter die in Rede stehende Maßnahme anordnen, so entscheidet dieser nunmehr nach Maßgabe des § 33 Abs. 5 StrUG NRW über die Durchführung der Fixierung aufgrund der Anordnung durch die therapeutische Leitung der Unterbringungseinrichtung.[166] Es stellt sich nun die Frage, ob diese Novellierung auch eine Änderung des Prüfungsprogramms und -umfangs der richterlichen Entscheidung zur Folge haben könnte. Das Bundesverfassungsgericht selbst geht in seiner Entscheidung vom 24. Juli 2018 davon aus, dass wegen der Eilbedürftigkeit der Gefährdungssituation im Sinne einer Abwehr der von dem Betroffenen ausgehenden akuten Selbst- oder Fremdgefährdung regelmäßig erst eine nachträgliche richterliche Entscheidung erwartet werden kann, die grundsätzlich dann zulässig ist, wenn der mit der Freiheitsentziehung verfolgte verfassungsrechtlich zulässige Zweck nicht erreichbar wäre, sofern die richterliche Entscheidung abgewartet werden müsste.[167] Dass eine (vorläufige) Anordnungskompetenz der therapeutischen Leitung der Unterbringungseinrichtung tatbestandlich normiert worden ist, erscheint vor diesem Hintergrund folglich sachgerecht und praxisorientiert.[168] Da die in Rede stehende Maßnahme unabhängig von der Frage, ob der Richter nach der einfach-gesetzlichen Ausgestaltung auf Landesebene die besondere Sicherungsmaßnahme der Fixierung originär anordnet oder er über die Zulässigkeit der Anordnung durch die Einrichtung entscheidet, nach den Vorgaben der Verfassung grundsätzlich erst dann durchgeführt werden darf, wenn ein Richter über Zulässigkeit und Verhältnismäßigkeit der Zwangsmaßnahme entschieden hat, kann eine Änderung des Prüfungsprogramms des entscheidenden Richters in der Neufassung der den Richtervorbehalt enthaltenden Ermächtigungsgrundlage in Gestalt des § 33 Abs. 5 StrUG NRW nicht erblickt werden. In beiden Fällen hat der Richter kraft seiner ihm durch die Verfassung gewährleisteten unabhängigen Entscheidungskompetenz zu überprüfen, ob die Tatbestandsvoraussetzungen der jeweiligen Ermächtigungsgrundlage erfüllt sind und eine Fixierung des Untergebrachten

---

166 Anzumerken ist an dieser Stelle, dass der Begriff der „Anordnung" innerhalb des § 33 StrUG NRW uneinheitlich verwendet wird. Während § 33 Abs. 4 u. Abs. 5 S. 1 StrUG NRW explizit eine Anordnungskompetenz der therapeutischen Leitung statuieren und dem Richter demgegenüber die Prüfung der Zulässigkeit der Anordnung unter Beachtung der in Absatz 2 genannten Voraussetzungen überantworten, sieht § 33 Abs. 9 S. 2 StrUG NRW eine Belehrung der untergebrachten Person durch die Einrichtung über die Möglichkeit vor, die Rechtmäßigkeit der durchgeführten Fixierung gerichtlich überprüfen zu lassen, soweit die Fixierung nicht richterlich angeordnet worden ist.

167 BVerfG, Urteil vom 24.07.2018 – 2 BvR 309/15, 2 BvR 502/16, Rn. 98.

168 Vgl. dazu auch Gesetzentwurf der Landesregierung, Gesetz zur Durchführung strafrechtsbezogener Unterbringungen in einem psychiatrischen Krankenhaus und einer Entziehungsanstalt in Nordrhein-Westfalen (Strafrechtsbezogenes Unterbringungsgesetz NRW – StrUG NRW) vom 13. Januar 2021, LT-Drs. 17/12306, S. 78.

durchgeführt werden darf. Im Lichte und nach Maßgabe des Art. 104 Abs. 2 S. 1 GG hat er folglich in alleiniger Kompetenz über die Zulässigkeit und Fortdauer einer solchen Freiheitsentziehung zu entscheiden. Beruht die Freiheitsentziehung nicht auf einer richterlichen Anordnung, so ist nach Art. 104 Abs. 2 S. 2 GG unverzüglich eine richterliche Entscheidung herbeizuführen. Der Richter behält daher stets und in vollem Umfang die Verantwortung für die freiheitsentziehende Maßnahme.[169] Anknüpfungspunkt für die richterliche Prüfung sind demgemäß vorrangig die verfassungsrechtlichen Vorgaben, während die einfach-gesetzliche Regelung von lediglich untergeordneter Bedeutung ist. Keine für den Richter entscheidungserhebliche Rolle dürfen zudem die Ausführungen und Angaben der jeweiligen Unterbringungseinrichtung spielen. Würde dies anders gesehen, so könnten der Landesgesetzgeber und die jeweilige Unterbringungseinrichtung gleichsam durch die Hintertür das Prüfungsprogramm des nach Maßgabe des Art. 92 GG unabhängigen Richters vorgeben und modifizieren. Folgerichtig ist daher festzustellen, dass mit der Neufassung des § 33 StrUG NRW lediglich in struktureller Hinsicht der Ablauf sowie die maßgebliche Vorgehensweise in einer tatbestandsmäßigen Gefährdungssituation innerhalb der Unterbringungseinrichtung den Bedürfnissen einer handlungsorientierten Praxis angepasst worden sind. Damit geht jedoch unter dem Eindruck der vorstehenden Erkenntnisse gerade keine Änderung des richterlichen Prüfungsprogrammes einher.

Der Richter hat daher zunächst zu prüfen, ob die jeweils erforderlichen tatbestandlichen Voraussetzungen für den in Rede stehenden Grundrechtseingriff gegeben sind und die Anordnung durch die therapeutische Leitung der Unterbringungseinrichtung bzw. die Durchführung der Zwangsmaßnahme bei Gefahr im Verzug gesetzlich zulässig (gewesen) ist.[170] Zu diesem Zweck hat der Richter auf der Grundlage des ihm zur Verfügung gestellten Materials den konkreten Sachverhalt unter die tatbestandsmäßigen Voraussetzungen der Eingriffsnorm zu subsumieren und die Zulässigkeit der Maßnahme je nach Ergebnis anzunehmen oder abzulehnen.[171] Ein wichtiger Punkt ist zudem die Verhältnismäßigkeit der Maßnahme. In diesem Rahmen hat der Richter zu prüfen und zu entscheiden, ob gewichtige Gründe für die Durchführung sprechen, sodass sie einen Grundrechtseingriff rechtfertigen können.[172] Die Einhaltung des Verhältnismäßigkeitsgrundsatzes als allgemeines Korrektiv des Rechtsstaatsprinzips gehört stets zum Prüfungspro-

---

169 BVerfG, Urteil vom 24.07.2018 – 2 BvR 309/15, 2 BvR 502/16, Rn. 97.

170 BVerfGE 109, 279, 379; *Brüning*, Der Richtervorbehalt, S. 152 f. Vgl. zum Begriff und zu den Voraussetzungen der Gefahr im Verzug auch 4. Kapitel B. IV.

171 *Rieß*, NStZ 11 (1991), 513, 515.

172 *Wildhagen*, Persönlichkeitsschutz, S. 158.

gramm der gesetzlichen Zulässigkeit einer Zwangsmaßnahme und damit auch dann, wenn dies nicht ausdrücklich tatbestandlich normiert sein sollte.[173] Da der Richtervorbehalt als Rechtsschutzmechanismus eine zusätzliche verfahrensmäßige Freiheitsgarantie darstellt, sind an die richterliche Entscheidung darüber hinausgehende Mindestanforderungen zu stellen.[174] Neben den bereits genannten Voraussetzungen folgt daraus die richterliche Verpflichtung, im Rahmen einer eigenen konstitutiven Entscheidung selbst den Sachverhalt, die den Freiheitsentzug rechtfertigenden Tatsachen sowie die Prognosen von Sachverständigen zu überprüfen und sich nicht lediglich auf eine Plausibilitätskontrolle der von Seiten der Exekutive vorgetragenen Tatsachen und Bewertungen zu beschränken.[175] Im Sinne der Funktion des Richtervorbehalts als präventive und intensive Grundrechtssicherung ist dies als Gebot der eigenen richterlichen Sachaufklärung zu charakterisieren.[176] Eine weitere Ausprägung dieser autonomen richterlichen Entscheidung stellt auch die mündliche Anhörung des Betroffenen gemäß Art. 103 Abs. 1, 104 Abs. 1 S. 1 und Abs. 2 GG dar, die bei sämtlichen Freiheitsentziehungen und grundsätzlich im Vorfeld der in Rede stehenden Maßnahme erforderlich ist.[177] Die Anordnung muss darüber hinaus hinreichend bestimmt und so begründet sein, dass sie gerichtlich nachgeprüft werden kann.[178] Voraussetzung dafür ist, dass die Begründung in tatsächlicher und rechtlicher Hinsicht einzelfallbezogen ist und dabei die angewandte Norm sowie den maßgeblichen Sachverhalt und dessen Subsumtion unter die Norm nennt.[179] Dadurch soll gewährleistet werden, dass der Grundrechtseingriff messbar und kontrollierbar bleibt.[180] Zudem ist der Richter dazu verpflichtet, die Effektivität und Qualität des Richtervorbehaltsverfahrens stetig zu fördern, indem er sich nicht nur genügend Zeit für die Prüfung nimmt, sondern sich auch die notwendigen Kompetenzen in Form des erforderlichen Fachwissens aneignet.[181]

---

173 *Rieß*, NStZ 11 (1991), 513, 515; *Weyand*, NStZ 9 (1989), 132, 133.

174 BVerfGE 83, 24 (33 f.); BVerfGK 19, 209 (220 ff.); OVG Bremen NVwZ-RR 2004, 658 (659).

175 *Amelung*, NStZ 21 (2001), 337, 339; Sachs-*Degenhart*, Art. 104 GG Rn. 19 ff.

176 BeckOK Grundgesetz-*Radtke*, Art. 104 GG Rn. 13; nach von Mangoldt/Klein/Starck-*Gusy*, Art. 104 GG Rn. 44 handelt es sich um „grundgesetzliche Essentialia justiziellen Handelns".

177 Zur Frage der Ausstrahlungswirkung des Kerngedankens der Norm des § 319 FamFG auf den Bereich des psychiatrischen Maßregelvollzuges gemäß § 63 StGB und einer daraus resultierenden Anhörungspflicht des Betroffenen bei einem so erheblichen Grundrechtseingriff wie der freiheitsentziehenden Zwangsfixierung vgl. 1. Kapitel C. I. 1. d) sowie 4. Kapitel B. I. 1.

178 Dreier-*Schulze-Fielitz*, Art. 104 GG Rn. 41.

179 Von Mangoldt/Klein/Starck-*Gusy*, Art. 104 GG Rn. 45.

180 S. bereits Fn. 68.

181 S. dazu *Wildhagen*, Persönlichkeitsschutz, S. 160. Der möglichen strukturellen Schwachstelle des Richtervorbehalts in der Praxis bei fehlendem Spezialwissen des Richters widmet sich ausführlich das vierte Kapitel der vorliegenden Arbeit.

Der richterliche Prüfungsumfang ist folglich inhaltlich begrenzt auf die gesetzliche Zulässigkeit bzw. Rechtmäßigkeit der in Rede stehenden Maßnahme. Zweckmäßigkeitserwägungen darf der Richter aufgrund seiner Bindung an Recht und Gesetz gemäß Art. 97 Abs. 1 GG nicht anstellen.[182] *Rabe von Kühlewein* differenziert bei dieser Frage anhand der vom Gesetzgeber übertragenen Sachleitungsbefugnis für die Maßnahme.[183] Für den hier in Rede stehenden Richtervorbehalt des § 33 Abs. 2, 5 StrUG NRW ist dafür zu konstatieren, dass die Sachleitungsbefugnis insbesondere in Bezug auf die Behandlung des Patienten gemäß § 136 StVollzG[184] grundsätzlich bei den Ärzten liegt. Nach dem Wortlaut der Norm gilt, dass sich die Behandlung des Untergebrachten in einem psychiatrischen Krankenhaus nach ärztlichen Gesichtspunkten richtet und der Untergebrachte – soweit möglich – geheilt oder sein Zustand zumindest so weit gebessert werden soll, dass er nicht mehr gefährlich ist. Ihm wird dabei die nötige Aufsicht, Betreuung und Pflege zuteil, sodass Fragen der krankheitsbedingten Intervention in der ärztlichen Kompetenz zu verorten und Zweckmäßigkeitserwägungen daher prinzipiell ausschließlich durch den Arzt und nicht durch den Richter anzustellen sind. Die Norm suggeriert insofern eine Vorrangstellung ärztlicher Gesichtspunkte bei der Ausgestaltung des Maßregelvollzuges.[185] Inhaltlich umfasst ist jedoch nur die Behandlung der Anlasserkrankung und eine Vorrangstellung ist nur dann anzunehmen, wenn es sich um eine der privatrechtlichen Behandlung vergleichbare Situation auf freiwilliger Basis handelt.[186] In einer totalen Institution wie dem psychiatrischen Krankenhaus sind die Grundrechte der Betroffenen einer permanenten strukturellen Bedrohung ausgesetzt,[187] sodass der Rechtsanwender stets dazu gehalten ist, die zum Teil erheblichen Eingriffsbefugnisse zurückhaltend auszuüben und eine weitgehende Realisierbarkeit der Grundrechte zu gewährleisten.[188] Eine an der Verfassung ausgerichtete und den Rahmenbedingungen des Maßregelvollzugs entsprechende Interpretation der Norm des § 136 StVollzG ist folglich gerade vor dem

---

182 *Asbrock*, ZRP 31 (1998), 17, 18; *Asbrock*, KritV 80 (1997), 255, 257; *Brüning*, Der Richtervorbehalt, S. 150 ff.; *Disselkamp*, Der Richtervorbehalt bei der Blutprobenentnahme gemäß § 81a Abs. 2 StPO, S. 41; *Rabe von Kühlewein*, GA 149 (2002), 637, 646; *Rabe von Kühlewein*, Der Richtervorbehalt, S. 90; *Talaska*, Der Richtervorbehalt, S. 71 ff.; *Wildhagen*, Persönlichkeitsschutz, S. 159; a. A. *Hüls*, Polizeiliche und staatsanwaltliche Ermittlungstätigkeit, S. 287; *Kühne*, Strafprozessrecht, Rn. 409.

183 *Rabe von Kühlewein*, GA 149 (2002), 637, 646.

184 In Nordrhein-Westfalen wurde die Fortgeltung der §§ 136 – 138 StVollzG durch § 110 Nr. 7 StVollzG NRW angeordnet.

185 So *Hartmann*, Umfang und Grenzen ärztlicher Zwangsbehandlung, S. 25 f.; auch *Horn*, FS Leferenz, S. 485 (486).

186 Ausführlich dazu *Lindemann*, Behandlung, S. 130 ff.

187 S. dazu auch die Einleitung sowie 2. Kapitel B. II.

188 *Pollähne*, Verfassungsrechtliche Grundlagen und Menschenrechte, S. 31 Rn. B1.

Hintergrund der besonderen Grundrechtssensibilität des psychiatrischen Maßregelvollzuges angebracht, da andernfalls – in Form eines Etikettenschwindels – einem ärztlichen Gewaltverhältnis anstelle des abgeschafften besonderen juristischen Gewaltverhältnisses zur Geltung verholfen würde.[189] Es ist daher zwingend zu berücksichtigen, dass die Klausel keine Vorherrschaft einer Berufsgruppe über die jeweils andere bezweckt.[190] Folgerichtig prüft der Richter lediglich, ob die beantragte Maßnahme vorgenommen werden *darf*, hingegen nicht, ob sie auch vorgenommen werden *soll*.[191] Allerdings ist an dieser Stelle ebenfalls zu erkennen, dass sich der Grundsatz der Verhältnismäßigkeit nicht nur als verfassungsrechtliches Gebot darstellt, sondern überdies bereits in der Norm des § 33 StrUG NRW tatbestandlich angelegt ist, sodass dieses Element originärer Bestandteil der Zulässigkeitsprüfung durch den Richter ist.[192] Grundsätzlich gilt jedoch, dass der antragstellenden Einrichtung ein Initiativrecht verbleibt, indem sie darüber entscheidet, ob der in Rede stehende Eingriff vorgenommen werden soll und insoweit die richterliche Entscheidung beantragt werden muss.[193] Im Umkehrschluss bedeutet dies, dass der Richter kein Initiativrecht und auch keine eigenen diesbezüglichen Ermittlungsbefugnisse hat.[194]

C. Verfahrensablauf bei der dem Richtervorbehalt unterliegenden Maßnahme der Fixierung im Vollzug der psychiatrischen Maßregel des § 63 StGB

Nach Maßgabe des § 33 Abs. 11 StrUG NRW richten sich die gerichtliche Zuständigkeit und das gerichtliche Verfahren bei einer Fixierung nach Absatz 5 der Norm nach den §§ 121a und 121b des Strafvollzugsgesetzes. Gemäß § 121a Abs. 1 StVollzG

189 So *Lindemann*, Behandlung, S. 130 Rn. D19 m. w. N.; *ders.*, Die Sanktionierung unbotmäßigen Patientenverhaltens, S. 334; nach AK-StVollzG-*Pollähne*, Vor § 136 StVollzG, Rn. 11 f. ein „besonderes Arztgewaltverhältnis".

190 AK-StVollzG-*Pollähne*, § 136 StVollzG, Rn. 4.

191 Hervorhebungen auch bei *Disselkamp*, Der Richtervorbehalt bei der Blutprobenentnahme gemäß § 81a Abs. 2 StPO, S. 42; inhaltlich ebenso *Brüning*, Der Richtervorbehalt, S. 152; *Rieß*, NStZ 11 (1991), 513, 515; *Nelles*, Kompetenzen und Ausnahmekompetenzen in der Strafprozeßordnung, S. 56; *Voßkuhle*, FS Wahl, S. 443 (450).

192 Vgl. zum Umfang der Zulässigkeitsprüfung durch den Richter 4. Kapitel B I. 1. sowie zum Prüfungspunkt der Verhältnismäßigkeit der Maßnahme im Rahmen von § 33 Abs. 2, 5 StrUG NRW 3. Kapitel C. II. 1. c).

193 *Aschmann*, Der Richtervorbehalt, S. 64 ff.

194 *Asbrock*, ZRP 31 (1998), 17, 19.

wird, soweit nach den Vollzugsgesetzen eine Maßnahme der vorherigen gerichtlichen Anordnung oder der gerichtlichen Genehmigung bedarf, die Zuständigkeit des Amtsgerichts begründet, in dessen Bezirk die Maßnahme durchgeführt wird. Trotz der Neufassung der Ermächtigungsgrundlage in Gestalt des § 33 Abs. 5 StrUG NRW, wonach bei der absehbar nicht nur kurzfristigen Fixierung eine vorherige richterliche Entscheidung über die Zulässigkeit der Anordnung nach Maßgabe des Absatzes 2 der Norm erforderlich ist, wird nach dem Sinn und Zweck der Regelung – einer vorrangigen richterlichen Entscheidung bei freiheitsentziehenden Zwangsmaßnahmen wegen der besonderen Intensität, Belastungswirkung und Grundrechtsrelevanz der Fixierung – davon auszugehen sein, dass auch die überarbeitete Norm des § 33 StrUG NRW von § 121a Abs. 1 StVollzG erfasst sein soll. Gemäß § 121b Abs. 1 S. 1 und 2 StVollzG richtet sich das gerichtliche Verfahren i. S. d. § 121a StVollzG daher nach dem Gesetz über das Verfahren in Familiensachen und in den Angelegenheiten der freiwilligen Gerichtsbarkeit (FamFG). Für den Vollzug der freiheitsentziehenden Maßregeln der Besserung und Sicherung wie derjenigen der Unterbringung in einem psychiatrischen Krankenhaus gemäß § 63 StGB gelten diese Vorschriften gemäß § 138 Abs. 4 StVollzG entsprechend. Durch das Gesetz zur Stärkung der Rechte von Betroffenen bei Fixierungen im Rahmen von Freiheitsentziehungen vom 19. Juni 2019[195] wurde § 312 Nr. 4 FamFG um freiheitsentziehende Maßnahmen bei Volljährigen nach den landesrechtlichen Vorschriften über die Unterbringung psychisch Kranker ergänzt. Zudem wird nun der Oberbegriff der „Unterbringungsmaßnahme" in § 312 FamFG legaldefiniert, sodass darunter die in der Norm genannten möglichen Verfahrensgegenstände einer Unterbringungssache und damit auch die freiheitsentziehende Maßnahme der Fixierung zu verstehen ist.[196] Diese gesetzliche Doppeldefinition bringt einerseits zum Ausdruck, dass alle in der Norm genannten Maßnahmen inhaltlich eine Unterbringungsmaßnahme darstellen sollen sowie andererseits, dass diejenigen Verfahren, welche diese Unterbringungsmaßnahmen zum Gegenstand haben, als Unterbringungssachen zu bezeichnen sind.[197] Demzufolge richtet sich das Verfahren auch für die hier in Rede stehende Konstellation einer Fixierungsentscheidung im Vollzug der Maßregel in einem psychiatrischen Krankenhaus nach den für Unterbringungssachen gemäß § 312 Nr. 4 FamFG anzuwendenden Bestimmungen der §§ 313 – 339 FamFG mit der Konsequenz, dass sich die materiellen Voraussetzungen für die Unterbringungs-

195 Gesetz zur Stärkung der Rechte von Betroffenen bei Fixierungen im Rahmen von Freiheitsentziehungen vom 19.06.2019, Bundesgesetzblatt Jahrgang 2019 Teil I Nr. 23, S. 841 f.

196 Gesetzentwurf der Fraktionen der CDU/CSU und SPD „Entwurf eines Gesetzes zur Stärkung der Rechte von Betroffenen bei Fixierungen im Rahmen von Freiheitsentziehungen", Drs. 19/8939, S. 19, s. auch BeckOK FamFG-*Günter*, § 312 FamFG Rn. 10.

197 *Grotkopp/Fölsch*, NJW 72 (2019), 3409, 3410.

maßnahme der absehbar nicht nur kurzfristigen Fixierung nach den landesrechtlichen Bestimmungen – hier also § 33 Abs. 2, 5 StrUG NRW – richten, aber gleichzeitig ein bundeseinheitliches Verfahrensrecht nach dem FamFG zur Anwendung gelangt.[198]

I. Verfahren der einstweiligen Anordnung

Bereits mit Blick auf die Ausgestaltung der Norm des § 33 StrUG NRW und durch die Einordnung der Maßnahme der Fixierung als besondere Sicherungsmaßnahme wird ersichtlich, dass es sich um ein Mittel der Krisenintervention mit besonderer Eilbedürftigkeit handelt. Nach den Ausführungen des Bundesverfassungsgerichts können sich sachliche Gründe, die eine Verzögerung der richterlichen Entscheidung im Einzelfall rechtfertigen, aus der Notwendigkeit verfahrensrechtlicher Vorkehrungen ergeben, die dem Schutz des Betroffenen dienen. Explizit erwähnt werden die persönliche Anhörung des Betroffenen gemäß § 319 FamFG, die Beteiligung des Verfahrenspflegers gemäß § 315 Abs. 2 FamFG, die Beteiligung von Familienangehörigen oder anderen nahestehenden Personen im Interesse des Betroffenen gemäß § 315 Abs. 4 FamFG, ihre Anhörung gemäß § 319 f. FamFG sowie die gegebenenfalls notwendige Hinzuziehung eines Dolmetschers.[199] Unerwähnt ist demgegenüber das Verfahren der einstweiligen Anordnung gemäß §§ 331 ff. FamFG geblieben, welches aufgrund der aufgezeigten Eilbedürftigkeit der Entscheidung jedoch im Regelfall zur Anwendung gelangen dürfte und daher im Folgenden in seinen wesentlichen Grundzügen vorgestellt wird.[200]

1. Allgemeine Voraussetzungen der einstweiligen Anordnung

§ 331 FamFG ergänzt speziell in Bezug auf Unterbringungsmaßnahmen die Voraussetzungen der §§ 49 ff. FamFG und sieht vor, dass das Gericht durch einstweilige Anordnung eine vorläufige Unterbringungsmaßnahme anordnen oder genehmigen kann, wenn dringende Gründe für die Annahme bestehen, dass die Voraussetzungen für die Genehmigung oder Anordnung einer Unterbringungsmaßnahme gegeben sind und ein dringendes Bedürfnis für ein sofortiges Tätigwerden besteht (1.), ein ärztliches Zeugnis über den Zustand des Betroffenen und über die

198 BeckOK FamFG-*Günter*, § 312 FamFG Rn. 8; Sternal FamFG-*Giers*, § 312 FamFG Rn. 9.

199 BVerfG, Urteil vom 24.07.2018 – 2 BvR 309/15, 2 BvR 502/16, Rn. 100.

200 So auch *A. Baur*, NJW 72 (2019), 2273, 2276 sowie *Goerdeler*, R&P 36 (2018), 199, 203, der davon spricht, dass es „irritierend" sei, dass das Bundesverfassungsgericht mit keiner Silbe das Verfahren der einstweiligen Anordnung erwähnt.

Notwendigkeit der Maßnahme vorliegt (2.), im Fall des § 317 FamFG ein Verfahrenspfleger bestellt und angehört worden ist (3.) und der Betroffene persönlich angehört wurde (4.). Nach Satz 2 ist die Anhörung des Betroffenen abweichend von § 319 Abs. 4 FamFG im Wege der Rechtshilfe zulässig.

a) Dringende Gründe in Bezug auf die Unterbringungsmaßnahme und dringendes Bedürfnis in Bezug auf das sofortige Tätigwerden des Gerichts (Nr. 1)

Es müssen folglich zunächst dringende Gründe für die Annahme bestehen, dass die Voraussetzungen für die Genehmigung oder Anordnung einer Unterbringungsmaßnahme nach § 312 FamFG gegeben sind. Das bedeutet für die hier in Rede stehende Konstellation, dass die materiellen Voraussetzungen der landesrechtlichen Bestimmung des § 33 Abs. 2, 5 StrUG NRW maßgeblich sind. Dabei müssen diese – dem Wortlaut des § 331 S. 1 Nr. 1 FamFG entsprechend – nicht zweifelsfrei vorliegen, sondern es genügen dringende Gründe, sodass sich das Gericht im Rahmen einer summarischen Prüfung von einer erheblichen Wahrscheinlichkeit des Vorliegens der materiellen Voraussetzungen überzeugt haben und dies in der Begründung der Entscheidung auch zum Ausdruck bringen muss.[201] Zusätzlich müssen sodann dringende Gründe für ein sofortiges Tätigwerden des Gerichts vorliegen, wovon dann auszugehen ist, wenn durch den Aufschub mit erheblichen Nachteilen an wichtigen Rechtsgütern des Betroffenen oder von Dritten zu rechnen ist.[202] Auch hier bedarf es keines vollen Beweises, sondern es genügt die Glaubhaftmachung.[203] Um darüber hinaus dem Grundsatz der Verhältnismäßigkeit und insbesondere dem Prüfungspunkt der Erforderlichkeit ausreichend Rechnung zu tragen, ist eine konkrete Abwägung der Gefahrensituation mit dem Gewicht des in Rede stehenden Eingriffs in das Freiheitsgrundrecht des Betroffenen notwendig.[204]

b) Ärztliches Zeugnis über den Zustand des Betroffenen und über die Notwendigkeit der Maßnahme (Nr. 2)

Nach § 331 S. 1 Nr. 2 FamFG soll das ärztliche Zeugnis zur Gewährleistung der Qualität von einem Arzt für Psychiatrie oder zumindest von einem Arzt mit Erfahrungen auf dem Gebiet der Psychiatrie ausgestellt werden. Bedauerlicherweise gilt dies nicht für freiheitsentziehende Maßnahmen nach § 312 Nr. 2 und 4 FamFG.

---

201 Prütting/Helms-*Roth*, § 331 FamFG Rn. 6; BeckOK FamFG-*Günter*, § 331 FamFG Rn. 3; Sternal FamFG-*Giers*, § 331 FamFG Rn. 3.

202 Prütting/Helms-*Roth*, § 331 FamFG Rn. 7.

203 Jürgens, Betreuungsrecht-*Marschner*, § 331 FamFG Rn. 4.

204 Sternal FamFG-*Giers*, § 331 FamFG Rn. 7.

Gerade bei so schwerwiegenden Maßnahmen wie der Fixierung erscheint diese Herabsetzung der ärztlichen Qualifikation bedenklich.[205] Inhaltlich muss das ärztliche Zeugnis Ausführungen zu den materiellen Voraussetzungen der Unterbringungsmaßnahme, ihrer Notwendigkeit und voraussichtlichen Dauer enthalten sowie eine diagnostische Einordnung der Erkrankung und ihrer Schwere vornehmen. Es muss den Anforderungen der §§ 281 Abs. 2, 280 Abs. 2 FamFG genügen, sodass eine persönliche Untersuchung erforderlich ist. Dabei genügt eine Wiedergabe der bloß zusammenfassenden Ergebnisse grundsätzlich nicht; vielmehr müssen auch Angaben zum Sachverhalt, zur Vorgeschichte des Betroffenen, zu Art und Ausmaß seiner psychischen Erkrankung und zu der Möglichkeit der freien Willensbestimmung gemacht werden.[206] Das ärztliche Zeugnis dient damit maßgeblich der Glaubhaftmachung der Voraussetzungen der Unterbringungsmaßnahme.[207]

c) Bestellung und Anhörung eines Verfahrenspflegers (Nr. 3)

Gemäß § 331 S. 1 Nr. 3 FamFG ist bei Vorliegen der Voraussetzungen des § 317 FamFG ein Verfahrenspfleger zu bestellen und anzuhören. Dem Verfahrenspfleger muss also grundsätzlich eine Gelegenheit zur Äußerung gewährt werden und er sollte bei zeitlicher Möglichkeit auch bei der persönlichen Anhörung des Betroffenen an-

205 So auch Sternal FamFG-*Giers*, § 331 FamFG Rn. 13. Der Bundesrat begründet dies in seiner Stellungnahme unter anderem mit gesetzessystematischen Erwägungen, da die Qualifikationsanforderung des Arztes auch nicht für Maßnahmen nach § 312 Nr. 2 FamFG (freiheitsentziehende Maßnahmen nach § 1906 Absatz 4 BGB) gelte und sachliche Gründe für eine solche Unterscheidung nicht ersichtlich seien. Die Stellungnahme ist im Gesetzentwurf der Bundesregierung, „Entwurf eines Gesetzes zur Stärkung der Rechte von Betroffenen bei Fixierungen im Rahmen von Freiheitsentziehungen", BT-Drs. 19/9767, S. 15 enthalten. Nach Ansicht von *Grotkopp/Fölsch*, NJW 72 (2019), 3409, 3411, ist dies allerdings inhaltlich zu kurz gegriffen, da die unterbringungsähnlichen Maßnahmen in der Vielzahl der Fälle eine erheblich geringere Eingriffsintensität besitzen. Der eigentliche Hintergrund des Verzichts auf die Qualifikationsanforderungen hinzugezogener Ärzte erkläre sich vielmehr mit Blick auf die Stellungnahme des Bundesrates (BT-Drs. 19/9767, S. 11 Nr. 5). Ausgeführt wird dazu: „Die Länderkammer hat nämlich auf praktische Umsetzungsschwierigkeiten im Bereich des Justizvollzugs hingewiesen; dort seien Ärzte rar, weshalb sich Anstalten häufig mit Notärzten behelfen müssten. Bei den hinzugezogenen Notärzten handele es sich unter Umständen um Augen- oder Kinderärzte, deren Kenntnisse auf dem Gebiet der Psychiatrie begrenzt seien. Diese Kapazitätserwägungen mögen zutreffen, unter verfassungsrechtlichen Gesichtspunkten erscheint der Verzicht auf das Qualifikationserfordernis jedoch zweifelhaft."

206 BeckOK FamFG-*Günter*, § 331 FamFG Rn. 5; Sternal FamFG-*Giers*, § 331 FamFG Rn. 4; MüKo FamFG-*Schmidt-Recla*, § 331 FamFG Rn. 7; vgl. dazu auch *A. Baur*, NJW 72 (2019), 2273, 2276.

207 MüKo FamFG-*Schmidt-Recla*, § 331 FamFG Rn. 7.

wesend sein.[208] Von diesen Vorgaben darf nur unter den Voraussetzungen des § 332 FamFG abgewichen werden, auf die noch eingegangen wird.[209]

d) Persönliche Anhörung des Betroffenen (Nr. 4)

Die gemäß § 331 S. 1 Nr. 4 FamFG erforderliche persönliche Anhörung des Betroffenen nimmt eine herausgehobene Stellung im Verfahren ein,[210] da diese nicht nur der Gewährung rechtlichen Gehörs dient, sondern dem Gericht zudem einen unmittelbaren Eindruck von dem Betroffenen selbst und seiner Erkrankung verschaffen und es auf diese Weise in die Lage versetzen soll, seine originäre Kontrollfunktion wahrzunehmen.[211] Der Anhörung des Betroffenen kommt dabei als Kernstück der Amtsermittlungstätigkeit gemäß § 26 FamFG im Unterbringungsverfahren deshalb eine so zentrale Rolle zu, weil aus dem gewonnenen persönlichen Eindruck erst die Möglichkeit des Gerichts erwächst, die Sachverständigengutachten und ärztlichen Stellungnahmen umfassend würdigen und einordnen zu können.[212] Bei der in § 319 FamFG normierten Anhörungspflicht handelt es sich daher um eine der wesentlichen Verfahrensgarantien, die durch Art. 104 Abs. 1 GG zur Verfassungspflicht erhoben ist und den Anspruch des Betroffenen auf Gewährung rechtlichen Gehörs absichert.[213] Unverzichtbare Voraussetzung eines rechtsstaatlichen Verfahrens ist daher, dass Entscheidungen, die den Entzug der persönlichen Freiheit unmittelbar betreffen, auf einer hinlänglichen richterlichen Sachaufklärung beruhen, sodass eine in tatsächlicher Hinsicht ausreichende Grundlage besteht, die der Bedeutung der verfassungsrechtlichen Freiheitsgarantie entspricht.[214] Dies wird dadurch noch verstärkt, dass einer Unterbringungsmaßnahme der Makel einer rechtswidrigen Freiheitsentziehung anhaftet, der rückwirkend auch nicht mehr geheilt werden kann, wenn diese unter Verstoß gegen das

---

208 Sternal FamFG-*Giers*, § 331 FamFG Rn. 5 mit Verweis auf OLG München, Beschluss vom 28.10. 2005 – 33 Wx 146/05, BeckRS 2005, 12822.

209 S. dazu 1. Kapitel C. I. 2.

210 Sternal FamFG-*Giers*, § 331 FamFG Rn. 6; BeckOK FamFG-*Günter*, § 331 FamFG Rn. 7.

211 OLG Hamm, Beschluss vom 10.09.2007 – 15 W 235/07, Rn. 13. Zu typischen Problemen des Betreuungsrechts aus Sicht der Rechtsbeschwerde, insb. im Hinblick auf die persönliche Anhörung des Betroffenen gemäß §§ 278, 319 FamFG, vgl. *Krüger/Schüßler*, NJW 73 (2020), 430, 432 f.

212 OLG Nürnberg, Beschluss vom 23.02.2018 – 2 Ws 60/18, Rn. 32; vgl. dazu auch BVerfG NJW 1990, 2309 (2310) sowie BVerfG, Beschluss vom 13.02.2013 – 2 BvR 1872/10.

213 BayObLG, Beschluss vom 15.09.1999 – 3Z BR 221/99; BVerfGE 58, 208 = NJW 1982, 691.

214 So bereits BVerfGE 70, 297 (308) sowie BVerfGE 58, 208 (222) = NJW 1982, 691; ebenso in neuerer Rechtsprechung BVerfG (2. Kammer des Zweiten Senats), Beschluss vom 26.5.2020 – 2 BvR 1529/19, 2 BvR 1625/19 = NJW 2020, 2790.

Gebot vorheriger persönlicher Anhörung des Betroffenen ergeht.[215] Die persönliche Anhörung ist nicht von der Geschäftsfähigkeit oder der Grundrechtsmündigkeit der untergebrachten Person abhängig und steht daher gerade auch dem psychisch Kranken zu, der keinesfalls zum Objekt des Verfahrens gemacht werden darf.[216] Es ist jedoch darüber hinaus zu berücksichtigen, dass zwar wegen der Dringlichkeit der Kriseninterventionsmaßnahme eine vollständige Sachverhaltsaufklärung regelmäßig nicht erwartet werden kann, demgegenüber aber dennoch eine für die in Rede stehende Entscheidung ausreichende Erkenntnisgrundlage zu fordern ist.[217]

2. Voraussetzungen der einstweiligen Anordnung bei gesteigerter Dringlichkeit im Sinne von § 332 FamFG

Nach § 332 S. 1 FamFG kann das Gericht bei Gefahr im Verzug eine einstweilige Anordnung nach § 331 FamFG bereits vor Anhörung des Betroffenen sowie vor Anhörung und Bestellung des Verfahrenspflegers erlassen. Diese Verfahrenshandlungen sind nach § 332 S. 2 FamFG jedoch unverzüglich nachzuholen.[218] Mit Blick auf die Formulierung der Norm wird daher deutlich, dass lediglich auf die vorherige Anhörung des Betroffenen sowie auf die Bestellung und Anhörung des Verfahrenspflegers verzichtet werden darf. Die weiteren, oben genannten Voraussetzungen des § 331 S. 1 Nr. 1 und 2 FamFG müssen hingegen vorliegen, sodass die einstweilige Anordnung auch bei Gefahr im Verzug gemäß § 332 FamFG nur dann ergehen kann, wenn das Vorliegen der Voraussetzungen für die Genehmigung oder Anordnung der in Rede stehenden Unterbringungsmaßnahme von erheblicher Wahrscheinlichkeit ist und ein ärztliches Zeugnis vorliegt, das den genannten Anforderungen des § 331 S. 1 Nr. 2 FamFG entspricht.[219] Gefahr ist nach allgemeinem Verständnis dann im Verzug, wenn bei Einhaltung des vorgesehenen Verfahrensablaufs davon auszugehen ist, dass das Ziel der jeweiligen Maßnahme vereitelt wird, sodass speziell bei Unterbringungsmaßnahmen sofortiger Handlungsbedarf erfor-

---

215 BVerfGE 58, 208 (223) = NJW 1982, 691; BVerfG, Beschluss der 2. Kammer des Zweiten Senats vom 17. Januar 1990 – 2 BvR 1592/88 = NJW 1990, S. 2309 (2310); BVerfG, Beschluss der 3. Kammer des Zweiten Senats vom 11. März 1996 – 2 BvR 927/95.

216 Von Mangoldt/Klein/Starck-*Gusy*, Art. 104 GG Rn. 50.

217 Sternal FamFG-*Giers*, § 331 FamFG Rn. 8 f.

218 Vgl. zur unterlassenen wiederholten Anhörung im Beschwerdeverfahren *Gietl*, NZFam 7 (2020), 833: „§ 319 IV FamFG schließt die Möglichkeit, die vor der Genehmigung einer Unterbringungsmaßnahme zwingend gebotene Anhörung des Betroffenen im Wege der Rechtshilfe vorzunehmen, zwar nicht völlig aus. Diese Möglichkeit ist jedoch auf eng begrenzte Ausnahmefälle beschränkt. Macht das Gericht von ihr Gebrauch, muss es in seiner Entscheidung die Gründe hierfür in nachprüfbarer Weise darlegen."

219 BeckOK FamFG-*Günter*, § 332 FamFG Rn. 2.

derlich ist.[220] Mit Blick auf die Tatbestandsvoraussetzungen des § 33 Abs. 2 StrUG NRW[221] muss daher infolge der Einhaltung des grundsätzlich vorgesehenen Verfahrens und der damit naturgemäß verbundenen zeitlichen Verzögerung die gegenwärtige und erhebliche Eigen- oder Fremdgefährdung nicht mehr ohne Schadenseintritt abgewendet werden können. Vor dem Hintergrund der herausragenden Bedeutung der persönlichen Anhörung des Betroffenen als wesentliche Verfahrensgarantie ist jedoch zu beachten, dass stets nur unter strengen Voraussetzungen von der Ausnahmekonstellation der Gefahr im Verzug ausgegangen werden darf.[222]

II. Beschluss des Gerichts

Das Gericht entscheidet durch Beschluss gemäß §§ 38, 39, 323 FamFG. Das Wirksamwerden richtet sich nach § 324 FamFG, die Bekanntgabe nach § 325 FamFG. Maßgeblich ist in Bezug auf den Inhalt, dass die Beschlussformel nach § 323 Abs. 1 FamFG im Fall der Genehmigung oder Anordnung einer Unterbringungsmaßnahme auch die nähere Bezeichnung der Unterbringungsmaßnahme (1.) sowie den Zeitpunkt, zu dem die Unterbringungsmaßnahme endet (2.), beinhalten muss. Im Falle der freiheitsentziehenden Maßnahme der Fixierung nach § 312 Nr. 4 FamFG ist folglich die ganz konkrete Maßnahme nach Zeit und Ort sowie Art ihrer Vornahme und Durchführung zu bezeichnen.[223] Anfechtbar ist der Beschluss mit der Beschwerde gemäß § 58 FamFG.[224]

---

220 Vgl. dazu KG, Beschluss vom 02.10.2007 – 1 W 179 und 180/07, BeckRS 2007, 18281: „Wird vor der Anordnung einer vorläufigen Unterbringungsmaßnahme von der Anhörung des Betroffenen und der Bestellung eines Verfahrenspflegers wegen Gefahr im Verzug abgesehen, ist darauf abzustellen, dass die Unterbringungsmaßnahme wegen drohender Nachteile für den Betroffenen oder (bei der öffentlich-rechtlichen Unterbringung) für Dritte so dringend ist, dass keine Zeit für eine vorherige Anhörung verbleibt." Dazu auch Haußleiter, FamFG-*Heidebach*, § 332 FamFG Rn. 3; MüKo FamFG-*Schmidt-Recla*, § 332 FamFG Rn. 3 spricht von einem besonderen Ausprägungsgrad der Gefahr und verweist auf eine Steigerung der zeitlichen Dringlichkeit.

221 Vgl. dazu die Ausführungen im Rahmen des 3. Kapitels.

222 Haußleiter, FamFG-*Heidebach*, § 332 FamFG Rn. 3 mit Verweis auf BVerfG-K NJW 1990, 2309; BVerfG NJW 1982, 691; BayObLG NJW-RR 2001, 654; OLG Schleswig FamRZ 1994, 781. Die Arbeitsüberlastung des zuständigen Richters könne das Unterlassen der Verfahrenshandlungen wegen Gefahr im Verzug jedenfalls nicht rechtfertigen.

223 Jürgens, Betreuungsrecht-*Marschner*, § 323 FamFG Rn. 3.

224 Ausführlich dazu MüKo FamFG-*Schmidt-Recla*, § 331 FamFG Rn. 12 ff.

D. Zusammenfassung der Erkenntnisse des ersten Kapitels

Im Mittelpunkt des ersten Kapitels steht unweigerlich die mithilfe der verschiedenen Erklärungsansätze sowie der auf dieser Grundlage als essentiell bewerteten Elemente ermittelte Funktionsbeschreibung des Richtervorbehalts im Anwendungsbereich des § 33 Abs. 2, 5 StrUG NRW, die durch die Herausarbeitung der spezifischen Unterbringungssituation des psychiatrischen Maßregelvollzuges weiter präzisiert und dadurch dezidiert auf die vorliegende Untersuchungsfrage ausgerichtet werden konnte. Im Rahmen der Untersuchung konnte zudem aufgezeigt werden, dass nicht der Gedanke des Sonderopfers über Ausmaß und Ausgestaltung des Rechtsschutzes und damit insgesamt über das rechtsstaatliche Schutzniveau bei freiheitsentziehenden Zwangsmaßnahmen im psychiatrischen Maßregelvollzug entscheidet, sondern vielmehr allein die Belastungswirkung und besondere Intensität der jeweiligen Maßnahme. Der Richtervorbehalt des § 33 Abs. 2, 5 StrUG NRW soll folglich bei schwerwiegenden Grundrechtseingriffen wie der Fixierung des Betroffenen im Rahmen der Unterbringung in einem psychiatrischen Krankenhaus dafür sorgen, dass die tatbestandlichen Grenzen der gesetzlichen Eingriffsnorm sowie die Verfahrensvorschriften eingehalten werden, um einen effektiven und möglichst umfassenden Grundrechtsschutz zu garantieren (Kontrollfunktion). Der neutrale und unabhängige Richter bietet aufgrund seiner juristischen Expertise und der daraus resultierenden Vertrauensstellung im Rechtssystem eine besondere Gewähr für die Richtigkeit dieser Entscheidung. Die verstärkte Grundrechtssicherung ist im psychiatrischen Maßregelvollzug aufgrund der außerordentlichen Abhängigkeit der untergebrachten Person und der bei einer psychiatrischen Erkrankung oftmals fehlenden Selbstständigkeit besonders hervorzuheben (Grundrechtssicherungsfunktion). Durch die Verlagerung der Entscheidungskompetenz auf eine andere Instanz entfaltet das Rechtsinstrument des Richtervorbehalts zudem eine Sperrwirkung, da naturgemäß ein erhöhter Begründungs- und Legitimationsaufwand für den Antragsteller besteht (Disziplinierungsfunktion). Der Richtervorbehalt im Anwendungsbereich des § 33 Abs. 2, 5 StrUG NRW schützt folglich die Integrität des Rechtsstaates und stellt insgesamt sicher, dass die Zwangsmaßnahme stets auf dem Willen des demokratisch legitimierten Gesetzgebers beruht.

Darüber hinaus konnte aufgezeigt werden, dass die Neufassung des § 33 Abs. 5 StrUG NRW lediglich strukturelle sowie innerorganisatorische Anpassungen hinsichtlich des Ablaufs sowie der Vorgehensweise in einer tatbestandsmäßigen Gefährdungssituation innerhalb der jeweiligen Unterbringungseinrichtung zum Gegenstand hatte, sich mit Blick auf die verfassungsrechtlichen Vorgaben hier aber gerade keine Änderung des richterlichen Prüfungsprogrammes ergeben konnte. Unabhängig von der Ausgestaltung der einfach-gesetzlichen Ermächtigungsgrundlage hat der Richter daher im Lichte der Verfassung in alleiniger Kompetenz über die Zulässigkeit und Verhältnismäßigkeit der Zwangsmaßnahme zu entscheiden und die Verantwortung für die in Rede stehende Maßnahme vollumfänglich zu übernehmen. Der Richter hat daher im Rahmen einer einzelfallbezogenen und sorgfältigen Prüfung selbst den Sachverhalt, die den Freiheitsentzug rechtfertigenden Tatsachen sowie die Prognosen von Sachverständigen zu überprüfen und darf sich nicht lediglich auf eine Plausibilitätskontrolle der von Seiten der Exekutive vorgetragenen Tatsachen und Bewertungen beschränken. Dadurch soll gewährleistet werden, dass der Grundrechtseingriff insgesamt messbar und kontrollierbar bleibt. Damit korrespondiert die Verpflichtung aller staatlichen Organe, dafür Sorge zu tragen, dass der Richtervorbehalt als Grundrechtssicherung auch praktisch wirksam wird. Zwingend erforderlich sind daher eine ausreichende personelle und sachliche Ausstattung des Gerichts, angemessene Aus- und Fortbildungsmöglichkeiten sowie eine entsprechende Geschäftsverteilung.[225]

Sodann wurde der Verfahrensablauf bei der dem Richtervorbehalt unterliegenden Fixierung der untergebrachten Person im Anwendungsbereich des § 33 StrUG NRW vorgestellt. Maßgeblich ist hier die Erkenntnis, dass eine solche Entscheidung des Gerichts mit Blick auf Tatbestandsvoraussetzungen und Wesen der Fixierung als Mittel der kurzfristigen Krisenintervention in einer Situation der Gefahrenabwehr aufgrund der Eilbedürftigkeit im Wege einer einstweiligen Anordnung gemäß §§ 331 ff., 49 ff. FamFG ergehen wird. Zu diesem Zweck wurden daher die wesentlichen Verfahrensschritte und -voraussetzungen näher dargestellt.

225 Auf diese Punkte wird im Rahmen des 4. Kapitels noch vertieft eingegangen.

2. Kapitel: Grundvoraussetzungen und Rahmenbedingungen des psychiatrischen Maßregelvollzuges gemäß § 63 StGB

A. Einführung in die Thematik

Das Maßregelrecht einschließlich der Ausgestaltung des Maßregelvollzuges in Deutschland spielt in der juristischen Ausbildung des ersten und zweiten Staatsexamens mit Ausnahme des universitären kriminalwissenschaftlichen Schwerpunktbereichsstudiums lediglich eine untergeordnete Rolle.[226] Dieses „Schattendasein“[227] in der juristischen Ausbildungsliteratur ist nicht nur deshalb besonders misslich, weil es sich um eine äußerst grundrechtssensible Materie mit herausragender und vor allem lebensverändernder Bedeutung für die Betroffenen handelt, sondern darüber hinaus ist diese Thematik zudem häufig Diskussionsgegenstand in der öffentlichen und medialen Berichterstattung, sodass angehende Juristen zwingend mit dieser Schnittstelle von Recht und Psychiatrie vertraut sein sollten.[228] Gerade in einer Zeit, in der die Gesellschaft – nicht zuletzt wegen der massenmedialen Aufbereitung von spektakulären Kriminalfällen und der damit einhergehenden, häufig unsachlichen und reißerischen Berichterstattung – von verstärkter Kriminalitätsfurcht getrieben ist[229] und der Ruf nach härteren und längeren Freiheitsstrafen so laut wie lange nicht mehr ertönt,[230] muss dem Beschreiten des

---

226 Vgl. zum Gegenstand der Prüfung nur § 11 Abs. 2 Nr. 7 des Gesetzes über die juristischen Prüfungen und den juristischen Vorbereitungsdienst (Juristenausbildungsgesetz Nordrhein-Westfalen – JAG NRW) vom 11. März 2003.

227 S. dazu bereits die Einleitung; *F. Walter*, JA 47 (2015), 87.

228 S. dazu bereits Fn. 5.

229 Nach *Hummelsheim-Doß*, die sich auf Daten des Deutschen Viktimisierungssurveys 2012 stützt, fürchtet sich jeder Fünfte davor, Opfer einer Straftat zu werden, vgl. *Hummelsheim-Doß*, ISI 55 (2016), 6, 8.

230 Interessant sind in diesem Zusammenhang die Ergebnisse einer seit 1989 von *Streng* durchgeführten Befragung von Jura-Studienanfängern zu Sanktionsvorstellungen, Strafzweckpräferenzen und Kriminalitätswahrnehmung, wonach sich ab Mitte der 90er Jahre ein erheblicher Anstieg der gemessenen Punitivität nachweisen lässt, der nur sehr bedingt mit einer veränderten Wahrnehmung von Kriminalität als bedrohlich erklärbar ist. Hier gilt es zwar zu berücksichtigen, dass es sich bei den in Rede stehenden Daten um eine ganz bestimmte Subpopulation der Bevölkerung handelt. Die Problematik der veränderten Strafhaltung bei jungen Menschen liegt insofern darin begründet, dass hier dauerhafte Prägungen bei einer beruflich einschlägig tätig werdenden Population einzukalkulieren sind, vgl. *Streng*, Soziale Probleme 17 (2006), 210, 223. Ausführlich zur Kriminalitätsfurcht, den Strafbedürfnissen sowie der wahrgenommenen Kriminalitätsentwicklung

https://doi.org/10.1515/9783111347868-005

einfachsten Lösungswegs „Wegschließen – und zwar für immer"[231] konsequent entgegengetreten werden.[232] Die forensische Psychiatrie nimmt in diesem Spannungsfeld der öffentlichen Wahrnehmung eine noch despektierlichere Rolle ein, da dem juristischen Laien die Zweispurigkeit des Strafrechts als Grundlage eines humanen Rechtsstaats zumeist unbekannt ist und daher die psychotherapeutische Behandlung anstelle der oftmals geforderten (hohen) Strafe als Folge des erhöhten Sanktionsbedürfnisses der Gesellschaft schlicht als Ressourcenverschwendung oder sogar als Beleidigung der Opfer von Straftaten angesehen wird, während den Bürgern der gesellschaftliche Nutzen einer Behandlung im psychiatrischen Maßregelvollzug in Form einer erfolgreichen Rückfallprävention sowie der Verbesserung der psychischen Verfassung des ehemaligen Straftäters entweder kaum bekannt oder sogar gleichgültig sein dürfte.[233] Nicht selten wird im Rahmen einer effektheischenden und damit stigmatisierenden Berichterstattung zudem eine psychische Erkrankung oder Behandlung des Täters ohne kausalen Zusammenhang für die in Rede stehende Tat verantwortlich gemacht.[234] Das dadurch stetig zunehmende Sicherheitsinteresse der Gesellschaft, welche überdies den Anspruch erhebt, vor Rückfallstraftaten insbesondere von Menschen mit sexueller Abweichung oder einer Persönlichkeitsstörung zuverlässig und dauerhaft geschützt zu werden, führt in der Konsequenz zu einer Verdopplung der Verweildauer im Maßregelvollzug, sodass der Sicherungsauftrag der Forensik über die Maßen in den Vordergrund gerückt wird.[235]

Die beschriebene Schnittstelle zwischen Recht und Psychiatrie stellt sich als bedeutsames Spannungsfeld dar, das einerseits in hohem Maße noch immer von Unverständnis gegenüber dem jeweils anderen Standpunkt geprägt, andererseits jedoch wie kaum eine andere Materie gerade darauf angewiesen ist, dass die zum Teil gegensätzlichen Standpunkte unter einem gemeinsamen Blickwinkel betrachtet

---

Landeskommission Berlin gegen Gewalt, (Un-)Sicherheitsgefühle und subjektive Sicherheit im urbanen Raum; *KFN,* Kriminalitätsfurcht, Strafbedürfnisse und wahrgenommene Kriminalitätsentwicklung).

231 Äußerung des damaligen Bundeskanzlers *Gerhard Schröder* am 8. Juli 2001 in der BILD am Sonntag zum Sexualmord an der achtjährigen Julia.

232 *Grünebaum/Volckart,* Maßregelvollzug, Einl. Rn. 4. Die wichtige Rolle der oftmals einseitigen Medienberichterstattung sowie den Begriff der Punitivität erläutern auch *Kury/Obergfell-Fuchs,* Soziale Probleme 17 (2006), 119, 123 ff., 125.

233 Dieses Paradoxon wurde auf den Punkt gebracht von *Saimeh,* Alles ist schief gelaufen, S. 247 ff.

234 Dazu ausführlich *Deutsche Gesellschaft für Psychiatrie und Psychotherapie, Psychosomatik und Nervenheilkunde e. V.* (Hrsg.), S3-Leitlinie, S. 68 ff.

235 Vgl. dazu die Stellungnahme der DGPPN vom 11.09.2013 „Positionen der DGPPN zu den Reformüberlegungen des § 63 StGB durch das Bundesministerium der Justiz", S. 2, abgedruckt u. a. bei *Pollähne/Lange-Jost,* Forensische Psychiatrie – selbst ein Behandlungsfall?, S. 184 ff.

werden, um so eine sukzessive Fortentwicklung der tatsächlichen und rechtlichen Rahmenbedingungen des psychiatrischen Maßregelvollzuges zu ermöglichen.[236] Daher gilt es, die noch immer bestehenden und zumindest teilweise auf fehlendem Fachwissen beruhenden Vorurteile der jeweiligen Berufsgruppen auszuräumen.[237] Darüber hinaus spielt die gestiegene Kriminalitätsfurcht der Bevölkerung und die damit verbundene, oben bereits angedeutete erhöhte Sicherheitserwartung an den Staat, die sich auch und gerade auf den psychiatrischen Maßregelvollzug und insbesondere das Rangverhältnis von Besserung und Sicherung im Bereich der Maßregeln auswirkt und als Ausdruck einer neuen Punitivität der Gesellschaft zu interpretieren ist, hierbei eine gewichtige Rolle.[238] Dabei darf nicht unterschätzt werden, dass der psychiatrische Maßregelvollzug im Bereich von Strafjustiz und Psychiatrie in besonderem Maße den politischen und gesellschaftlichen Wertvorstellungen unterworfen ist.[239] Von diesen aufgezeigten Missständen abgesehen ist ebenfalls von Bedeutung, dass sich die Unterbringungszahlen seit Mitte der 1990er-Jahre mehr als verdoppelt haben,[240] aktuellere belastbare Zahlen jedoch kaum verfügbar sind.[241] Der am 26. Juni 2015 erschienenen Maßregelvollzugsstatistik des Statistischen Bundesamts für die Jahre 2013 und 2014 lässt sich entnehmen, dass zu Beginn des Jahres 2013 aufgrund strafrichterlicher Anordnung insgesamt 10.875 Patienten untergebracht gewesen sind. Davon entfielen 6.633 Patienten auf die Unterbringung in einem psychiatrischen Krankenhaus gemäß § 63 StGB, 3.686 Patienten auf die Unterbringung in einer Entziehungsanstalt gemäß § 64 StGB sowie 556 Patienten auf die einstweilige Unterbringung gemäß § 126a StPO.[242] Nach einer

---

236 Vgl. dazu vor allem *F. Baur*, Anmerkungen zum gegenwärtigen Zustand des Maßregelvollzuges, S. 17 f., der diesen juristisch-psychiatrischen Konflikt anschaulich darlegt.

237 *Wolf*, Maßregelvollzug aus der Sicht des Gerichts, S. 3.

238 Zu dieser neuen Punitivität vor allem *Streng*, FS Egg, S. 495.

239 *Seifert/Leygraf*, Forens Psychiatr Psychol Kriminol 10 (2016), 233.

240 Vgl. dazu die prägnante Zusammenfassung bei *Pollähne*, NK 27 (2015), 25, 31: „Nachdem sie ab Mitte der 1990er Jahre stark angestiegen waren, trat ab etwa 2004 eine gewisse Abflachung ein, 2008 wurde allerdings mit 1.101 ein Allzeitrekord verzeichnet. Seitdem sind die Zahlen (jedenfalls bis 2012) wieder rückläufig, liegen aber nachwievor auf dem hohen Stand von vor 15 Jahren. Insgesamt hatte sich die Zahl der Einweisungen innerhalb von 20 Jahren (1991 bis 2010) mehr als verdoppelt. Legt man die Gesamtzahlen für den Maßregelvollzug zugrunde, wobei der 63er den mit Abstand größten Anteil hat, kommt inzwischen ein Untergebrachter auf fünf Strafgefangene – 1995 war das Verhältnis noch 1:10.“; s. auch SBJL-*Jehle*, A. II. 1. b) S. 1448 f. Rn. 13.

241 *T. Walter*, ZRP 47 (2014), 103; vgl. dazu auch *Seifert/Leygraf*, Forens Psychiatr Psychol Kriminol 10 (2016), 233 mit zahlreichen Grafiken und Nachweisen.

242 Strafvollzugsstatistik des Statistischen Bundesamts, Im psychiatrischen Krankenhaus und in der Entziehungsanstalt aufgrund strafrichterlicher Anordnung Untergebrachte (Maßregelvollzug), erschienen am 26.06.2015, S. 3, online abrufbar unter dem Reiter „Maßregelvollzug“ auf https://www.destatis.de/DE/Themen/Staat/Justiz-Rechtspflege/_inhalt.html (zuletzt aufgerufen am 25.01.2024).

Hochrechnung von *Leygraf* aus dem Jahr 2018 auf der Grundlage der veröffentlichten Daten des Statistischen Bundesamtes von 2015 sowie der Zahl der Untergebrachten aus den neuen Bundesländern waren deutschlandweit am 31. März 2014 ca. 8.000 Personen in einem psychiatrischen Krankenhaus gemäß § 63 StGB und weitere 4.000 Personen in einer Entziehungsanstalt gemäß § 64 StGB untergebracht mit der Konsequenz, dass sich mehr als jeder fünfte stationäre psychiatrische Behandlungsplatz in einer Einrichtung des Maßregelvollzugs befand.[243] Auch *de Tribolet-Hardy* und *Habermeyer* berufen sich auf die Daten des Statistischen Bundesamts und geben an, dass zwischen 2010 und 2013 eine kontinuierliche Zunahme von 10.019 auf 10.875 Maßregelpatienten stattgefunden habe.[244] Weitergeführt werden diese Hochrechnungen durch eine Anfang 2021 veröffentlichte Recherche von BuzzFeed News Deutschland auf der Grundlage von Anfragen in den 16 Bundesländern aus dem Jahr 2020. Einschränkend muss hier naturgemäß die lediglich begrenzte Aussagekraft der Daten berücksichtigt werden. Dennoch soll das Ergebnis nicht nur wegen der beträchtlichen Aktualität und Relevanz der gesamten Thematik, sondern gerade auch wegen fehlender belastbarer Zahlen berücksichtigt werden: Danach haben 2020 in den 78 Einrichtungen des Maßregelvollzugs in Deutschland rund 11.000 Planbetten für insgesamt mehr als 13.000 Patienten zur Verfügung gestanden.[245] Aktuelle Unterbringungszahlen des psychiatrischen Maßregelvollzuges der Bundesländer sind im Rahmen dieser Arbeit im September 2020 ebenfalls bei den jeweils zuständigen Ministerien angefragt und zum Teil auch zur Verfügung gestellt worden. Auf diese und weitere Daten zur Zwangsmaßnahme der Fixierung wird im Rahmen des dritten Kapitels ausführlich eingegangen.

B. Tatsächliche und rechtliche Rahmenbedingungen des psychiatrischen Maßregelvollzuges gemäß § 63 StGB

In diesem Kapitel werden neben den rechtlichen Voraussetzungen des psychiatrischen Maßregelvollzuges gemäß § 63 StGB auch die tatsächlichen Rahmenbedingungen einer solchen Unterbringung abgebildet, da auf diese Weise nicht nur einer

---

243 *Leygraf*, Forens Psychiatr Psychol Kriminol 12 (2018), 91.

244 S. dazu *de Tribolet-Hardy/Habermeyer*, Forens Psychiatr Psychol Kriminol 10 (2016), 265, 266 mit Verweis auf die Daten des Statistischen Bundesamts von 2015.

245 Ergebnis der durch BuzzFeed News Deutschland durchgeführten Recherche, online veröffentlicht von *Haentjes* und *Märzhäuser* unter Mitarbeit von *Löffler*, online abrufbar unter https://www.buzzfeed.de/recherchen/forensik-massregelvollzug-zustand-personal-gewalt-90172552.html (zuletzt aufgerufen am 25.01.2024).

bloß abstrakten Darstellung der rechtlichen Sichtweise und damit einer Beschränkung auf juristische Gesichtspunkte entgegengewirkt werden kann, sondern da die Rahmenbedingungen der psychiatrischen Unterbringung zwangsläufig auch die Grundvoraussetzungen für die psychiatrische Behandlung während der Unterbringung darstellen.[246] Eine Verbindung der juristisch-dogmatischen und der ärztlich-praktischen Sichtweise erscheint daher für eine umfassende Betrachtung der zugrunde liegenden Thematik zwingend erforderlich.[247]

I. Einordnung in das strafrechtliche System der Zweispurigkeit

Anknüpfungspunkt für die Verhängung einer Strafe ist die juristische Schuld des Täters im Sinne einer Vorwerfbarkeit des missbilligten Verhaltens.[248] Dies setzt jedoch voraus, dass der Mensch im Einzelfall tatsächlich in der Lage ist, sich in der konkreten Tatsituation gegen das abweichende und für das normgemäße Verhalten und damit für das Recht zu entscheiden.[249] Diese Voraussetzung im Sinne eines rationalen Entscheidungsprozesses kann bei psychischen Erkrankungen ausgeschlossen sein. Folgerichtig ordnet § 20 StGB in der seit dem 1. Januar 2021 geltenden Fassung[250] an, dass ohne Schuld handelt, wer bei Begehung der Tat wegen einer krankhaften seelischen Störung, wegen einer tiefgreifenden Bewusstseinsstörung oder wegen einer Intelligenzminderung oder einer schweren anderen seelischen Störung unfähig ist, das Unrecht der Tat einzusehen oder nach dieser Einsicht zu handeln. Das Schuldprinzip ist dabei als rechtsstaatliche Begrenzung der Strafe zu begreifen, sodass aus verfassungsrechtlicher Sicht eine Bestrafung ohne Schuld ausgeschlossen ist.[251] Um staatlicherseits dennoch auf die von schuldlos handelnden Tätern ausgehende Gefahr für die Allgemeinheit reagieren zu können, sieht das strafrechtliche Rechtsfolgensystem neben den schuldgebundenen Kriminalstrafen gemäß §§ 38 ff. StGB die schuldunabhängigen Maßregeln der Besserung und Sicherung gemäß §§ 61 ff. StGB vor. Den freiheitsentziehenden Maßregeln der Bes-

246 Vgl. dazu vor allem *Hartmann*, Umfang und Grenzen ärztlicher Zwangsbehandlung, S. 25; *Trost/Rogge*, Umgang mit Menschen im Maßregelvollzug, S. 10.
247 So *F. Baur*, Anmerkungen zum gegenwärtigen Zustand des Maßregelvollzuges, S. 17 f.
248 Statt aller s. nur *Lindemann*, FS 2019, 99.
249 *Grünebaum/Volckart*, Maßregelvollzug, Einl. Rn. 1.
250 Text in der Fassung des Artikels 1 Sechzigstes Gesetz zur Änderung des Strafgesetzbuches – Modernisierung des Schriftenbegriffs und anderer Begriffe sowie Erweiterung der Strafbarkeit nach den §§ 86, 86a, 111 und 130 des Strafgesetzbuches bei Handlungen im Ausland G. v. 30. November 2020 BGBl. I S. 2600 m. W. v. 01. Januar 2021.
251 *Dessecker*, Straftäter und Psychiatrie, S. 19 f.

serung und Sicherung kommt insoweit eine Doppelfunktion zu, indem sie auf der einen Seite das Sicherungsbedürfnis der Allgemeinheit befriedigen und auf der anderen Seite erst eine konsequente Umsetzung des Schuldprinzips ermöglichen.[252] Aufgrund des mit der Freiheitsentziehung verbundenen schwerwiegenden Eingriffs in den Schutzbereich der individuellen Freiheit und personalen Integrität des Betroffenen wird – wie bereits oben erläutert – von einem Sonderopfer des Betroffenen zum Wohle der Allgemeinheit gesprochen.[253] Dieses Sonderopfer kann nur dann aufgewogen werden, wenn dieser während der Unterbringung eine ärztliche Behandlung erhält, die der Besserung seines Leidens dient, um die Unterbringungsmaßnahme überflüssig machen zu können.[254] Soweit möglich, soll er folglich geheilt oder sein Zustand zumindest so weit gebessert werden, dass er nicht mehr gefährlich für die Allgemeinheit ist.[255]

II. Grundprinzipien bei der Anwendung des Maßregelvollzugsrechts

Neben diesem aufgezeigten gesetzlichen Auftrag der Besserung und Sicherung hat der Maßregelvollzug aufgrund der besonderen Grundrechtssensibilität und der damit einhergehenden strukturell angelegten Bedrohung ebenfalls die zentrale Aufgabe, eine möglichst weitgehende Realisierbarkeit der Grundrechte innerhalb der forensischen Psychiatrie zu gewährleisten.[256] Wie bereits dargelegt wurde, ist der Maßregelvollzug wie kaum ein anderer Bereich durch ein hohes Machtgefälle zwischen den Beteiligten geprägt, sodass die Grundrechte der Betroffenen naturgemäß einer besonderen Gefährdung ausgesetzt sind.[257] Dies führt dazu, dass für die Durchführung von Grundrechtseingriffen verfassungsrechtliche Grundprinzipien eingehalten werden müssen, die es im Folgenden aufzuzeigen gilt.[258]

---

252 *Grünebaum/Volckart*, Maßregelvollzug, Einl. Rn. 2.

253 S. dazu bereits die umfangreichen Nachweise in Fn. 126 und 127.

254 *Hartmann*, Umfang und Grenzen ärztlicher Zwangsbehandlung, S. 19; *Eisenberg*, NStZ 24 (2004), 240, 241.

255 Vgl. dazu auch *Lindemann*, R&P 20 (2002), 8, 12.

256 *Pollähne*, Verfassungsrechtliche Grundlagen und Menschenrechte, S. 31 Rn. B2.

257 S. dazu bereits die Nachweise in der Einleitung, Fn. 3.

258 Vgl. zu dem Konfliktpotential bereits *Bernsmann*, Maßregelvollzug und Grundgesetz, S. 143: „Schutz der Öffentlichkeit, Therapie und größtmögliche Grundrechtswahrung sind sicherlich schwer auszubalancierende Antinomien."

1. Verfassungsrechtliche Mindestvoraussetzungen

In diversen Entscheidungen wurden verfassungsrechtliche Mindestvoraussetzungen durch das Bundesverfassungsgericht erarbeitet, die auch für den Bereich des Maßregelvollzuges Geltung beanspruchen können.[259] In erster Linie hat der Gesetzgeber danach die ihm zugänglichen Erkenntnisquellen,[260] zu denen auch das verfügbare Erfahrungswissen aus der Vollzugspraxis gehört, im Rahmen seiner Prognosen umfassend auszuschöpfen, um die voraussichtlichen Auswirkungen einer Regelung so zuverlässig wie möglich abschätzen und einen Verfassungsverstoß vermeiden zu können.[261] Darüber hinaus müssen die gesetzlichen Vorgaben für die Vollzugsgestaltung auf „sorgfältig ermittelten Annahmen und Prognosen über die Wirksamkeit unterschiedlicher Vollzugsgestaltungen und Behandlungsmaßnahmen beruhen“[262]. Dies verdeutlicht insbesondere vor dem Hintergrund der besonderen Grundrechtssensibilität die essentielle Aufgabe des Gesetzgebers und des jeweiligen Rechtsanwenders, den Vollzug der Maßregel im Sinne einer Orientierungspflicht anhand geltender verfassungsrechtlicher Maßstäbe auszurichten. Darüber hinaus ist der Gesetzgeber im Sinne einer Beobachtungspflicht auch dazu angehalten, diese gesetzlich geschaffene Gestaltung in Anbetracht der Vielgestaltigkeit und Komplexität geltender gesellschaftlicher und rechtlicher Grundsätze zu beobachten und anhand der gewonnenen Erkenntnisse zu analysieren, um diese im Sinne einer Nachbesserungspflicht überarbeiten oder anpassen zu können.[263]

2. Grundsatz der Verhältnismäßigkeit

Eine herausragende Schutz- und Begrenzungsfunktion nimmt das Verhältnismäßigkeitsprinzip ein.[264] Zur Verdeutlichung dieser besonderen Bedeutung wurde der

259 So auch *Pollähne,* Verfassungsrechtliche Grundlagen und Menschenrechte, S. 32 Rn. B6.

260 Vgl. zu Erkenntnisquellen BVerfGE 98, 169, 201 mit Verweis auf BVerfGE 82, 60 (80); 90, 107 (116); 96, 288 (305 f.): „Er (Anmerkung: Gemeint ist der Gesetzgeber) kann unter Verwertung aller ihm zu Gebote stehenden Erkenntnisse, namentlich auf den Gebieten der Anthropologie, Kriminologie, Sozialtherapie und Ökonomie, zu einer Regelung gelangen, die – auch unter Berücksichtigung von Kostenfolgen – mit dem Rang und der Dringlichkeit anderer Staatsaufgaben in Einklang steht.“

261 *Lübbe-Wolff/Lindemann,* NStZ 27 (2007), 450, 454 mit Verweis auf BVerfGE 50, 290, 334; *Feest/Bammann,* Jugendstrafvollzugsgesetze: Anspruch und Umsetzung, S. 538 f.

262 BVerfG, Urteil des Zweiten Senats vom 31. Mai 2006 – 2 BvR 1673/04 , Rn. 62 mit Verweis auf BVerfGE 106, 62 (152); vgl. auch *Lübbe-Wolff/Lindemann,* NStZ 27 (2007), 450, 454.

263 So auch *Lübbe-Wolff/Lindemann,* NStZ 27 (2007), 450, 454.

264 *Klatt/Meister,* JuS 54 (2014), 193 sprechen von einer kaum zu überschätzenden praktischen Bedeutung des Verhältnismäßigkeitsgrundsatzes und einer zentralen Bedeutung für die berufliche Tätigkeit von Juristen; gegensätzlich dazu jedoch *Bernsmann,* Maßregelvollzug und Grundgesetz, S. 147 f., der im Jahr 1984 noch von einem Schattendasein des Verhältnismäßigkeitsgrundsatzes im

ohnehin verfassungsrechtlich geltende Grundsatz zusätzlich in die Vorschriften über die Maßregeln der Besserung und Sicherung in Gestalt von § 62 StGB aufgenommen und der Erläuterung der allgemeinen Voraussetzungen damit vorangestellt.[265] Danach darf eine solche Maßregel dann nicht angeordnet werden, wenn sie zur Bedeutung der vom Täter begangenen und zu erwartenden Taten sowie zu dem Grad der von ihm ausgehenden Gefahr außer Verhältnis steht. Nach der Rechtsprechung des Bundesverfassungsgerichts beherrscht der verfassungsrechtliche Verhältnismäßigkeitsgrundsatz sowohl Anordnung als auch Fortdauer der Unterbringung in einem psychiatrischen Krankenhaus,[266] wobei das Spannungsverhältnis zwischen dem Freiheitsanspruch des Betroffenen und dem Sicherungsbedürfnis der Allgemeinheit lediglich durch einen gerechten und vertretbaren Ausgleich aufgelöst werden kann, bei dem die Voraussetzungen für die Verhältnismäßigkeit des Freiheitsentzuges umso strenger werden, je länger die Unterbringung in einem psychiatrischen Krankenhaus bereits andauert.[267] Ein solcher Ausgleich lässt sich nur dadurch herstellen, dass die Sicherungsbelange der Allgemeinheit und der Freiheitsanspruch des Betroffenen als wechselseitiges Korrektiv angesehen und im Einzelfall gegeneinander abgewogen werden.[268] Darüber hinaus ist der Verhältnismäßigkeitsgrundsatz nach Ansicht des Bundesverfassungsgerichts auch in den Anordnungsvoraussetzungen des § 63 StGB konkretisiert, indem ein Zustand des Täters gefordert wird, der in Zukunft erhebliche rechtswidrige Taten befürchten lässt.[269]

Nach seiner herkömmlichen Begründung dient der Grundsatz der Verhältnismäßigkeit der Beurteilung der Verfassungsmäßigkeit eines Grundrechtseingriffs, der in funktionaler Hinsicht das gewählte Mittel zur Verfolgung eines bestimmten

---

Recht der Maßregeln gesprochen hat; vgl. zum Ganzen auch *Kinzig*, Unterbringung im psychiatrischen Krankenhaus und Verhältnismäßigkeit, S. 207.

265 MüKo StGB-*van Gemmeren*, § 62 StGB Rn. 1 mit Verweis auf BVerfG 08.10.1985 – 2 BvR 1150/80 und 1504/82, BVerfGE 70, 297 (312) = NStZ 1986, 185 zu den §§ 62, 63, 67d; Schönke/Schröder-*Kinzig*, § 62 StGB Rn. 1; *Kinzig*, Unterbringung im psychiatrischen Krankenhaus und Verhältnismäßigkeit, S. 207 m. w. N.

266 Anwendungsbeispiele für den Geltungsbereich des Verhältnismäßigkeitsgrundsatzes im Bereich der Maßregeln finden sich bei Schönke/Schröder-*Kinzig*, § 62 StGB Rn. 2; dazu auch *ders.*, Unterbringung im psychiatrischen Krankenhaus und Verhältnismäßigkeit, S. 208.

267 Vgl. dazu vor allem BVerfG, Beschluss der 2. Kammer des Zweiten Senats vom 17. Februar 2014 – 2 BvR 1795/12, Rn. 42; BVerfG, Beschluss vom 08.10.1985 – 2 BvR 1150/80, 2 BvR 1504/82; BVerfG NStZ 1986, 185.

268 BVerfG, Beschluss der 2. Kammer des Zweiten Senats vom 17. Februar 2014 – 2 BvR 1795/12, Rn. 38, mit Verweis auf BVerfGE 70, 297 (311).

269 *Dessecker*, Gefährlichkeit und Verhältnismäßigkeit, S. 335; BVerfGE 70, 297 (312).

Zwecks darstellt.[270] Bei einem grundrechtseingreifenden Handeln muss der Staat einen rechtlich zulässigen und damit legitimen Zweck verfolgen, dabei ein zur Erreichung des gewünschten Zwecks geeignetes und erforderliches Mittel einsetzen (Prüfung der tatsächlichen Umstände des konkreten Falls) sowie vor allem die Voraussetzungen der Angemessenheit (auch Verhältnismäßigkeit im engeren Sinne) des Grundrechtseingriffs im Verhältnis zum gewünschten Zweck einhalten (Prüfung der rechtlichen Umstände des konkreten Falls).[271] Nach ständiger Rechtsprechung des Bundesverfassungsgerichts darf der mit einer Maßnahme verbundene Eingriff seiner Intensität nach „nicht außer Verhältnis zur Bedeutung der Sache und den vom Bürger hinzunehmenden Einbußen stehen“[272]. Hervorzuheben ist in diesem Zusammenhang auch das aus dem verfassungsrechtlichen Übermaßverbot folgende Subsidiaritätsprinzip, das nach Ansicht der Rechtsprechung des Bundesgerichtshofs im gesamten Maßregelrecht Geltung beansprucht, sodass eine Unterbringung in einem psychiatrischen Krankenhaus nur dann in Betracht kommt, wenn weniger einschneidende Maßnahmen im Einzelfall keinen ausreichenden Schutz vor der Gefährlichkeit des Täters bieten.[273] Heranzuziehen sind im Rahmen der Prüfung vor allem die Gesichtspunkte der Einzigartigkeit bzw. Nichtwiederholbarkeit der Täter-Opfer-Beziehung oder der konkreten Tatsituation.[274] Zwar wird unterschiedlich beurteilt, ob die materielle Erforderlichkeitsprüfung nach dem 2. StRG[275] entfallen und insbesondere durch die Möglichkeit des Vikariierens und der Aussetzung gemäß § 67b StGB ersetzt worden ist.[276] Es wurde jedoch bereits gezeigt, dass das Verhältnismäßigkeitsprinzip und damit auch das Subsidiaritätsprinzip ohnehin von Verfassungs wegen gelten.[277] Eine einfach-gesetzliche Suspendierung des Subsidiaritätsprinzips kommt vor diesem Hintergrund nicht in Betracht, sodass schon bei der Anordnung der Maßnahme und darüber hinaus auch bei Folgeentscheidungen stets sorgfältig zu prüfen ist, ob diese (noch) notwendig ist oder ob nicht eingriffsärmere Maßnahmen in gleicher Weise dazu imstande sind,

270 *Frisch*, NStZ 33 (2013), 249, 250.

271 *Klatt/Meister*, JuS 54 (2014), 193, 194.

272 St. Rspr.; vgl. nur BVerfGE 27, 344 (352 f.); BVerfGE 65, 1 (15.12.1983 – 1 BvR 209/83, 1 BvR 269/83, 1 BvR 362/83, 1 BvR 420/83, 1 BvR 440/83, 1 BvR 484/83) – sog. „Volkszählungsurteil“.

273 BGH NStZ-RR 1998, 359; zum Subsidiaritätsprinzip NK-StGB-*Pollähne*, § 61 StGB Rn. 59 sowie § 62 StGB Rn. 8; LK StGB-*Radtke*, Vor § 61 StGB Rn. 69.

274 NK-StGB-*Pollähne*, § 62 StGB Rn. 8.

275 Danach erfolgte die Anordnung der Maßregel, wenn die öffentliche Sicherheit dies erforderte, vgl. dazu die Ausführungen bei Schönke/Schröder-*Kinzig*, § 63 StGB Rn. 22.

276 NK-StGB-*Pollähne*, § 61 StGB Rn. 59.

277 Ausführlich dazu *Dessecker*, Gefährlichkeit und Verhältnismäßigkeit, S. 335 ff.

einen ausreichenden Schutz zu gewährleisten.[278] Von Bedeutung für die Angemessenheit ist darüber hinaus das Proportionalitätsprinzip, in dessen Rahmen vor allem die Bedeutung der begangenen Taten (Art und Schwere der Delikte, Häufigkeit und Frequenz)[279], die Bedeutung der zu erwartenden Taten (drohender Schaden für potentielle Opfer) sowie in quantitativer und qualitativer Hinsicht der Grad der vom Betroffenen ausgehenden Gefahr beachtlich sind, wobei insbesondere die prinzipielle Unsicherheit von Prognoseentscheidungen eine gewichtige Rolle spielt.[280]

Eine Unterbringung gemäß § 63 StGB darf nach den vorstehenden Ausführungen folglich dann nicht angeordnet werden, „wenn die wegen ihrer unbestimmten Dauer sehr belastende Maßnahme außer Verhältnis zu der Bedeutung der begangenen und zu erwartenden Taten stehen würde."[281] Im Rahmen der gebotenen Abwägung zwischen dem Sicherheitsinteresse der Allgemeinheit und dem Freiheitsanspruch des Betroffenen sind die Besonderheiten des Falles zu berücksichtigen und damit insbesondere der Zustand des Betroffenen und die dadurch von ihm ausgehende Gefahr, sein früheres Verhalten im Verhältnis zu seinen aktuellen Lebensumständen sowie die konkreten Wirkungen einer Unterbringung gemäß § 63 StGB und gegebenenfalls anderen Möglichkeiten der Einwirkung auf den Betroffenen.[282]

3. Gewährleistung der Menschenwürde

Als ein gleichsam alles überragender Schutzmechanismus ist auch im Maßregelvollzug die unantastbare Menschenwürde aus Art. 1 Abs. 1 GG zu begreifen.[283] Danach stellt es sich als Verpflichtung aller staatlichen Gewalt dar, die Würde des Menschen zu achten und zu schützen. Die Voranstellung der Menschenwürde und

---

278 So auch Schönke/Schröder-*Kinzig*, § 62 StGB Rn. 22; MüKo StGB-*van Gemmeren*, § 62 StGB Rn. 7; NK-StGB-*Pollähne*, § 61 StGB Rn. 59 sowie § 62 StGB Rn. 8 m. w. N. Eine weitergehende Streitentscheidung ist vor dem Hintergrund des Themenzuschnitts nicht angezeigt.

279 NK-StGB-*Pollähne*, § 62 StGB Rn. 10.

280 Dazu NK-StGB-*Pollähne*, § 62 StGB Rn. 9–12; MüKo StGB-*van Gemmeren*, § 62 StGB Rn. 8.

281 Vgl. dazu BGH NStZ-RR 2013, 339, 340 mit Verweis auf BGH, Beschluss vom 26.06.2007 – 5 StR 215/07 = NStZ-RR 2007, 300 (301).

282 Vgl. dazu BGH NStZ-RR 2013, 339 (340) mit Verweis auf BVerfG, Urteil vom 08.10.1985 – 2 BvR 1150/80 u. a. = BVerfGE 70, 297 (313) = NJW 1986, 767.

283 *Pollähne*, Verfassungsrechtliche Grundlagen und Menschenrechte, S. 32 f. Rn. B7. Vgl. zu der grundlegenden Frage, ob es sich bei der in Art. 1 Abs. 1 GG gewährleisteten Menschenwürde um eine Grundrechtsnorm handelt, die ein subjektiv-öffentliches Recht in Form eines Grundrechts gewährleistet, oder ob es sich um eine bloß objektive Norm handelt, vor allem *Teifke*, Das Prinzip Menschenwürde, S. 68 ff. Aufgrund der vorliegenden Themeneingrenzung durch die gewählte Fragestellung soll dieser Frage hier jedoch nicht weiter nachgegangen werden.

die damit einhergehende herausragende Bedeutung beeinflussen die Auslegung des gesamten Grundgesetzes.[284] Nach der Rechtsprechung des Bundesverfassungsgerichts stellt die Menschenwürde als Konstitutionsprinzip des Grundgesetzes[285] den höchsten Rechtswert innerhalb der verfassungsmäßigen Ordnung dar,[286] der niemandem genommen werden kann,[287] sodass jedem Menschen ein sozialer Wert- und Achtungsanspruch zukommt, der es grundsätzlich verbietet, ihn zum bloßen Objekt staatlichen Handelns zu machen oder ihn einer Behandlung auszusetzen, die seine Subjektqualität prinzipiell in Frage stellt.[288] Der Tatbestand der Menschenwürde kann folglich positiv und negativ bestimmt werden, indem der Mensch auf der einen Seite als Subjekt zu achten ist und auf der anderen Seite nicht als bloßes Objekt behandelt werden soll.[289] Vor dem Hintergrund dieser verfassungsrechtlichen Auslegung hat der Staat folglich für den Straf- und Maßregelvollzug zu gewährleisten,[290] dass materielle Mindestvoraussetzungen im Rahmen der Unterbringung eingehalten werden und ein menschenwürdiges Dasein besteht.[291] Wesentliches Merkmal eines Eingriffs in die Garantie der Menschenwürde ist danach das Nichternstnehmen des Individuums als Person kraft seines Menschseins.[292]

Unter dem Eindruck dieser verfassungsrechtlichen Gewährleistung und Reichweite der Menschenwürdegarantie stellt sich die grundlegende Frage, in welchem Verhältnis der Besserungsgedanke der Maßregeln bzw. damit einhergehend die Therapierbarkeit der betroffenen Person zum Sicherungsgedanken bzw. der Wiedererlangung des Freiheitsrechts steht, präziser formuliert also die Frage, ab wann eine unzureichende oder fehlende Behandlung zu einer Verletzung der Menschenwürde des Betroffenen führt, die nachfolgend anschaulich und gleichsam plakativ unter der Bezeichnung „Sicherungsverwahrung in der forensischen Psychiatrie“[293] kurz diskutiert werden soll. In seiner grundlegenden Entscheidung zur lebenslangen Freiheitsstrafe hat das Bundesverfassungsgericht ausgeführt, dass es zu den zwingenden Voraussetzungen eines menschenwürdigen Strafvollzuges

284 BeckOK Grundgesetz-*Hillgruber*, Vorworte zu Art. 1 GG.

285 Vgl. zu diesem Begriff BVerfGE 117, 71, 91 (08.11.2006 – 2 BvR 578/02, 2 BvR 796/02) mit Verweis auf BVerfGE 45, 187 (227); 87, 209 (228); 96, 375 (398); 102, 370 (389); 109, 133 (149).

286 Vgl. dazu BVerfGE 27, 1 (6); 30, 173 (193); 32, 98 (108).

287 BVerfGE 117, 71, 91 (08.11.2006 – 2 BvR 578/02, 2 BvR 796/02) mit Verweis auf BVerfGE 109, 133 (150).

288 BVerfGE 27, 1 (6); 45, 187 (228); 109, 133 (149 f.).

289 *Teifke*, Das Prinzip Menschenwürde, S. 12.

290 Vgl. dazu auch *Bernsmann*, Maßregelvollzug und Grundgesetz, S. 144, der beim Straf- und Maßregelvollzug von partiell austauschbaren Institutionen spricht.

291 *Pollähne*, Verfassungsrechtliche Grundlagen und Menschenrechte, S. 32 f. Rn. B7 m. w. N.

292 So auch *Teifke*, Das Prinzip Menschenwürde, S. 15.

293 Diese Bezeichnung hat auch NK-StGB-*Pollähne*, § 61 StGB Rn. 21 gewählt.

gehöre, dass auch dem zu einer lebenslangen Freiheitsstrafe Verurteilten die Chance verbleiben müsse, je wieder der Freiheit teilhaftig zu werden.[294] Dabei finde die Androhung der lebenslangen Freiheitstrafe ihre verfassungsrechtlich notwendige Ergänzung in einem sinnvollen Behandlungsvollzug in Abgrenzung zu einem reinen Verwahrvollzug, sodass die Vollzugsanstalten auch bei einem zu lebenslanger Freiheitsstrafe verurteilten Gefangenen dazu verpflichtet sind, auf dessen Resozialisierung hinzuwirken, dabei die Lebenstüchtigkeit zu erhalten und schädlichen Auswirkungen des Freiheitsentzugs entgegenzuwirken.[295] Die Forderung nach einer Resozialisierung des Rechtsbrechers entspreche verfassungsrechtlich dem Selbstverständnis einer Gemeinschaft, die die Menschenwürde in den Mittelpunkt ihrer Werteordnung stelle und dem Sozialstaatsprinzip verpflichtet sei.[296] Einem Mitglied der Gesellschaft, dem aufgrund seiner Gefährlichkeit für eine unbestimmte und damit potentiell lebenslange Dauer die Freiheit entzogen wird, da das von der Allgemeinheit hinzunehmende Maß an Gefährlichkeit überschritten wurde, müssen daher zum Aufwiegen dieses Sonderopfers konsequenterweise staatliche Unterstützungen zuteil werden, damit der Betroffene seine Freiheit auch wiedererlangen und in die Gesellschaft eingegliedert werden könne.[297] Überaus anschaulich ist in diesem Zusammenhang das Zitat von *Bernsmann:* „Findet Therapie nicht mehr statt oder steht ihre Aussichtslosigkeit fest, so ist der Untergebrachte faktisch nur noch Objekt staatlicher Maßnahmen (…).“[298] Um einer vorschnellen Etikettierung der „Untherapierbarkeit“ vorzubeugen und ein bloßes Verwahren zu vermeiden, ist folglich auch in schwierig gelagerten Fällen stets dafür Sorge zu tragen, dass geeignete Behandlungsmethoden erarbeitet werden, um so einen Stillstand der Behandlung zu verhindern.[299] Diese Vorgehensweise erscheint nach den vorangestellten Ausführungen vor dem Hintergrund der verfassungsrechtlichen Mindestvoraussetzungen des psychiatrischen Maßregelvollzuges gleichermaßen logisch wie unumgänglich, darf doch der Einzelne nach der Rechtsprechung nicht zum bloßen Objekt staatlichen Handelns gemacht werden. Doch dabei drängt sich auch die naheliegende Frage auf, welcher Weg dann verfassungsrechtlich gangbar erscheint, wenn eine Besserung des Anlassleidens auf absehbare Zeit nicht erreichbar ist und vorhandene Behandlungsmöglichkeiten und Therapieprogramme nach sorgfältiger und gewissenhafter Prüfung vollständig

---

294 BVerfGE 45, 187; vgl. dazu auch *Lindemann*, R&P 20 (2002), 8, 11.

295 BVerfG, Urteil vom 21.06.1977 – 1 BvL 14/76, Rn. 174.

296 BVerfG, Urteil vom 21.06.1977 – 1 BvL 14/76, Rn. 175 mit Verweis auf BVerfGE 45, 187 (238) BVerfGE 45, 187 (239).

297 Vgl. dazu *Lindemann*, R&P 20 (2002), 8, 12.

298 *Bernsmann*, Maßregelvollzug und Grundgesetz, S. 146.

299 *Lindemann*, R&P 20 (2002), 8, 13.

ausgeschöpft worden sind. Eine scheinbar unauflösbare Antinomie zwischen Therapie und Behandlung auf der einen Seite und der größtmöglichen Grundrechtssicherung auf der anderen Seite lässt sich in diesem Fall nicht von der Hand weisen.[300] Einem Vorwurf des Etikettenschwindels im Sinne einer doppelten Übelzufügung – also in anderer Ausprägung als diejenige Etikettierung der Untherapierbarkeit des Betroffenen – sind die Maßregeln der Besserung und Sicherung bereits seit den 1990er-Jahren (der sog. „punitiven Wende“[301]) ausgesetzt.[302] Damit geht einher, dass sich ganz grundsätzlich in der Justizpraxis der letzten Jahre entsprechend dem Sicherungszweck des Strafrechts eine deutliche Neigung zu längeren Freiheitsstrafen entwickelt hat.[303] Für den Bereich der Behandlung und Therapierbarkeit bedeutet dies, dass gleichermaßen wie im Strafvollzug eine Verletzung der Menschenwürde des Betroffenen dann diskutiert werden muss, wenn der Behandler seinen Patienten vollständig aufgegeben und jegliche Behandlungsansätze verworfen hat, sodass ein Stillstand in der therapeutischen Beziehung eingetreten ist und der Patient im Sinne des Zitats von *Bernsmann* faktisch nur noch das Objekt staatlicher Intervention ist. Unmissverständlich auf den Punkt gebracht wurde diese Problematik von *Pollähne:* „Davon abgesehen gerät § 63 in eine verstärkte Legitimationskrise, wenn weiterhin vertreten wird, er könne auch dann (noch) angeordnet, vollstreckt und vollzogen werden, wenn eine Besserung nicht (mehr) in Sicht sei: Sicherungsverwahrung in der forensischen Psychiatrie ist menschenrechtlich inakzeptabel.“[304] Vor dem Hintergrund der Ausführungen zur Menschenwürde ist daher zwingend davon auszugehen, dass eine regelmäßige Aktualisierung bzw. Modifikation des Behandlungsplanes sowie die Wahrnehmung sich neu ergebender Chancen und Behandlungsmöglichkeiten erforderlich ist, sodass neue Impulse gesetzt und vielversprechende Perspektiven langfristig erkannt und genutzt werden können.[305] Ein psychiatrischer Maßregelvollzug, der den Gedanken der Wiedereingliederung des Betroffenen vollständig negiert und den Einzelnen damit seiner Chance beraubt, der Freiheit je wieder teilhaftig zu werden, ist mit verfassungsrechtlichen Grundprinzipien unvereinbar.

---

300 So bereits *Bernsmann*, Maßregelvollzug und Grundgesetz, S. 143.

301 Diesen Begriff verwendet und erläutert NK-StGB-*Pollähne*, § 61 StGB Rn. 21, 30.

302 So bereits *Kohlrausch*, ZStW 44 (1924), 21, 33 sowie *Frisch*, ZStW 102 (1990), 343, 356. Vgl. auch NK StGB-*Pollähne*, § 61 StGB Rn. 17 m. w. N.; LK StGB-*Radtke*, Vor § 61 StGB Rn. 25.

303 S. dazu vor allem *Streng*, FS Egg, S. 495 (499).

304 NK-StGB-*Pollähne*, § 61 StGB Rn. 21.

305 S. dazu auch *Lindemann*, R&P 20 (2002), 8, 13, der in diesem Zusammenhang auf § 136 S. 3 StVollzG verweist und zu dem Ergebnis gelangt, dass in eng begrenzten Ausnahmefällen eine fehlende therapeutische Erreichbarkeit des Patienten dazu führt, dass das Behandlungsprogramm unter dem Vorbehalt sich abzeichnender neuer Perspektiven vorläufig auf das in § 136 S. 3 StVollzG normierte Mindestmaß zurückzuführen ist.

III. Voraussetzungen der Unterbringung in einem psychiatrischen Krankenhaus gemäß § 63 StGB

Voraussetzung für die gerichtliche Anordnung der Unterbringung in einem psychiatrischen Krankenhaus gemäß § 63 StGB ist, dass jemand eine rechtswidrige Tat im Zustand der Schuldunfähigkeit gemäß § 20 StGB oder der verminderten Schuldfähigkeit gemäß § 21 StGB begangen hat, und das Gericht im Rahmen einer Gesamtwürdigung des Täters und seiner Tat zu dem Ergebnis gelangt, dass von diesem Täter infolge seines Zustandes erhebliche rechtswidrige Taten zu erwarten sind, durch welche die Opfer seelisch oder körperlich erheblich geschädigt oder erheblich gefährdet werden oder schwerer wirtschaftlicher Schaden angerichtet wird, und er deshalb für die Allgemeinheit gefährlich ist.

1. Gesetzessystematik und Regelungsstruktur

Zu unterscheiden ist zwischen dem legitimationsfähigen Zweck der Maßregeln auf der einen Seite und dem Vollzugsziel der Maßregeln der Besserung und Sicherung auf der anderen Seite.[306] Zweck der Maßregeln der Besserung und Sicherung gemäß §§ 63, 64 StGB ist die Gefahrenabwehr und damit die Gewährleistung von Sicherheit für die Allgemeinheit.[307] Zur Erreichung dieses Zwecks sind im Rahmen der Maßregel des § 63 StGB verschiedene Mittel denkbar, wobei die Besserung des Täters durch eine adäquate Behandlung an erster Stelle zu verorten ist.[308] Mithilfe der bessernden bzw. heilenden Einwirkung auf den Täter soll dessen Gefährlichkeit für die Rechtsgemeinschaft so weit verringert werden, dass die Sicherungsmaßnahmen zumindest schrittweise aufgehoben bzw. zurückgefahren werden können.[309] Folglich wird die Gefahrenabwehr als Zweck der Maßregel zunächst einmal durch die Unterbringung als solche erzielt, während dieses Mittel der Zweckerreichung eigene, an diesem Zweck ausgerichtete und diesem untergeordnete Zwecke in Form der Vollzugsziele der Besserung und Sicherung verfolgt.[310] Im Rahmen der Auswahl der zur Erreichung des Vollzugsziels tauglichen Mittel führt die Aufopferung des Betroffenen aufgrund seines psychischen Leidens zu einer Vorrangstellung

306 So auch *Lindemann*, R&P 20 (2002), 8, 12.

307 Vgl. dazu nur *A. Baur*, Vollzugsgrundlagen, Organisation und Finanzierung, S. 84 Rn. C11; BeckOK StGB-*Ziegler*, § 63 StGB Rn. 1; HK-Strafrecht-*Braasch*, § 63 StGB Rn. 1; MüKo StGB-*van Gemmeren*, § 63 StGB Rn. 1; NK-StGB-*Pollähne*, § 63 StGB Rn. 28; Schönke/Schröder-*Kinzig*, § 63 StGB Rn. 1.

308 *A. Baur*, Vollzugsgrundlagen, Organisation und Finanzierung, S. 85 Rn. C16.

309 MüKo StGB-*van Gemmeren*, § 63 StGB Rn. 1; vgl. dazu auch BGH 25.7.1985 – 1 StR 241/85, BGHSt 33, 285 = NStZ 1986, 139; BGH 8.9.1998 – 1 StR 384/98, NStZ-RR 1999, 44.

310 *A. Baur*, Vollzugsgrundlagen, Organisation und Finanzierung, S. 85 f. Rn. C17.

der Besserung in Form von Behandlungsmaßnahmen.[311] Dabei darf jedoch nicht übersehen werden, dass eine Unterbringung gemäß § 63 StGB allein aus Gründen der Besserung unzulässig ist.[312] Unter Einbeziehung des Sonderopfergedankens folgt daraus ein Anspruch der untergebrachten Person auf Gewährung einer ärztlichen Behandlung.[313] Durch die Unterbringung in einem psychiatrischen Krankenhaus wird damit zwar insgesamt eine Heilung des Betroffenen angestrebt, es soll aber letztlich auf eine fehlende Heilungsaussicht nicht ankommen.[314]

Insbesondere aufgrund des aufsehenerregenden Falles Mollath,[315] der auch als Anstoß in der Debatte um die Verhältnismäßigkeit der Unterbringung im psychiatrischen Krankenhaus gewertet werden kann,[316] wurden im Rahmen des Gesetzes zur Novellierung des Rechts der Unterbringung in einem psychiatrischen Krankenhaus[317] die tatbestandlichen Voraussetzungen des § 63 StGB eingegrenzt, indem nunmehr die Anforderungen an die zu erwartenden Taten erhöht und die Anforderungen an die Anlasstaten präzisiert wurden.[318] Die Einfügung des Kriteriums der Erheblichkeit hat eine primär klarstellende Wirkung und soll dabei weniger bedeuten als „schwer", sodass auch weiterhin die Schwelle zur Unterbringung in einem psychiatrischen Krankenhaus gemäß § 63 StGB niedriger ist als diejenige der Sicherungsverwahrung gemäß § 66 StGB.[319] Nach dem Willen des Gesetzgebers sollen jedoch vor allem die Rechtspraxis allgemein und die landgerichtliche Praxis speziell für das Erfordernis des mit Verfassungsrang ausgestatteten Verhältnismäßigkeitsgrundsatzes sensibilisiert werden.[320] Flankierend dazu wurden in

311 So auch *Lindemann*, R&P 20 (2002), 8, 12, der zu Recht darauf hinweist, dass sich dieses Rangverhältnis auch in § 17 Abs. 1 S. 1 MRVG NRW niederschlägt.

312 *Lindemann*, R&P 20 (2002), 8, 12; NK-StGB-*Pollähne*, § 61 StGB Rn. 10.

313 *Grünebaum/Volckart*, Maßregelvollzug, III. Rn. 386.

314 BeckOK StGB-*Ziegler*, § 63 StGB Rn. 1; HK-Strafrecht-*Braasch*, § 63 StGB Rn. 1; MüKo StGB-*van Gemmeren*, § 63 StGB Rn. 1; Schönke/Schröder-*Kinzig*, § 63 StGB Rn. 1; vgl. dazu auch BGH, Urteil vom 08.09.1998 – 1 StR 384/98, NStZ-RR 1999, 44; BGH, Urteil vom 20.09.2011 – 1 StR 71/11, StV 2012, 83, Rn. 23. Die fehlende Heilungsaussicht kann jedoch in Grenzfällen im Rahmen der Verhältnismäßigkeitsprüfung zu berücksichtigen sein, BeckOK StGB-*Ziegler*, § 63 StGB Rn. 1.

315 *Hauer*, ZRP 46 (2013), 209 spricht von einem „Justizskandal gigantischen Ausmaßes".

316 So auch *Kaspar/P. Schmidt*, ZIS 11 (2016), 756; *Kinzig*, Unterbringung im psychiatrischen Krankenhaus und Verhältnismäßigkeit, S. 208.

317 Gesetz zur Novellierung des Rechts der Unterbringung in einem psychiatrischen Krankenhaus gemäß § 63 des Strafgesetzbuches und zur Änderung anderer Vorschriften vom 08.07.2016 (BGBl. I. 1610), auch „Verhältnismäßigkeits-Novelle" genannt, NK-StGB-*Pollähne*, § 63 StGB Rn. 3.

318 Vgl. dazu auch BeckOK StGB-*Ziegler*, § 63 StGB Rn. 1; *Schiemann*, ZRP 49 (2016), 98–101.

319 *Schiemann*, ZRP 49 (2016), 98–101.

320 Vgl. dazu den Gesetzentwurf der Bundesregierung „Entwurf eines Gesetzes zur Novellierung des Rechts der Unterbringung in einem psychiatrischen Krankenhaus gemäß § 63 des Strafgesetz-

§ 67d Abs. 6 StGB die Anforderungen an die Fortdauer der Maßregel mithilfe einer zweistufigen Regelvermutung zur Verhältnismäßigkeitsprüfung[321] erhöht: Stellt das Gericht nach Beginn der Vollstreckung der Unterbringung in einem psychiatrischen Krankenhaus fest, dass die Voraussetzungen der Maßregel nicht mehr vorliegen oder die weitere Vollstreckung der Maßregel unverhältnismäßig wäre, so erklärt es sie für erledigt. Für den Fall, dass die Unterbringung bereits sechs Jahre andauert, ist ihre Fortdauer in der Regel nicht mehr verhältnismäßig, wenn nicht die Gefahr besteht, dass der Untergebrachte infolge seines Zustandes erhebliche rechtswidrige Taten begehen wird, durch welche die Opfer seelisch oder körperlich schwer geschädigt oder in die Gefahr einer schweren körperlichen oder seelischen Schädigung gebracht werden. Darüber hinaus besteht eine Regelerledigung[322] nach zehn Jahren. Mithilfe der Einfügung von § 67d Abs. 6 S. 2 und 3 StGB ist folglich nicht nur der Grundsatz der Verhältnismäßigkeit spürbar gestärkt, sondern es sind ebenfalls die materiell-rechtlichen Anforderungen an die Fortdauer der Unterbringung angehoben und an konkrete Fristen gebunden worden.[323]

Ausschlaggebende Gründe für die Gesetzesänderung waren neben dem bereits genannten Einzelfall vor allem der kontinuierliche Anstieg der Anzahl an Personen, die in einem psychiatrischen Krankenhaus gemäß § 63 StGB untergebracht waren, sowie die deutliche Zunahme der durchschnittlichen Verweildauer, ohne, dass es konkrete Belege für einen gleichzeitigen Anstieg der Gefährlichkeit der in Rede stehenden Personengruppe gab.[324] Auch nach der Gesetzesänderung gilt weiterhin, dass die Unterbringungsanordnung gemäß § 63 StGB bei der Begehung von Bagatelldelikten grundsätzlich möglich ist, sofern „die gesetzlich gebotene Gesamtwürdigung der Persönlichkeit des Täters, seines Vorlebens und der Anlasstat die Pro-

---

buches und zur Änderung anderer Vorschriften", BT-Drs. 18/7244, S. 17 f. sowie *Kinzig*, Unterbringung im psychiatrischen Krankenhaus und Verhältnismäßigkeit, S. 210.

321 So *A. Baur*, JR 2017, 413, 415.

322 Aufgrund der Regelwirkung des § 67d Abs. 6 S. 3 StGB muss die ungünstige Prognose für die Fortdauer der Unterbringung feststehen; die bloße Verneinung einer günstigen Prognose reicht nicht aus. Anders als im Falle des S. 2 genügt es im Falle des S. 3 StGB also nicht mehr, wenn nur noch die Gefahr besteht, dass der Täter rechtswidrige Taten begehen wird, durch welche die Opfer in die „Gefahr einer schweren körperlichen oder seelischen Schädigung gebracht werden"; die bloße „Gefahr" einer „Gefahr" kann nach dem Willen des Gesetzgebers eine weitere Unterbringung nach dieser Zeitspanne folglich nicht mehr rechtfertigen, s. BeckOK StGB-*Ziegler*, § 67d StGB Rn. 18.

323 BT-Drs. 18/7244, S. 30 ff.; *Kaspar/P. Schmidt*, ZIS 11 (2016), 756, 759 f.; *Kinzig*, Unterbringung im psychiatrischen Krankenhaus und Verhältnismäßigkeit, S. 212; *Peglau*, NJW 69 (2016), 2298, 2300 f.; *Schiemann*, ZRP 49 (2016), 98, 99 f.

324 *Peglau*, NJW 69 (2016), 2298; vgl. dazu auch den Gesetzentwurf der Bundesregierung vom 13. Januar 2016, „Entwurf eines Gesetzes zur Novellierung des Rechts der Unterbringung in einem psychiatrischen Krankenhaus gemäß § 63 des Strafgesetzbuches und zur Änderung anderer Vorschriften", BT-Drs. 18/7244.

gnose trägt, dass von ihm infolge seines Zustandes erhebliche rechtswidrige Taten zu erwarten sind und er deshalb für die Allgemeinheit gefährlich ist“[325]. Da die Anlasstat eine „wesentliche tatsächliche Stütze“[326] der Gefährlichkeitsprognose darstellt, bedarf es bei einer nicht erheblichen Anlasstat jedoch einer besonderen Begründung und Prüfung.[327] Insgesamt sollen durch die Einfügung des Merkmals der „besonderen Umstände“ in § 63 S. 2 StGB die Anforderungen an die Darlegung der „tatsachengestützten Umstände in der Persönlichkeit oder des Vorlebens des Täters, die die Prognose tragen“ erhöht werden, sodass im Wege einer einfach-gesetzlichen Konkretisierung des Verhältnismäßigkeitsgrundsatzes klargestellt wurde, dass eine solche Unterbringung bei einer nicht erheblichen Anlasstat zwar nicht gänzlich ausgeschlossen ist, jedoch als Ausnahme besonders sorgfältig geprüft und ausführlich begründet werden muss (Regel-Ausnahme-Verhältnis).[328] Besondere Umstände sind dabei namentlich solche, die in der Person des Täters und in seiner bisherigen Entwicklung zu erblicken sind und den Schluss zulassen, dass in Zukunft gewichtigere Taten als die Anlasstat zu erwarten sind.[329] Durch diese Änderung wurde nicht nur die bisherige Rechtsprechung[330] aufgegriffen, sondern darüber hinaus auch eine Formulierung genutzt, die bereits an mehreren Stellen im Strafgesetzbuch existiert (zum Beispiel in §§ 47, 67b Abs. 1 StGB).[331]

2. Erläuterung der Anordnungsvoraussetzungen

Unter dem psychiatrischen Maßregelvollzug gemäß § 63 StGB ist die Durchführung der Unterbringung in einem psychiatrischen Krankenhaus zu verstehen, dessen vollzugsrechtliche Grundlagen sowohl im Strafvollzugsgesetz (§§ 129 – 138 StVollzG) als auch in den jeweiligen Landesgesetzen geregelt sind.[332] Aufgrund ihrer grundsätzlich unbefristeten Dauer gehört die Unterbringung in einem psychiatrischen

---

325 BT-Drs. 18/7244, S. 22. Vgl. dazu auch *Kinzig*, Unterbringung im psychiatrischen Krankenhaus und Verhältnismäßigkeit, S. 211.

326 BT-Drs. 18/7244, S. 22.

327 *Peglau*, NJW 69 (2016), 2298, 2299.

328 BT-Drs. 18/7244, S. 22; vgl. dazu auch *Schiemann*, ZRP 49 (2016), 98 – 101.

329 *Kinzig*, Unterbringung im psychiatrischen Krankenhaus und Verhältnismäßigkeit, S. 211.

330 Vgl. dazu BGHSt 58, 242 = NJW 2013, 2043 (2044) sowie BGH, NStZ-RR 2011, 240; NStZ 1986, 237 und BGH, Beschluss vom 15.08.2013 – 4 StR 179/13, BeckRS 2013, 15730 m. w. N.

331 BT-Drs. 18/7244, S. 22, 23; *Peglau*, NJW 69 (2016), 2298, 2299; vgl. zur Auslegung des Begriffs vor allem Schönke/Schröder-*Kinzig*, § 67b StGB Rn. 8 ff., mit zahlreichen Beispielen für das Vorliegen der besonderen Umstände sowie weiterer Fundstellen.

332 *Eucker/Müller-Isberner*, Die Unterbringung im psychiatrischen Krankenhaus, S. 147.

Krankenhaus formal betrachtet neben der lebenslangen Freiheitsstrafe und der Sicherungsverwahrung zu den schärfsten Sanktionen des StGB.[333]

a) Rechtswidrige Anlasstat

Gemäß § 11 Abs. 1 Nr. 5 StGB ist eine rechtswidrige Tat eine solche, die den Tatbestand eines Strafgesetzes verwirklicht. Neben dem objektiven und subjektiven Tatbestand muss folglich die Rechtswidrigkeit bejaht werden können.[334] Bereits an anderer Stelle[335] wurde dargelegt, dass die Anlasstat nicht erheblich sein muss, sodass grundsätzlich jede Straftat in Betracht kommt.[336] Allerdings gilt es nach § 63 S. 2 StGB zu beachten, dass bei einer nicht im Sinne von Satz 1 erheblichen Tat das Vorliegen besonderer Umstände die Erwartung rechtfertigen muss, dass der Täter infolge seines Zustandes erhebliche rechtswidrige Taten begehen wird. Nach der Rechtsprechung des Bundesverfassungsgerichts ist auf die Gefahr solcher rechtswidriger Taten abzustellen, die nach ihrer Art und ihrem Gewicht dazu ausreichen, die Anordnung der Maßregel zu tragen, wobei sich die Beurteilung vor allem darauf zu erstrecken hat, ob und welche Art rechtswidriger Taten von dem Betroffenen drohen, wie ausgeprägt das Maß der Gefährdung nach Häufigkeit und Rückfallfrequenz ist und welches Gewicht den jeweils bedrohten Rechtsgütern zukommt.[337]

b) Tatbegehung im Zustand der Schuldunfähigkeit oder der verminderten Schuldfähigkeit gemäß §§ 20, 21 StGB

Zudem muss der Täter die Anlasstat im Zustand der Schuldunfähigkeit oder der verminderten Schuldfähigkeit begangen haben, sodass diese Tat auf einem der Eingangsmerkmale der §§ 20, 21 StGB beruht, die ausführlicher unter IV. vorgestellt werden. Wesentlich ist, dass die Anlasstat als Folge des zur Schuldunfähigkeit oder verminderten Schuldfähigkeit führenden Zustandes des Täters aufzufassen ist und mithin ein symptomatischer Zusammenhang zwischen dem Zustand und der Tat besteht.[338] Es muss daher zweifelsfrei feststehen, dass der Betroffene bei Begehung

---

333 *Wolf*, Maßregelvollzug aus der Sicht des Gerichts, S. 9.

334 BeckOK StGB-*Ziegler*, § 63 StGB Rn. 2 und 3; MüKo StGB-*van Gemmeren*, § 63 StGB Rn. 13 mit Verweis auf BGH 11.11.1952 – 1 StR 510/52, BGHSt 3, 287. Zur Anwendbarkeit des § 63 StGB bei Irrtümern s. die Ausführungen bei MüKo StGB-*van Gemmeren*, § 63 StGB Rn. 14; NK-StGB-*Pollähne*, § 63 StGB Rn. 43 sowie Schönke/Schröder-*Kinzig*, § 63 StGB Rn. 9.

335 S. dazu 2. Kapitel B. III. 1.

336 Schönke/Schröder-*Kinzig*, § 63 StGB Rn. 5; vgl. zum Gewicht der Anlasstat und der Prognoseproblematik auch MüKo StGB-*van Gemmeren*, § 63 StGB Rn. 15.

337 BVerfG, Beschluss der 2. Kammer des Zweiten Senats vom 17. Februar 2014 – 2 BvR 1795/12, Rn. 39–40.

338 Vgl. nur MüKo StGB-*van Gemmeren*, § 63 StGB Rn. 47 m. w. N.

der Anlasstat aufgrund eines psychischen Defekts schuldunfähig oder vermindert schuldfähig war und die Begehung der Tat gerade darauf zurückzuführen ist.[339] Der „In-dubio-pro-reo"-Grundsatz in Verbindung mit § 63 StGB kann im Rahmen der Feststellung der Voraussetzungen von §§ 20, 21 StGB nicht herangezogen werden; vielmehr ist davon auszugehen, dass die Voraussetzungen des § 63 StGB dann nicht vorliegen, wenn nicht mindestens die Voraussetzungen des § 21 StGB sicher festgestellt werden können.[340] Darüber hinaus ist darzulegen, wie sich die festgestellte und einem Merkmal der §§ 20, 21 StGB unterfallende Erkrankung in der konkreten Tatsituation auf die Einsichts- und Steuerungsfähigkeit des Täters ausgewirkt hat.[341] Es muss jedoch keine Krankheit vorliegen, sondern vielmehr genügt ein solcher Defektzustand, der die Voraussetzungen des § 20 StGB erfüllt und einer Krankheit in ihrer Schwere gleichsteht.[342]

c) Gefährlichkeitsprognose

Die oben genannte Gefährlichkeitsprognose im Sinne einer doppelt symptomatischen Verknüpfung des § 63 StGB stellt den Zusammenhang zwischen dem Zustand des Täters und der darauf beruhenden zukünftigen Gefährlichkeit für die Allgemeinheit her.[343] Es handelt sich dabei um eine ungünstige Prognose, nach welcher vom Täter infolge seines Zustandes erhebliche rechtswidrige Taten zu erwarten sind und er deshalb für die Allgemeinheit gefährlich ist.[344] Folglich muss der gefährliche Zustand des Täters insgesamt in der Anlasstat seinen Ausdruck gefunden haben.[345] Nach ständiger Rechtsprechung muss nicht nur eine Wahrscheinlichkeit höheren Grades bestehen, dass der Täter infolge seines fortdauernden Zustands in Zukunft erhebliche rechtswidrige Taten begehen werde, durch welche die Opfer seelisch oder körperlich erheblich geschädigt oder erheblich gefährdet werden oder schwerer wirtschaftlicher Schaden angerichtet wird, sondern darüber hinaus müssen die zu erwartenden Taten auch schwere Störungen des Rechtsfriedens

---

339 *Detter*, NStZ 39 (2019), 128, 129. Vgl. dazu die Beispielsfälle bei MüKo StGB-*van Gemmeren*, § 63 StGB Rn. 47, die veranschaulichen, dass der symptomatische Zusammenhang zwischen psychischer Beeinträchtigung und Anlassdelikt einzelfallbezogen zu prüfen und darzulegen ist.

340 NK-StGB-*Pollähne*, § 63 StGB Rn. 40; sowie BeckOK StGB-*Ziegler*, § 63 StGB Rn. 7 m. w. N.

341 *Detter*, NStZ 39 (2019), 128, 129.

342 BeckOK StGB-*Ziegler*, § 63 StGB Rn. 7. Lackner/Kühl/Heger-*Heger*, § 63 StGB Rn. 3 spricht davon, dass dieser psychische Defekt zwar nicht notwendig „krankhaft" sein müsse, aber seinem Gewicht nach doch einer den Voraussetzungen der § 20, 21 StGB genügenden krankhaften seelischen Störung zu entsprechen habe, also in diesem untechnischen Sinne „Krankheitswert" haben müsse.

343 MüKo StGB-*van Gemmeren*, § 63 StGB Rn. 56.

344 Lackner/Kühl/Heger-*Heger*, § 63 StGB Rn. 4.

345 So bereits BGH NJW 1998, 2986, 2987.

besorgen lassen.[346] Nach der höchstrichterlichen Rechtsprechung setzt die Annahme einer gravierenden Störung des Rechtsfriedens voraus, dass die zu erwartenden Delikte wenigstens dem Bereich der mittleren Kriminalität angehören, den Rechtsfrieden empfindlich stören und geeignet sind, das Gefühl der Rechtssicherheit der Bevölkerung erheblich zu beeinträchtigen, sodass die bloße Erwartung solcher Taten nicht ausreichen kann.[347] Die notwendige Prognose ist auf der Grundlage einer umfassenden Würdigung der Persönlichkeit des Täters sowie seines Vorlebens und der von ihm begangenen Anlasstaten zu entwickeln und muss sich auch darauf erstrecken, welche rechtswidrigen Taten drohen und wie ausgeprägt das Maß der Gefährdung im Einzelfall ist.[348] An diese Darlegungen sind umso höhere Anforderungen zu stellen, je mehr es sich bei dem zu Grunde liegenden Sachverhalt unter Berücksichtigung des Verhältnismäßigkeitsgrundsatzes gemäß § 62 StGB um einen Grenzfall handelt.[349] Folglich ist eine fundierte und am Einzelfall orientierte Auseinandersetzung mit der konkreten Krankheits- und Kriminalitätsentwicklung erforderlich, die auch die Risikofaktoren berücksichtigt, die die Person des Beschuldigten und seine konkrete Lebenssituation betreffen und darüber hinaus in der Lage sind, eine individuelle krankheitsbedingte Disposition zur Begehung von Delikten jenseits der Anlasstat belegen zu können.[350]

Aufmerksamkeit verdient im Zusammenhang mit der Gefährlichkeitsprognose der zunächst angedeutete Rechtsprechungswandel in Bezug auf die Einordnung einer im Rahmen der Unterbringung begangenen rechtswidrigen Tat als erheblich nach § 63 StGB durch den Beschluss des 5. Strafsenats des BGH vom 24. Oktober 2019, dem jedoch vom 1. Strafsenat in seiner Entscheidung vom 15. Januar 2020 eine Absage erteilt worden ist.[351] Bisher wurde höchstrichterlich angenommen, dass

346 BGH NStZ-RR 2020, 9, 10 mit Verweis auf BGH, Beschluss vom 21.02.2017 – 3 StR 535/16, StV 2017, 575 (576); vom 12.10.2016 – 4 StR 78/16, NStZ-RR 2017, 74 (75); vom 15.01.2015 – 4 StR 419/14, NStZ 2015, 394 (395).

347 BGH (1. Strafsenat), Beschluss vom 23.05.2017 – 1 StR 164/17, Rn. 5 mit Verweis auf BVerfG, Beschluss vom 24. Juli 2013 – 2 BvR 298/12; BGH, Beschlüsse vom 16. Juni 2014 – 4 StR 111/14, NStZ 2014, 571 und vom 19. August 2014 – 3 StR 243/14; Urteil vom 28. Oktober 2015 – 1 StR 142/15, NStZ-RR 2016, 40; Beschlüsse vom 13. Oktober 2016 – 1 StR 445/16 Rn. 13 und vom 21. Dezember 2016 – 1 StR 594/16 Rn. 3; Urteil vom 21. Februar 2017 – 1 StR 618/16 Rn. 9 f.

348 BGH NStZ-RR 2020, 9, 10 mit Verweis auf BGH, Beschluss vom 21.02.2017 – 3 StR 535/16, StV 2017, 575 (576); vom 12.10.2016 – 4 StR 78/16, NStZ-RR 2017, 74 (75); vom 15.1.2015 – 4 StR 419/14, NStZ 2015, 394 (395).

349 Vgl. dazu BGH NStZ-RR 2012, 337, 338 mit Verweis auf BGH, Beschluss vom 08.11.2006 – 2 StR 465/06, NStZ-RR 2007, 73, 74.

350 Schönke/Schröder-*Kinzig*, § 63 StGB Rn. 17.

351 BGH (5. Strafsenat), Beschluss vom 24.10.2019 – 5 StR 410/19 sowie BGH (1. Strafsenat), Beschluss vom 15.01.2020 – 1 StR 604/19. S. dazu bereits *Schauf*, R&P 38 (2020), 106 – 110.

rechtswidrigen Taten gegenüber dem Pflegepersonal eines Heimes oder einer psychiatrischen Klinik ein geringeres Gewicht bei der Gefährlichkeitsprognose zukommen könne, sodass die Erheblichkeitsschwelle des § 63 StGB nicht überschritten wäre, wenn die in Rede stehende Tat auf Aggressionen zurückzuführen ist, deren Ursache in der durch die Unterbringung für den Betreffenden bestehenden spezifischen Situation zu erblicken ist.[352] Hat der Täter folglich im Rahmen einer bereits aus anderen Gründen angeordneten Unterbringung eine krankheitstypische und krankheitsbedingte Anlasstat gegenüber dem Pflegepersonal oder gegenüber Mitpatienten begangen und drohen in der Folge weitere Taten innerhalb der Unterbringung, wurde die Erheblichkeit solcher rechtswidriger Taten in der Regel mit der Konsequenz verneint, dass für die Maßregel nach § 63 StGB kein Anwendungsbereich verblieb. Im Rahmen einer wertenden Betrachtung sei danach das Verhalten eines Untergebrachten gegenüber dem im Umgang mit schwierigen und aggressiven Patienten geschulten Personal nicht gleichzusetzen mit solchen Handlungen, die ein schuldunfähiger oder vermindert schuldfähiger Täter in Freiheit gegenüber beliebigen Dritten oder ihm nahestehenden Personen begehe.[353] Den Umstand, dass Taten innerhalb einer Einrichtung nicht mit solchen außerhalb gleichgesetzt werden dürften, habe das Tatgericht jedenfalls dann zu berücksichtigen und ausdrücklich zu erörtern, wenn die Taten nicht ausschließbar ihre Ursache in der durch die Unterbringung für den Betreffenden belastenden Situation hätten.[354] Maßgeblich sei vor allem, ob die Tat ihre Ursache in der durch die Unterbringung begründeten Ausnahmesituation habe oder allein auf der Erkrankung oder Persönlichkeit des Täters beruhe, sodass zu untersuchen sei, ob die fragliche Tat mit vergleichbarer Wahrscheinlichkeit auch außerhalb der Unterbringung erwartet werden könne.[355]

Die bisherige ständige höchstrichterliche Rechtsprechung wurde vom 5. Strafsenat in seinem Beschluss vom 24. Oktober 2019 nun jedoch infrage gestellt: Eine nach allgemeinen Regeln als erheblich einzustufende Tat könne nicht dann generell weniger schwer wiegen, wenn sie während einer Unterbringung gegenüber dem Pflegepersonal oder Mitpatienten begangen werde. Darüber hinaus bedürfe nicht die Gleichsetzung einschlägiger Taten mit solchen außerhalb von Einrichtungen einer besonderen Begründung, sondern lediglich die Ungleichbehandlung gleich-

---

352 BGH NStZ-RR 2007, 139 (140); 2009, 169 (170); 2011, 202 (203); 2012, 271; vgl. dazu auch BeckOK StGB-*Ziegler*, § 63 StGB Rn. 12.

353 Vgl. zu Rechtsprechungsgeschichte und -nachweisen Rn. 14 der Entscheidung.

354 BGH (5. Strafsenat), Beschluss vom 24.10.2019 – 5 StR 410/19, Rn. 15.

355 BGH, Urteil vom 05.06.2019 – 2 StR 42/19 m.w.N; vgl. dazu auch BeckOK StGB-*Ziegler*, § 63 StGB Rn. 12.

artiger Taten maßgebend anhand des Orts der Tatbegehung.[356] Zwar könne eine (abgewehrte) Gewalttat gegenüber hinreichend kräftigen oder geschulten Pflegekräften in einem milderen Licht erscheinen als eine solche Tat gegenüber einem sonstigen Dritten. Allerdings verkenne dieser Gesichtspunkt vorhandener „Wehrhaftigkeit“ im Umgang mit aggressiven Patienten bereits, dass er nicht auf das gesamte ärztliche und pflegerische Personal zutreffen könne.[357] Für rechtswidrige Taten gegenüber Mitpatienten könne eine Andersbehandlung mangels Schulung oder besonderer Erfahrung bei der Bewältigung von Taten aggressiver Patienten von vornherein nicht gelten.[358] Danach müssen folglich die Besonderheiten der Unterbringungssituation nur dann ausdrücklich gewürdigt werden, wenn nach den konkreten Bedingungen des Einzelfalls Anlass dazu besteht.[359] Nach Ansicht des 1. Strafsenats hingegen seien Verhaltensweisen eines schwierigen Insassen in einer Unterbringungseinrichtung bei wertender Betrachtung nicht mit Handlungen außerhalb einer solchen Einrichtung gleichzusetzen und verlangen daher regelmäßig bereits nach dem äußeren Eindruck weit weniger nach einer strafrechtlichen Reaktion in Form der Anordnung einer Maßregel der Besserung und Sicherung, sodass diese Umstände im Rahmen der Gesamtwürdigung generell zu berücksichtigen seien. Taten unter den Umständen einer freiheitsbeschränkenden Verwahrung seien daher zwar nicht weniger gewichtig, aber von geringerer prognostischer Aussagekraft.[360] Anknüpfend an die obigen Ausführungen zur Gesetzessystematik des § 63 StGB ist dem 5. Strafsenat insoweit zuzustimmen, als der Gesetzgeber mit seiner Konkretisierung des Wortlauts im Rahmen der Novellierung des Rechts der Unterbringung in einem psychiatrischen Krankenhaus vom 14. Juli 2016[361] durch die Einfügung des Begriffs der Erheblichkeit vor allem eine Sensibilisierung der Rechtspraxis für das Erfordernis der Verhältnismäßigkeit und damit einhergehend auch eine Betonung der Opfersphäre vor Augen hatte.[362] Unabhängig von der Frage des mit dieser primär klarstellenden gesetzgeberischen Neufassung verbundenen Gewinns[363] ist daher davon auszugehen, dass die körperliche Unversehrtheit des potentiellen Opfers innerhalb und außerhalb einer solchen Einrichtung gleicher-

356 BGH (5. Strafsenat), Beschluss vom 24.10.2019 – 5 StR 410/19, Rn. 17.

357 Ebd.

358 A.a.O., Rn. 18.

359 A.a.O., Rn. 19.

360 BGH (1. Strafsenat), Beschluss vom 15.01.2020 – 1 StR 604/19, Rn. 13.

361 S. dazu bereits Fn. 317, 320, 324.

362 BT-Drs. 18/7244, S. 18.

363 Ausführlich dazu *Kaspar/P. Schmidt*, ZIS 11 (2016), 756; zur „Gefahr der Gefährdung“ auch NK-StGB-*Pollähne*, § 63 StGB Rn. 49.

maßen schutzbedürftig und strafrechtlich schutzwürdig ist.[364] Dem Senat ist daher durchaus darin zuzustimmen, dass eine Ungleichbehandlung der vor diesem Hintergrund gleichwertigen Rechtsgüter einer besonderen Begründung bedarf. Darüber hinaus geht der Senat zutreffend davon aus, dass eine ständige Abwehrbereitschaft und eine daraus resultierende körperliche Überlegenheit nicht ohne Weiteres beim gesamten Pflegepersonal vorhanden sein wird. Eine unreflektierte Verneinung der Erheblichkeit einer rechtswidrigen Tat gegenüber dem Pflegepersonal verkennt daher die tatsächlichen und personellen Rahmenbedingungen innerhalb der Unterbringung und damit auch die Besonderheiten der konkreten Tatsituation.[365] Während die bisherigen Ansätze der Rechtsprechung die Gründe für eine Andersbehandlung von Taten während der Unterbringung im Gegensatz zu solchen außerhalb der Unterbringungseinrichtung nicht konsistent darzulegen vermochten, wurde mit der vorliegenden, dogmatisch nachvollziehbaren und umfassend begründeten Entscheidung ein Stück weit Klarheit für die Praxis geschaffen.[366] Die Ausführungen berücksichtigen auch das legitimatorische Wesen der Maßregeln der Besserung und Sicherung, die grundsätzlich nicht der Bestrafung des Täters dienen, sondern dem gefahrenabwehrrechtlichen Schutz der Allgemeinheit vor zukünftigen weiteren Taten.[367] Das ärztliche und pflegerische Personal stellt vor diesem Hintergrund gleichermaßen wie das Individuum außerhalb der Einrichtung einen Repräsentanten der Allgemeinheit dar, sodass es sich insofern um eine Gefahr mit sozialer Ausstrahlungswirkung handelt.[368] Nach ständiger Rechtsprechung ist ein Täter daher auch dann für die Allgemeinheit gefährlich, wenn von ihm nur gegen eine bestimmte Einzelperson oder gegen eine spezifische Personengruppe erhebliche rechtswidrige Taten zu erwarten sind, sodass jeder nach allgemeinen Maßstäben als erheblich zu bewertende Angriff auf eine Einzelperson die geltende Rechtsordnung beeinträchtigt und damit auch den Rechtsfrieden der Allgemeinheit stört.[369] Zu berücksichtigen ist ebenfalls, dass die bloße Tatsache einer freiheitsentziehenden Unterbringung des Betroffenen grundsätzlich keine permanente besondere Belastungssituation darstellen kann, da sich auch

---

364 So auch *Peglau*, jurisPR-StrR 1 2020.

365 Ausführlich dazu auch *Schauf*, R&P 38 (2020), 106, 108; so auch *Kett-Straub*, NStZ-RR 25 (2020), 138, 139: „Die Qualität der Anlasstat wird nicht davon beeinflusst, ob diese in Freiheit oder in einer Betreuungseinrichtung begangen wurde. Insbesondere verbietet sich die Annahme, dass Gewalttaten zu Lasten von im Umgang mit gefährlichen Patienten erfahrenem Pflegepersonal weniger schwer wiegen würden. Der Gesichtspunkt der „Wehrhaftigkeit" des Opfers ist für die Einschätzung der Tatschwere irrelevant."

366 *Kassebaum*, NStZ 40 (2020), 253, 258.

367 *Lindemann*, FS 2019, 99; *F. Walter*, JA 47 (2015), 87.

368 NK-StGB-*Pollähne*, § 63 StGB Rn. 50; *Kett-Straub*, NStZ-RR 25 (2020), 138, 139.

369 Vgl. nur BGH, Urteil vom 06.04.1976 – 1 StR 847/75, NJW 1976, 1159, 1160.

im Rahmen einer solchen Unterbringung ein gewisser Alltag mit wiederkehrenden Routinen einstellt.[370] Auf der anderen Seite darf jedoch die bereits dargestellte gesetzgeberische Motivation zur Neufassung des Gesetzeswortlauts (kontinuierlicher Anstieg der Unterbringungszahlen sowie deutlicher Anstieg der durchschnittlichen Verweildauer) nicht aus den Augen verloren werden: Dem Senat ist darin zuzustimmen, dass die Gleichwertigkeit der betroffenen Rechtsgüter der potentiellen Opfer dazu führt, dass der Tatort Institution nicht unreflektiert zu einem minder schweren Gewicht dieser Tat führen darf, sofern sie nach allgemeinen Regeln als erheblich einzustufen ist. *Kett-Straub* verweist in diesem Zusammenhang zutreffend darauf, dass nicht die einfache Möglichkeit der Begehung weiterer Straftaten genügen kann, sondern eine Wahrscheinlichkeit höheren Grades erforderlich ist, sodass erhebliche Straftaten im Einklang mit dem Gesetzeswortlaut zu erwarten sind.[371] Gleichzeitig muss jedoch die unterbringungsspezifische Belastungssituation innerhalb einer totalen Institution dann angemessene Berücksichtigung finden, wenn diese und nicht der krankheitsbedingte Zustand des Untergebrachten die alleinige Ursache darstellt, sodass eine vergleichbare Begehung in Freiheit ausgeschlossen werden kann.[372] Wurzelt die jeweilige Tat folglich in heim- oder anstaltsspezifischer Konfrontation, muss dies auch weiterhin der Anwendung des § 63 StGB entgegenstehen.[373]

Im Hinblick auf die divergierenden Ansichten bleibt zu hoffen, dass in Anbetracht der erheblichen Präzisierung durch den 5. Strafsenat zumindest der zukünftige Begründungsaufwand und eine damit verbundene rechtsdogmatische Auseinandersetzung mit den Anordnungsvoraussetzungen erfolgen wird.[374]

d) Verhältnismäßigkeitsgrundsatz

Es ist stets im Blick zu behalten, dass der bereits als Ausprägung aus dem Rechtsstaatsprinzip des Art. 20 GG folgende Grundsatz der Verhältnismäßigkeit bei der Auslegung der Tatbestandsvoraussetzungen des § 63 StGB zu berücksichtigen ist.[375] Die außerordentlich belastende und schwer in die Grundrechte des Betroffenen eingreifende Unterbringung in einem psychiatrischen Krankenhaus ist folglich nur dann zulässig, wenn die vom Täter ausgehende Gefahr so schwerwiegend ist, dass ihm der Eingriff zugunsten des Schutzes der Allgemeinheit zugemutet werden

370 So überzeugend *Kett-Straub*, NStZ-RR 25 (2020), 138, 139.
371 *Kett-Straub*, NStZ-RR 25 (2020), 138, 139.
372 *Schauf*, R&P 38 (2020), 106, 109.
373 NK-StGB-*Pollähne*, § 63 StGB Rn. 42; *Detter*, NStZ 27 (2007), 206, 209.
374 *Kassebaum*, NStZ 40 (2020), 253, 258.
375 MüKo StGB-*van Gemmeren*, § 63 StGB Rn. 67.

muss.[376] Ausfluss des Verhältnismäßigkeitsgrundsatzes ist es darüber hinaus, dass die Unterbringung in einem psychiatrischen Krankenhaus nur solange zu vollstrecken ist, wie es der Zweck der Maßregel zwingend erfordert und weniger belastende Maßnahmen nicht ausreichen, wobei es im Rahmen der Prüfung auch auf die voraussichtlichen Wirkungen der im Falle der Aussetzung der Maßregelvollstreckung zur Bewährung kraft Gesetzes eintretenden Führungsaufsicht gemäß § 67d Abs. 2 S. 2 StGB und der damit verbindbaren weiteren Maßnahmen der Aufsicht und Hilfe (vgl. §§ 68a, 68b StGB) ankommt.[377] Im Rahmen einer Gesamtwürdigung ist die vom Täter ausgehende Gefahr zur Schwere des mit der Maßregel verbundenen Eingriffs in ein angemessenes Verhältnis zu setzen, sodass der Verhältnismäßigkeitsgrundsatz im Sinne einer integrativen Betrachtung auch in die Prüfung der Aussetzungsreife nach § 67d Abs. 2 StGB einzubeziehen ist.[378]

IV. Anknüpfung der Unterbringungsvoraussetzungen an die Schuldfähigkeitsbestimmungen der §§ 20, 21 StGB

Im Rahmen der Darstellung der Anordnungsvoraussetzungen des § 63 StGB wurde gezeigt, dass die Unterbringung in einem psychiatrischen Krankenhaus an die Schuldfähigkeitsbestimmungen der §§ 20, 21 StGB geknüpft ist, da die rechtswidrige Anlasstat nicht nur Folge des zur Schuldunfähigkeit oder verminderten Schuldfähigkeit führenden Zustandes des Täters sein und mithin ein symptomatischer Zusammenhang zwischen dem Zustand und der Tat bestehen muss; darüber hinaus muss infolge dieses festgestellten Zustandes eine zukünftige Gefährlichkeit des Täters dergestalt bejaht werden können, dass erhebliche rechtswidrige Taten drohen, durch welche die Opfer seelisch oder körperlich erheblich geschädigt oder erheblich gefährdet werden oder schwerer wirtschaftlicher Schaden angerichtet wird.[379] Neben dem Anwendungsbereich und Aufbau der §§ 20, 21 StGB sollen überblicksartig die psychiatrisch-psychologischen Diagnosen und ihre jeweilige Zuordnung zu den psychopathologischen Eingangsmerkmalen der §§ 20, 21 StGB dargestellt werden. Dabei ist bereits zu Beginn darauf hinzuweisen, dass sowohl die Fassung des § 20 StGB als auch die damit verbundenen Verständigungsschwierig-

---

376 MüKo StGB-*van Gemmeren*, § 63 StGB Rn. 67; sowie NK-StGB-*Pollähne*, § 63 StGB Rn. 74.
377 BVerfG, Beschluss der 2. Kammer des Zweiten Senats vom 17. Februar 2014 – 2 BvR 1795/12, Rn. 41; vgl. dazu auch BVerfGE 70, 297 (313 f.) = NJW 1986, 767.
378 BVerfG NJW 2013, 3228, 3230; vgl. dazu auch BVerfGE 70, 297 (312 f.) = NJW 1986, 767.
379 S. dazu 2. Kapitel B. III. 2.

keiten vor allem in der rechtswissenschaftlichen Literatur kritisiert werden.[380] Bereits 1986 hat *Schünemann* in diesem Zusammenhang auf die Problematik hingewiesen, eine praktisch verwendbare und konsensfähige Form des § 20 StGB herzustellen, und diese Aufgabe für die Strafrechtsdogmatik als „Quadratur des Kreises" bezeichnet.[381] Bemängelt wird vor allem, dass die Eingangsmerkmale der §§ 20, 21 StGB auf einer längst überholten Systematik von psychischen Störungen beruhen, die nicht mehr dem aktuellen Stand der psychiatrischen Wissenschaft entspricht, sodass die Zuordnung der psychiatrischen Diagnosen zu den psychopathologischen Eingangsmerkmalen gegenwärtig nicht mehr aus einem psychiatrisch begründbaren System heraus möglich und damit ohne innere Logik ist.[382] Weiterer wesentlicher Kritikpunkt ist zudem das Fehlen einer gemeinsamen Sprache von Juristen und Ärzten und der daraus resultierenden Konsequenz, dass die beiderseits benutzten Begrifflichkeiten mit abweichenden Inhalten verbunden sind und so eine interdisziplinäre Verwendung der Begriffe erschwert wird.[383] In diesem Zusammenhang wird auch auf die Unmöglichkeit einer stimmigen Interpretation verwiesen.[384] Dieses Dilemma wird noch dadurch verstärkt, dass es sich bei den in der Norm genannten Störungen nicht um medizinische Fachbegriffe, sondern um Rechtsbegriffe handelt.[385] Der in § 20 StGB Gesetz gewordene juristische Krankheitsbegriff ist für die psychiatrische Begutachtung und damit auch für Behandlungsansätze im Maßregelvollzug jedoch unbrauchbar,[386] sodass sich den psychopathologischen Eingangsmerkmalen der §§ 20, 21 StGB folglich keine psychiatrischen Diagnosen zuweisen lassen.[387] Neben dieser grundsätzlichen Kritik wurden insbesondere der Begriff des Schwachsinns als „diskriminierend und nicht mehr zeitgemäß"[388] und der Begriff der anderen seelischen Abartigkeit als

---

380 *Höffler/Stadtland*, StV 2012, 239; *Krümpelmann*, ZStW 88 (1976), 6; NK-StGB-*Schild/Zabel*, Überschrift von § 20 StGB Rn. 21 bezeichnen es als „Produkt einer traurigen Geschichte"; s. auch *Schiemann*, KriPoZ 2019, 338 sowie Schönke/Schröder-*Perron/Weißer*, § 20 StGB Rn. 1 ff.

381 *Schünemann*, GA 1986, 293, 297.

382 Vgl. dazu vor allem *Frister*, JuS 53 (2013), 1057, 1059 m. w. N.

383 *F. Schneider et al.*, Begutachtung psychischer Störungen, S. 114.

384 NK-StGB-*Schild/Zabel*, § 20 StGB Rn. 69 ff.; *Schiemann*, KriPoZ 2019, 338, 341; *F. Schneider et al.*, Begutachtung psychischer Störungen, S. 114.

385 *Hartmann*, Umfang und Grenzen ärztlicher Zwangsbehandlung, S. 28; *Schiemann*, KriPoZ 2019, 338, 339.

386 *Lindemann*, Behandlung, S. 126 Rn. D5.

387 *Schepker/Frank*, Juristische Terminologie zur Schuldfähigkeit, S. 89.

388 *Schiemann*, KriPoZ 2019, 338, 340. So auch der Referentenentwurf des BMJV zur Änderung des Strafgesetzbuches – Modernisierung des Schriftenbegriffs und anderer Begriffe sowie Erweiterung der Strafbarkeit nach den §§ 86, 86a, 111 und 130 des Strafgesetzbuches bei Handlungen im Ausland, S. 1: „Auch die Verwendung der Begriffe „Schwachsinn" und „Abartigkeit" in § 20 StGB (...) als Beschreibung möglicher Ursachen der Aufhebung der Schuldfähigkeit ist nicht mehr zeitgemäß, da unhaltbarer gesetzgeberischer Fehlgriff[389] sowie als diskriminierend[390] bezeichnet. Diese Kritik zum Anlass nehmend, ist der Wortlaut des § 20 StGB mit Wirkung zum 1. Januar 2021 zumindest in redaktioneller Hinsicht angepasst worden, sodass nunmehr derjenige ohne Schuld handelt, der bei Begehung der Tat wegen einer krankhaften seelischen Störung, wegen einer tiefgreifenden Bewusstseinsstörung oder wegen einer *Intelligenzminderung* oder einer *schweren anderen seelischen Störung* unfähig ist, das Unrecht der Tat einzusehen oder nach dieser Einsicht zu handeln.[391]

1. Struktur der §§ 20, 21 StGB

Ist die Fähigkeit des Täters, das Unrecht der Tat einzusehen oder nach dieser Einsicht zu handeln, aus einem der in § 20 StGB bezeichneten Gründe bei Begehung der Tat erheblich vermindert, so ordnet § 21 StGB an, dass die Strafe nach § 49 Abs. 1 StGB gemildert werden kann. Die Norm des § 20 StGB basiert auf der Grundannahme, dass volljährige Menschen im Normalfall dazu in der Lage sind, das Unrecht einer Tat zu erkennen und dieser Einsicht entsprechend zu handeln.[392] Indem das geltende Recht auf der einen Seite bei diesen Menschen die Schuldfähigkeit unterstellt, beschränkt sich die Norm des § 20 StGB folglich auf der anderen Seite darauf, in negativer Hinsicht die Voraussetzungen einer Schuldunfähigkeit zu benennen.[393] Diese Schuldunfähigkeit stellt keine generalisierende Zustandseinschätzung dar, sondern meint aufgrund des im rechtsstaatlichen Schuldstrafrecht wurzelnden Prinzips der individuellen Tatverantwortung vielmehr die fehlende strafrechtliche Verantwortung für die konkret in Rede stehende Tat, sodass es vor diesem Hintergrund auch zu einer sog. partiellen Schuldunfähigkeit kommen kann,

---

diese Begriffe im psychiatrischen und psychologischen Sprachgebrauch keine Verwendung mehr finden und als herabsetzend empfunden werden können."

389 NK-StGB-*Schild/Zabel*, § 20 StGB Rn. 71 m.w.N.

390 So bereits *Rasch*, NStZ 2 (1982), 177, 178.

391 Kursive Hervorhebungen dienen der Veranschaulichung der sprachlichen Anpassung. Die nunmehr erfolgte Anpassung beruht auf einem Referentenentwurf des BMJV, der lediglich eine sprachliche Modernisierung des § 20 StGB vorsah, indem die Begriffe „Schwachsinn" und „Abartigkeit" durch die Begriffe „Intelligenzminderung" und „Störung" ersetzt werden, ohne damit eine inhaltliche Änderung zu bezwecken, vgl. dazu den Referentenentwurf des Bundesministeriums der Justiz und für Verbraucherschutz zur Änderung des Strafgesetzbuches – Modernisierung des Schriftenbegriffs und anderer Begriffe sowie Erweiterung der Strafbarkeit nach den §§ 86, 86a, 111 und 130 des Strafgesetzbuches bei Handlungen im Ausland, S. 3; kritisch *Schiemann*, KriPoZ 2019, 338.

392 MüKo StGB-*Streng*, § 20 StGB Rn. 2; NK-StGB-*Schild/Zabel*, § 20 StGB Rn. 2; *Schiemann*, KriPoZ 2019, 338.

393 Schönke/Schröder-*Perron/Weißer*, § 20 StGB Rn. 1.

bei der bezüglich einer Tat die Schuldunfähigkeit angenommen wird, bei einer anderen Tat hingegen die Schuldfähigkeit.[394]

Die Regelungen der Schuldunfähigkeit und der verminderten Schuldfähigkeit gemäß §§ 20, 21 StGB beruhen auf einem sog. zweistufigen Aufbau, der „biologisch-psychologischen Methode".[395] Danach ist in einem ersten Schritt (auch „erstes Stockwerk"[396] genannt) festzustellen, dass bei dem Täter eine psychische Störung vorliegt, die aufgrund ihres Ausmaßes unter eines der genannten psychopathologischen Eingangsmerkmale des § 20 StGB in Form der „krankhaften seelischen Störung", der „tiefgreifenden Bewusstseinsstörung", der „Intelligenzminderung" oder der „schweren anderen seelischen Störung" subsumiert werden kann, um sodann in einem zweiten Schritt (auch „zweites Stockwerk"[397] genannt) Feststellungen zum Ausprägungsgrad der psychischen Störung und ihren Einfluss auf die soziale Anpassungsfähigkeit des Täters treffen zu können, die im Einzelfall belegen, dass „aufgrund der festgestellten psychopathologischen Verhaltensmuster die psychische Funktionsfähigkeit des Täters bei Begehung der Anlasstaten in relevanter Weise beeinträchtigt gewesen ist"[398] und sich folglich auf die Einsichts- oder Steuerungsfähigkeit des Täters ausgewirkt hat. Erforderlich ist also ein kausaler Zusammenhang zwischen der Feststellung eines Eingangsmerkmals und den psychologischen Folgeerscheinungen im Hinblick auf die konkret in Rede stehende Tat.[399] Bezüglich der erheblich verminderten Schuldfähigkeit gemäß § 21 StGB ist zu beachten, dass es sich dabei nicht um eine selbstständige dritte Kategorie neben der Schuldfähigkeit und der Schuldunfähigkeit handelt, sondern zum einen lediglich um einen besonderen Schuldminderungsgrund und zum anderen um eine Strafzumessungsregelung, die in ihrem zweistufigen Aufbau und der Berücksichtigung von Einsichts- und Steuerungsfähigkeit der Struktur des § 20 StGB entspricht, sodass insoweit auf die obigen Ausführungen verwiesen wird.[400]

2. Eingangsmerkmale der ersten Stufe

Für den Vollzugsalltag innerhalb des psychiatrischen Krankenhauses erlangt die Prüfung der Schuldfähigkeit auf der ersten Stufe und damit insbesondere die

---

394 MüKo StGB-*Streng*, § 20 StGB Rn. 2; vgl. zur partiellen Schuldunfähigkeit BGH 03.02.1960 – 2 StR 640/59, BGHSt 14, 114 (116) = NJW 1960, 731; BGH 03.08.2004 – 1 StR 293/04, NStZ-RR 2004, 329.

395 *Hartmann*, Umfang und Grenzen ärztlicher Zwangsbehandlung, S. 27; Schönke/Schröder-*Perron/Weißer*, § 20 StGB Rn. 1, empfehlen die Bezeichnung „psychisch-normative Methode".

396 Schönke/Schröder-*Perron/Weißer*, § 20 StGB Rn. 1.

397 Ebd.

398 *Pfister*, NStZ-RR 24 (2019), 233 m.w.N. aus der Rechtsprechung.

399 Schönke/Schröder-*Perron/Weißer*, § 20 StGB Rn. 25; *Schiemann*, KriPoZ 2019, 338.

400 MüKo StGB-*Streng*, § 21 StGB Rn. 8; Schönke/Schröder-*Perron/Weißer*, § 21 StGB Rn. 1.

Subsumtion des Zustandes der betroffenen Person unter eines der psychopathologischen Eingangsmerkmale des § 20 StGB eine ganz entscheidende Bedeutung, da diese Einordnung notwendigerweise den Rahmen für die im psychiatrischen Maßregelvollzug anzutreffenden Krankheitsbilder vorgibt,[401] sodass die Eingangsmerkmale der ersten Prüfungsstufe des § 20 StGB („biologisch-psychologisches Stockwerk“[402]) im Folgenden kurz vorgestellt werden sollen.

a) Krankhafte seelische Störung

Unter den Begriff der krankhaften seelischen Störung werden nach dem herkömmlichen Verständnis alle Abweichungen von Krankheitswert gefasst, für die eine organische Ursache verantwortlich gemacht werden kann.[403] Nach dem von *K. Schneider* geprägten psychiatrischen bzw. medizinisch-somatischen Krankheitsbegriff,[404] der heute jedoch gemeinhin als überholt gilt,[405] werden nur solche psychischen Krankheiten erfasst, die auf einer nachweisbaren (sog. exogene Psychose) oder zumindest vermuteten (sog. endogene Psychose) körperlich-organischen Ursache beruhen.[406] Erfasst werden nach der ersten Gruppe der sog. exogenen Psychosen vor allem auf Hirnverletzungen oder frühkindliche Hirnschädigungen zurückzuführende traumatische Psychosen, Infektionspsychosen, degenerative Hirnerkrankungen, hirnorganische Krampfleiden wie epileptische Erkrankungen,[407] körperliche Abhängigkeiten, genetisch bedingte Erkrankungen sowie auf Medikamenten- oder Alkoholmissbrauch[408] beruhende Vergiftungen.[409] Zur zweiten Gruppe der

401 So auch *Hartmann*, Umfang und Grenzen ärztlicher Zwangsbehandlung, S. 28.
402 MüKo StGB-*Streng*, § 20 StGB Rn. 31.
403 So auch *Hartmann*, Umfang und Grenzen ärztlicher Zwangsbehandlung, S. 30; *Höffler/Stadtland*, StV 2012, 239, 240; Lackner/Kühl/Heger-*Heger*, § 20 StGB Rn. 3; NK-StGB-*Schild/Zabel*, § 20 StGB Rn. 85; MüKo StGB-*Streng*, § 20 StGB Rn. 31; Schönke/Schröder-*Perron/Weißer*, § 20 StGB Rn. 6.
404 Interessante Ausführungen zur Entstehung dieses Begriffs und zur Kritik daran finden sich vor allem bei *Venzlaff*, ZStW 88 (1976), 57, 58, der die Formulierungen des Krankheitsbegriffs als „fast schon peinliche Verniedlichung der seelischen Problematik kranker Menschen“ beschreibt.
405 Dazu vor allem *Lindemann*, Behandlung, S. 127 Rn. D6 m. w. N.
406 *Schiemann*, KriPoZ 2019, 338, 339; ausführlich dazu auch *F. Schneider et al.*, Begutachtung psychischer Störungen, S. 118 f.
407 Vgl. dazu auch BGH NJW 1995, 795.
408 Ob auch der „normale“ Rausch eine krankhafte seelische Störung gemäß § 20 StGB darstellt, ist umstritten, im Ergebnis aber ohne praktische Bedeutung, da jedenfalls eine tiefgreifende Bewusstseinsstörung in Betracht kommt, vgl. Schönke/Schröder-*Perron/Weißer*, § 20 StGB Rn. 10.
409 *Hartmann*, Umfang und Grenzen ärztlicher Zwangsbehandlung, S. 30 f.; *Nedopil/Dittmann*, Forensische Psychiatrie, S. 20; Schönke/Schröder-*Perron/Weißer*, § 20 StGB Rn. 10; MüKo StGB-*Streng*, § 20 StGB Rn. 32. Ausführlich zur Intoxikation vor allem *F. Schneider et al.*, Begutachtung psychischer Störungen, S. 120 ff.

sog. endogenen Psychosen gehören demgegenüber vor allem die verschiedenen Formen der Schizophrenie und die Zyklothymie.[410]

b) Tiefgreifende Bewusstseinsstörung

Als tiefgreifende Bewusstseinsstörung werden „Beeinträchtigungen der Fähigkeit zur Vergegenwärtigung des intellektuellen und emotionellen Erlebens“[411] bezeichnet, also nichtkrankhafte Störungen aufgrund von Erschöpfungs- und Übermüdungszuständen sowie Schlaftrunkenheit und hochgradige Erregungszustände wie der Affekt,[412] der den Hauptanwendungsfall der Bewusstseinsstörung ausmacht.[413] Die praktische Bedeutung dieses Merkmals liegt dabei vor allem bei psychischen Beeinträchtigungen, die bei einem gesunden Menschen in extremen Belastungssituationen auftreten können.[414] Der Gesetzgeber unterstellt folglich, dass alternative Entscheidungen bei einer affektiven Erregung des Täters nicht möglich sind und bewusstes Handeln somit gestört ist.[415] Eine quantitative Abgrenzung erfolgt durch das Merkmal „tiefgreifend“, sodass nur solche Bewusstseinsstörungen erfasst werden, die das seelische Gefüge des Betroffenen vollständig zerstören oder erschüttern.[416] Diese Quantifizierung durch „Leerformeln“[417] führt jedoch im Ergebnis dazu, dass die vorgesehene zweistufige Prüfung der Schuldunfähigkeit durchbrochen wird.[418] Da dieser Zusatz folglich die innere Logik sprengt, ist davon auszugehen, dass dieses Attribut überflüssig ist.[419]

---

410 *Hartmann*, Umfang und Grenzen ärztlicher Zwangsbehandlung, S. 31; MüKo StGB-*Streng*, § 20 StGB Rn. 34; Schönke/Schröder-*Perron/Weißer*, § 20 StGB Rn. 11; vgl. auch *F. Schneider et al.*, Begutachtung psychischer Störungen, S. 122 f. m. w. N.

411 Schönke/Schröder-*Perron/Weißer*, § 20 StGB Rn. 12.

412 Vgl. dazu die charakteristischen Merkmale einer auf einer Bewusstseinsstörung beruhenden Affekttat bei Schönke/Schröder-*Perron/Weißer*, § 20 StGB Rn. 15 sowie eine Darstellung des Kriterienkatalogs von Saß (1983) zur psychopathologischen und kriminologischen Operationalisierung bei *F. Schneider et al.*, Begutachtung psychischer Störungen, S. 124 ff.

413 *Hartmann*, Umfang und Grenzen ärztlicher Zwangsbehandlung, S. 31; MüKo StGB-*Streng*, § 20 StGB Rn. 36; NK-StGB-*Schild/Zabel*, § 20 StGB Rn. 86.

414 *Nedopil/Dittmann*, Forensische Psychiatrie, S. 20.

415 *Schepker/Frank*, Juristische Terminologie zur Schuldfähigkeit, S. 90.

416 Sonderausschuss für die Strafrechtsreform, Drucksache V/4095, S. 11.

417 So bereits *Krümpelmann*, ZStW 88 (1976), 6, 8.

418 Vgl. zu diesem Kritikpunkt vor allem MüKo StGB-*Streng*, § 20 StGB Rn. 37; NK-StGB-*Schild/Zabel*, § 20 StGB Rn. 87; Schönke/Schröder-*Perron/Weißer*, § 20 StGB Rn. 14.

419 S. dazu *Rasch*, NStZ 2 (1982), 177: „Mit den schließlich gewählten Zusätzen „tiefgreifend“ bei der Bewußtseinsstörung und „schwer“ bei der Abartigkeit sind Elemente in die Bestimmung aufgenommen worden, die ihre innere Logik sprengen. Die vier psychischen Merkmale sollen eigentlich nur kategoriell erfassen, welche Arten seelischer Störungen überhaupt in Betracht kommen, während sich die Anwendung der Vorschrift danach richtet, welche Auswirkung die Störung auf

c) Intelligenzminderung (zuvor: Schwachsinn)

Als drittes psychopathologisches Eingangsmerkmal nennt § 20 StGB nunmehr die Intelligenzminderung. Da lediglich eine sprachliche Anpassung, nicht hingegen eine inhaltliche Änderung beabsichtigt war, ist auch weiterhin davon auszugehen, dass die Intelligenzminderung anstelle des Schwachsinns nach der Gesetzessystematik einen besonderen Unterfall der schweren anderen seelischen Störung (anstelle der Abartigkeit) darstellt und Fälle der angeborenen Intelligenzschwäche ohne Krankheitshintergrund umfasst.[420] Ist hingegen eine körperliche und damit pathologische Ursache nachweisbar, liegt ein Fall der krankhaften seelischen Störung vor.[421] Der ermittelte IQ des Betroffenen stellt dabei lediglich einen Richtwert dar, sodass es vorrangig auf eine Analyse der sozialen Fertigkeiten, der Ein- und Umstellfähigkeit des Täters sowie der situativen Flexibilität in direktem zeitlichen Zusammenhang zu der in Rede stehenden Straftat ankommt.[422] Zu beachten ist, dass die Unterscheidung zwischen angeborener und erworbener Intelligenzminderung gegenwärtig nicht mehr dem Stand der psychiatrischen Wissenschaft entspricht und daher nicht zielführend ist, sodass eine unnatürliche Aufspaltung entsteht.[423]

d) Schwere andere seelische Störung (zuvor: Abartigkeit)

Der Begriff der schweren anderen seelischen Störung stellt nach der Konzeption des Gesetzgebers (wohl) auch weiterhin einen Auffangtatbestand dar, der all diejenigen Abweichungen von der Norm des seelischen Zustandes eines zugrunde gelegten Durchschnittsmenschen erfasst, die nicht auf organischen Prozessen beruhen und nicht unter das Eingangsmerkmal der krankhaften seelischen Störung subsumiert werden können.[424] Der vorangegangene Begriff der Abartigkeit begegnete vor allem vor dem Hintergrund der Entstehungsgeschichte[425] durchgreifenden Bedenken und war darüber hinaus auch aufgrund des stigmatisierenden und diffamierenden

---

die Einsichts- und Steuerungsfähigkeit gehabt hat. Die einschränkenden Attribute waren insofern überflüssig, oder man hätte konsequenterweise die krankhafte seelische Störung und den Schwachsinn auch mit irgendwelchen sie näher beschreibenden Adjektiven versehen müssen."

420 *Hartmann*, Umfang und Grenzen ärztlicher Zwangsbehandlung, S. 31; MüKo StGB-*Streng*, § 20 StGB Rn. 38; Schönke/Schröder-*Perron/Weißer*, § 20 StGB Rn. 18.

421 *Nedopil/Dittmann*, Forensische Psychiatrie, S. 21; NK-StGB-*Schild/Zabel*, § 20 StGB Rn. 101.

422 *Schepker/Frank*, Juristische Terminologie zur Schuldfähigkeit, S. 91.

423 *F. Schneider et al.*, Begutachtung psychischer Störungen, S. 126; dazu auch *Schiemann*, KriPoZ 2019, 338, 342.

424 *Frister*, FS Frisch, S. 535 (540).

425 NK-StGB-*Schild/Zabel*, § 20 StGB Rn. 71 zeigen, dass der Begriff an die Degenerations- oder Entartungslehren erinnert und unmittelbar an eine NS-Bestimmung – „Musterungsvorschriften der Deutschen Wehrmacht im Kriege" vom 01.04.1944 – anknüpft; s. auch *Rasch*, NStZ 2 (1982), 177, 178.

Charakters nicht mehr zeitgemäß.[426] Nach *Rasch* handelte es sich um eine „pejorative Etikettierung"; es sei ein „peinlicher Vorgang", wenn einem Angeklagten im Prozess die Abartigkeit attestiert werden müsse.[427]

Erfasst werden weiterhin Persönlichkeitsstörungen, neurotische Entwicklungen und chronische Missbrauchsformen des Alkoholismus und der Drogen- und Medikamentenabhängigkeit[428] sowie sexuelle Verhaltensabweichungen und -störungen,[429] sofern diese mit einer das Hemmungsvermögen betreffenden Persönlichkeitsveränderung einhergehen.[430] Nach der Rechtsprechung des Bundesgerichtshofs kann in Abhängigkeit von den jeweiligen Umständen des Einzelfalls grundsätzlich auch eine chronifizierte posttraumatische Belastungsstörung im Zusammenwirken mit anderen Faktoren (wie etwa einer Depression) zu einer massiven Persönlichkeitsveränderung führen, die aufgrund ihrer nachhaltigen Beeinträchtigung der Lebensführung des Betroffenen die Einstufung als schwere andere seelische Abartigkeit rechtfertigen kann.[431] Mangels beabsichtigter inhaltlicher Änderung durch die sprachliche Modernisierung ist grundsätzlich davon auszugehen, dass diese Ausführungen auch entsprechend für die schwere andere seelische Störung Geltung beanspruchen können. Eine quantitative Abgrenzung erfährt der Begriff durch die Einordnung als „schwer", sodass die seelische Störung „Krankheitswert" in dem Sinne haben muss, dass die auftretenden Symptome in ihrer Gesamtheit das Leben der betroffenen Person vergleichbar schwer und mit ähnlichen Folgen belasten wie krankhafte seelische Störungen.[432]

---

426 *Frister*, JuS 53 (2013), 1057, 1059.

427 *Rasch*, NStZ 2 (1982), 177, 178 mit weiteren Einwänden gegen den Begriff.

428 Demgegenüber sind Alkoholismusfolgen und Entzugserscheinungen als krankhafte seelische Störung oder tiefgreifende Bewusstseinsstörung einzuordnen, vgl. dazu Schönke/Schröder-*Perron/Weißer*, § 20 StGB Rn. 21.

429 Vgl. zur Problematik der diagnostischen Erfassung und der Schweregradbestimmung sexualdelinquenter Verhaltensauffälligkeiten und zur Pädophilie als schwere andere seelische Abartigkeit vor allem *Winckler/Foerster*, NStZ 19 (1999), 126.

430 *Hartmann*, Umfang und Grenzen ärztlicher Zwangsbehandlung, S. 32; *Nedopil/Dittmann*, Forensische Psychiatrie, S. 21; *F. Schneider et al.*, Begutachtung psychischer Störungen, S. 126 ff.

431 BGH, Beschluss vom 18.09.2019 – 3 StR 337/19, Rn. 12; BGH, Urteil vom 09.01.2008 – 5 StR 387/07, Rn. 7; vgl. dazu auch *Pfister*, NStZ-RR 13 (2008), 161, 167.

432 BGH (1. Strafsenat), Beschluss vom 16.03.2016 – 1 StR 402/15, Rn. 12 mit Verweis auf die st. Rspr.: BGH, Beschlüsse vom 11. Februar 2015 – 4 StR 498/14 und vom 21. September 2004 – 3 StR 333/04, NStZ 2005, 326, 327; Urteil vom 21. Januar 2004 – 1 StR 346/03, BGHSt 49, 45, 52 f.; Beschluss vom 21. Oktober 1998 – 3 StR 416/98, NStZ-RR 1999, 136 m. w. N. Als Gründe für die Einstufung einer Persönlichkeitsstörung als „schwere andere seelische Abartigkeit" kommen nach der Rechtsprechung erhebliche Auffälligkeiten der affektiven Ansprechbarkeit bzw. der Affektregulation, der Einengung der Lebensführung bzw. Stereotypisierung des Verhaltens, die durchgängige oder wiederholte Beeinträchtigung der Beziehungsgestaltung und der psychosozialen Leistungsfähigkeit durch affektive

3. Zweite Stufe der Einsichts- und Steuerungsfähigkeit

Auf der zweiten Stufe als „psychologische“ Voraussetzung der Schuldunfähigkeit ist nach dem Wortlaut des § 20 StGB zu prüfen, ob der Täter in der Lage gewesen ist, das Unrecht der Tat einzusehen (Einsichtsfähigkeit) oder nach dieser Einsicht zu handeln (Steuerungsfähigkeit), sodass für die Annahme einer Schuldunfähigkeit des Täters ein kausaler Zusammenhang zwischen dem „biologischen“ Defekt und den „psychologischen“ Folgeerscheinungen im Hinblick auf die konkrete Tat bestehen muss.[433] Die normativ-rechtliche Frage nach der Grenze zwischen der „normalen“ Konstitution des Durchschnittsmenschen zum Bereich des „Abnormen“ ist eng verknüpft mit der grundsätzlichen Frage, bis zu welchem Ausmaß Einsicht in das Unrecht einer Tat und in welchem Umfang eine selbstbestimmte Steuerung des Menschen legitimerweise von der Rechtsordnung erwartet werden kann.[434] Die Parameter für die Ermittlung der Einsichts- und Steuerungsfähigkeit im Hinblick auf die freie Willensbestimmung des Individuums sind im Einzelnen umstritten. Die Fähigkeit des Menschen zu einer selbstverantwortlichen Entscheidung muss jedoch in einer Gesellschaft, die das geltende Normgefüge als Ergebnis von Wertungen und nicht von objektiver Erkenntnis begreift, unabhängig von der Begehung einer Straftat als Ergebnis des Entscheidungsprozesses des Menschen betrachtet werden. Danach bedeutet die Schuldfähigkeit des Individuums, sich auf eine verständige Art und Weise jeweils für oder gegen die Beachtung der geltenden Norm zu entscheiden, die dem Individuum im Falle des letztgenannten negierenden Vorganges sodann auch persönlich vorgeworfen werden kann.[435]

V. Patientenstruktur im psychiatrischen Maßregelvollzug

Anknüpfend an die Vorstellung der jeweiligen Krankheitsbilder sowie ihre Einordnung unter die psychopathologischen Eingangsmerkmale des § 20 StGB soll nun die daraus naturgemäß resultierende Patientenstruktur im psychiatrischen Krankenhaus gemäß § 63 StGB überblicksartig dargestellt werden. Die Erläuterung von rechtstatsächlichen Erkenntnissen zur Zusammensetzung der Patientenpopulation

---

Auffälligkeiten, Verhaltensprobleme sowie unflexible, unangepasste Denkstile, die durchgehende Störung des Selbstwertgefühls oder die deutliche Schwäche von Abwehr- und Realitätsprüfungsmechanismen in Betracht, vgl. BGH, Beschluss vom 11. April 2018 – 2 StR 71/18, Rn. 7; BGH, Beschluss vom 16. Juni 2020 – 2 StR 568/19, Rn. 12.

433 Schönke/Schröder-*Perron/Weißer*, § 20 StGB Rn. 25.

434 So auch *Nedopil/Dittmann*, Forensische Psychiatrie, S. 21; sowie Schönke/Schröder-*Perron/Weißer*, § 20 StGB Rn. 26.

435 Vgl. dazu den eingängigen Aufsatz von *Frister*, JuS 53 (2013), 1057, 1060.

im psychiatrischen Maßregelvollzug stellt sich als unerlässlich dar, um eine umfassende Betrachtung der Thematik und eine dafür so essentielle Verbindung der juristisch-dogmatischen und der ärztlich-praktischen Sichtweise auch tatsächlich zu ermöglichen. Die auf der Internetseite des Ministeriums für Arbeit, Gesundheit und Soziales des Landes Nordrhein-Westfalen zur Verfügung gestellten Daten differenzieren mittlerweile zwischen dem psychiatrischen Krankenhaus gemäß § 63 StGB und der Entziehungsanstalt gemäß § 64 StGB, sodass diese Informationen nunmehr eine hilfreiche Orientierung bieten. Danach sieht die Diagnoseverteilung bei Unterbringung nach § 63 StGB in den psychiatrischen Krankenhäusern in Nordrhein-Westfalen zum Stichtag 01.01.2022 wie folgt aus: Störungen aus dem schizophrenen Störungskreis (68 %), Persönlichkeitsstörungen (14 %), hirnorganische Störung/Intelligenzminderung (10 %), Störung der sexuellen Orientierung (3 %), Suchterkrankungen (2 %) sowie andere (4 %).[436] Ersichtlich wird dabei, dass die schizophrenen Störungsbilder den Großteil der vorzufindenden Krankheitsbilder ausmachen. Diese Erkenntnis deckt sich mit Daten von *Passow*, *Prinz* und *Bastert* sowie *Stolpmann* und *Müller*, wonach die schizophrene Störung im psychiatrischen Maßregelvollzug gemäß § 63 StGB mit etwa 50 % die häufigste Diagnosegruppe und die Persönlichkeitsstörung mit etwa 15 % die zweithäufigste Diagnosegruppe darstellt, wobei ein Großteil der Patienten jedoch mehrere psychiatrische Diagnosen aufweist.[437] Auch die DGPPN führt aus, dass Patienten des psychiatrischen Maßregelvollzuges gemäß § 63 StGB im Wesentlichen an vier psychischen Störungsbildern erkrankt sind: Die Hälfte der untergebrachten Patienten leidet demnach an schizophrenen Psychosen, ein Drittel leidet an schweren Persönlichkeitsstörungen und/oder sexuellen Paraphilien, während ein Fünftel eine relevante Intelligenzminderung aufweist. Insgesamt liegen zudem bei der Mehrzahl der Patienten mehrere psychische Störungen gleichzeitig vor.[438] Auf gewinnbringende Behandlungsansätze soll im Rahmen des 6. Kapitels in Gestalt eines Ausblicks näher eingegangen werden.

---

436 Zuvor war auf der Internetseite eine Tabelle verfügbar, welche die Verteilung der behandlungsleitenden Diagnosen der Patienten des Maßregelvollzugs in Nordrhein-Westfalen zum Stichtag 01.01.2014 lediglich gemeinsam ausgewiesen hat. Nunmehr wird zwischen der Diagnoseverteilung bei Unterbringung nach § 63 StGB in den psychiatrischen Krankenhäusern NRW sowie bei Unterbringung nach § 64 StGB in den Entziehungsanstalten NRW mithilfe eines Tortendiagramms differenziert. Die Diagramme sind online abrufbar unter https://www.mags.nrw/forensische-psychiatrie-therapie unter dem Reiter „Diagnosen“ (zuletzt aufgerufen am 26.01.2024).

437 *Passow/Prinz/Bastert*, Behandlung im Erwachsenen-Maßregelvollzug, S. 438; *Stolpmann/J. L. Müller*, Forensische Psychiatrie und Psychotherapie, S. 830.

438 Vgl. dazu die Stellungnahme der DGPPN vom 11.09.2013 „Positionen der DGPPN zu den Reformüberlegungen des § 63 StGB durch das Bundesministerium der Justiz“, S. 1 f., abgedruckt u. a. bei *Pollähne/Lange-Jost*, Forensische Psychiatrie – selbst ein Behandlungsfall?, S. 184 ff.

C. Zusammenfassung der Erkenntnisse des zweiten Kapitels

Der psychiatrische Maßregelvollzug in Gestalt der für diese Arbeit maßgeblichen Unterbringung in einem psychiatrischen Krankenhaus gemäß § 63 StGB in der Schnittstelle von Rechtswissenschaft und Psychiatrie stellt sich als ambivalentes Spannungsfeld dar, das in besonderem Maße von gesellschaftlichen, politischen und rechtlichen Ansprüchen sowie Wertvorstellungen beeinflusst wird. Vor allem bedingt durch die fehlende Fachkenntnis mancher Medienvertreter, die zum Teil eher auf der Suche nach einem ausschlachtbaren Justizskandal sind, anstatt eine sachliche und faktenbasierte Berichterstattung und damit verbundene Aufklärung der Bevölkerung zu betreiben, und der dadurch zwangsläufig beeinflussten und verängstigten Bürger, wird die forensische Psychiatrie auch als „Dark Room" bezeichnet, der der institutionellen Kontrolle entzogen zu sein scheint.[439] Noch gesteigert wird diese Problematik dadurch, dass es sich bei dieser Maßregel um einen außerordentlich belastenden und grundrechtssensiblen Bereich des Strafrechts handelt und der Gesellschaft gleichzeitig suggeriert wird, dass auch der unbescholtene Bürger aus heiterem Himmel für Jahre weggesperrt werden könnte.[440]

Den im Rahmen der Einleitung dargestellten juristisch-psychiatrischen Konflikt zum Anlass nehmend, hat sich dieses Kapitel über den psychiatrischen Maßregelvollzug vor allem um eine integrative Betrachtung bemüht, um auf diese Weise zwar eine schwerpunktmäßige, jedoch nicht ausschließlich juristische Auseinandersetzung mit der Thematik zu ermöglichen. Es wurde ein juristisch-psychiatrischer Blickwinkel gewählt, der sowohl den Aspekt der Besserung als auch der Sicherung berücksichtigt. So wurden zunächst die tatsächlichen und rechtlichen Rahmenbedingungen des psychiatrischen Maßregelvollzuges einschließlich der Gesetzessystematik, der verfassungsrechtlichen Mindestvoraussetzungen und Grundprinzipien sowie der Anordnungsvoraussetzungen des § 63 StGB vorgestellt. Ein besonderes Augenmerk wurde dabei auf die Erläuterung der Schuldfähigkeitsbestimmungen der §§ 20, 21 StGB sowie auf die darin genannten psychopa-

439 S. dazu bereits die Einleitung mit dem Verweis auf *Saimeh*, Dark Rooms – ist die Forensik eine Gefahr für psychisch kranke Menschen?, S. 77; AK-StVollzG-*Goerdeler*, Vor § 72 LandesR Rn. 6, der in diesem Zusammenhang von einer „zunehmend aggressiven Skandalisierung" von Einzelfällen durch die Boulevardpresse spricht.

440 Als ein Beispiel für eine solche Berichterstattung dient der Artikel des Magazins *Cicero* von *Berghofer*, der am 23. August 2013 unter dem Titel „Die dubiosen Praktiken der Gutachter" erschienen ist: „Die unbestimmte Angst, man könne aus heiterem Himmel des Wahnsinns angeklagt und unschuldig zum Zuchthausinsassen werden, hat durch die Person Molllaths an Kontur gewonnen.", vgl. https://www.cicero.de/kultur/psychiatrie-die-dubiosen-praktiken-der-gutachter/55504 (zuletzt aufgerufen am 25.01.2024).

thologischen Eingangsmerkmale gelegt, da gerade die Zuordnung eines Krankheitsbildes zu einem der Eingangsmerkmale die Rahmenbedingungen für die ebenfalls dargestellte, vorzufindende Patientenstruktur im psychiatrischen Krankenhaus vorgibt, die als Grundvoraussetzungen auch Eingang in das nachfolgende Kapitel finden werden. Wichtig ist hier die Erkenntnis, dass der Gesetzgeber sich der aufgezeigten Kritik am Wortlaut des § 20 StGB ein Stück weit angenommen und zumindest eine redaktionelle Anpassung der Norm vorgenommen hat, sodass nunmehr derjenige ohne Schuld handelt, der bei Begehung der Tat wegen einer krankhaften seelischen Störung, wegen einer tiefgreifenden Bewusstseinsstörung oder wegen einer Intelligenzminderung oder einer schweren anderen seelischen Störung unfähig ist, das Unrecht der Tat einzusehen oder nach dieser Einsicht zu handeln.

3. Kapitel: Die Zwangsmaßnahme der Fixierung im psychiatrischen Maßregelvollzug des § 63 StGB

A. Einführung in die Thematik

Zwangsmaßnahmen gegenüber psychisch Kranken innerhalb der allgemeinen und vor allem der forensischen Psychiatrie sind in den letzten Jahren vermehrt in den Fokus der Öffentlichkeit gerückt und auch Gegenstand der Rechtsprechung sowie rechtswissenschaftlichen Literatur gewesen. In der Diskussion um das Thema und den Begriff der Psychiatrie steht dabei neben dem medizinischen Versorgungsauftrag auch meist die Einschränkung von Rechten der untergebrachten Person und die Legitimation von Zwang.[441] Grundsätzlich werden unter den Begriff der Zwangsmaßnahme diejenigen Maßnahmen gegen den Willen des Betroffenen gefasst, die entweder eine Einschränkung seiner grundrechtlich geschützten Freiheit oder aber eine Verletzung seiner ebenfalls grundrechtlich geschützten körperlichen Unversehrtheit herbeiführen.[442] In den Jahren 2011[443] und 2013[444] hat das Bundesverfassungsgericht mit seinen wegweisenden Entscheidungen die wesentlichen Anwendungsvoraussetzungen einer medizinischen Zwangsbehandlung von im Maßregelvollzug Untergebrachten aufgezeigt und mit Nachdruck betont, dass eine medizinische Behandlung gegen den natürlichen Willen des Untergebrachten einen schwerwiegenden Eingriff in dessen Grundrecht aus Art. 2 Abs. 2 S. 1 GG darstellt und nur dann zur Erreichung des Vollzugsziels gerechtfertigt sein kann, wenn die Maßnahme auf einer gesetzlichen Grundlage beruht, welche die Voraussetzungen für die Zulässigkeit des Grundrechtseingriffs klar und zuverlässig bestimmt.[445] Zudem kann eine Zwangsbehandlung zur Erreichung des Vollzugsziels nur dann zulässig sein, wenn der Untergebrachte krankheitsbedingt zur Einsicht in die Behandlungsbedürftigkeit oder zum Handeln gemäß dieser Einsicht nicht fähig ist, die Maßnahmen der Zwangsbehandlung lediglich als letztes Mittel in Betracht gezogen werden und wenn sie im Hinblick auf das Behandlungsziel, das ihren Einsatz

---

441 So zutreffend *Henking*, R&P 34 (2016), 155.

442 So auch *Adorjan et al.*, Nervenarzt 88 (2017), 802 m. w. N.

443 BVerfG, Beschluss vom 23.03.2011 – 2 BvR 882/09.

444 BVerfG, Beschluss vom 20.02.2013 – 2 BvR 228/12.

445 Ausführlich zu den Entscheidungen des Bundesverfassungsgerichts, zu den wichtigsten Begriffen im Kontext von Zwangsbehandlung und Zwangsunterbringung sowie zu den rechtlichen Rahmenbedingungen *Henking/Mittag*, Rechtliche Rahmenbedingungen, S. 32 ff.; vgl. auch *Marschner*, Aktuelle Rechtsprechung und Gesetzgebung zur Zwangsbehandlung, S. 101.

https://doi.org/10.1515/9783111347868-006

rechtfertigt, erfolgversprechend und für den Betroffenen nicht mit Belastungen verbunden sind, die außer Verhältnis zu ihrem erwartbaren Nutzen stehen.[446] In diese Reihe von präzisierenden Entscheidungen gehört nunmehr auch diejenige des Bundesverfassungsgerichts vom 8. Juni 2021.[447] Danach können staatliche Schutzpflichten aus Art. 2 Abs. 2 S. 1 und 2 GG gegenüber einer untergebrachten Person eine Zwangsbehandlung dann nicht rechtfertigen, wenn diese die in Rede stehende Behandlung im Zustand der Einsichtsfähigkeit durch eine Patientenverfügung wirksam ausgeschlossen und der Betroffene seine Entscheidung folglich mit freiem Willen und im Bewusstsein über ihre Reichweite getroffen hat, sodass die individuelle Selbstbestimmung auf der Grundlage des allgemeinen Persönlichkeitsrechts Vorrang genießt. Das Bundesverfassungsgericht zeigt hier eindrucksvoll auf, dass die wirksame Ausübung des Selbstbestimmungsrechts der damit in Konflikt stehenden Schutzpflicht des Staates im Einzelfall enge Grenzen setzt.[448] Die auch hier spürbare Vergrundrechtlichung[449] des Straf- und Maßregelvollzuges, die ihren Anfang im eingangs erläuterten sog. „Strafgefangenenbeschluss" des Bundesverfassungsgerichts aus dem Jahr 1972[450] genommen und einen beachtlichen Höhepunkt in der bundesverfassungsgerichtlichen Entscheidung zur Fixierung innerhalb der landesrechtlichen Unterbringung[451] gefunden hat, ist auch – wie bereits gezeigt wurde – trotz der vielfach noch immer vorhandenen Vorurteile von Teilen der Gesellschaft gleichzeitig Ausprägung einer stetig steigenden Sensibilisierung der Öffentlichkeit sowie der psychiatrischen und rechtswissenschaftlichen Praxis für die besondere Bedeutung und Grundrechtsrelevanz der Thematik, die aufgrund des beschriebenen Zwangs- und Abhängigkeitsverhältnisses des Betroffenen das staatliche Handeln nunmehr kritischer hinterfragt und verlässliche Regelungen verlangt, die den rechtsstaatlichen Anforderungen zur Vermeidung eines grundrechtsfreien Raumes gerecht werden müssen.[452] Die Thematik der Zwangsmaßnahmen gegenüber Untergebrachten stellt sich dabei insgesamt als vielschichtige Problematik dar, die von zahlreichen Faktoren beeinflusst wird: Der Untergebrachte befindet sich nicht nur in einer außerordentlich belastenden Ausnahmesituation, in der er von seinen Angehörigen und seinem beruflichen und sozialen

446 Dazu auch *Muckel*, JA 45 (2013), 953; *Sachs*, JuS 51 (2011), 1047.

447 BVerfG, Beschluss vom 08.06.2021, Az. 2 BvR 1866/17 und 2 BvR 1314/18.

448 A.a.O., Rn. 69 ff.

449 Diese treffende Bezeichnung hat *A. Baur*, Forensische Psychiatrie und Psychotherapie 25 (2018), 244, 246 gewählt.

450 S. dazu bereits Fn. 8; BVerfG 33, 1 ff. = NJW 1972, 811 ff.

451 BVerfG, Urteil vom 24.07.2018 – 2 BvR 309/15, 2 BvR 502/16.

452 Vgl. dazu bereits die Einleitung in die Doktorarbeit; ausführlich dazu auch *A. Baur*, Forensische Psychiatrie und Psychotherapie 25 (2018), 244, 246 ff.

Umfeld isoliert ist und ihm die freie Arztwahl insgesamt verwehrt bleibt, sondern ist gerade bei einem Zwangseingriff auch der staatlichen Übermacht in besonders plastischer Weise ausgeliefert.[453] Darüber hinaus besteht eine komplexe Verflechtung der Interessen und Verpflichtungen zwischen den Beteiligten, da vorrangiger Zweck der Unterbringung gemäß § 2 Abs. 1 StrUG NRW naturgemäß der Schutz der Allgemeinheit vor der Begehung weiterer erheblicher rechtswidriger Taten durch die untergebrachte Person ist, die Unterbringungseinrichtung jedoch gleichzeitig auch dem Anspruch auf angemessene Unterkunft, Verpflegung, Behandlung und Betreuung gerecht werden und die untergebrachte Person daher gemäß § 3 Abs. 3 S. 1 StrUG NRW laufend durch Anregung und Förderung zur Behandlung motivieren soll. Nicht unberücksichtigt bleiben darf dabei die Gewährleistung einer möglichst umfassenden Realisierbarkeit der Grundrechte auf Achtung der Menschenwürde sowie der freien und selbstbestimmten Entscheidung über das eigene Leben und die körperliche Unversehrtheit.[454] In den Blick zu nehmen ist in der Konsequenz nicht nur das der Unterbringungseinrichtung wie auch dem Strafvollzug durch den Zielkonflikt von Resozialisierung auf der einen Seite sowie Sicherheit und Ordnung auf der anderen Seite geradezu systemimmanente Ziel des reibungslosen Funktionierens jeglicher Abläufe während der Unterbringung, sondern auch der aus den Landesgesetzen folgende ordnungspolitische Auftrag der Gefahrenabwehr der jeweiligen Unterbringungseinrichtung, wonach akute Gefahren stets zuverlässig abzuwehren sind.[455] Dabei gilt es, ebenfalls zu berücksichtigen, dass der Kern des psychiatrischen Maßregelrechts durch das Straf- und Sanktionenrecht gebildet wird, sodass dem Staat im Sinne einer Gefahrenabwehr und nicht im Sinne einer Gesundheitsvorsorge der Auftrag obliegt, die Allgemeinheit vor gefährlichen Personen zu schützen.[456]

---

453 *Rzepka*, Sicherungsmaßnahmen, S. 408 Rn. H119.

454 Laufs/Kern/Rehborn ArztR-HdB, § 165 Zwangsbehandlung und Strafvollzug Rn. 5 f.; *Pollähne*, Verfassungsrechtliche Grundlagen und Menschenrechte, S. 31 Rn. B2.

455 *Gather/Noeker/Juckel* (Hrsg.), LWL-Standard zur Vermeidung, Anwendung und Dokumentation von freiheitsentziehenden Maßnahmen und Zwangsbehandlungen in der Psychiatrie, S. 15; AK-StVollzG-*Goerdeler*, Vor § 72 LandesR Rn. 5; vgl. auch *Schüler-Springorum*, Strafvollzug im Übergang, S. 174 f., in Bezug auf die maßgeblichen Faktoren für ein reibungsloses Funktionieren der Anstaltsabläufe mit dem interessanten Hinweis auf die Wichtigkeit von Subkulturen der Gefangenen für Ruhe und Ordnung innerhalb der Anstalt.

456 *Kammeier*, Nach 30 Eickelborner Fachtagungen: alte Fragen, neue Antworten?!, S. 85.

I. Abgrenzung von Zwangsmaßnahme und Zwangsbehandlung

In diesem Zusammenhang ist begrifflich deutlich zu differenzieren zwischen der Zwangs*behandlung* im Sinne einer Behandlung des Betroffenen unter Zwang sowie der mechanischen Zwangs*maßnahme* zur Sicherung und Gefahrenabwehr, die ihrerseits nicht als Disziplinarmaßnahme zweckentfremdet werden darf.[457] Die Zwangsbehandlung als medizinische (Heil-)Behandlung eines Untergebrachten gegen seinen natürlichen Willen[458] umfasst vor allem die zwangsweise Verabreichung von Medikamenten, wobei aber stets zu berücksichtigen ist, dass nicht jede Verabreichung von Medikamenten automatisch eine Behandlung darstellen kann: Wenn ein Medikament ausschließlich zur Ruhigstellung des Patienten bei einer beispielsweise drohenden Fremdgefährdung verabreicht wird, ohne, dass dabei gleichzeitig das Leiden des Patienten verbessert werden soll, stellt sich diese Maßnahme als solche der Sicherung und nicht als Behandlung dar.[459] Sollte sogar mit disziplinarischer Intention unter dem Deckmantel der Therapie[460] in die Rechte der untergebrachten Personen eingegriffen werden, handelt es sich in den weit überwiegenden Fällen mangels einer tauglichen landesrechtlichen Ermächtigungsgrundlage um einen Etikettenschwindel.[461] Eine Umdeutung der Sanktion in eine therapeutische Maßnahme im Sinne eines „negativen Verstärkers“ oder als präventive Maßnahme zur Aufrechterhaltung von Sicherheit und Ordnung in der Maßregelvollzugseinrichtung ist vor diesem Hintergrund aus gleich mehreren

457 So auch *Rzepka*, Sicherungsmaßnahmen, S. 364 Rn. H3; ausführlich zur Problematik der Disziplinarmaßnahmen im Vollzugsalltag vor allem *Lindemann*, Die Sanktionierung unbotmäßigen Patientenverhaltens, S. 78 ff. Zur Abgrenzung von Zwangsbehandlung und Zwangsmaßnahmen auch *Höflacher*, Zwangsmedikation: Ultima Ratio oder No-Go?, S. 54 f.

458 So auch *Bublitz*, ZIS 6 (2011), 714, 715 m. w. N.

459 *Steinert*, Zwangsmaßnahmen aus der Perspektive der klinischen Psychiatrie, S. 3 f.

460 Vgl. zum Vorkommen von Disziplinarmaßnahmen in der Rechtswirklichkeit die empirische Forschung von *Lindemann*, Die Sanktionierung unbotmäßigen Patientenverhaltens, S. 113 ff.

461 Ermächtigungsgrundlagen für Disziplinarmaßnahmen sind zu finden in den Landesgesetzen von Bayern (Art. 22 BayMRVG), Hessen (§ 32 MVollzG HE), Sachsen-Anhalt (§ 21 MVollzG LSA) sowie Thüringen (§ 21 ThürMRVG). In dieser Hinsicht vorbildlich ist dagegen das Berliner Maßregelvollzugsgesetz: „Eine Einschränkung von Rechten in disziplinarischer Absicht ist unzulässig.“, § 43 Abs. 3 S. 2 PsychKG. *Grünebaum/Volckart*, Maßregelvollzug, III. Rn. 193 weisen zutreffend darauf hin, dass Disziplinarmaßnahmen nicht durch Hausordnungen legitimiert werden können. Zudem empfehlen sie eine Klausel, wonach von einer Disziplinarmaßnahme abzusehen ist, wenn eine Einwirkung auf das zukünftige Verhalten der Patienten nicht erwartet werden könne. Insgesamt solle bei der Auswahl möglicher Maßnahmen auf die therapeutische Zielsetzung des Maßregelvollzugs Rücksicht genommen werden.

Gründen unzulässig.[462] Zum einen sind Sicherungs- und Ordnungsmaßnahmen sowie Therapie- und Behandlungsmaßnahmen wesensverschieden und daher strikt zu trennen.[463] Die bloße Aufgabenzuweisung von Behandlung und Therapie der untergebrachten Personen innerhalb der Maßregelvollzugseinrichtung stellt daher noch keine die Rechtsbeschränkung im Einzelfall legitimierende Eingriffsermächtigung dar, sodass die einer Maßnahme häufig zugrunde liegende Argumentation einer Behandlungsnotwendigkeit nicht verfangen kann, sondern ganz im Gegenteil dazu auch nicht die Suche nach einer Ermächtigungsgrundlage obsolet macht.[464] *Volckart* und *Grünebaum* sprechen in diesem Zusammenhang anschaulich von einer „begriffsakrobatischen Umgehung“, die weit überwiegend jedoch abgelehnt werde.[465] Grundrechtseingreifende Maßnahmen bedürfen auch und gerade bei Behandlungs- und Zwangsmaßnahmen im psychiatrischen Maßregelvollzug stets einer gesetzlichen Ermächtigungsgrundlage, „aus der sich in einer dem rechtsstaatlichen Gebot der Normenklarheit entsprechenden Weise die Eingriffsvoraussetzungen und der Umfang der erlaubten Eingriffe ergeben“.[466] Zudem ist darauf hinzuweisen, dass einer solchen ärztlichen Zwangsmaßnahme im Sinne eines negativen Verstärkers (wohl) selbst dann die legitimatorische Rechtsgrundlage fehlen wird, wenn diese als Therapiemaßnahme bezeichnet würde, da sie sodann als Zwangsbehandlung einzuordnen wäre und die nunmehr geltenden engen Voraussetzungen einer (zulässigen) Zwangsbehandlung erfüllen müsste.[467] Zum anderen ist auch eine unterschiedliche Zielrichtung der jeweiligen Maßnahmen intendiert: Während eine präventive Maßnahme schon begrifflich auf ein zukünftiges Verhalten und daher auf die Abwendung eines drohenden Schadens gerichtet ist, soll eine Disziplinarmaßnahme hingegen ein in der Vergangenheit liegendes und schuldhaftes Fehlverhalten sanktionieren.[468] Unter Berücksichtigung der bereits erfolgten Abgrenzung von Strafe und Maßregel der Besserung und Sicherung[469] ist damit alleiniger Bezugspunkt der präventiven Maßnahme die von der untergebrachten Person im Einzelfall ausgehende Gefahr und damit eine unmittelbar

---

462 Ausführlich dazu *Lindemann*, R&P 35 (2017), 259, 260 sowie *ders.*, Die Sanktionierung unbotmäßigen Patientenverhaltens, S. 78 ff; s. auch SBJL-*Jehle*, A. II. 2. b) S. 1449 f. Rn. 16.

463 *Rzepka*, Sicherungsmaßnahmen, S. 364 Rn. H3.

464 *Baer*, NStZ 29 (2009), 529, 532 mit Verweis auf die zugrunde liegende Entscheidung des Bundesverfassungsgerichts, BVerfG NStZ-RR 2007, 92, 93.

465 *Grünebaum/Volckart*, Maßregelvollzug, III. Rn. 191 m. w. N.

466 BVerfG (2. Kammer des Zweiten Senats), Beschluss vom 30.11.2006 – 2 BvR 1418/05, Rn. 22 mit Verweis auf BVerfGE 65, 1 (43) = NJW 1984, 419; 113, 29 (50 f.) = NJW 2005, 1917; BVerfG, NJW 2006, 976 (980).

467 *Grünebaum/Volckart*, Maßregelvollzug, III. Rn. 191 mit Verweis auf BVerfG R&P 2008, 46.

468 *Lindemann*, R&P 35 (2017), 259, 260; AK-StVollzG-*Goerdeler*, § 78 LandesR Rn. 1.

469 2. Kapitel B. I.

bestehende Schadenswahrscheinlichkeit, während die Disziplinarmaßnahme an die Verantwortlichkeit der Person für einen begangenen Regelverstoß in der Vergangenheit ohne eine unmittelbar bestehende Wiederholungsgefahr anknüpft.[470] Adressat der präventiven Maßnahme ist damit der Untergebrachte als Störer, während Adressat der Disziplinarmaßnahme hingegen die moralische Person als Träger von Rechten und Pflichten ist.[471] Im letztgenannten Fall handelt es sich daher um ein repressives Instrumentarium, um die in der Persönlichkeit des Betroffenen zutage getretene Verantwortung für das in Rede stehende Fehlverhalten zuschreiben zu können.[472] An dieser Einordnung ändert sich auch dann nichts, wenn die mit der Sanktionierung einhergehende zukunftsgerichtete Verhaltensänderung des Betroffenen[473] in den Blick genommen wird, da auf diese Weise lediglich der Strafzweck der positiven Spezialprävention hervorgehoben wird.[474] Die drohende Gefahr einer Einebnung der Unterschiede von Besserung und Sicherung durch einen weit verstandenen Behandlungsbegriff sollte nicht nur aufgrund des Sonderopfers der untergebrachten Person zwingend verhindert werden, sondern auch wegen der rechtsstaatlichen Gestaltung eines fairen Verwaltungsverfahrens.[475] Zu den mechanischen Sicherungsmaßnahmen zählen trotz der scheinbaren Vielfalt an denkbaren Möglichkeiten lediglich die Grundprinzipien der Separation in Form der Isolation in geeigneten Räumlichkeiten sowie der Bewegungseinschränkung mithilfe einer Fixierung, aber auch mithilfe von Netzbetten, Bettgittern oder sog. Pflegedecken.[476] Während die Zwangsbehandlung folglich der Besserung des psychischen Zustandes des Patienten dient, nimmt die Zwangsmaßnahme in Form der mechanischen Sicherungsmaßnahme die Aufrechterhaltung von Sicher-

---

470 *Lindemann,* Die Sanktionierung unbotmäßigen Patientenverhaltens, S. 87 m.w.N.

471 *Lindemann,* R&P 35 (2017), 259, 260.

472 *Lindemann,* Die Sanktionierung unbotmäßigen Patientenverhaltens, S. 87 f.; AK-StVollzG-*J. Walter,* Vor § 86 LandesR Rn. 5 verweist darauf, dass formelle Disziplinarmaßnahmen zwar eine repressive Wirkung haben, ihr eigentlicher Zweck aber nicht in der Repression als solcher liege, sondern in der „Sicherung der Voraussetzungen eines auf das Vollzugsziel gerichteten, geordneten Vollzuges". Sie dienen danach der Unterstützung der Behandlung.

473 Im Sinne einer falschen Etikettierung auch *Grünebaum/Volckart,* Maßregelvollzug, III. Rn. 191: „Einordnungsschwierigkeiten der Patienten sind vor allem soziale Probleme, die Sanktionen dienen in erster Linie der Aufrechterhaltung der Ordnung, auch wenn sie nicht Vergeltung, sondern Verhaltensänderung bezwecken."

474 *Lindemann,* R&P 35 (2017), 259, 260 verweist in diesem Zusammenhang zutreffend auf die Gefahr einer „Hypertrophie des Behandlungsbegriffes".

475 *Rzepka,* Sicherungsmaßnahmen, S. 363 Rn. H2.

476 Ausführlich dazu mit zahlreichen Nachweisen und historischen sowie internationalen Vergleichen *Steinert,* Zwangsmaßnahmen aus der Perspektive der klinischen Psychiatrie, S. 4.

heit und Ordnung[477] innerhalb der Unterbringungseinrichtung in den Blick. Eine Sicherungsmaßnahme verfolgt damit keine heilende Intention und ist vor diesem Hintergrund auch regelmäßig nicht dazu geeignet, den Zustand der untergebrachten Person zu verbessern, der zu dieser Maßnahme geführt hat.[478]

II. Konsequenzen der Ausführungen für den Untersuchungsgegenstand des dritten Kapitels

Die gesamte Thematik der Zwangsbehandlung einschließlich ihrer grundsätzlichen verfassungsrechtlichen Legitimation, ihrer Anwendungsvoraussetzungen sowie praktischen Ausgestaltung stellt ein komplexes Teilgebiet der Rechts- und Psychowissenschaften dar. Aufgrund der nunmehr vorgesehenen richterlichen Entscheidung bei einer nicht nur kurzfristigen Fixierung im Rahmen von § 33 Abs. 5 StrUG NRW im Vollzug der Maßregel in einem psychiatrischen Krankenhaus gemäß § 63 StGB und der damit einhergehenden übergeordneten Themenbeschreibung in Form der Untersuchung von Anwendungsbereich und Funktionstüchtigkeit des Richtervorbehalts unter den Bedingungen des psychiatrischen Maßregelvollzuges, gilt im Rahmen dieser Arbeit jedoch der Zwangsmaßnahme zur Gefahrenabwehr als Sicherungsmaßnahme das primäre Interesse, sodass im folgenden Kapitel die Anwendungsvoraussetzungen einer den Richtervorbehalt auslösenden Zwangsmaßnahme wie der Fixierung aufgezeigt werden. Die Frage nach der möglichen Behandlung eines Patienten unter Zwang ist in diesem Zusammenspiel auszuklammern, da sie insgesamt nicht dafür geeignet ist, eine verwertbare Antwort auf die allein ausschlaggebende Frage nach der Funktionstüchtigkeit des Richtervorbehalts zu liefern. Zunächst soll daher die Entscheidung des Bundesverfassungsgerichts zur Fixierung innerhalb der öffentlich-rechtlichen Unterbringung näher vorgestellt werden, um auf dieser Grundlage die gesetzgeberische Neugestaltung auf Bundesebene und vor allem auf Landesebene Nordrhein-Westfalens im Hinblick auf die tatbestandliche Eingriffsschwelle sowie die verfahrensrechtliche Ausgestaltung zu untersuchen. Das besondere Augenmerk wird dabei wegen der ausschließlichen Länderkompetenz im Hinblick auf den Vollzug der freiheitsentziehenden Maßregeln der Besserung und Sicherung und der damit verbundenen Zuständigkeit in Bezug auf Organisation und Ausgestaltung des psychiatrischen

477 Ausführlich zu den Begrifflichkeiten der inneren und äußeren Sicherheit sowie der Ordnung *Rzepka*, Sicherungsmaßnahmen, S. 365 Rn. H5; s. auch *Lindemann*, Die Sanktionierung unbotmäßigen Patientenverhaltens, S. 85 ff. Eine weitergehende Darstellung und Analyse der Begrifflichkeiten soll hier jedoch nicht erfolgen.

478 *Steinert*, Zwangsmaßnahmen aus der Perspektive der klinischen Psychiatrie, S. 4.

Maßregelvollzugs[479] auf der nordrhein-westfälischen Regelung im Gesetz zur Durchführung strafrechtsbezogener Unterbringungen in einem psychiatrischen Krankenhaus und einer Entziehungsanstalt liegen. Anschließend soll in Gestalt eines Exkurses noch die Frage aufgeworfen werden, inwiefern die detaillierten gerichtlichen Vorgaben bezüglich der Ausgestaltung einer verfassungskonformen Ermächtigungsgrundlage sowie eines einheitlichen Verfahrens (noch) mit dem gesetzgeberischen Entscheidungsspielraum in Einklang zu bringen sind. Es wird insbesondere zu erläutern sein, ob sich das Bundesverfassungsgericht bisweilen zu einem „Ersatzgesetzgeber" aufschwingt, der selbst positiv gestaltend tätig wird und der legislativen Gewalt des demokratisch legitimierten Gesetzgebers gleichzeitig die Möglichkeit und den Spielraum zu eigener Gestaltung nimmt.

B. Rechtstatsächliche Bedeutung der Fixierung

Unter dem Fachbegriff der Fixierung ist grundsätzlich das Anbinden der untergebrachten Person an einen feststehenden Gegenstand (zum Beispiel Bett oder Stuhl) mit einem breiten Gurt aus Leder oder Stoff zu verstehen.[480] Es handelt sich folglich um eine mechanische Form der Einschränkung bzw. der vollständigen Aufhebung der Bewegungsfreiheit der Person mithilfe eines speziellen Gurtsystems.[481] Eine Fixierung kann an nur einem Punkt des Körpers im Sinne einer Ein-Punkt-Fixierung mit einem Bauchgurt erfolgen, ist aber darüber hinaus an bis zu elf Punkten des Körpers einschließlich des Kopfes denkbar.[482] Nach dem Gesetzentwurf der Landesregierung zum StrUG NRW liegt eine Fixierung dann vor, wenn die Bewegungsfreiheit der untergebrachten Person durch das Festbinden von Armen und Beinen und gegebenenfalls der Körpermitte mit dem Ergebnis aufgehoben wird, dass die Sitz- und Liegeposition nicht mehr selbstständig verändert werden kann.[483]

---

479 *Saimeh*, Was ist Maßregelvollzug, S. 6; von Mangoldt/Klein/Starck-*Oeter*, Art. 74 GG Rn. 21.

480 *Rzepka*, Sicherungsmaßnahmen, S. 409 Rn. H121; *Steinert*, Epidemiologie von Zwangsmaßnahmen, S. 87.

481 Vgl. dazu die Definition im Rahmen einer Originalarbeit zu den Auswirkungen der Etablierung des psychiatrischen Behandlungskonzepts „Weddinger Modell" auf mechanische Zwangsmaßnahmen: „Fixierung bezeichnet die mechanische Bewegungseinschränkung durch Festbinden mit speziellen Fixiergurten, die am Körper angebracht werden.", *Czernin et al.*, Psychiatr Prax 47 (2020), 242, 244.

482 *Deutsche Gesellschaft für Psychiatrie und Psychotherapie, Psychosomatik und Nervenheilkunde e.V.* (Hrsg.), S3-Leitlinie, S. 12f.

483 Gesetzentwurf der Landesregierung, Gesetz zur Durchführung strafrechtsbezogener Unterbringungen in einem psychiatrischen Krankenhaus und einer Entziehungsanstalt in Nordrhein-

Grundsätzlich kann auch bereits das Festhalten einer Person (sog. physical restraint), sodass diese nicht (mehr) dazu in der Lage ist, eine gewünschte Körperhaltung einzunehmen, eine Form der Fixierung darstellen.[484]

Vor dem Hintergrund der aufgezeigten Sprengkraft, aber auch der erheblichen Praxisrelevanz der Thematik sollte eine erschöpfende Bearbeitung auch die rechtstatsächliche Bedeutung der Fixierung für den Vollzugsalltag in den Blick nehmen. Aus diesem Grund wurden im September 2020 die für den Maßregelvollzug zuständigen Ministerien der verschiedenen Bundesländer angeschrieben und nach aktuellen Zahlen im Hinblick auf die Anzahl von Fixierungen bei Untergebrachten des psychiatrischen Maßregelvollzuges sowie die Anzahl der Anträge bei Gericht bei absehbar nicht nur kurzfristigen Fixierungen gefragt, um diese für die vorliegende Bearbeitung nutzbar zu machen. Erfreulicherweise konnten auf diese Weise aktuelle Daten der Bundesländer Nordrhein-Westfalen, Baden-Württemberg, Bayern, Hamburg, Sachsen-Anhalt und Schleswig-Holstein sowie des Maßregelvollzugszentrums Niedersachsen – Fachkrankenhaus für forensische Psychiatrie und Psychotherapie Moringen gewonnen werden. Auf Anfrage wurde aus Hessen bedauerlicherweise mitgeteilt, dass dort der Richtervorbehalt bei absehbar nicht nur kurzfristigen Fixierungen in psychiatrischen Einrichtungen im Hessischen Maßregelvollzugsgesetz sowie im Psychisch-Kranken-Hilfe-Gesetz im Gegensatz zum Richtervorbehalt bei Fixierungen im Justizvollzug zum Zeitpunkt der Anfrage noch nicht umgesetzt wurde, sodass insoweit auch keine Erkenntnisse über die Anzahl entsprechender Anträge bei Gericht vorliegen.[485] Im Folgenden werden die zur Verfügung gestellten Daten nach Bundesländern geordnet vorgestellt und sodann einer abschließenden Auswertung unterzogen.

Westfalen (Strafrechtsbezogenes Unterbringungsgesetz NRW – StrUG NRW) vom 13. Januar 2021, LT-Drs. 17/12306, S. 77.

484 *Bleijlevens et al.*, J Am Geriatr Soc 64 (2016), 2307, 2309 haben in diesem Zusammenhang folgende Definition für die ältere Patientengruppe erarbeitet: „Physical restraint is defined as any action or procedure that prevents a person's free body movement to a position of choice and/or normal access to his/her body by the use of any method, attached or adjacent to a person's body that he/she cannot control or remove easily."

485 Mit Wirkung vom 24.12.2021 ist für die besondere Sicherungsmaßnahme der Aufhebung der Bewegungsfreiheit an allen Gliedmaßen (also für die nicht nur kurzfristige, *vollständige* Aufhebung der Bewegungsfreiheit der untergebrachten Person in Abgrenzung zur Fesselung in Nr. 5 sowie die sonstige Einschränkung der Bewegungsfreiheit durch eine mechanische Vorrichtung in Nr. 7) gemäß § 34 Abs. 2 Nr. 6, Abs. 5 S. 1 MVollzG HE ein Richtervorbehalt vorgesehen. Im Gesetz über Hilfen bei psychischen Krankheiten ist nach dem gleichen Prinzip nunmehr in § 21 Abs. 1 Nr. 5, Abs. 3 Nr. 1 PsychKHG ein Richtervorbehalt vorgesehen.

I. Nordrhein-Westfalen

In Nordrhein-Westfalen erfolgt keine Erhebung der Anzahl der Anträge, sondern nur der Zahl der durchgeführten Fixierungen pro Quartal. Nach den durch das Referat für Psychiatrie; Maßregelvollzug (IV 4) des Ministeriums für Arbeit, Gesundheit und Soziales des Landes Nordrhein-Westfalen am 22. September 2020 zur Verfügung gestellten Zahlen wurden im ersten Quartal des Jahres 2019 23 Fixierungen an 16 betroffenen Personen, im zweiten Quartal 50 Fixierungen an 26 betroffenen Personen, im dritten Quartal 30 Fixierungen an 19 betroffenen Personen und im vierten Quartal 40 Fixierungen an 16 betroffenen Personen durchgeführt. Im ersten Quartal des Jahres 2020 wurden 42 Fixierungen an 29 betroffenen Personen und im zweiten Quartal 59 Fixierungen an 30 betroffenen Personen durchgeführt. Während zumindest in zeitlicher Hinsicht mit Inkrafttreten des § 21a MRVG NRW am 02. Juli 2019 die Anzahl der durchgeführten Fixierungen im dritten Quartal des Jahres 2019 grundsätzlich von zuvor 50 Fixierungen im zweiten Quartal des Jahres 2019 auf 30 Fixierungen gesunken ist,[486] ist die Anzahl in den darauffolgenden Quartalen wieder stetig angewachsen und im zweiten Quartal des Jahres 2020 auf einen neuen Höchststand von 59 durchgeführten Fixierungen angestiegen. Auch die Zahl der betroffenen Personen war im dritten Quartal des Jahres 2019 zwar auf 19 betroffene Patienten gesunken, ist im zweiten Quartal des Jahres 2020 jedoch mit 30 betroffenen Patienten zu einem neuen Höchstwert angewachsen. Aktuelle Zahlen nach Inkrafttreten des StrUG NRW liegen noch nicht vor.

II. Maßregelvollzugszentrum Niedersachsen – Fachkrankenhaus für forensische Psychiatrie und Psychotherapie Moringen

Aus den am 1. Oktober 2020 von Seiten der Stabsstelle Sicherheit durch den Sicherheitsbeauftragten im Maßregelvollzug des Fachkrankenhauses für forensische Psychiatrie und Psychotherapie Moringen des Maßregelvollzugszentrums Niedersachsen zur Verfügung gestellten Daten ist ersichtlich, dass im ersten Halbjahr des Jahres 2019 41 Fixierungen an 17 betroffenen Personen durchgeführt worden sind. Die Dauer der angeordneten Fixierungen betrug hier in vollen Stunden 1.010. Im zweiten Halbjahr des Jahres 2019 wurden 40 Fixierungen an 14 betroffenen Patienten durchgeführt; die Dauer der angeordneten Fixierungen betrug hier in vollen

486 Als kausale Folge der Gesetzesänderung soll der Rückgang der Fixierungsanzahl mangels entsprechender zuverlässiger Anhaltspunkte an dieser Stelle nicht betrachtet werden.

Stunden 967. Im ersten Halbjahr des Jahres 2020 wurden demgegenüber 34 Fixierungen an 14 betroffenen Patienten durchgeführt, wobei die Dauer 1.326 Stunden betrug. Im Zeitraum des 1. Juli 2020 bis zum 1. Oktober 2020 wurden zehn Fixierungen an sieben Patienten durchgeführt; die Dauer betrug 400 Stunden. Im Jahr 2019 waren im Fachkrankenhauses für forensische Psychiatrie und Psychotherapie Moringen des Maßregelvollzugszentrums Niedersachsen 287 Patienten gemäß § 63 StGB und 229 Patienten gemäß § 64 StGB untergebracht, sodass es insgesamt folglich 516 anwesende Patienten gab. Im Jahr 2020 waren 260 Patienten gemäß § 63 StGB und 215 Patienten gemäß § 64 StGB untergebracht. Insgesamt waren es folglich 475 anwesende Patienten.

Wie bereits dem Titel dieses Unterabschnitts und auch den Ausführungen entnommen werden kann, handelt es sich bei den vorgestellten Daten nicht um Anzahl und Dauer von Fixierungen im gesamten Bundesland Niedersachsen, sondern vielmehr um die zur Verfügung gestellten Zahlen des Fachkrankenhauses für forensische Psychiatrie und Psychotherapie Moringen, der größten Maßregelvollzugseinrichtung des Landes Niedersachsen.[487] Grundsätzlich kann im Hinblick auf die Daten festgestellt werden, dass die Anzahl der durchgeführten Fixierungen und auch die Anzahl der hiervon betroffenen Patienten im ersten Halbjahr 2020 im Vergleich zu den Halbjahren zuvor gesunken, die Dauer der Fixierungen aber mit 1.326 Stunden deutlich angestiegen ist.

III. Schleswig-Holstein

Nach den durch das Referat 43 – Psychiatrie, Maßregelvollzug, Gesundheit – des Ministeriums für Soziales, Gesundheit, Jugend, Familie und Senioren des Landes Schleswig-Holstein am 21. Oktober 2020 zur Verfügung gestellten Daten sind in den Jahren 2015 bis 2019 im psychiatrischen Maßregelvollzug gemäß §§ 63, 64 StGB Fi-

487 „Das in der Trägerschaft des Landes stehende Maßregelvollzugszentrum Niedersachsen (MRVZN) gliedert sich in die drei Kliniken für forensische Psychiatrie und Psychotherapie Moringen, Bad Rehburg und Brauel. Die 3 Standorte des MRVZN verfügen insgesamt über 515 ausgewiesene Plätze zur Behandlung strafrechtlich eingewiesener Personen (§§ 63, 64 StGB) mit zugrunde liegenden psychischen Störungen.“, vgl. dazu https://mrvzn-moringen.niedersachsen.de/startseite/allgemeine_informationen/organisation-mrvzn-99983.html (zuletzt aufgerufen am 25.01.2024). „Das Fachkrankenhaus für Forensische Psychiatrie und Psychotherapie Moringen des Maßregelvollzugszentrums Niedersachsen, kurz MRVZN Moringen, verfügt als größte Maßregelvollzugseinrichtung des Landes Niedersachsen über 408 ausgewiesene Planbetten zur Behandlung strafrechtlich eingewiesener Personen mit zugrunde liegenden psychischen Störungen.“, vgl. https://mrvzn-moringen.niedersachsen.de/startseite/allgemeine_informationen/aufgabe/aufgabe-des-mrvzn-moringen-86430.html (zuletzt aufgerufen am 25.01.2024).

xierungen mit einer Dauer von über zwölf Stunden erfasst worden. Im Jahr 2015 wurden danach 656 Fixierungen durchgeführt, im Jahr 2016 wurden 434 Fixierungen durchgeführt, im Jahr 2017 wurden 270 Fixierungen durchgeführt, im Jahr 2018 waren es 212 Fixierungen und im Jahr 2019 wurden 221 Fixierungen mit einer Dauer über zwölf Stunden durchgeführt. Lediglich im Jahr 2018 wurde ein entsprechender Antrag auf Fixierung vom Gericht abgelehnt.[488] Mit Blick auf diese Zahlen ist ersichtlich, dass die Anzahl an durchgeführten Fixierungen mit einer Dauer von mehr als zwölf Stunden von 656 Fixierungen im Jahr 2015 zu 221 Fixierungen im Jahr 2019 auf nahezu ein Drittel reduziert werden konnte.

IV. Bayern

Für das Jahr 2019 wurde durch das Amt für Maßregelvollzug des Zentrums Bayern Familie und Soziales (ZBFS) am 30. Oktober 2020 mitgeteilt, dass insgesamt 221 Zwangsfixierungen nach Art. 25 Abs. 2 Nr. 2 BayMRVG bei 92 betroffenen Untergebrachten durchgeführt worden sind. Dabei handelte es sich bei neun Zwangsfixierungen um kurzfristige Maßnahmen mit einer Dauer von unter 30 Minuten und bei 212 Zwangsfixierungen entsprechend um nicht kurzfristige Maßnahmen mit einer Dauer ab 30 Minuten. Eine gesonderte Erfassung des Unterbringungsgrundes der von den Zwangsmaßnahmen betroffenen Patienten erfolgt bei der Datenerfassung jedoch nicht. Nach Auskunft des ZBFS dürften jedoch erfahrungsgemäß keine nach § 64 StGB untergebrachten Patienten betroffen sein. Zum Stichtag des 31. Dezember 2019 waren in Bayern insgesamt 2.833 Personen im Maßregelvollzug untergebracht. Davon befanden sich 1.061 Personen in einem psychiatrischen Krankenhaus gemäß § 63 StGB, 1.616 Personen in einer Entziehungsanstalt gemäß § 64 StGB und 146 Personen in der einstweiligen Unterbringung gemäß § 126a StPO. Es wurde zudem darauf hingewiesen, dass bereits in der ursprünglichen Fassung des Bayerischen Maßregelvollzugsgesetzes (BayMRVG) vom 17. Juli 2015 in Art. 26 Abs. 3 BayMRVG a. F. grundsätzlich vor jeder Fixierung eine gerichtliche Entscheidung herbeizuführen war, sodass die Aufnahme der Fixierung als besondere Sicherungsmaßnahme in Art. 25 Abs. 2 Nr. 2 BayMRVG insofern bezogen auf den Richtervorbehalt der Maßnahme zu keiner Änderung geführt hat. Eine Entwicklung der Fixierungszahlen im Hinblick auf Anzahl und Dauer kann hier naturgemäß mangels entsprechender Vergleichsdaten jedoch nicht festgestellt werden.

488 Der ausschlaggebende Grund für die Ablehnung der in Rede stehenden Maßnahme ist bedauerlicherweise nicht mitgeteilt worden und kann in der Folge hier auch nicht genannt werden.

V. Baden-Württemberg

In die durch das Ministerium für Soziales und Integration des Landes Baden-Württemberg nach Anfrage vom 30. September 2020 zur Verfügung gestellte Auswertung der Zwangsmaßnahmen im Maßregelvollzug Baden-Württemberg sind im Berichtsjahr 2019 sowie im Berichtsjahr 2018 Daten aller 34 anerkannten Einrichtungen mit insgesamt 119.676 im Berichtsjahr 2019 sowie 115.013 Entlassungen bzw. einliegenden Fällen (inkl. Maßregelvollzug) im Berichtsjahr 2018 eingegangen. Hiervon betrafen 1.660 Fälle den Maßregelvollzug im Berichtsjahr 2019 sowie 1.541 Fälle im Berichtsjahr 2018.

Im Berichtsjahr 2018 kam es in 426 (27,6 %) Behandlungsfällen zu Zwangsmaßnahmen. In 370 (24,0 %) Behandlungsfällen kam es zu freiheitsbeschränkenden Zwangsmaßnahmen, in 189 (12,3 %) Behandlungsfällen zu Zimmereinschluss und in 32 (2,1 %) Behandlungsfällen zu einer medikamentösen Zwangsbehandlung. Eine Notfallmedikation erfolgte dabei in 15 (1,0 %) Behandlungsfällen, eine Zwangsmedikation mit richterlichem Beschluss erfolgte in 17 (1,1 %) Fällen. Insgesamt kam es zu 25.782 Zwangsmaßnahmen, davon 8.417 freiheitsbeschränkende Zwangsmaßnahmen, 17.302 Zimmereinschlüsse sowie 15 Notfall- und 17 Zwangsmedikationen mit richterlichem Beschluss. Die durchschnittliche Dauer pro Maßnahme lag für freiheitsbeschränkende Zwangsmaßnahmen bei 15,2 Stunden und für Zimmereinschluss bei 6,4 Stunden. Die kumulative Dauer pro betroffenem Fall lag für freiheitsbeschränkende Zwangsmaßnahmen bei 345,4 Stunden und für Zimmereinschluss bei 583,7 Stunden. Der Anteil der Zwangsmaßnahmendauer von freiheitsbeschränkenden Zwangsmaßnahmen und Zimmereinschluss an der Aufenthaltsdauer lag bei 1,4 % bzw. 1,5 %. Für beide Maßnahmearten zusammen lag der Anteil bei 2,6 %. Von Fixierungen waren 46 Fälle (3,0 %) betroffen. Insgesamt fanden 275 Fixierungen mit einer durchschnittlichen Dauer von 23,7 Stunden und einem Median von 13,8 Stunden statt. Zehn Fixierungen (3,6 % aller Fixierungen) dauerten bis höchstens 30 Minuten. Von Isolierungen waren 366 (23,8 %) der Fälle betroffen. Insgesamt gab es 8.136 Isolierungen mit einer durchschnittlichen Dauer von 14,9 Stunden, der Median lag bei 12,4 Stunden.

Im Berichtsjahr 2019 kam es in 400 (24,1 %) Behandlungsfällen zu Zwangsmaßnahmen. In 349 (21,0 %) Behandlungsfällen kam es zu freiheitsbeschränkenden Zwangsmaßnahmen, in 149 (9,0 %) Behandlungsfällen zu Zimmereinschluss und in 33 (2,0 %) Fällen zu einer medikamentösen Zwangsbehandlung. Eine Notfallmedikation erfolgte dabei in 22 (1,3 %) Behandlungsfällen, eine Zwangsmedikation mit richterlichem Beschluss erfolgte in 14 (0,8 %) Fällen. Es wurden drei Fälle dokumentiert, in denen sowohl eine Notfall- als auch eine Zwangsmedikation erfolgte. Insgesamt kam es zu 31.932 Zwangsmaßnahmen, davon 10.220 freiheitsbeschränkende Zwangsmaßnahmen, 21.640 Zimmereinschlüsse sowie 38 Notfall- und

43 Zwangsmedikationen mit richterlichem Beschluss. Die durchschnittliche Dauer pro Maßnahme lag für freiheitsbeschränkende Zwangsmaßnahmen bei 14,4 Stunden und für Zimmereinschluss bei 5,7 Stunden. Die kumulative Dauer pro betroffenem Fall lag für freiheitsbeschränkende Zwangsmaßnahmen bei 421,1 Stunden und für Zimmereinschluss bei 834,0 Stunden. Der Anteil der Zwangsmaßnahmendauer von freiheitsbeschränkenden Zwangsmaßnahmen und Zimmereinschluss an der Aufenthaltsdauer lag bei 1,4 % bzw. 1,2 %. Für beide Maßnahmearten zusammen lag der Anteil bei 2,7 %. Von Fixierungen waren 46 Fälle (2,8 %) betroffen. Insgesamt fanden 204 Fixierungen mit einer durchschnittlichen Dauer von 40,0 Stunden und einem Median von 18,4 Stunden statt. Acht Fixierungen (3,9 % aller Fixierungen) dauerten bis höchstens 30 Minuten. Von Isolierungen waren 345 (20,8 %) der Fälle betroffen. Insgesamt gab es 10.015 Isolierungen mit einer durchschnittlichen Dauer von 13,9 Stunden, der Median lag bei 10,6 Stunden.

Es lässt sich mit Blick auf die ausgewerteten Daten zunächst feststellen, dass es im Berichtsjahr 2019 in weniger Behandlungsfällen zu einer Zwangsmaßnahme gekommen ist. Es waren mehr Patienten im Jahr 2019 als im Jahr 2018 im Maßregelvollzug untergebracht, sodass entsprechend mehr Fälle aus dem Maßregelvollzug betroffen waren. Es waren jedoch in weniger Behandlungsfällen freiheitsentziehende Zwangsmaßnahmen notwendig (370 Behandlungsfälle im Jahr 2018 zu 349 Behandlungsfälle in 2019). Insgesamt kam es nichtsdestotrotz im Berichtsjahr 2019 zu mehr freiheitsbeschränkenden Zwangsmaßnahmen als im Berichtsjahr 2018 (10.220 im Jahr 2019 und 8.417 freiheitsbeschränkende Zwangsmaßnahmen im Jahr 2018). Auch die kumulative Dauer pro betroffenem Fall ist angestiegen. Allerdings kann mit Blick auf die Zwangsmaßnahme der Fixierung festgestellt werden, dass zumindest die Anzahl (von 275 auf 204 durchgeführte Fixierungen) reduziert werden konnte. Die durchschnittliche Dauer der Fixierung ist demgegenüber insgesamt angestiegen (von 23,7 auf 40,0 Stunden).

VI. Sachsen-Anhalt

Durch das Maßregelvollzugszentrum Sachsen-Anhalt (Salus gGmbH)[489] wurden infolge einer Anfrage vom 30. September 2020 Daten zu Fixierungen im Zeitraum vom

489 „Die Einrichtungen des Maßregelvollzugs in Sachsen-Anhalt werden von der Salus gGmbH betrieben. Sie ist dazu seit dem 1. Januar 2000 vom Land durch einen Beleihungsvertrag ermächtigt. Zum System des Maßregelvollzugs in Sachsen-Anhalt gehören die Landeskrankenhäuser für Forensische Psychiatrie in Bernburg und Uchtspringe. Die Fach- und Rechtsaufsicht über den Maßregelvollzug obliegt dem Ministerium für Arbeit, Soziales und Integration des Landes Sachsen-An-

1. Januar 2015 bis 15. Oktober 2020 sowie zum Belegungsstand am jeweils 31. Dezember bzw. am 15. Oktober 2020 zur Verfügung gestellt. Im Jahr 2015 wurden 15 Fixierungen bei Untergebrachten gemäß § 63 StGB durchgeführt. Alle Fixierungen dauerten länger als 30 Minuten. Zum Stichtag des 31. Dezember 2015 waren 230 Patienten in einem psychiatrischen Krankenhaus gemäß § 63 StGB untergebracht. Im Jahr 2016 wurden zehn Fixierungen durchgeführt, die jeweils länger als 30 Minuten angedauert haben. Zum Stichtag des 31. Dezember 2016 waren 243 Patienten untergebracht. Im Jahr 2017 wurden 28 Fixierungen durchgeführt, die ebenfalls jeweils eine Dauer von mehr als 30 Minuten aufwiesen. Es waren zum Stichtag des 31. Oktober 2017 242 Patienten gemäß § 63 StGB untergebracht. Im Jahr 2018 wurden 18 Fixierungen durchgeführt, von denen 17 Fixierungen länger als 30 Minuten gedauert haben. Zum Stichtag des 31. Dezember 2018 waren 248 Patienten untergebracht. Im Jahr 2019 wurden 32 Patienten fixiert. Davon dauerten acht Fixierungen länger als 30 Minuten an. Hiervon wurden zudem zwei Fixierungen bei Gericht beantragt. Es ist an dieser Stelle darauf hinzuweisen, dass in Sachsen-Anhalt der vom Bundesverfassungsgericht geforderte Richtervorbehalt zu diesem Zeitpunkt (noch) nicht landesrechtlich normiert gewesen ist. Der diese Lücke schließende „Entwurf eines Gesetzes zur Durchführung von Zwangsbehandlungen und Fixierungen im Zusammenhang mit dem Vollzug freiheitsentziehender Maßnahmen im Land Sachsen-Anhalt“[490] wurde nach Auskunft des Referenten Organisation des Ministeriums für Arbeit, Soziales und Integration des Landes Sachsen-Anhalt am 26.09.2019 erstmalig im Landtag von Sachsen-Anhalt beraten. Die Beschlussempfehlung des Ausschusses für Recht, Verfassung und Gleichstellung vom 26.02.2021[491] sah sodann eine entsprechende Änderung des Maßregelvollzugsgesetzes Sachsen-Anhalt vor. Nunmehr bedarf es gemäß § 21a Abs. 3 S. 1 MVollzG LSA bei einer Fixierung im Sinne von Absatz 1, die die Dauer von einer halben Stunde voraussichtlich überschreiten wird, der Einwilligung des Gerichts.

Es waren zum Stichtag des 31. Oktober 2019 272 Patienten gemäß § 63 StGB untergebracht. Im Jahr 2020 wurden bis zum 15. Oktober 2020 20 Fixierungen durchgeführt. Davon dauerten zwei Fixierungen länger als 30 Minuten. Bei beiden

halt.“, vgl. https://www.salus-lsa.de/kliniken-einrichtungen-leistungen/forensische-psychiatrie-und-massregelvollzug/wissenswertes-zum-massregelvollzug/ (zuletzt aufgerufen am 25.01.2024).

490 Gesetzentwurf der Fraktionen CDU, SPD und Bündnis 90/Die Grünen, „Entwurf eines Gesetzes zur Durchführung von Zwangsbehandlungen und Fixierungen im Zusammenhang mit dem Vollzug freiheitsentziehender Maßnahmen im Land Sachsen-Anhalt“, LT-Drs. 7/4953.

491 Vgl. dazu die Beschlussempfehlung des Ausschusses für Recht, Verfassung und Gleichstellung, „Entwurf eines Gesetzes zur Durchführung von Zwangsbehandlungen und Fixierungen im Zusammenhang mit dem Vollzug freiheitsentziehender Maßnahmen im Land Sachsen-Anhalt“, 26.02.2021, LT-Drs. 7/7334.

Fixierungen wurde diese Maßnahme bei Gericht beantragt. Zum Stichtag des 15. Oktober 2020 waren 283 Patienten gemäß § 63 StGB untergebracht. Während die Anzahl an durchgeführten Fixierungen bei Untergebrachten gemäß § 63 StGB im Jahr 2019 mit 32 Fixierungen bei gleichzeitig hoher Unterbringungszahl von 272 Patienten auf einem bisherigen Höchststand war, konnte gleichzeitig die durchschnittliche Dauer der durchgeführten Fixierungen reduziert werden, da lediglich acht Fixierungen länger als 30 Minuten gedauert haben. Zwar gilt es hier zu beachten, dass ein Richtervorbehalt bei nicht nur kurzfristigen Fixierungen erst mit Wirkung zum 1. April 2021 eingefügt worden ist. Dennoch könnte im Sinne einer vorsichtigen Prognose trotz der im Vorfeld noch fehlenden landesrechtlichen Normierung ein erster Effekt der dennoch erforderlichen Beantragung einer absehbar nicht nur kurzfristigen Fixierung bei Gericht erblickt werden, da unter Umständen gerade der Richtervorbehalt und die dadurch bedingte Beteiligung der Justiz zumindest zu einer Reduzierung der Dauer von Fixierungen geführt haben könnte.

VII. Hamburg

Am 19. Januar 2021 wurden durch das Amt für Gesundheit der Behörde für Arbeit, Gesundheit, Soziales, Familie und Integration der Freien und Hansestadt Hamburg die am 30. September 2020 angefragten Daten im Hinblick auf die Anzahl und Dauer der durchgeführten Fixierungen für die Jahre 2015 bis 2020 zur Verfügung gestellt (angegebene Quelle: Asklepios Klinik Nord). Für alle aufgeführten und im Folgenden dargestellten Fixierungen wurden jeweils Anträge bei Gericht gestellt. Im Jahr 2015 wurden 49 Fixierungen durchgeführt; davon dauerten 14 Fixierungen länger als 24 Stunden. Im Jahr 2016 wurden demgegenüber 72 Fixierungen durchgeführt, wovon 23 Fixierungen länger als 24 Stunden andauerten. Im Jahr 2017 wurden dagegen 47 Fixierungen durchgeführt und es dauerten davon zehn Fixierungen länger als 24 Stunden. Im Jahr 2018 wurden 18 Fixierungen durchgeführt, von denen zwölf Fixierungen länger als 24 Stunden dauerten. Im Jahr 2019 waren es 17 durchgeführte Fixierungen, von denen zehn Fixierungen länger als 24 Stunden dauerten. Keine der durchgeführten Fixierungen dauerte weniger als drei Stunden und sieben Fixierungen dauerten zwischen drei und 24 Stunden. Betroffen von der Zwangsmaßnahme der Fixierung waren insgesamt sechs Patienten. Im Jahr 2020 wurden demgegenüber noch acht Fixierungen durchgeführt. Davon dauerten vier Fixierungen länger als 24 Stunden, zwei Fixierungen dauerten weniger als drei Stunden und weitere zwei Fixierungen dauerten entsprechend zwischen drei und 24 Stunden. Es waren vier Patienten von der Fixierung betroffen. Insgesamt lässt sich diesen Daten in der Gesamtschau ein steter Rückgang der Anzahl von Fixierungen sowie ihrer jeweiligen Dauer entnehmen.

VIII. Schlussfolgerung

Unter dem Eindruck der vorgestellten Daten stellt sich nunmehr die Frage eines möglichen Erkenntnisgewinns in Bezug auf die rechtstatsächliche Bedeutung der Zwangsmaßnahme der Fixierung im psychiatrischen Maßregelvollzug. Die Auseinandersetzung mit der quantitativen Frage der Häufigkeit und Dauer von Zwangsmaßnahmen als Gegenstand der Epidemiologie stellt ein für die Wissenschaft höchst interessantes, aber gleichzeitig sehr brisantes Thema dar. Im Allgemeinen gilt eine geringe Quantität von Zwangsmaßnahmen als Indikator für eine höhere Qualität.[492] So erfreulich es auf der einen Seite also ist, dass diese Daten für die vorliegende Arbeit zur Verfügung gestellt worden sind, so ernüchternd ist jedoch auf der anderen Seite das hiesige Fazit: Eine allgemeingültige Aussagekraft der vorgestellten Zahlen kann auf dieser Datengrundlage nicht festgestellt werden. Dies liegt zum einen daran, dass bedauerlicherweise nicht alle Bundesländer trotz einer erfolgten Anfrage entsprechende Daten zur Verfügung gestellt haben, sodass eine Gesamtschau bereits aus diesem Grund nicht durchführbar ist. Darüber hinaus sind auch die Unterbringungszahlen der entsprechenden Bundesländer nicht vollständig bekannt, sodass eine Einordnung der Zahlen im Verhältnis zur Anzahl der untergebrachten Personen mangels vergleichbarer Bezugsgröße schlechterdings ebenfalls nicht möglich erscheint. Auch die Art und Weise der Datenerhebung und -darstellung fällt mangels einheitlicher Maßstäbe unterschiedlich aus. So ist beispielsweise für das Land Schleswig-Holstein festzustellen, dass von vornherein lediglich Fixierungen mit einer Dauer von über zwölf Stunden erfasst werden, während die Dauer der erfassten Fixierungen im Fachkrankenhaus für forensische Psychiatrie und Psychotherapie Moringen des Maßregelvollzugszentrums Niedersachsen in vollen Stunden angegeben worden ist. Dies erscheint zwar nicht zuletzt im Hinblick auf die bereits dargelegte Zuständigkeit der Landesgesetzgeber für den Straf- und Maßregelvollzug durchaus erklärbar. Für die zukünftige Forschung in diesem Bereich wäre dennoch grundsätzlich eine zentrale und vereinheitlichte Datenerhebung und -auswertung überaus wünschenswert. Zudem ist ebenfalls zu berücksichtigen, dass die Anzahl der pro Jahr anzugebenden Fixierungen stark stichprobenabhängig ist. Dies hängt damit zusammen, dass die Reliabilität je nach

492 *Steinert*, Epidemiologie von Zwangsmaßnahmen, S. 91 mit einem Hinweis auf die Nachteile und Einschränkungen einer solchen Einschätzung.

Stichprobe höher oder niedriger ausfällt. Wenn extreme Werte bei einer Datenerhebung nicht berücksichtigt werden, so sinken zwangsläufig die entsprechenden Korrelationen. Übertragen auf die Situation einer Fixierung im Rahmen des psychiatrischen Maßregelvollzuges bedeutet das, dass vor allem die jeweilige Patientenstruktur innerhalb der Unterbringungseinrichtung des entsprechenden Bundeslandes die Daten maßgeblich beeinflusst. Handelt es sich beispielsweise um einen Patienten, der wegen seiner psychischen Verfassung häufig(er) fixiert werden muss, so beeinflusst dies zwangsläufig die Höhe und Dauer der durchgeführten Fixierungen. Werden diese Daten jedoch beispielsweise lediglich im Jahr 2019 erfasst, nicht aber im Jahr 2020 wegen einer möglichen Entlassung des Patienten, so sinkt die entsprechende Anzahl an durchgeführten Fixierungen, ohne jedoch gleichzeitig eine Änderung der entsprechenden Gewohnheiten und Modalitäten der Unterbringungseinrichtung beeinflusst zu haben. Je homogener die zu vergleichenden Gruppen sind, desto höher fällt naturgemäß die wissenschaftliche Verlässlichkeit der erhobenen Daten aus.[493] Ein solcher Vergleich von Quoten kann nur dann sinnvoll sein, wenn ähnliche Patientengruppen miteinander verglichen werden, was jedoch selbst bei isolierter Betrachtung von Patienten des psychiatrischen Maßregelvollzuges schwierig erscheint.[494] Auch die Personaldichte und sachliche Ausstattung der jeweiligen Unterbringungseinrichtung hat wohl zwangsläufig eine gewisse Auswirkung auf die erhobenen Daten.[495] *Steinert* verweist darauf, dass die Quoten von Zwangsmaßnahmen zwangsläufig höher sind, je weniger Betten eine Klinik insgesamt zur Verfügung hat, da die am schwersten kranken und gegebenenfalls unfreiwillig untergebrachten Patienten dennoch anwesend sind und einen entsprechend hohen Anteil haben. Sind dagegen relativ viele Betten vorhanden, kann selbst bei gleicher klinischer Praxis die Quote niedriger sein, sodass entsprechende Raten aussagekräftiger und damit vorzugswürdiger wären, welche die tatsächliche Häufigkeit bezogen auf 100.000 Einwohner angeben.[496] Folgerichtig sind die vorgestellten Daten im Hinblick auf eine Generalisierbarkeit mit Vorsicht zu genießen. Ohne eine zu vergleichende Bezugsgröße und ohne Angabe der durchschnittlichen Dauer handelt es sich bei den vorgestellten Daten lediglich um einen möglichen Indikator im Hinblick auf die Quantität von Zwangsmaßnahmen

493 Einschränkend ist an dieser Stelle jedoch anzumerken, dass eine vollständige Homogenität der Vergleichsgruppen naturgemäß nicht möglich ist.

494 *Steinert*, Epidemiologie von Zwangsmaßnahmen, S. 89 f.

495 Vgl. dazu die Aussage von *Zinkler* in einem Interview mit *Fischhaber* in der Süddeutschen Zeitung vom 31. Januar 2018: „Ich glaube, wenn ich 15 Prozent mehr Mitarbeiter hätte, bräuchte ich gar keine Fixierungen mehr.“, vgl. https://www.sueddeutsche.de/panorama/interview-am-morgen-eine-fixierung-ist-immer-das-scheitern-einer-behandlung-1.3845447 (zuletzt aufgerufen am 25.01.2024).

496 *Steinert*, Epidemiologie von Zwangsmaßnahmen, S. 90.

ohne eine hinreichend fundierte Aussagekraft. Ausgenommen von diesem Vorbehalt sind jedoch die zur Verfügung gestellten Daten des Bundeslandes Baden-Württemberg, da hier nicht nur die entsprechende Bezugsgröße in Gestalt der Belegungszahlen, sondern überdies auch die durchschnittliche Dauer der einzelnen Zwangsmaßnahmen, die Anzahl dieser Zwangsmaßnahmen pro betroffenem Fall sowie entsprechende Quoten erhoben und zur Verfügung gestellt worden sind. Dennoch lassen sich auch aus den übrigen Daten gewisse Erkenntnisse für die vorliegende Arbeit gewinnen: Für das Bundesland Hamburg ist beispielsweise ein Rückgang an Fixierungen unabhängig von der gesetzlichen Regelung seit 2017 dokumentiert. Auch für Schleswig-Holstein ist ein solcher Rückgang grundsätzlich zu attestieren, da die Anzahl an durchgeführten Fixierungen mit einer Dauer von mehr als zwölf Stunden fast gedrittelt worden ist. Im Hinblick auf die aus Sachsen-Anhalt zur Verfügung gestellten Daten wurde die vorsichtige Prognose gestellt, dass sich ein erster Effekt der nunmehr erforderlichen Beantragung einer absehbar nicht nur kurzfristigen Fixierung bei Gericht herauskristallisiert haben könnte, da unter Umständen gerade der eingeführte Richtervorbehalt zumindest zu einer Reduzierung der durchschnittlichen Dauer von Fixierungen geführt haben könnte. Dies lässt in der Gesamtschau durchaus die Vermutung zu, dass die durch die Beteiligung der Justiz mithilfe des Richtervorbehalts eingetretene Vergrundrechtlichung zu einer gewissen Sensibilisierung der Beschäftigten des psychiatrischen Maßregelvollzuges und damit zu einer noch weitergehenden Möglichkeit der Vermeidung von Zwangsfixierungen geführt haben könnte. Bereits eine auf diese Weise angestoßene, eingehendere Auseinandersetzung der handelnden Akteure mit der tatsächlichen Häufigkeit und Dauer von Zwangsmaßnahmen, aber auch mit den möglichen Ursachen und Folgen für die Betroffenen stellt einen überaus wichtigen Schritt für das Grundverständnis zur Vermeidung von unnötigem Zwang dar.[497] Ein abschließendes Fazit zur Frage der Funktionstüchtigkeit des Richtervorbehalts im Anwendungsbereich des § 33 StrUG NRW unter den spezifischen Bedingungen des psychiatrischen Maßregelvollzuges wird im Rahmen des vierten Kapitels gezogen.

497 Wegweisend könnten in diesem Zusammenhang die Erkenntnisse aus der Klinik für Psychiatrie, Psychotherapie und Psychosomatik Heidenheim sein, wonach die derzeit (noch) durchgeführten Fixierungen durch 2:1- oder 3:1-Betreuungen mithilfe eines zusätzlichen, quantifizierbaren Personaleinsatzes verhindert werden können, der im Verhältnis zum Klinikgesamtbudget insgesamt überschaubar sein soll, *Zinkler/Waibel*, Psychiatr Prax 46 (2019), S6-S10.

C. Gesetzessystematische Ausgestaltung der Ermächtigungsgrundlagen für Fixierungen von untergebrachten Personen im Bundesrecht und nordrhein-westfälischen Landesrecht

Ausgangspunkt des gesetzgeberischen Tätigwerdens auf Bundes- und Landesebene war das Urteil des Bundesverfassungsgerichts zur (Un-)Zulässigkeit von Fixierungen innerhalb der landesrechtlichen Unterbringung vom 24. Juli 2018.[498] Die zur gemeinsamen Entscheidung verbundenen Verfassungsbeschwerden betrafen die verfassungsrechtlichen Anforderungen an die Anordnung von Fixierungen im Rahmen der öffentlich-rechtlichen Unterbringung in Baden-Württemberg und Bayern und warfen dabei insbesondere die Frage auf, ob es sich bei einer Fixierung an fünf bzw. sieben Punkten des Körpers mittels spezieller Gurte an das Bett, wodurch die verbliebene Bewegungsfähigkeit des Betroffenen weitgehend oder vollständig aufgehoben wurde, um eine eigenständige Freiheitsentziehung innerhalb der durch die Unterbringungsanordnung bereits entzogenen Freiheit des Betroffenen handelt, sodass der verfassungsrechtlich für Freiheitsentziehungen vorgesehene Richtervorbehalt für eine solche Maßnahme abermals ausgelöst werden würde.

Im Folgenden sollen zunächst die Sachverhalte und Kernaussagen der Entscheidung aufgezeigt werden, um auf dieser Grundlage sodann die gesetzgeberischen Neuregelungen des Bundesgesetzgebers sowie des nordrhein-westfälischen Landesgesetzgebers darstellen zu können. Im Anschluss daran wird ein besonderes Augenmerk auf die Auslegung und Einordnung der einzelnen Tatbestandsmerkmale der nordrhein-westfälischen Ermächtigungsgrundlage im Hinblick auf das Prüfungsprogramm des entscheidenden Richters gelegt. Zu diesem Zweck werden auch Hinweise für eine verfassungskonforme Auslegung der Tatbestandsvoraussetzungen aufgezeigt, bevor ein abschließendes Fazit gezogen wird.

I. Urteil des Bundesverfassungsgerichts vom 24. Juli 2018

Den zwei Verfassungsbeschwerden des Urteils vom 24. Juli 2018 lagen die im Folgenden vereinfacht zusammengefassten Sachverhalte zu Grunde:

Der Beschwerdeführer zu I. (Bf. zu I.) war zum Entscheidungszeitpunkt der Verfahrenspfleger des Betroffenen zu I., der an einer schizoaffektiven Störung leidet und im Jahr 2015 in einer geschlossenen psychiatrischen Einrichtung unter-

498 BVerfG, Urteil vom 24.07.2018 – 2 BvR 309/15, 2 BvR 502/16.

gebracht worden ist. Das *AG Ludwigsburg* ordnete am 23. Januar 2015 gemäß § 15 Abs. 1 i.V.m. § 1 BWPsychKHG seine Unterbringung bis zum 6. März 2015 an, weil er aufgrund seiner Erkrankung in erheblichem Maße sowohl sein Leben und seine Gesundheit als auch Rechtsgüter anderer gefährde. Auf der Grundlage von § 25 BWPsychKHG vom 25. November 2014 wurde der Betroffene noch am selben Tag über mehrere Tage auf ärztliche Anordnung ohne richterliche Entscheidung in einem verschlossenen, videoüberwachten Isolationszimmer Fünf-Punkt-fixiert, also an sämtlichen Gliedmaßen und mit einem zusätzlichen Bauchgurt auf dem Rücken liegend am Bett festgebunden. Am 29. Januar 2015 stellte der Bf. zu I. sodann beim *AG Ludwigsburg* einen Antrag auf gerichtliche Entscheidung gemäß § 327 FamFG, um die durch die Ärzte angeordnete Fixierung für rechtswidrig erklären zu lassen. Mit angegriffenem Beschluss vom 4. Februar 2015 wies das *AG Ludwigsburg* diesen Antrag zurück.

Der Beschwerdeführer zu II. (Bf. zu II.) wurde wegen angenommener Suizidgefahr bei einer Blutalkoholkonzentration von 2,68 % am 24. Juni 2009 in ein Klinikum gebracht. Es wurde dort bei der Aufnahme eine Alkoholintoxikation mit akuter Anpassungsstörung diagnostiziert. Bereits um kurz nach 0:00 Uhr bis um 08:15 Uhr am 25. Juni 2009 wurde dieser am Krankenbett Sieben-Punkt-fixiert, also mit Gurten an den Gliedmaßen sowie um den Bauch, die Brust und die Stirn am Bett festgebunden. Noch am selben Tag wurde er zwischen 12:00 Uhr und 13:00 Uhr entlassen. Er machte mit seiner vor dem *LG München I*[499] erhobenen Amtshaftungsklage einen Schmerzensgeldanspruch wegen Hautabschürfungen, Einblutungen und Druckstellen geltend. Das *LG München I* sah die Fixierung des Beschwerdeführers als gemäß § 34 StGB gerechtfertigt an; das *OLG München* ordnete sie hingegen als rechtmäßige Anwendung unmittelbaren Zwangs gemäß Art. 19 BayUnterbrG ein. Die Klage wurde mit angegriffenem Urteil vom 27. Mai 2015 abgewiesen. Das *OLG München*[500] wies die gegen das Urteil des *LG München I* eingelegte Berufung mit angegriffenem Urteil vom 4. Februar 2016 zurück.

Nach Ansicht des Bundesverfassungsgerichts stellt jedenfalls eine Fünf-Punkt- oder Sieben-Punkt-Fixierung, bei der sämtliche Gliedmaßen des Betroffenen mit Gurten am Bett festgebunden werden, einen Eingriff in dessen Grundrecht auf Freiheit der Person gemäß Art. 2 Abs. 2 S. 2 i.V.m. Art. 104 GG dar, sofern diese Maßnahme nicht lediglich von kurzfristiger Dauer ist. Das gelte auch dann, wenn dem Betroffenen im Rahmen der Unterbringung die Freiheit bereits entzogen wurde.[501] Der Schutz des Art. 2 Abs. 2 GG greife auch bei fehlender Einsichtsfä-

---

499 LG München I, Urteil vom 27.05.2015 – 15 O 21894/11.

500 OLG München, Urteil vom 04.02.2016 – 1 U 2264/15.

501 BVerfG, Urteil vom 24.07.2018 – 2 BvR 309/15, 2 BvR 502/16, Rn. 64.

higkeit und sei daher auch und gerade dem psychisch Kranken garantiert, da dieser eine Freiheitsentziehung häufig als besonders bedrohlich empfinden wird.[502]

Die infolge der Fixierung eintretende vollständige Aufhebung der Bewegungsfreiheit nehme der betroffenen Person die ihr bei der Unterbringung auf einer geschlossenen psychiatrischen Station noch verbliebene Freiheit, sich innerhalb dieser Station oder zumindest innerhalb des Krankenzimmers zu bewegen, sodass die nicht nur kurzfristige Fixierung aufgrund ihrer besonderen Eingriffsintensität auch im Rahmen eines bereits bestehenden Freiheitsentziehungsverhältnisses als eigenständige Freiheitsentziehung zu qualifizieren sei, die nicht mehr von der richterlichen Unterbringungsanordnung gedeckt sei.[503] Die besondere Intensität folge auch daraus, dass ein gezielt vorgenommener Eingriff in die Bewegungsfreiheit umso bedrohlicher erscheine, je mehr der Betroffene sich diesem Geschehen hilflos und ohnmächtig ausgeliefert sehe. Der Betroffene, der aufgrund seiner psychischen Verfassung die Nichtbeachtung seines Willens besonders intensiv empfinde, sei zudem für die Befriedigung seiner natürlichen Bedürfnisse vollständig von der rechtzeitigen Hilfe durch das Pflegepersonal abhängig.[504] Trotz der Schwere des Eingriffs in die Grundrechte des Betroffenen sei es dem Gesetzgeber jedoch nicht prinzipiell verwehrt, Zwangsfixierungen innerhalb der Unterbringung zuzulassen. Ein solcher Eingriff könne allerdings nur dann gerechtfertigt werden, wenn eine gesetzliche Ermächtigungsgrundlage existiere, die hinreichend bestimmt sei und sowohl materielle Voraussetzungen als auch Verfahrensanforderungen zum Schutz der Grundrechte des Untergebrachten vorsehe.[505] Als Rechtfertigung für die Einschränkung der Freiheit komme vor allem der Schutz des Betroffenen selbst in Betracht. Art. 2 Abs. 2 GG stelle nicht nur ein subjektives Abwehrrecht, sondern eine objektive Wertentscheidung der Verfassung dar, aus der die staatliche Verpflichtung folge, sich schützend vor das Leben und die körperliche Unversehrtheit des Einzelnen zu stellen. Die konkrete Ausgestaltung und Umsetzung eines Schutzkonzepts sei hingegen Sache des Gesetzgebers, dem trotz seiner Verpflichtung ein Einschätzungs-, Wertungs- und Gestaltungsspielraum verbleibe.[506]

Nach dem aus dem Rechtsstaatsprinzip gemäß Art. 20 Abs. 3 GG folgenden Bestimmtheitsgebot sei der Gesetzgeber gehalten, die Vorschriften so bestimmt zu fassen, wie dies nach der Eigenart des Lebenssachverhalts und mit Rücksicht auf den Normzweck möglich ist, sodass die Betroffenen die Rechtslage erkennen und ihr Verhalten danach ausrichten können. Die Entscheidung über die Grenzen der

---

502 A. a. O., Rn. 66.
503 A. a. O., Rn. 68 f.
504 A. a. O., Rn. 71.
505 A. a. O., Rn. 72.
506 A. a. O., Rn. 74.

bürgerlichen Freiheit dürfe nicht einseitig in das Ermessen von Verwaltung oder Privaten gestellt werden.[507] Dies schließe aber die Verwendung wertausfüllungsbedürftiger Begriffe nicht aus, sofern sich mit Hilfe der üblichen Auslegungsmethoden, durch Heranziehung anderer Vorschriften desselben Gesetzes, unter Berücksichtigung des Normzusammenhangs und unter Beachtung der gefestigten Rechtsprechung eine zuverlässige Grundlage für die Auslegung und Anwendung der jeweiligen Norm gewinnen lasse.[508] Der Gesetzgeber sei durch Art. 104 Abs. 1 S. 1, Art. 2 Abs. 2 S. 3 GG verpflichtet, die Fälle einer zulässigen Freiheitsentziehung hinreichend klar zu bestimmen, sodass diese insgesamt berechenbar, messbar und kontrollierbar sind.[509] Aus dem Grundsatz der Verhältnismäßigkeit folge, dass die Fixierung nur als letztes Mittel vorgesehen sein darf, wenn mildere Mittel nicht (mehr) in Betracht kommen, wobei die Isolierung jedoch nicht in jedem Fall als milderes Mittel angesehen werden könne, da sie im Einzelfall in ihrer Intensität einer Fünf-Punkt- oder Sieben-Punkt-Fixierung gleichkommen könne.[510] Unabdingbar sei in diesem Zusammenhang auch die Anordnung und Überwachung der Maßnahme durch einen Arzt. Von maßgeblicher Bedeutung sei zudem, dass die Fixierung zur Abwehr einer sich aus der Grunderkrankung ergebenden Selbst- oder Fremdgefährdung mit der in der Unterbringung stattfindenden Behandlung der Grunderkrankung in einem engen Zusammenhang stehen müsse.[511] Als Vorwirkung der Garantie effektiven Rechtsschutzes und zur Sicherung der Verhältnismäßigkeit eines Eingriffs ergebe sich aus Art. 2 Abs. 2 S. 2 und 3 i.V.m. Art. 104 Abs. 1 S. 1 GG die verfassungsrechtliche Notwendigkeit, die Anordnung der Fixierung sowie die maßgeblichen Gründe hierfür, ihre Durchsetzung, Dauer und Art der Überwachung zu dokumentieren, um nicht nur bei einem Wechsel der zuständigen Akteure ein fachgerechtes und verhältnismäßiges Handeln sicherzustellen, sondern um auch eine systematische und verbesserungsorientierte Qualitätskontrolle einzuführen.[512] Zudem sei der Betroffene nach Beendigung der Maßnahme auf die Möglichkeit einer gerichtlichen Überprüfung der Zulässigkeit hinzuweisen.[513]

Aus Art. 104 Abs. 2 S. 4 GG ergebe sich ein Regelungsauftrag des Gesetzgebers, den Richtervorbehalt verfahrensrechtlich auszugestalten und dafür Sorge zu tragen, dass das Verfahren den Besonderheiten der unterschiedlichen Anwendungszusammenhänge und damit der jeweiligen Freiheitsentziehung gerecht wird, so-

507 A. a. O., Rn. 77.
508 A. a. O., Rn. 78; vgl. dazu auch auf BVerfGE 45, 363 (371 f.); 86, 288 (311).
509 BVerfG, Urteil vom 24.07.2018 – 2 BvR 309/15, 2 BvR 502/16, Rn. 79.
510 A. a. O., Rn. 80.
511 A. a. O., Rn. 83.
512 A. a. O., Rn. 84.
513 A. a. O., Rn. 85.

dass dem Betroffenen vor der Freiheitsentziehung diejenigen rechtsstaatlichen Sicherungen gewährt werden, die mit einem justizförmigen Verfahren zwingend verbunden sind.[514] Zwar erfordere die Freiheitsentziehung grundsätzlich eine vorherige richterliche Anordnung, da eine nachträgliche richterliche Entscheidung nur dann zulässig sei, wenn der mit der Freiheitsentziehung verfolgte verfassungsrechtlich zulässige Zweck nicht erreichbar wäre, sofern der Maßnahme die richterliche Entscheidung vorausgehen müsste. Allerdings werde dies bei einer notwendigen Fixierung aufgrund der Eilbedürftigkeit regelmäßig der Fall sein.[515] Zudem sei es gemäß Art. 104 Abs. 2 S. 2 GG erforderlich, die richterliche Entscheidung unverzüglich und damit ohne jede Verzögerung, die sich nicht aus sachlichen Gründen rechtfertigen lässt, nachzuholen.[516] Eine richterliche Entscheidung sei jedoch dann nicht (mehr) erforderlich, wenn bereits zu Beginn der Maßnahme abzusehen ist, dass die Entscheidung erst nach Wegfall des Grundes der Maßnahme ergehen wird, oder die Maßnahme vor Herbeiführung der Entscheidung tatsächlich beendet und auch keine Wiederholung zu erwarten ist.[517] Folglich sei von Seiten der Klinik unverzüglich auf eine richterliche Entscheidung hinzuwirken, wenn nicht bereits eindeutig absehbar ist, dass die Fixierung vor Erlangung dieser Entscheidung beendet sein werde. Stellt das Klinikpersonal hingegen nach Beantragung des richterlichen Beschlusses fest, dass eine weitere Fixierung nicht mehr erforderlich ist, um eine Selbst- oder Fremdgefährdung abzuwenden, und wird die Fixierung beendet, kann der Antrag an das Gericht zurückgenommen werden, wenn eine diesbezügliche gerichtliche Entscheidung noch nicht ergangen ist.[518]

II. Die gesetzgeberischen Neuregelungen für Fixierungen

Etwa ein Jahr nach dieser Entscheidung sind die durch den Bundesgesetzgeber geschaffenen Rechtsgrundlagen einschließlich eines einheitlichen Verfahrensrechts für Fixierungen im Straf- und Maßregelvollzug, im Jugendstraf- und Jugendarrestvollzug sowie im Vollzug der Untersuchungshaft mit Wirkung vom 28. Juni 2019 in Kraft getreten.[519] Mit einer Einfügung bzw. Neuregelung der §§ 121a, 121b StVollzG und des

---

514 A. a. O., Rn. 94.

515 A. a. O., Rn. 98.

516 A. a. O., Rn. 99.

517 A. a. O., Rn. 101.

518 A. a. O., Rn. 102.

519 Gesetz zur Stärkung der Rechte von Betroffenen bei Fixierungen im Rahmen von Freiheitsentziehungen vom 28. 06. 2019, BGBl. 2019 I 840, ausführlich dazu *A. Baur*, NJW 72 (2019), 2273; *Grotkopp/Fölsch*, NJW 72 (2019), 3409.

§ 171a StVollzG sind damit nunmehr die (verfahrens-)rechtlichen Voraussetzungen für Fixierungen als besondere Sicherungsmaßnahmen geschaffen worden. Wegen der eingeschränkten Gesetzgebungskompetenz des Bundes im Bereich des Straf- und Maßregelvollzugsrechts ist die Rechtsgrundlage für Fixierungsanordnungen bei den Normen zur gerichtlich angeordneten Ordnungs-, Sicherungs-, Zwangs- und Erzwingungshaft (sog. Zivilhaft) gemäß §§ 171 StVollzG verortet, während die Regelungen zur gerichtlichen Zuständigkeit und zum gerichtlichen Verfahrensrecht im Sinne der Rechtsklarheit im Zweiten Abschnitt „Vollzug der Freiheitsstrafe" unter der Bezeichnung „Rechtsbehelfe und gerichtliches Verfahren" in den §§ 121a, 121b StVollzG niedergelegt worden sind, sodass diese Vorschriften nunmehr für alle ärztlichen Zwangsmaßnahmen, Fixierungen und anderen freiheitsentziehenden Sicherungsmaßnahmen, soweit diese nach Bundes- oder Landesrecht einem Richtervorbehalt unterliegen, geöffnet werden.[520] Gesetzessystematisch handelt es sich bei der Zwangsfixierung mit Blick auf § 88 Abs. 2 Nr. 6 StVollzG um eine rechtlich qualifizierte Fesselung.[521] Gemäß der Legaldefinition des § 171a Abs. 1 StVollzG soll eine solche Fesselung, durch welche die Bewegungsfreiheit des Gefangenen vollständig aufgehoben wird, nur dann zulässig sein, soweit und solange eine gegenwärtige erhebliche Gefahr von Gewalttätigkeiten gegen Personen, der Selbsttötung oder der Selbstverletzung besteht und die Fixierung zur Abwehr dieser Gefahr unerlässlich ist. Nach § 171a Abs. 2 S. 1 StVollzG wird eine absehbar kurzfristige Fixierung durch die Anstaltsleitung angeordnet, während eine nicht nur kurzfristige Fixierung gemäß § 171a Abs. 3 S. 1 StVollzG der vorherigen Anordnung durch das Gericht bedarf. Auf diese Weise wurden die bundesverfassungsgerichtlichen Vorgaben nicht nur stellenweise wortgetreu übernommen, sondern zum Teil (sogar) überschießend umgesetzt: Es ist nach dem Wortlaut des § 171a StVollzG grundsätzlich ohne Bedeutung, an wie vielen Punkten des Körpers die betroffene Person fixiert wird. Vielmehr ist in jedem Einzelfall danach zu fragen, ob die Bewegungsfreiheit des Betroffenen nach der Legaldefinition durch die in Rede stehende Maßnahme vollständig aufgehoben wird, sodass im Ergebnis regelmäßig auch eine Vier-Punkt-Fixierung tatbestandlich erfasst sein wird.[522] Allerdings ist auch zu be-

---

520 Vgl. dazu die Beschlussempfehlung und den Bericht des Ausschusses für Recht und Verbraucherschutz (6. Ausschuss), Drucksache 19/10243, S. 20.

521 Dazu auch *A. Baur*, NJW 72 (2019), 2273, 2275.

522 Vgl. dazu die Beschlussempfehlung und den Bericht des Ausschusses für Recht und Verbraucherschutz (6. Ausschuss), Drucksache 19/10243, S. 19. Auch der Gesetzentwurf der Landesregierung NRW, Gesetz zur Verbesserung des Rechtsschutzes bei Fixierungen im Justiz- und Maßregelvollzug und bei öffentlich-rechtlichen Unterbringungen in psychiatrischen Einrichtungen des Landes Nordrhein-Westfalen, Drucksache 17/5011, S. 23, geht von dieser Einordnung aus, da „jegliche Arten der Fixierung" erfasst sein sollen, „weil diese besondere Form der Fesselung bestimmter Körperrücksichtigen, dass sich dem Urteil des Bundesverfassungsgerichts keine Beschränkung der aufgezeigten formellen und materiellen Voraussetzungen auf Fünf-Punkt- und Sieben-Punkt-Fixierungen entnehmen lässt, da im Rahmen der Entscheidung davon gesprochen wird, dass „jedenfalls"[523] und gerade nicht ausschließlich eine Fixierung an fünf bzw. sieben Punkten des Körpers eine Freiheitsentziehung im Sinne von Art. 104 Abs. 2 GG darstellt. Diese bewusst weite Formulierung deutet darauf hin, dass neben der Fixierung auch weitere Maßnahmen diese Intensität erreichen können und damit dem gezeigten Anwendungsbereich unterfallen.[524] Der Richtervorbehalt wird zudem auch dann ausgelöst, wenn die Bewegungsfreiheit des Betroffenen während der Dauer einer Fixierung zeitweise (wieder)hergestellt wird, indem zum Beispiel die Fesselungspunkte reduziert werden, da andernfalls ein Umgehen des Richtervorbehalts zu befürchten ist.[525] Das Gesetz zur Verbesserung des Rechtsschutzes bei Fixierungen im Justiz- und Maßregelvollzug und bei öffentlich-rechtlichen Unterbringungen in psychiatrischen Einrichtungen des Landes Nordrhein-Westfalen vom 2. Juli 2019[526] sah entsprechende Änderungen des Strafvollzugsgesetzes NRW, des Untersuchungshaftvollzugsgesetzes NRW, des Sicherungsverwahrungsvollzugsgesetzes NRW, des Maßregelvollzugsgesetzes NRW, des Gesetzes über Hilfen und Schutzmaßnahmen bei psychischen Krankheiten sowie des Jugendstrafvollzugsgesetzes NRW vor.[527] Wie

stellen an einen Gegenstand (regelmäßig ein Fesselungsbett) mit erheblicher Einschränkung bis hin zur Aufhebung der Bewegungsfreiheit der betroffenen Person verbunden ist."; in diesem Sinne auch *A. Baur*, NJW 72 (2019), 2273, 2275.

523 BVerfG, Urteil vom 24.07.2018 – 2 BvR 309/15, 2 BvR 502/16, Rn. 68.

524 So auch *Goerdeler*, R&P 36 (2018), 199, 200; *Jürschik/Schulte*, NVwZ 37 (2018), 1695, 1696.

525 *A. Baur*, NJW 72 (2019), 2273, 2275.

526 Gesetz- und Verordnungsblatt (GV. NRW.), Ausgabe 2019 Nr. 14 vom 16.07.2019, S. 299 – 342.

527 Im Vergleich dazu hat der Landesgesetzgeber Niedersachsens bspw. mit § 23 Abs. 1 S. 1, S. 2 Nr. 3 Niedersächsisches Maßregelvollzugsgesetz (Nds. MVollzG) eine Ermächtigungsgrundlage für die kurzdauernde mechanische Fixierung als besondere Sicherungsmaßnahme geschaffen, die dann gegen die untergebrachte Person angeordnet werden kann, wenn in erhöhtem Maße Fluchtgefahr oder aufgrund ihres Verhaltens oder Zustands die erhebliche Gefahr einer Selbsttötung oder Selbstverletzung oder von Gewalttätigkeiten gegen Personen oder Sachen besteht. Im Übrigen wird die Fixierung als eine spezielle Art der Fesselung definiert. Eine weitergehende Ermächtigungsgrundlage besteht daher nicht. Lediglich für die Fesselung existiert nunmehr eine spezielle Ermächtigungsgrundlage gemäß § 23a Nds. MVollzG. Vgl. zum Umsetzungsstand und zu Ermächtigungsgrundlagen in den anderen Bundesländern auch Art. 25 Abs. 2 Nr. 3, Abs. 3 BayMRVG; § 33 HmbMVollzG; § 31 Abs. 1 S. 2 Nr. 7, Abs. 5 SächsPsychKG; § 20a MVollzG LSA; § 30 Abs. 3 Nr. 3, Abs. 5 MVollzG SH; § 34 Abs. 2 Nr. 6, Abs. 5 MVollzG HE; § 26 Abs. 1 Nr. 4 ThürMRVG (in Absatz 6 ist lediglich eine Unterrichtungspflicht des zuständigen Gerichts statuiert, nicht hingegen ein Richtervorbehalt); § 25 Abs. 2 Nr. 4, Abs. 5 PsychKHG BW, § 29 Abs. 1 S. 9 Nr. 7, Abs. 5 MVollzG RP; § 21 Abs. 1, 2 Nr. 4 BbgPsychKG (es wird insofern differenziert zwischen einer Fixierung im Sinne der Aufhebung der

bereits in der Einleitung gezeigt wurde,[528] ist am 31. Dezember 2021 das Gesetz zur Durchführung strafrechtsbezogener Unterbringungen in einem psychiatrischen Krankenhaus und einer Entziehungsanstalt in Nordrhein-Westfalen in Kraft getreten und gleichzeitig das Maßregelvollzugsgesetz NRW durch Gesetz vom 17. Dezember 2021 nach Maßgabe des § 62 StrUG aufgehoben worden. Für den psychiatrischen Maßregelvollzug gilt nunmehr nach § 33 Abs. 2 StrUG NRW, dass eine Fixierung, durch die die Bewegungsfreiheit der untergebrachten Person aufgehoben wird, nur als letztes Mittel angeordnet werden darf, wenn dies zur Abwehr einer gegenwärtigen erheblichen Selbstgefährdung oder einer von der untergebrachten Person ausgehenden erheblichen Gefährdung bedeutender Rechtsgüter anderer unerlässlich ist und nach ihrem Verhalten oder auf Grund ihres Zustandes andere, weniger einschneidende Maßnahmen zur Abwendung der Gefahr als nicht ausreichend erscheinen. Die Fixierung ist unverzüglich zu lockern oder zu entfernen, sobald die Gefahr nicht mehr fortbesteht oder durch mildere Mittel abgewendet werden kann (Abs. 3). Eine Fixierung wird von der therapeutischen Leitung nach vorheriger ärztlicher Inaugenscheinnahme und Stellungnahme angeordnet. Bei Gefahr im Verzug können auch andere therapeutisch oder pflegerisch Beschäftigte diese Maßnahme vorläufig anordnen. Die ärztliche Inaugenscheinnahme und Stellungnahme sowie die Anordnung der therapeutischen Leitung sind unverzüglich nachzuholen (Abs. 4). Die Durchführung einer Fixierung, durch die die Bewegungsfreiheit der untergebrachten Person absehbar nicht nur kurzfristig aufgehoben wird, bedarf der vorherigen richterlichen Entscheidung über die Zulässigkeit der Anordnung unter Beachtung der in Absatz 2 genannten Voraussetzungen. Bei Gefahr im Verzug darf die Maßnahme vorläufig durchgeführt werden. Die richterliche Entscheidung ist unverzüglich nachzuholen. Einer Antragsstellung

---

Bewegungsfreiheit durch mechanische Mittel und einer erweiterten Fixierung durch Verbindung der Fixierungsmaßnahme mit einer Ruhigstellung durch Medikamente); § 31a Abs. 4 PsychKG Bremen; § 39 Abs. 5 PsychKG Berlin (der Richtervorbehalt greift hier in anderer Weise, da nicht auf die kurzfristige Dauer abgestellt wird: „Überschreiten die Maßnahmen gemäß Absatz 2 Nummer 3 bis 5 die Dauer von mehr als 18 Stunden oder werden diese regelmäßig wiederkehrend angeordnet, sind sie nur mit Genehmigung des zuständigen Gerichts zulässig."); § 21 Abs. 2 Nr. 5 lit. b), Abs. 6 bis 8 PsychKG M-V; § 11a Abs. 1 S. 2 Nr. 3, Abs. 6 UBG Saarland. Anzumerken ist bei letztgenannter Norm, dass nun ein Gesetz über Hilfen bei psychischen Erkrankungen auf den Weg gebracht werden soll (PsychKHG), mit dem das bisherige Gesetz zu Unterbringung psychisch Kranker (Unterbringungsgesetz – UBG) von 1992 abgelöst wird, um sowohl Hilfen als auch Schutzmaßnahmen bei psychischen Erkrankungen zu regeln. In dem entsprechenden Gesetzentwurf sieht § 27 eine Ermächtigungsgrundlage für die Maßnahme der Fixierung als besondere Sicherungsmaßnahmen in Gefahrensituationen vor, vgl. Gesetzentwurf der CDU-Landtagsfraktion sowie der SPD-Landtagsfraktion, Drucksache 16/1817 vom 7.10.2021.

528 Vgl. Fn. 27.

bei Gericht bedarf es nur dann nicht, wenn bereits zu Beginn der Maßnahme absehbar ist, dass die Entscheidung erst nach Wegfall des Grundes der Maßnahme ergehen wird oder die Maßnahme vor Herbeiführung der Entscheidung tatsächlich beendet und auch keine Wiederholung zu erwarten ist. Das Gericht ist unverzüglich zu unterrichten, wenn die Fixierung nach Antragstellung bei Gericht, aber vor einer gerichtlichen Entscheidung, nicht mehr erforderlich ist (Abs. 5). Bei einer Fixierung ist eine ununterbrochene, unmittelbare persönliche Eins-zu-eins-Bezugsbegleitung durch Beschäftigte mit therapeutischer oder pflegerischer Qualifikation grundsätzlich innerhalb des Raumes, indem sich die fixierte Person befindet, zu gewährleisten (Abs. 6). Die Notwendigkeit der Fixierung ist fortlaufend zu überprüfen. Sie ist ärztlich zu überwachen (Abs. 7). Die Notwendigkeit einer Fesselung oder einer Fixierung ist der untergebrachten Person zusammen mit der Anordnung zu erläutern. Ist dies aufgrund der Umstände nicht möglich, ist die Erläuterung nachzuholen. Über eine Fixierung sind die gesetzliche Vertretung der untergebrachten Person und ihre anwaltliche Vertretung unverzüglich zu unterrichten. Dem Wunsch der untergebrachten Person nach Unterrichtung weiterer Personen soll entsprochen werden (Abs. 8). Nach der Beendigung einer Fesselung oder einer Fixierung ist der untergebrachten Person die Möglichkeit zu einer Nachbesprechung und einer Absprache für den Wiederholungsfall anzubieten. Soweit eine Fixierung nicht richterlich angeordnet worden ist, ist die untergebrachte Person durch die Einrichtung über die Möglichkeit zu belehren, die Rechtmäßigkeit der durchgeführten Fixierung gerichtlich überprüfen zu lassen (Abs. 9). Bei einer Fesselung oder einer Fixierung dokumentiert die Einrichtung die Anordnung, die hierfür maßgeblichen Gründe, die Durchführung, die Dauer, kontinuierlich die Art der Überwachung und der Kontrolle sowie die Belehrung nach Absatz 9 Satz 2 (Abs. 10). Wie bereits im Rahmen des ersten Kapitels gezeigt wurde, richten sich die gerichtliche Zuständigkeit sowie das gerichtliche Verfahren bei einer Fixierung nach Absatz 5 nach §§ 121a, 121b StVollzG (Abs. 11).[529]

1. Tatbestandliche Eingriffsvoraussetzungen des § 33 StrUG NRW

Besondere Sicherungsmaßnahmen dienen im Gegensatz zu Therapie- und Behandlungsmaßnahmen der Abwehr einer gegenwärtigen erheblichen Gefahr für einen durch den Landesgesetzgeber festgelegten Bereich von Sicherheit und Ordnung innerhalb der Unterbringungseinrichtung.[530] Die Schwere des Eingriffs ist dabei grundsätzlich in ein angemessenes Verhältnis zu seinem Anlass zu setzen.[531]

529 Vgl. dazu 1. Kapitel C.
530 Ausführlich dazu 3. Kapitel A.
531 Dazu *Rzepka*, Sicherungsmaßnahmen, S. 410 Rn. H124.

Im Anschluss an die oben genannte Entscheidung des Bundesverfassungsgerichts hat der nordrhein-westfälische Gesetzgeber als tatbestandliche Eingriffsschwelle die Unerlässlichkeit der Fixierung zur Abwehr einer gegenwärtigen erheblichen Selbstgefährdung oder einer von der untergebrachten Person ausgehenden erheblichen Gefährdung bedeutender Rechtsgüter anderer festgesetzt. Zudem dürfen nach dem Verhalten der untergebrachten Person oder aufgrund ihres Zustandes andere, vor allem weniger einschneidende Maßnahmen zur Abwendung der Gefahr nicht ausreichen, sodass das Verhältnismäßigkeitsprinzip explizit berücksichtigt worden ist. Diese Tatbestandsmerkmale bilden auch das Prüfungsprogramm des Richters ab, der nach Antragstellung bei Gericht über die Zulässigkeit einer solchen Zwangsmaßnahme zu entscheiden hat. Die Auslegung und konkrete Handhabung der Norm des § 33 StrUG NRW ist daher von wesentlicher Bedeutung, um nicht nur eine hinreichende Prüfung des Richters zu gewährleisten, sondern um überdies die Funktionstüchtigkeit des Richtervorbehalts in der maßregelvollzugsrechtlichen Praxis abschließend beurteilen zu können.

a) Abwehr einer gegenwärtigen erheblichen Selbstgefährdung

Gemäß § 33 Abs. 2 Alt. 1 StrUG NRW darf eine Fixierung zur Abwehr einer gegenwärtigen erheblichen Selbstgefährdung der untergebrachten Person angeordnet werden. Zur Auslegung und Konkretisierung dieser Begrifflichkeiten kann im Wesentlichen aufgrund des vergleichbaren Anwendungszusammenhanges der Normen auf die zu § 34 StGB entwickelten Kriterien sowie die Anordnungsvoraussetzungen der besonderen Sicherungsmaßnahmen zurückgegriffen werden. Dabei ist auch zu berücksichtigen, dass die Ermächtigungsgrundlage stets im Lichte der betroffenen Grundrechte aus Art. 1 und Art. 2 GG auszulegen ist.[532] Im Rahmen von § 34 StGB stellt eine Gefahr einen solchen Zustand dar, in dem die ernstzunehmende Möglichkeit eines Schadenseintritt bei einem geschützten Rechtsgut aufgrund besonderer Risikofaktoren besteht und eine besonnene und mit der Situation vertraute Person aufgrund eines Gefahrurteils typischerweise zu der Einschätzung gelangt, dass Rettungs- und Schutzmaßnahmen erforderlich sind.[533] Der Wahrscheinlichkeitsgrad und mithin die Frage, ab welchem Punkt eine ernstzunehmende Möglichkeit des Schadenseintritts besteht, hängt dabei von dem Gewicht des jeweils in Rede stehenden Rechtsguts sowie den möglichen Schadensausmaßen ab.[534] Gegenwärtig ist eine solche Gefahr dann, wenn sich die Wahrscheinlichkeit des Schadenseintritts nach einem objektiven Urteil aus einer ex ante-Betrachtung so

532 *Rzepka*, Sicherungsmaßnahmen, S. 413 Rn. H135.
533 NK-StGB-*U. Neumann*, § 34 StGB Rn. 39.
534 MüKo StGB-*Erb*, § 34 StGB Rn. 71.

verdichtet hat, dass die zum Schutz des bedrohten Rechtsguts notwendigen Maßnahmen sofort eingeleitet werden müssen, um den Eintritt des Schadens sicher zu verhindern.[535] Nach dem Wortsinn wird durch den Zusatz der Erheblichkeit eine qualitative Steigerung der Gefahr verlangt, sodass ein besonderes Gewicht der Schädigung durch eine Gefährdung besonders gewichtiger Rechtsgüter, einen besonders großen Umfang oder eine besondere Intensität des drohenden Schadens vorausgesetzt wird.[536]

Die Gefahr muss ursächlich auf das aktuelle Verhalten des Untergebrachten bzw. seinen gegenwärtigen Zustand zurückzuführen sein, sodass ein solcher Gefahrenzustand vorliegen muss, der sich insgesamt nennenswert von der allgemeinen Problematik infolge bzw. als Grundlage der Unterbringung abhebt.[537] Die allgemeine Einschätzung der Gefährlichkeit einer Person sowie ihre damit verbundene Unterbringung im psychiatrischen Krankenhaus kann eine besondere Sicherungsmaßnahme wie die Fixierung daher regelmäßig nicht rechtfertigen.[538]

Mit dem Kriterium der Gegenwärtigkeit wird die maßgebliche tatbestandliche Eingriffsschwelle für die Anordnung von Fixierungen auf akute Kriseninterventionen begrenzt. Diese Schwelle entspricht den bundesverfassungsgerichtlichen Vorgaben, wonach eine solche Fixierung zur Abwendung einer *drohenden* gewichtigen Gesundheitsschädigung des Betroffenen selbst gerechtfertigt sein kann, sodass die Einwirkung des schädigenden Ereignisses entweder bereits begonnen hat oder unmittelbar oder zumindest in allernächster Zeit mit an Sicherheit grenzender Wahrscheinlichkeit bevorsteht.[539] Vorausgesetzt wird folglich eine hinreichende Konkretisierung der Gefahr, sodass ein Einschreiten seitens des therapeutischen Personals umgehend erforderlich geworden ist. Von maßgeblicher Bedeutung ist in diesem Zusammenhang die Erkenntnis, dass das staatliche Konzept zum Schutze und zur Förderung des Lebens des Einzelnen zwar die Befugnis des Staates zur zwangsweisen Unterbringung der psychisch kranken Person in einer geschlossenen Einrichtung einschließen kann, die Fixierung als Zwangsmaßnahme sich jedoch gerade nicht auf diese bloße Befugnis zur Unterbringung stützen darf, sondern als zusätzliche wesentliche Voraussetzung zwingend die drohende gewichtige gesundheitliche Schädi-

---

535 Lackner/Kühl/Heger-*Heger*, § 34 StGB Rn. 2; MüKo StGB-*Erb*, § 34 StGB Rn. 78; NK-StGB-*U. Neumann*, § 34 StGB Rn. 56. Zur Gegenwärtigkeit der Gefahr im Rahmen von § 255 StGB vgl. BGH, Urteil vom 21.02.1989 – 5 StR 586/88, NJW 1989, 1289 sowie zur Gegenwärtigkeit einer sog. Dauergefahr auch BGH, Urteil vom 25.03.2003 – 1 StR 483/02.

536 BVerfG, Urteil vom 24.07.2018 – 2 BvR 309/15, 2 BvR 502/16, Rn. 109 m.w.N.

537 *Rzepka*, Sicherungsmaßnahmen, S. 411 f. Rn. H128.

538 So auch *Rzepka*, Sicherungsmaßnahmen, S. 408 Rn. H118.

539 BVerfG, Urteil vom 24.07.2018 – 2 BvR 309/15, 2 BvR 502/16, Rn. 75; kursive Hervorhebung durch die Verf. zur Verdeutlichung. Vgl. dazu auch BVerfGE 115, 320 (363).

gung verlangt.[540] Die im Rahmen einer psychiatrischen Unterbringung stets bei der untergebrachten Personen vorzufindenden Risikofaktoren in Form der zu behandelnden Grunderkrankung können folglich lediglich die Unterbringung als solche rechtfertigen, jedoch kann ihr bloßes Vorhandensein ohne Hinzutreten weiterer Faktoren niemals die innerhalb der Unterbringung beabsichtigten Zwangsmaßnahmen tragen. Speziell auf die Unterbringung in einem psychiatrischen Krankenhaus gemäß § 63 StGB bezogen bedeuten die vorstehenden Ausführungen, dass die Anlasserkrankung des Betroffenen (in Kombination mit den weiteren, bereits vorgestellten Voraussetzungen[541]) zur gerichtlichen Anordnung der psychiatrischen Maßregel führen, jedoch ihrerseits keine taugliche Legitimationsgrundlage für Zwangsmaßnahmen zur Aufrechterhaltung der Sicherheit und Ordnung innerhalb der Unterbringungseinrichtung darstellen kann. Ein anderes Verständnis im Sinne eines weit verstandenen Behandlungsbegriffs[542] würde dazu führen, dass die rechtsstaatlich zwingend vorgesehenen Schutzmechanismen aufgehoben und die Betroffenen in einer vollständigen Ohnmachtsposition dem staatlichen Handeln gleichsam schutzlos ausgeliefert wären. Die beiden Bereiche der Unterbringungsanordnung einerseits und der Anordnung von Zwangsmaßnahmen im Rahmen der Unterbringung andererseits sind daher aufgrund ihrer Wesensverschiedenheit strikt voneinander zu trennen und dürfen zur Legitimation schwerwiegender Grundrechtseingriffe auch nicht vermischt werden. Ausschließlicher Anknüpfungspunkt einer zwangsweisen Fixierung der untergebrachten Person ist damit das gegenwärtige gefahrenträchtige Verhalten des Betroffenen in Gestalt einer akuten gegenwärtigen sowie erheblichen Eigen- oder Fremdgefährdung, sodass lediglich präventive und nicht repressive Zwecke verfolgt werden dürfen.[543]

Eine aufgrund der besonderen Grundrechtsrelevanz (weitere) erforderliche tatbestandliche Eingrenzung wird durch das Erfordernis einer qualitativ gesteigerten Gefahr erreicht, sodass ein die Fixierung legitimierender Zustand nur dann vertretbar angenommen werden darf, wenn ein besonders gewichtiges Rechtsgut wie das Leben oder die körperliche Unversehrtheit der untergebrachten Person betroffen ist und eine damit einhergehende besondere Intensität des Eingriffs vorliegt.

---

540 BVerfG, Urteil vom 24.07.2018 – 2 BvR 309/15, 2 BvR 502/16, Rn. 74.

541 S. dazu 2. Kapitel B. III. 2.

542 Diesem Begriff widmet sich der Ausblick im 6. Kapitel.

543 So auch *Rzepka*, Sicherungsmaßnahmen, S. 404 Rn. H105.

b) Abwehr einer erheblichen Gefährdung für bedeutende Rechtsgüter anderer (Fremdgefährdung)

Spiegelbildlich dazu kann eine Fixierung gemäß § 33 Abs. 2 Alt. 2 StrUG NRW auch dann gerechtfertigt sein, wenn dies zur Abwehr einer von der untergebrachten Person ausgehenden erheblichen Gefährdung bedeutender Rechtsgüter *anderer* unerlässlich ist und mithin eine Situation der Fremdgefährdung vorliegt. Es handelt sich folglich um eine primär fremdnützige Gefahrenabwehr zum Schutze vor allem der Mitpatienten, des Pflegepersonals sowie der Ärzte, die jedoch in medizin-ethischer Hinsicht auch dem Wohl des Betroffenen selbst dienen kann.[544] Im Rahmen dieser Alternative wurde auf das Kriterium der Gegenwärtigkeit verzichtet, sodass lediglich eine erhebliche Gefährdung (bedeutender Rechtsgüter) für die Anordnung einer Fixierung vorliegen muss, während § 171a Abs. 1 StVollzG demgegenüber eine gegenwärtige erhebliche Gefahr von Gewalttätigkeiten gegen Personen, der Selbsttötung oder der Selbstverletzung als Eingriffsschwelle vorsieht. Vor dem Hintergrund, dass eine Zwangsfixierung regelmäßig nicht nur einen erheblichen Eingriff in die Grundrechte des Betroffenen darstellt, sondern darüber hinaus auch als höchst traumatisch und belastend empfunden wird,[545] erscheint eine Herabsetzung der tatbestandlichen Eingriffsvoraussetzungen verfassungsrechtlich bedenklich. Das Bundesverfassungsgericht selbst geht davon aus, dass lediglich eine *akute* Selbst- oder Fremdgefährdung zur Rechtfertigung einer solchen Maßnahme ausreichen kann.[546] Nach dem Wortsinn bedeutet dies so viel wie „im Augenblick herrschend", „vordringlich", „brennend" oder „unmittelbar"[547] und impliziert folglich, dass die Fremdgefährdung und mithin die erhebliche Gefährdung bedeutender Rechtsgüter anderer ein sofortiges Einschreiten erforderlich macht, sodass die gefahrenträchtige Situation gerade im oder unmittelbar vor dem Moment des legitimierungsbedürftigen Handelns seitens des therapeutischen Personals im

---

544 *Pollmächer*, Forens Psychiatr Psychol Kriminol 13 (2019), 4, 9.

545 Eindrücklich in diesem Zusammenhang sind die Ergebnisse einer Befragung von Patienten im Rahmen eines Aufenthaltes in einer psychiatrischen Klinik, die eine Fixierung erlebt haben: „Erniedrigend und es fehlen einem eigentlich fast die Worte für dieses Gefühl, also das Ausgeliefertsein und einfach nichts mehr zu sein. Du bist nichts mehr in dem Moment." Die Fixierung wird als „unmenschlich" bezeichnet und mit Gefühlen wie Hass, Hilflosigkeit, Erniedrigung, Angst und Ohnmacht verbunden: „Ich hatte Todesängste, ich dachte, ich verrecke da drinnen, es war ein Horror.", „Die Angst, was probieren sie jetzt da schon wieder mit mir aus.", „Ich finde, noch etwas Erniedrigenderes kann dir eigentlich da in der Psychiatrie nicht passieren.", *Frajo-Apor/Stippler/Meise*, Psychiatr Prax 38 (2011), 293, 296.

546 BVerfG, Urteil vom 24.07.2018 – 2 BvR 309/15, 2 BvR 502/16, Rn. 92, 98.

547 Bedeutung des Wortes „akut" nach dem Wörterbuch Duden, online abrufbar unter https://www.duden.de/rechtschreibung/akut (zuletzt aufgerufen am 25.01.2024).

Sinne einer sog. „Augenblicksgefahr“[548] bestehen muss. Nach dem Sinn und Zweck der Norm und dem Gesamtzusammenhang ihres Entstehens, wonach das grundrechtsrelevante Handeln insgesamt begrenzt und gerade nicht erweitert werden soll, muss bei dem vorausgesetzten Gefahrenzustand folglich entscheidend sein, ob zur Schadensabwehr ein sofortiges Handeln in Gestalt von sofortigen Abwehrmaßnahmen erforderlich ist.[549] Der Zustand einer sog. Dauergefahr, bei der zwar eine permanente Grundgefährdung vorliegt, aber der Zeitpunkt des Schadenseintritts nicht präzise zu bestimmen ist, kann demgegenüber gerade bei psychisch Kranken keine Zwangsfixierung rechtfertigen. Würde dies anders gesehen, so wäre eine tatbestandliche Eingrenzung und damit eine Begrenzung von Zwangsfixierungen nicht mehr möglich. Maßgeblich muss daher die Frage sein, ob bereits zum vorliegenden Zeitpunkt das Ergreifen von Gegenmaßnahmen erforderlich ist, um die drohende Rechtsgutverletzung sicher verhindern zu können.[550] Im Sinne einer verfassungsrechtlich gebotenen tatbestandlichen Eingrenzung darf der Gefahrenzustand in Form der akuten Fremdgefährdung folglich nicht anders als durch die Fixierung der untergebrachten Person abwendbar sein.

Zwar könnte sich die unterschiedliche tatbestandliche Eingriffsschwelle unter Umständen dadurch erklären lassen, dass aus dem Selbstbestimmungsrecht der untergebrachten Person nach Art. 2 Abs. 1 GG auch die freie Entscheidung folgen muss, selbstbestimmt und eigenständig über Leben und körperliche Unversehrtheit und damit auch über eine Selbsttötung und Selbstverletzung zu entscheiden, sodass ein Einschreiten der Unterbringungseinrichtung bei einer Eigengefährdung erst bei einer *gegenwärtigen* und *erheblichen* Gefährdung zulässig sein könnte, bei einer Fremdgefährdung hingegen wegen der Betroffenheit von Rechtsgütern Dritter bereits bei einer *erheblichen* Gefährdung. Grundsätzlich steht es unter der Herrschaft des Grundgesetzes nämlich jedem frei, Hilfe zurückzuweisen, sofern dadurch nicht Rechtsgüter anderer oder der Allgemeinheit beeinträchtigt werden.[551] Die grundrechtlich geschützte Freiheit umfasst auch die Freiheit zur Krankheit und damit das Recht des Betroffenen, einen auf die Heilung abzielenden Eingriff dann abzulehnen, wenn dieser nach dem gegenwärtigen Stand der Medizin dringend angezeigt ist.[552]

---

548 S. zu diesem Begriff MüKo StGB-*Erb*, § 34 StGB Rn. 80; NK-StGB-*U. Neumann*, § 34 StGB Rn. 56; Schönke/Schröder-*Perron*, § 34 StGB Rn. 17.

549 NK-StGB-*U. Neumann*, § 34 StGB Rn. 56; BeckOK StGB-*Momsen/Savic*, § 34 StGB Rn. 6 f.

550 MüKo StGB-*Erb*, § 34 StGB Rn. 83.

551 BVerfG, Beschluss vom 07.10.1981 – 2 BvR 1194/80, Rn. 54; vgl. dazu auch BVerfGE 22, 180 (219 f.); 30, 47 (53 f.).

552 Der Begriff „Freiheit zur Krankheit“ taucht bereits in BVerfGE 58, 208 (226), Beschluss vom 07.10.1981 – 2 BvR 1194/80 auf. Ausführlich zu diesem Begriff und zum Spannungsfeld zwischen der Freiheit zur Krankheit und der Zwangsbehandlung *Brosey*, Soziale Psychiatrie 04/2012, 9, 9 ff.

In seiner wegweisenden Entscheidung zu § 217 StGB führt das Bundesverfassungsgericht überdies aus, dass das allgemeine Persönlichkeitsrecht aus Art. 2 Abs. 1 i.V.m. Art. 1 Abs. 1 GG als Ausdruck persönlicher Autonomie auch das Recht des zur freien Selbstbestimmung und Eigenverantwortung fähigen Menschen auf selbstbestimmtes Sterben umfasst, welches das Recht auf Selbsttötung einschließt. Da die Entscheidung eines Menschen, aus freien Stücken das eigene Leben zu beenden, von existentieller Bedeutung für die Persönlichkeit ist, stellt das Recht, sich selbst das Leben zu nehmen, insgesamt sicher, dass der Einzelne über sich entsprechend dem eigenen Selbstbild autonom bestimmen und damit seine Persönlichkeit wahren kann.[553] Vor diesem Hintergrund schließt es das verfassungsrechtlich verankerte Recht des Untergebrachten daher aus, dass eine Zwangsmaßnahme bei Selbstgefährdungen gegen seinen freien Willen erfolgt. Nur dann, wenn der Untergebrachte gegenwärtig nicht dazu in der Lage ist, einen solch freiverantwortlichen Willen zu bilden, weil er krankheitsbedingt nicht die Notwendigkeit einer Maßnahme erkennt oder krankheitsbedingt unfähig ist, gemäß einer solchen Einsicht zu handeln, überwiegt die Schutzpflicht des Staates zugunsten des Lebens sowie der körperlichen Unversehrtheit des Untergebrachten.[554] Die Fixierung des Betroffenen wegen Eigengefährdung muss daher zwingend zur Voraussetzung haben, dass die betroffene Person zur freien Willensbildung nicht mehr in der Lage ist.[555] Das Grundrecht auf körperliche Unversehrtheit unterliegt insoweit der Disposition des zur freien Willensbildung fähigen Betroffenen, sodass der Staat in diesem Fall nicht zu einem schützenden Einschreiten in Form einer Fixierung berechtigt ist.[556] Folgerichtig bedeutet das in der Konsequenz für § 33 StrUG NRW, dass die Zwangsmaßnahme der Fixierung bei einer gegenwärtigen erheblichen Selbstgefährdung im Sinne von § 33 Abs. 2 Alt. 1 StrUG NRW des Untergebrachten zum Schutze des verfassungsrechtlich garantierten Selbstbestimmungsrechts sowie der damit einhergehenden Patientenautonomie zwingend gänzlich ausgeschlossen ist, wenn das Kriterium der Freiverantwortlichkeit bejaht werden kann, der Untergebrachte also gegenwärtig in der Lage ist, einen freiverantwortlichen Willen zu bilden und demgemäß zu handeln. Eine Fixierung des Untergebrachten zur Ab-

553 BVerfG, Urteil des Zweiten Senats vom 26. Februar 2020 – 2 BvR 2347/15, Rn. 204 ff.

554 *Deutscher Ethikrat*, Hilfe durch Zwang? Professionelle Sorgebeziehungen im Spannungsfeld von Wohl und Selbstbestimmung, S. 204; kritisch zur Stellungnahme äußert sich *Osterfeld*, Ethik Med 31 (2019), 181; während die Ausführungen der Stellungnahme von *Graumann*, Ethik Med 31 (2019), 175 hingegen verteidigt werden.

555 *Mazur*, GuP 9 (2019), 121, 122.

556 So auch die Stellungnahme des Deutschen Richterbundes zu dem Referentenentwurf des BMJV für ein Gesetz zur Stärkung der Rechte von Betroffenen bei Fixierungen im Rahmen von Freiheitsentziehungen, Nr. 2/19 März 2019, S. 4 f.

wendung einer freiverantwortlichen Selbstgefährdung ist damit insgesamt unzulässig. Gerade in Bezug auf den psychiatrischen Maßregelvollzug ist zwar grundsätzlich auch dem Umstand Rechnung zu tragen, dass der Wunsch des Betroffenen, sich selbst zu töten oder schwerwiegend zu verletzen, im Rahmen einer Unterbringung in einem psychiatrischen Krankenhaus auch durch die Grunderkrankung oder die Bedingungen der Unterbringung in einer totalen Institution beeinflusst sein kann, sodass der Staat zum Schutz und zur Hilfe des Betroffenen grundsätzlich nicht bloß wegschauen darf, sondern entsprechende Behandlungsmöglichkeiten zur Verfügung stellen und im Bedarfsfalle auf eine besondere Sicherungsmaßnahme als Krisenintervention zurückgreifen muss.[557] Auf eine Unterscheidung im Hinblick auf den Zustand der freien Willensbildung wird im Wortlaut der Norm jedoch nicht ausdrücklich abgestellt, sondern lediglich auf den Grad der jeweils drohenden Gefahr. Um der Patientenautonomie möglichst umfassend Ausdruck zu verleihen und einen Schutz der Selbstbestimmung zu erreichen, erscheint es demgegenüber kontraintuitiv, lediglich eine unterschiedliche Gefahrenintensität zu statuieren. Folgerichtig ist das verfassungsrechtliche Selbstbestimmungsrecht des Betroffenen aus Art. 2 Abs. 1 GG und damit das Kriterium der Freiverantwortlichkeit im Hinblick auf die unterschiedliche Eingriffsschwelle bei Eigen- und Fremdgefährdungen innerhalb der Tatbestandsvoraussetzungen verfassungskonform *zusätzlich* zu berücksichtigen.[558] Während also bei einer drohenden Eigen- und Fremdgefährdung jeweils eine gegenwärtige Gefahr vorliegen muss, ist demgegenüber bei einer gegenwärtigen erheblichen Eigengefährdung des Untergebrachten auch dessen freiverantwortlicher Wille maßgeblich. In Anbetracht dieser Ausführungen ist daher zur Wahrung der Verfassungskonformität und zum Schutze des Betroffenen vor (ungerechtfertigten) schwerwiegenden Grundrechtseingriffen in die tatbestandliche Eingriffsschwelle der erheblichen Gefährdung insgesamt folglich sowohl ein zeitlicher Faktor in Gestalt eines erforderlichen sofortigen Handlungsbedarfs, ein qualitativer Faktor in Form einer besonderen Intensität und Stärke der Gefahr für das geschützte Rechtsgut sowie ein subjektiver

557 So auch *Rzepka*, Sicherungsmaßnahmen, S. 412 Rn. H129.

558 Zu ergänzen ist an dieser Stelle, dass die Maßnahme der Fixierung *nicht* unter das Behandlungsrecht zu subsumieren ist, das von der grundrechtlich abgesicherten Selbstbestimmung des Betroffenen aus Art. 2 Abs. 1 GG geprägt ist. Wie bereits an mehreren Stellen deutlich wurde, handelt es sich bei dieser Maßnahme der Fixierung um eine staatliche Gefahrenabwehr mit selbst- und drittschützenden Elementen, die aus der staatlichen Schutzpflicht folgt, vgl. dazu auch *Kammeier*, Stellungnahme zum Gesetzentwurf der Fraktionen der CDU/CSU und SPD: „Entwurf eines Gesetzes zur Stärkung der Rechte von Betroffenen bei Fixierungen im Rahmen von Freiheitsentziehungen", BT-Drs. 19/8939 v. 02. 04. 2019, S. 3.

Faktor in Gestalt der Freiverantwortlichkeit der Entscheidung des Betroffenen hineinzulesen.[559]

Unter dem Eindruck der vorstehenden Erkenntnisse wird mit Nachdruck deutlich, dass eine verfassungskonforme Auslegung zwingend angezeigt ist. Bei einer umfassenden Berücksichtigung der vorstehenden Wertungen zeigt sich jedoch gleichermaßen, dass eine derartig an den geltenden Maßstäben der Verfassung orientierte Auslegung und Interpretation der Norm des § 33 Abs. 2 StrUG NRW das Verdikt der Verfassungswidrigkeit vermeiden kann.[560] Die Notwendigkeit einer solch verfassungskonformen Auslegung wird ebenfalls von *Pollähne* unterstrichen, dessen Worte hier noch einmal in Erinnerung gerufen werden sollen:[561] „Der Maßregelvollzug ist eben nicht ‚nur' seinem gesetzlichen Auftrag (Besserung und Sicherung) verpflichtet, sondern hat immer auch die möglichst weitgehende Realisierung resp[ektive] Realisierbarkeit der Grundrechte innerhalb seiner Mauern zu gewährleisten. Gerade weil diese Rechte strukturell permanent bedroht sind, muss eine bes[ondere] Grundrechtsensibilität herrschen; und gerade weil das Maßregelvollzugsrecht Grundrechtseingriffe in erheblichem Umfang und bes[onderer] Tiefe zulässt, müssen die Rechtsanwender mit diesen Eingriffsbefugnissen sorgfältig und zurückhaltend umgehen und die Prinzipien der Verhältnismäßigkeit bes[ondere] Beachtung finden."[562] Diese Grundrechtssensibilität greift hier in doppelter Hinsicht, da Schutzgut und Eingriff jeweils dasselbe Grundrechtssubjekt betreffen: Der Staat schützt den Menschen gemäß seiner staatlichen Schutzpflicht vor sich selbst, wenn dieser krankheitsbedingt nicht zu einer freiverantwortlichen Willensbildung in der Lage ist. Die Grundrechte des Betroffenen entfalten aber weiterhin eine Abwehrfunktion, sodass das Selbstbestimmungsrecht und die Patientenautonomie dann als höherrangig einzustufen sind, wenn die Ablehnung der Maßnahme dem freiverantwortlichen Willen des Patienten entspricht und keine tragfähigen Anhaltspunkte dafür vorliegen, dass ein solcher Wille aktuell nicht gebildet werden kann.[563]

Nach dem Wortlaut des § 33 Abs. 2 Alt. 2 StrUG NRW sind unter den Begriff der bedeutenden Rechtsgüter anderer vor allem das Leben sowie die körperliche Unversehrtheit, also insgesamt Gefahren für Leib und Leben Dritter, zu subsu-

559 *Rzepka*, Sicherungsmaßnahmen, S. 412 Rn. H128 m. w. N.

560 Vgl. zu dem Begriff „Verdikt der Verfassungswidrigkeit" auch BVerfG, Urteil des Zweiten Senats vom 27. Juli 2004 – 2 BvF 2/02, Rn. 101.

561 Vgl. dazu bereits die Einleitung.

562 *Pollähne*, Verfassungsrechtliche Grundlagen und Menschenrechte, S. 31 Rn. B2. Zugunsten einer besseren Lesbarkeit wurden die durch den Verf. vorgenommenen Abkürzungen hier ergänzt.

563 Umfassend und fundiert dazu *Deutscher Ethikrat*, Hilfe durch Zwang? Professionelle Sorgebeziehungen im Spannungsfeld von Wohl und Selbstbestimmung, S. 58 ff.

mieren. Nicht von vornherein ausgeschlossen ist daneben auch eine Rechtfertigung aufgrund einer erheblichen Gewalttätigkeit gegenüber Sachgütern, sofern diese Sachgüter von erheblicher (wirtschaftlicher) Bedeutung sind, sodass ein hoher materieller Schaden erwartet werden kann. Allerdings ist zu beachten, dass hier mildere Mittel der Gefahrenabwehr denkbar sind, sodass die Rechtfertigung (spätestens) im Rahmen der Verhältnismäßigkeitsprüfung zu versagen ist.[564]

c) Verhältnismäßigkeit der Maßnahme

Weitere Anordnungsvoraussetzung der Fixierung ist gemäß § 33 Abs. 2 StrUG NRW, dass diese zur Gefahrenabwehr unerlässlich ist und nach dem Verhalten der untergebrachten Person oder aufgrund ihres Zustandes andere, weniger einschneidende Maßnahmen zur Abwendung der Gefahr nicht ausreichen. Mit dieser Umschreibung wird nicht nur ausdrücklich geregelt, dass dem Verhältnismäßigkeitsgrundsatz besonders Rechnung zu tragen ist, sondern auch, dass die Fixierung stets nur *ultima ratio* und damit letztes Mittel der Intervention sein darf. Daher führen die Grundrechte – verstanden als Optimierungsgebote – zur Aufgabe des jeweiligen Rechtsanwenders, das verfassungsrechtlich gebotene Maß der Realisierung eines verfassungsrechtlichen Prinzips für den Einzelfall zu bestimmen, wobei die Zielkonflikte bei konkurrierenden Prinzipien im Wege der praktischen Konkordanz gegeneinander abzuwägen und gerecht aufzulösen sind.[565]

aa) Legitimer Zweck und Geeignetheit der Maßnahme

Legitimer Zweck der Zwangsfixierung ist die Gefahrenabwehr in Form der Abwehr einer gegenwärtigen erheblichen Selbstgefährdung oder einer von der untergebrachten Person ausgehenden *gegenwärtigen* erheblichen Gefährdung bedeutender Rechtsgüter anderer. Dieser Zweck ist rechtlich zulässig, da aus dem Grundrecht auf Leben und körperliche Unversehrtheit des Art. 2 Abs. 2 GG nicht nur ein subjektives Abwehrrecht des Einzelnen gegen staatliche Eingriffe, sondern darüber hinaus auch eine staatliche Schutzpflicht als objektive Wertentscheidung der Verfassung folgt, sich schützend und fördernd vor das Leben des Betroffenen sowie Dritter zu

---

564 Vgl. dazu auch die Ausführungen bei *Rzepka*, Sicherungsmaßnahmen, S. 412 Rn. H131: „Zudem steht zur Abwehr eines Sachschadens nicht der gesamte Katalog zulässiger besonderer Sicherungsmaßnahmen zur Verfügung. Aus der Perspektive des Verhältnismäßigkeitsgrundsatzes ist insb eine Fixierung oder Ruhigstellung durch Medikamente von vornherein unangemessen und somit ausgeschlossen."

565 *Klatt/Meister*, JuS 54 (2014), 193, 194.

stellen.[566] Anknüpfend an die obigen Ausführungen zur angezeigten verfassungskonformen Auslegung von § 33 Abs. 2 Alt. 1 StrUG NRW und der damit einhergehenden Unzulässigkeit einer Fixierung zur Abwendung einer freiverantwortlichen Selbstgefährdung der untergebrachten Person muss einschränkend jedoch berücksichtigt werden, dass die Verhinderung einer *eigenverantwortlichen* Selbstgefährdung folgerichtig nicht als legitimer Zweck herangezogen werden darf. Das Mittel der Fixierung ist grundsätzlich auch geeignet, diesen Zweck zumindest zu fördern und damit die Gefahrenlage zu bewältigen.[567]

bb) Erforderlichkeit der Maßnahme

Der Einsatz der Zwangsmaßnahme muss jedoch auch erforderlich sein. Es darf folglich kein anderes gleich geeignetes Mittel geben, das weniger intensiv in die Grundrechte des Betroffenen eingreift.[568] In jedem Einzelfall ist daher genau zu prüfen, ob ein (hypothetisches) Alternativmittel zur Verfügung steht, das den legitimen Zweck der Gefahrenabwehr in gleicher Weise fördert, aber den Betroffenen weniger stark belastet als die Maßnahme der Fixierung. Vorbildlich in dieser Hinsicht ist § 72 Abs. 2 PsychKG des Landes Berlin, in dem ausdrücklich diejenigen Maßnahmen benannt sind, die im Vorfeld einer Zwangsfixierung ergriffen werden müssen: „Besondere Sicherungsmaßnahmen dürfen erst angeordnet werden, wenn Möglichkeiten der Kommunikation, der Deeskalation oder sonstiger therapeutischer oder pädagogischer Einflussnahme erfolglos geblieben sind oder von vornherein aussichtslos erscheinen.“ Zwar soll die Isolierung nach Ansicht des Bundesverfassungsgerichts nicht pauschal als milderes Mittel anzusehen sein, weil sie im Einzelfall in ihrer Intensität einer Fixierung gleichkommen kann und bei unzureichender Überwachung auch während ihrer Durchführung die Gefahr des Eintritts erheblicher Gesundheitsschäden für den Betroffenen besteht.[569] Allerdings wird die Fixierung im Verhältnis zu anderen Zwangsmaßnahmen regelmäßig als besonders belastend wahrgenommen,[570] sodass stets zu prüfen ist – nach Möglichkeit in Absprache mit dem Betroffenen, da die Intensität einer Maßnahme maßgeblich vom subjektiven Empfinden des Betroffenen mitbestimmt wird –

---

566 BVerfG, Urteil vom 24.07.2018 – 2 BvR 309/15, 2 BvR 502/16, Rn. 74 mit Verweis auf BVerfGE 39, 1 (42); 46, 160 (164); 90, 145 (195); 115, 320 (346); 142, 313 (337) Rn. 69.

567 BVerfGE 96, 10 (23) = NVwZ 1997, 1109; vgl. dazu auch BVerfGE 63, 88 (115).

568 *Klatt/Meister*, JuS 54 (2014), 193, 195 mit Verweis auf BVerfGE 90, 145 (172) = NJW 1994, 1577; 77, 84 (109) = NJW 1988, 1195 = JuS 1988, 981 (m.Anm. Sachs).

569 BVerfG, Urteil vom 24.07.2018 – 2 BvR 309/15, 2 BvR 502/16, Rn. 80.

570 *Steinert et al.*, Psychiatric Services 64 (2013), 1012, 1014 f.; vgl. dazu auch BVerfG, Urteil vom 24.07.2018 – 2 BvR 309/15, 2 BvR 502/16, Rn. 71.

welche Maßnahme das mildere Mittel darstellt.[571] In diesem Zusammenhang ist die Erkenntnis wichtig, dass es eine allgemein verbindliche Antwort auf die grundsätzliche Frage nach dem mildesten Mittel nicht geben kann, sodass die Präferenzen des Betroffenen stets erfragt werden sollten.[572] Forschungsergebnisse haben gezeigt, dass die Anwendung einer Zwangsmaßnahme wie die Fixierung zum Teil eher als Bestrafung mit negativen Folgen für die Arzt-Patienten-Beziehung wahrgenommen wird und nicht als therapeutische Intervention.[573] Auch die eigentliche Zielsymptomatik kann sich bei Zwangsmaßnahmen weiter verschlechtern.[574] Nach einer australischen Studie zur Untersuchung der Auswirkungen von Zwangsmaßnahmen auf Patienten wiesen 47 % der untersuchten Patienten im Verlauf Anzeichen einer posttraumatischen Belastungsstörung auf.[575] Befragungen von Patienten mit Zwangserfahrung haben zudem gezeigt, dass diese die Ursachen für aggressives Verhalten und damit einhergehende Zwangsmaßnahmen vermehrt in strukturellen Bedingungen und der Interaktion mit den Behandlern sehen, da ihnen häufig keine Informationen zur Situation oder dem Vorgehen der Ärzte vorlagen, sie sich aber gleichzeitig mit rigiden Stationsregeln konfrontiert sahen.[576] Als hilfreich zur Vermeidung von Zwangsmaßnahmen sowie als potentiell mildere Mittel wurden in dieser bundesweiten Online-Befragung Psychiatrieerfahrener neben einem insgesamt respektvollen und an den Bedürfnissen der Patienten orientierten Umgang vor allem das Anbieten von Bewegungsmöglichkeiten, das Eingehen auf Erleben und Ängste, das Berücksichtigen von Bedürfnissen sowie das Shared Decision Making eingestuft.[577] Nach einer Untersuchung der Helios Fachklinik Schleswig zum Erle-

---

571 Vgl. dazu auch die Praxisleitlinie der Deutschen Gesellschaft für Psychiatrie und Psychotherapie, Psychosomatik und Nervenheilkunde (DGPPN) über „Therapeutische Maßnahmen bei aggressivem Verhalten“, die detaillierte Handlungsempfehlungen für den Umgang mit Zwang in der Psychiatrie gibt: „Die Präferenz der Patienten sollte vor Durchführung einer Zwangsmaßnahme erfragt werden und nach Möglichkeit diesem Wunsch auch entsprochen werden, ggf. auch unter Bezugnahme auf bestehende Behandlungsvereinbarungen. Zudem müssen interindividuell erfahrungsgemäß sehr unterschiedliche Erlebnisweisen, Bedürfnisse und Ängste berücksichtigt werden. Psychiatrische Einrichtungen sollten die Möglichkeit vorhalten, verschiedene Formen freiheitsbeschränkender Maßnahmen durchzuführen, um ggf. auf die Präferenz von Patienten reagieren zu können.“, besprochen bei *Steinert,* Zwangsmaßnahmen aus der Perspektive der klinischen Psychiatrie, S. 11.

572 *Henking,* R&P 34 (2016), 155, 160; *Steinert,* Zwangsbehandlung, Isolieren oder Festbinden? Ein ethisch-rechtliches Dilemma, S. 120.

573 *Fugger et al.,* J Neurol Neurochir Psychiatr 19 (2018), 20 m. w. N.; *Steinlechner/Stöhr/Oschinsky,* Pflegewissenschaft 71 (2018), 52, 54.

574 *Rohe et al.,* Nervenarzt 88 (2017), 70 m. w. N.

575 *Whitecross/Seeary/Lee,* Int J Ment Health Nurs 22 (2013), 512, 518.

576 *Heumann/Bock/Lincoln,* Psychiatr Prax 44 (2017), 85, 86 m. w. N.

577 *Heumann/Bock/Lincoln,* Psychiatr Prax 44 (2017), 85, 91 m. w. N.

ben von Fixierungen besteht zudem eine enorme Diskrepanz zwischen der ärztlicherseits eingestuften Erforderlichkeit von besonderen Sicherungsmaßnahmen zur Aufrechterhaltung von Sicherheit und Ordnung innerhalb der Unterbringungsstation sowie der damit verbundenen Traumatisierung von Patienten und dem Schutz der Patientenintegrität.[578] Die Implementierung milderer Verfahren und der Ausbau regelmäßiger Schulungen zu Deeskalationsmöglichkeiten erscheinen daher dringend geboten, was erfreulicherweise auch bereits in § 3 Abs. 3 S. 3 StrUG NRW angelegt ist. Die Norm sieht vor, dass allen Beschäftigten, die Kontakt zu untergebrachen Personen haben, regelmäßig Kenntnisse über Aggressionen begünstigende und vermeidende Umstände sowie deeskalierend wirkende Bewältigungsstrategien zur Vermeidung von Zwangsmaßnahmen zu vermitteln sind. Ebenso begrüßenswert ist darüber hinaus, dass die Norm des § 33 Abs. 9 StrUG NRW nunmehr vorsieht, dass der untergebrachten Person nach Beendigung einer Fixierung die Möglichkeit zu einer Nachbesprechung und einer Absprache für den Wiederholungsfall anzubieten ist. Dies ist angesichts einer möglichst umfangreichen Stärkung der Partizipationsmöglichkeiten der untergebrachten Person besonders begrüßenswert. Denkbar ist daneben auch die Nutzung von sog. Krisenpässen, die in handlicher Form die wichtigsten Daten und Fakten zu Patienten enthalten, die im Falle einer erneuten Krise für die handelnden Akteure beachtenswert sind.[579] Auf diese Weise könnte nicht nur die Patientenautonomie gestärkt, sondern vor allem auch eine vertrauensvolle(re) Zusammenarbeit des Patienten mit dem therapeutischen und ärztlichen Personal gewährleistet werden. Der Betroffene könnte die Vorgehensweise für den Interventionsfall mitgestalten und im Ergebnis mehr Akzeptanz und weniger Ohnmacht empfinden.[580] In eine ähnliche Richtung geht auch die Regelung in § 22 ThürMRVG, wonach ein sog. Patientenfürsprecher zu bestellen ist. Dieser prüft nach Absatz 2 Wünsche, Beschwerden und Einwendungen der Untergebrachten und trägt sie auf Wunsch der Vollzugseinrichtung und der Besuchskommission vor. Nach Maßgabe von Absatz 4 sollen als Patientenfürsprecher durch die Vollzugseinrichtung im Einvernehmen mit dem Interventionsbeauftragten und im Benehmen mit dem Chefarzt nur solche Personen bestellt werden, die nicht Beschäftigte der Vollzugseinrichtung sind und durch langjährige Erfahrungen in der Behandlung oder Betreuung von psychisch kranken Menschen eine besondere Eignung erworben haben, sodass auf der einen Seite ihre Unabhängigkeit und auf der anderen Seite ihre fachliche Qualifizierung sichergestellt ist. Die Schaffung einer im Vorfeld bekannten Ansprechperson für Anliegen der untergebrachten

---

578 *Steinlechner/Stöhr/Oschinsky*, Pflegewissenschaft 71 (2018), 52, 55.

579 Zu diesem Krisenpass und zu anderen Instrumenten der Vorausverfügung *Borbé*, Behandlungsvereinbarungen, Vorsorgevollmachten und Patientenverfügungen, S. 201f.

580 *Jakovljevic/Wiesemann*, Nervenarzt 87 (2016), 780, 785.

Personen erscheint besonders geeignet, möglichst vertrauensvolle Beziehungen aufzubauen und die Interessen in geeigneter Weise im Vollzugsalltag zu berücksichtigen.

Bezogen auf die psychiatrische Unterbringungspraxis sind zudem deeskalierende Maßnahmen wie das sog. „Talk Down“ bzw. „Talking Down“[581] oder eine Zwei-zu-Eins-Betreuung wünschenswert, in der Praxis jedoch wegen unzureichender personeller Ressourcen oftmals nur schwer umsetzbar.[582] Eine weitere Alternative zur Zwangsfixierung stellt das Festhalten dar. Diese durch die britische Praxis inspirierte Maßnahme („physical restraint“) hat den Vorteil, dass die Dauer bei gleichem Effekt um ein Vielfaches verkürzt werden kann.[583]

(1) Besondere Alternativmittel

Der sog. „Werdenfelser Weg“ entstand ursprünglich als Initiative in Garmisch-Partenkirchen mit dem Ziel, freiheitsentziehende Maßnahmen von kranken und alten Menschen zu vermeiden. Mittlerweile handelt es sich um eine mit großer Geschwindigkeit bundesweit wachsende Initiative von Menschen, die sich jeweils in ihrem Tätigkeitsumfeld um die Vermeidung von Fixierungen in vertretbaren Fällen bemühen.[584] Dies wird dadurch erreicht, dass „pflege(-wissenschaftlich) geschulte Verfahrenspfleger in das Genehmigungsverfahren einbezogen werden. Diese erstellen eine fachliche Einschätzung zur Notwendigkeit und möglichen Alternativen zu FEM (Anmerkung: Freiheitsentziehende Maßnahmen) für den Amtsrichter, stehen für die Pflegeeinrichtungen und Betreuer als Ansprechpartner zu Verfügung und fühlen sich den Rechten und Bedürfnissen der Bewohner verpflichtet. Auf dieser Grundlage sollen alle Beteiligten in den Prozess einbezogen werden und eine gemeinsame Übernahme von Verantwortung aller am Verfahren Beteiligter

---

581 Vgl. zu diesem Begriff auch *Mavrogiorgou/Brüne/Juckel*, Deutsches Ärzteblatt International 108 (2011), 222, 226 f.: „Als oft erfolgreiche Maßnahme gilt das sogenannte „talking down“. Hierbei wird durch ein gleichmäßiges, freundliches Ansprechen und Aufrechterhalten des Gesprächskontaktes versucht, den Patienten verbal zu beruhigen (1). Erregungszustände können kurzfristig abklingen („Ruhe vor dem Sturm“) und rasch wieder und noch stärker aufflammen und somit ein falsches Bild von der tatsächlichen Gefährdung geben. Deshalb sollte man stets versuchen es einzurichten, dass zum Beispiel geschulte Pflegekräfte oder andere Hilfspersonen während des Erstkontaktes mit aggressiv-gespannten Patienten anwesend sind. Zu forsches Auftreten kann die Aggressivität steigern, auch sollte man sich vor Selbstüberschätzung hüten, da Patienten im Erregungszustand zum Teil große Kräfte entwickeln können.“

582 BVerfG, Urteil vom 24.07.2018 – 2 BvR 309/15, 2 BvR 502/16, Rn. 45.

583 *Steinert/Schmid*, Nervenarzt 85 (2014), 621, 627.

584 Vgl. dazu die Ausführungen auf der Internetseite des Werdenfelser Weg unter https://www.werdenfelser-weg-original.de/# (zuletzt aufgerufen am 25.01.2024).

erreicht werden."[585] Speziell für pflegebedürftige Menschen in Pflegeheimen wurden nach diesem Vorbild auch in Nordrhein-Westfalen bereits Konzepte zur Vermeidung von Fixierungen und zur Stärkung der Selbstbestimmung unter der Bezeichnung „Werdenfelser Weg" und „ReduFix" entwickelt, die zum Beispiel Niederflurbetten, die zur Vermeidung von Verletzungen nach Stürzen tief heruntergefahren werden können, sowie geteilte Bettgitter und spezielle Sensormatten umfassen, die bei einem Kontakt ein Signal geben. Maßgeblich für den Erfolg der Initiative ist die folgende Erkenntnis: „Erst dann, wenn allen Handelnden bewusst ist, dass eine Fixierung in vielen Fällen nicht nur nicht nötig, sondern für den betroffenen Menschen sogar schädlich und gefährlich ist, wird eine Fixierung auch wirklich als Ultima Ratio eingesetzt werden. Die Erfahrungen mit dem „Werdenfelser Weg" und „ReduFix" zeigen, dass in den meisten Fällen auf freiheitsentziehende Maßnahmen verzichtet werden kann, ohne den Schutz der Menschen aus den Augen zu verlieren – vielfach gebietet der Schutz es gerade, eine Fixierung nicht vorzunehmen."[586]

Zum Schutz des Betroffenen vor eigenhändig zugefügten Verletzungen oder einer krankheitsbedingten Selbsttötung könnte auch eine ärztliche Zwangsbehandlung in Form einer Zwangsmedikation in Betracht gezogen werden. Gerade diese Vorgehensweise ist in den Maßregelvollzugsgesetzen der Länder im Anschluss an die bundesverfassungsgerichtlichen Entscheidungen zur Zwangsbehandlung[587] vorgesehen. *Kammeier* stellt daher die grundsätzliche Frage, ob es daneben zur Gefahrenabwehr überhaupt einer Fixierung bedarf und ob diese rechtlich Platz hat: „Vielmehr wird in der Alltagspraxis der Vollzüge eine Fixierung als außergewöhnliche besondere Sicherungsmaßnahme doch eher dann angezeigt sein, wenn es um die Bewältigung von relativ schnell eskalierenden Konflikten, um die Abwehr von aggressiven Handlungen, von Randale oder von Gewalt gegen Dritte, einschließlich möglicher Körperverletzungen, oder von Gewalt gegen Sachen in der Unterbringungseinrichtung geht, bei denen weniger eingreifende bisher schon normierte Sicherungsmaßnahmen nicht (mehr) ausreichen oder sich als nicht zielführend erwiesen haben oder erweisen. Und dabei kann es keine Rolle spielen, ob dieses Gefährdungspotential durch Krankheit hervorgerufen wird oder von einer unter medizinisch-diagnostischem Blick als gesund zu beurteilenden Person

585 http://www.leitlinie-fem.de/werdenfelser-weg/ (zuletzt aufgerufen am 25.01.2024).

586 Weitere Informationen zu den genannten Projekten, Handreichungen und Leitlinien sind auf der entsprechenden Internetseite einzusehen, vgl. dazu https://www.justiz.nrw/BS/lebenslagen/familie/Betreuungsverfahren/alternative_freiheitsentz/index.php (zuletzt aufgerufen am 26.01.2024).

587 BVerfG, Beschluss vom 23.03.2011 – 2 BvR 882/09 sowie BVerfG, Beschluss vom 20.02.2013 – 2 BvR 228/12.

ausgeht und von Frustrationen oder nicht bewältigbaren verbalen oder körperlichen Auseinandersetzungen mit anderen Personen hervorgerufen oder beeinflusst worden ist. Hinsichtlich der hier möglicherweise infrage kommenden Fixierung geht es damit folglich um die Abwehr eines rechtlich wie sozial nicht akzeptablen Verhaltens und nicht um die Behandlung oder Bekämpfung einer Krankheit."[588] In diesem Zusammenhang ist die bereits dargestellte Abgrenzungsfrage von Zwangsmaßnahmen zur Aufrechterhaltung von Sicherheit und Ordnung sowie ärztlichen Behandlungsmaßnahmen in Erinnerung zu rufen, die gerade bei der Frage nach Alternativmitteln zur Fixierung eine wichtige Rolle spielen kann und zudem für das grundsätzliche Verständnis der beiden Anwendungsbereiche entscheidend ist.[589] Zu berücksichtigen gilt es dabei, dass ärztliche Reaktionen auf Disziplinwidrigkeiten nur dann rein ärztlicher Natur sein können, wenn ein akuter psychotischer Zustand und eine völlige Schuldunfähigkeit der untergebrachten Person vorliegen.[590]

(2) Enger Krankheitszusammenhang

Es stellt sich nun überdies die Frage, ob ein enger Krankheitszusammenhang zwischen der Fixierung zur Abwehr einer drohenden Selbst- oder Fremdgefährdung und der in der Unterbringung stattfindenden Behandlung zu fordern ist. Das Bundesverfassungsgericht hat dazu ausgeführt: „Als besondere Sicherungsmaßnahme zur Abwehr einer sich aus der Grunderkrankung ergebenden Selbst- oder Fremdgefährdung muss die Fixierung mit der in der Unterbringung stattfindenden psychiatrischen Behandlung der Grunderkrankung in engem Zusammenhang stehen. Ihre Erforderlichkeit ist auch unter Berücksichtigung der psychiatrischen Behandlungsmaßnahmen – etwa der Erfolgsaussichten eines Gesprächs oder einer Medikation – zu beurteilen sowie in jeweils kurzen Abständen neu einzuschätzen."[591] Diesen Ausführungen könnte eine tatbestandliche Begrenzung in mehrfacher Hinsicht zu entnehmen sein: Auf der einen Seite könnte es Voraussetzung sein, dass die vom Betroffenen ausgehende Gefährdung ihren Ursprung grundsätzlich in der Grunderkrankung hat. Dies erscheint mit Blick auf die Anordnungsvoraussetzungen einer Unterbringung in einem psychiatrischen Krankenhaus auch durchaus schlüssig. In der Konsequenz müsste die Fixierung als besondere Sicherungsmaß-

588 *Kammeier,* Stellungnahme zum Gesetzentwurf der Fraktionen der CDU/CSU und SPD: „Entwurf eines Gesetzes zur Stärkung der Rechte von Betroffenen bei Fixierungen im Rahmen von Freiheitsentziehungen", BT-Drs. 19/8939 v. 02.04.2019, S. 4.

589 Vgl. dazu 3. Kapitel A. I.

590 *Grünebaum/Volckart,* Maßregelvollzug, III. Rn. 191.

591 BVerfG, Urteil vom 24.07.2018 – 2 BvR 309/15, 2 BvR 502/16, Rn. 83.

nahme allerdings dann ausgeschlossen sein, wenn der Gefährdungszustand *nachweislich* auf einem unabhängig von der Erkrankung entbrannten Konflikt in der Unterbringungseinrichtung beruht. Ob sich ein solcher Fall tatsächlich zweifelsfrei herauskristallisieren lässt, erscheint im Hinblick auf die komplexe Verflechtung der psychiatrischen Grunderkrankung sowie der nahezu alles beherrschenden Unterbringungssituation fraglich, auch wenn an dieser Stelle einschränkend anzumerken ist, dass die bloße Tatsache einer freiheitsentziehenden Unterbringung des Betroffenen grundsätzlich keine permanente besondere Belastungssituation darstellen kann, da sich auch im Rahmen einer solchen Unterbringung ein gewisser Alltag mit wiederkehrenden Routinen einzustellen vermag.[592] Gleichzeitig erscheint jedoch ebenso ungeklärt, ob sich eine solchermaßen differenzierende Vorgehensweise in der maßregelvollzugsrechtlichen Praxis überhaupt tatsächlich umsetzen lässt, da eine Zwangsfixierung regelmäßig in Krisensituationen erforderlich sein wird. In einem solchen Fall ist nicht zwangsläufig erkennbar, ob der zu dieser Krisenintervention führende Konfliktzustand auf der Grunderkrankung der untergebrachten Person beruht oder aber seine Ursache in einer anderweitigen Eskalation auf der Station hat. Eine solche Unterscheidung im Ernstfall erscheint angesichts der engen tatbestandlichen Voraussetzungen der Ermächtigungsgrundlage auch nicht unbedingt zielführend. Nicht nur aufgrund der ungünstigen situativen Faktoren in Bezug auf die spezifische Unterbringungssituation der Betroffenen, in der es zumeist an privatem Rückzugsraum und einer damit verbundenen Privatsphäre mangelt, sondern auch aufgrund des vorherrschenden Anpassungsdrucks auf den einzelnen Untergebrachten infolge einer von unterschiedlichen Wertvorstellungen geprägten Insassensubkultur, kann es gerade im Stationsalltag häufig zu einem Aufbegehren der Patienten und daraus resultierenden Konfliktsituationen kommen.[593] Ebenso darf nicht aus den Augen verloren werden, dass die von der untergebrachten Person im Einzelfall ausgehende Gefahr ursächlich auf ihrem aktuellen Verhalten bzw. ihrem gegenwärtigen Zustand beruhen muss, der sich insgesamt nennenswert von der allgemeinen krankheitsbedingten Problematik sowie der auf der Grunderkrankung beruhenden Risikofaktoren infolge der Unterbringung abheben muss. Wie bereits gezeigt wurde, darf die bloß allgemeine Einschätzung der Gefährlichkeit des Betroffenen nicht zu einer Zwangsfixierung führen.[594] Besteht folglich ein Zustand der gegenwärtig drohenden erheblichen Selbstgefährdung oder gegenwärtigen erheblichen Gefährdung bedeutender Rechtsgüter anderer und kommen aufgrund des Zustandes der untergebrachten

---

592 So bereits im Zusammenhang mit der Gefährlichkeitsprognose im Rahmen des 2. Kapitels III. 2. c); vgl. auch *Kett-Straub*, NStZ-RR 25 (2020), 138, 139.

593 Ausführlich dazu *Lindemann*, Die Sanktionierung unbotmäßigen Patientenverhaltens, S. 2.

594 So bereits 3. Kapitel C. II. 1. a).

Person andere, weniger einschneidende Maßnahmen zur Abwendung der Gefahr nicht in Betracht, so ist mit *Kammeier* eine Fixierung auch dann als tatbestandlich zulässig i. S. v. § 33 Abs. 2 StrUG NRW einzustufen, wenn der gefahrenauslösende Zustand seinen Ursprung nicht in der Grunderkrankung der untergebrachten Person hat, sondern vielmehr der spezifischen Unterbringungssituation geschuldet ist.[595] Auf der anderen Seite ist eine strenge Erforderlichkeitsprüfung durchzuführen und dabei stets derjenigen Interventionsmaßnahme der Vorzug zu geben, die sich auch im Zusammenhang mit der psychiatrischen Behandlung der Grunderkrankung als erfolgreich erwiesen hat. Die Aussage des Bundesverfassungsgerichts ist folglich im Einklang mit den vorstehenden Ausführungen vielmehr so zu interpretieren, dass eine Verzahnung der physischen Sicherung mit der Behandlung der untergebrachten Person jedenfalls bei solchen Gefährdungslagen, die aus der jeweiligen Grunderkrankung resultieren, geboten erscheint. Eine darüber hinausgehende generelle Verknüpfung der Gefahrenlage mit der Anlasserkrankung erscheint jedoch nicht angezeigt. Das Bundesverfassungsgericht geht folglich im Grundsatz zutreffend davon aus, dass auch etwaigen Behandlungsmaßnahmen der Vorrang vor der Fixierung einzuräumen ist. Wichtig ist daher ein psychiatrisches Gesamtkonzept, das sowohl die Krankengeschichte des Betroffenen berücksichtigt als auch die Umstände des konkreten Einzelfalls miteinbezieht.

(3) Konsequenzen der vorstehenden Ausführungen zur Erforderlichkeit

Vor dem Hintergrund dieser Alternativen sollte im Vorfeld einer Zwangsmaßnahme also stets die Frage beantwortet werden, ob tatsächlich alle zur Verfügung stehenden Alternativmittel ausgeschöpft worden sind und sich die Fixierung daher als letztes mögliches Mittel zur Abwehr der Gefahr darstellt. Dabei sollte auch berücksichtigt werden, dass die Durchführung einer Fixierung einen ganz wesentlichen Faktor im Rahmen der Beurteilung der Behandlungsqualität darstellt und eine voreilige Fixierung des Betroffenen die Beziehung zwischen dem Arzt und dem Patienten nachhaltig zerstören und so etwaige Therapie- und Behandlungserfolge erschweren oder gar gänzlich verhindern kann.[596] Welche Auswirkungen die vorgestellten Ausführungen auf die finale Frage der Funktionstüchtigkeit des Rich-

---

595 S. o., Fn. 588.

596 Dies wird unterstützt durch die folgende Aussage: „Andererseits hat die Beschränkung der Zulässigkeit von Zwangsmaßnahmen in den Augen nicht weniger leitender Ärzte zur Konsequenz, das Verhältnis zwischen Arzt und Patient auf eine bessere Vertrauensbasis zu stellen, die wiederum eine wesentliche Voraussetzung für alle langfristigen Behandlungsmaßnahmen ist.“, *Jakovljevic/Wiesemann*, Nervenarzt 87 (2016), 780, 785; vgl. dazu auch *Rohe et al.*, Nervenarzt 88 (2017), 70: „Die Verringerung von Zwangsmaßnahmen hingegen kann als Qualitätsindikator der psychiatrischen Behandlung angesehen werden.“

tervorbehalts haben und wie ein möglicher Korrekturbedarf für die Praxis aussehen könnte, wird im Rahmen des vierten Kapitels umfassend erläutert.

cc) Angemessenheit der Maßnahme

Wichtig in diesem Zusammenhang ist auch die Frage der Angemessenheit einer Fixierung. Es wurde dazu bereits ausgeführt,[597] dass die Schwere des Eingriffs stets in ein angemessenes Verhältnis zu seinem Anlass zu setzen ist. Ausgeschlossen ist die Fixierung als besonders einschneidende Zwangsmaßnahme daher dann, wenn es sich um eine lediglich bagatellhafte Gefährdungssituation handelt. Auch als Reaktion auf unerwünschtes Verhalten der untergebrachten Person und damit als verdeckte Disziplinarmaßnahme ist die Durchführung einer Fixierung unzulässig. Folgerichtig sind die Fixierung und die Fesselung nach § 33 Abs. 3 StrUG NRW auch unverzüglich zu lockern oder zu entfernen, sobald die Gefahr nicht mehr fortbesteht oder sie durch mildere Mittel abgewendet werden kann.

Bedenklich sind in diesem Zusammenhang gelegentlich anzutreffende Rechtfertigungsversuche, nach denen im wohlverstandenen Interesse des Patienten eine Zwangsmaßnahme wie die Fixierung zur Wiedererlangung der Willensfreiheit sowie der uneingeschränkten Autonomie des Patienten durchgeführt werden soll.[598] Der in diesem Zusammenhang häufig vorzufindende Begriff des „wohltätigen Zwangs“ ist bereits *per definitionem* ein Widerspruch in sich und damit eine *contradictio in adiecto.* Es stellt sich nicht nur in rechtlicher, sondern vor allem auch in (medizin-)ethischer Hinsicht die grundsätzliche Frage, wie ein Akt des Zwangs, der sich über den Widerstand und den Willen des Betroffenen hinwegsetzt, überhaupt aus dessen Sicht jemals als Wohltat empfunden werden kann, selbst wenn die Maßnahme in letzter Instanz seinem Wohl dienen soll.[599] Sehr treffend beschrieben wurde die mit solchen Argumentationsmustern einhergehende Gefährdungssituation im Hinblick auf die angestrebte effektive Besserstellung von Patienten totaler Institutionen von *Lindemann:* „Die Orientierung von Behandlungsbemühungen am “wohlverstandenen Interesse“ der Strafgefangenen oder Untergebrachten kann leicht umschlagen in den Versuch einer paternalistischen Gängelung und Konditionierung der Betroffenen. Sie ist anfällig für eine Ausrichtung des Resozialisierungsprogrammes ausschließlich an den Anpassungswünschen, welche die gesell-

---

597 S. dazu Fn. 531.

598 So bspw. *Adorjan et al.*, Nervenarzt 88 (2017), 802, 808.

599 Dazu äußert sich auch der Deutsche Ethikrat in seiner Stellungnahme zum Thema Zwang mit der Frage, ob die Unterstellung der Wohltätigkeit nicht vielmehr zynisch und das Attribut des „Wohltätigen“ eine euphemistische Verklärung sei, *Deutscher Ethikrat,* Hilfe durch Zwang? Professionelle Sorgebeziehungen im Spannungsfeld von Wohl und Selbstbestimmung, S. 8 f.

schaftliche Mehrheit an den durch delinquentes Verhalten (…) auffällig Gewordenen richtet."[600] Es erscheint schon fraglich, wie gerade das Festbinden des Patienten *gegen seinen Willen* an einen feststehenden Gegenstand, sodass dieser sich nicht mehr frei bewegen kann und auch nicht mehr dazu in der Lage ist, ohne Einschreiten des Personals seine natürlichen Bedürfnisse zu befriedigen, dazu beitragen soll, seine Willensfreiheit wiederherzustellen. Konsequent weitergedacht sollen also zunächst Bewegungs- und Willensfreiheit des Betroffenen vollständig aufgehoben werden, um sodann nach Durchführung der Maßnahme die Autonomie des Betroffenen wieder zu stärken. Eine solch zirkelschlussartige Argumentation erscheint angesichts des tiefgreifenden Grundrechtseingriffs und der mit einer Zwangsmaßnahme regelmäßig verbundenen traumatischen Folgen[601] nahezu absurd und vermengt darüber hinaus auf eine verfassungsrechtlich bedenkliche Art und Weise die wesensverschiedenen Bereiche der Behandlung der Anlasserkrankung des Patienten unter Zwang sowie der besonderen Sicherungsmaßnahmen zur Aufrechterhaltung von Sicherheit und Ordnung innerhalb der Unterbringungseinrichtung. Zudem verschleiert eine Argumentation im Sinne des (angeblich) wohlverstandenen Patienteninteresses, dass es sich um ein bipolares Verhältnis handelt, in dem lediglich ein einzelner Grundrechtsträger (der Patient) von gleich mehreren Grundrechtseingriffen bedroht ist und der eine Grundrechtseingriff (die Zwangsmaßnahme) durch Abschwächung oder Beendigung des anderen Grundrechtseingriffs (die Unterbringung) gerechtfertigt werden soll.[602] Die Grundrechte des Betroffenen sind bei Zwangseingriffen regelmäßig aber (gerade) nicht suspendiert, sondern durch das einschränkende Gesetz lediglich relativiert, sodass ihr Geltungsanspruch weiterhin besteht.[603] Bei einer solchen Vorgehensweise ist daher besondere Vorsicht geboten, da dem Betroffenen in Wahrheit mithilfe einer derart begründeten Fixierung deutlich mehr genommen wird, als ihm schlussendlich zurückgegeben werden kann.

2. Verfahrensrechtliche Ausgestaltung

Aus den aufgezeigten grundrechtlichen Garantien ergeben sich in Verbindung mit dem Verhältnismäßigkeitsgrundsatz auch verfahrensrechtliche Anforderungen.[604]

---

600 *Lindemann*, Die Sanktionierung unbotmäßigen Patientenverhaltens, S. 69.

601 Gefühle von Depression, Ohnmacht und Aggression sowie innerer Unruhe, aber z.T. auch Akzeptanz nach *Fugger et al.*, J Neurol Neurochir Psychiatr 19 (2018), 20, 22.

602 *Bublitz*, ZIS 6 (2011), 714, 724.

603 *Pollähne*, Verfassungsrechtliche Grundlagen und Menschenrechte, S. 40 Rn. B31.

604 BVerfG, Urteil vom 24.07.2018 – 2 BvR 309/15, 2 BvR 502/16, Rn. 81, mit Verweis auf die st. Rspr., vgl. BVerfGE 51, 150 (156); 52, 380 (389); 52, 391 (407); 101, 106 (122); 128, 282 (311).

Der Untergebrachte ist gerade bei einer Fixierung maßgeblich auf die verfahrensmäßige Sicherung seines Freiheitsrechts angewiesen. Das Bundesverfassungsgericht hat dazu das Folgende ausgeführt: „Die Geschlossenheit der Einrichtung und die dadurch für alle Beteiligten eingeschränkte Möglichkeit der Unterstützung und Begleitung durch Außenstehende versetzen die untergebrachte Person in eine Situation außerordentlicher Abhängigkeit, in der sie besonderen Schutzes bedarf. Sie muss vor allem davor geschützt werden, dass ihre Grundrechte etwa aufgrund von Eigeninteressen der Einrichtung oder ihrer Mitarbeiter – insbesondere bei Überforderungen, die im Umgang mit oft schwierigen Patienten auftreten können –, bei nicht aufgabengerechter Personalausstattung oder aufgrund von Betriebsroutinen unzureichend gewürdigt werden."[605]

a) Anordnungsbefugnis und Delegationsmöglichkeiten

Während der nordrhein-westfälische Gesetzgeber in § 21a Abs. 4 und 5 MRVG NRW bezüglich der Anordnungs- und Delegationsbefugnis noch zwischen kurzfristigen und absehbar nicht nur kurzfristigen Fixierungen differenziert hat, gilt nach § 33 Abs. 4 StrUG NRW nunmehr, dass alle Fixierungen unabhängig von ihrer prinzipiellen Dauer zunächst einmal durch die therapeutische Leitung nach vorheriger ärztlicher Inaugenscheinnahme und Stellungnahme angeordnet werden. Bei Gefahr im Verzug können auch andere therapeutisch oder pflegerisch Beschäftigte diese Maßnahme vorläufig anordnen. Die ärztliche Inaugenscheinnahme und Stellungnahme sowie die Anordnung der therapeutischen Leitung sind dann jedoch unverzüglich nachzuholen. Die Durchführung einer absehbar nicht nur kurzfristigen Fixierung bedarf sodann nach Maßgabe des § 33 Abs. 5 StrUG der vorherigen richterlichen Entscheidung über die Zulässigkeit der Anordnung unter Beachtung der in Absatz 2 genannten Voraussetzungen. Bei Gefahr im Verzug darf die Maßnahme vorläufig durchgeführt werden. Die richterliche Entscheidung ist jedoch unverzüglich nachzuholen. Einer Antragsstellung bei Gericht bedarf es nur dann nicht, wenn bereits zu Beginn der Maßnahme absehbar ist, dass die Entscheidung erst nach Wegfall des Grundes der Maßnahme ergehen wird oder die Maßnahme vor Herbeiführung der Entscheidung tatsächlich beendet und auch keine Wiederholung zu erwarten ist. Das Gericht ist unverzüglich zu unterrichten, wenn die Fixierung nach Antragstellung bei Gericht, aber vor einer gerichtlichen Entscheidung, nicht mehr erforderlich ist. Vor dem Hintergrund, dass die Effektivität des Grundrechtsschutzes durch den Richtervorbehalt maßgeblich von der verfahrens-

605 BVerfG, Urteil vom 24.07.2018 – 2 BvR 309/15, 2 BvR 502/16, Rn. 82.

rechtlichen Ausgestaltung abhängig ist,[606] sowie der besonderen Intensität des Eingriffs in die Grundrechte des Betroffenen, muss zwingend sichergestellt sein, dass das vom Bundesverfassungsgericht aufgezeigte hohe verfahrensrechtliche Schutzniveau nicht durch Ausnahmeregelungen bei Gefahr im Verzug unterlaufen wird. Im Rahmen des ersten Kapitels konnte herausgearbeitet werden, dass die spezifische Situation der Abhängigkeit und Machtunterworfenheit des Untergebrachten innerhalb des psychiatrischen Maßregelvollzuges einen besonders ausgestalteten verfahrensrechtlichen Schutz erforderlich macht. Die sachliche und persönliche Unabhängigkeit sowie juristische Expertise des Richters im Rahmen der Ausübung des statuierten Richtervorbehalts sollen im Wege einer vorbeugenden Kontrolle die Rechtmäßigkeit der Zwangsmaßnahme gewährleisten und im Sinne einer Disziplinierungsfunktion die Gefahr einseitiger Entscheidungen zurückdrängen. Die besondere Belastungswirkung und Intensität der freiheitsentziehenden Zwangsfixierung löst demzufolge eine weitreichende Grundrechtssicherung dergestalt aus, dass die spezifischen Verfahrensvorschriften sowie die gesetzlichen Grenzen eines Eingriffs im Sinne eines effektiven und möglichst umfassenden Schutzniveaus des Betroffenen eingehalten werden. Dies soll maßgeblich durch den Richter gewährleistet werden, der aufgrund seiner besonderen Stellung im Rechtssystem eine hinreichende Gewähr für rechtmäßige Entscheidungen bietet. In Anbetracht dieser herausragenden Stellung des Richters erscheint es daher fraglich, ob überhaupt und wenn ja, in welchem Ausmaß, eine Delegation verfassungsrechtlich möglich erscheint.[607] Zwingend vorauszusetzen ist in jedem Fall, dass der anstelle des Richters entscheidenden Person eine zumindest vergleichbare Stellung und Kompetenz zukommt. Nach der Konzeption des StrUG NRW soll die Fixierung von der therapeutischen Leitung angeordnet werden und nicht mehr – wie noch im Maßregelvollzugsgesetz NRW – durch den Richter. Die therapeutische Leitung einer Maßregelvollzugseinrichtung ist regelmäßig die ärztliche oder psychotherapeutische Leitung bzw. bei selbstständigen Abteilungen auch die fachlich unabhängige ärztliche oder psychotherapeutische Leitung dieser Abteilung,[608] sodass eine fachliche Kompetenz und ärztliche Expertise (wohl) uneingeschränkt

---

606 Von Mangoldt/Klein/Starck-*Gusy*, Art. 104 GG Rn. 65, vgl. dazu auch BVerfG, Urteil vom 24.07.2018 – 2 BvR 309/15, 2 BvR 502/16, Rn. 94.

607 So auch *Deutscher Anwaltverein*, Stellungnahme des Deutschen Anwaltvereins durch den Ausschuss Strafrecht zu dem Gesetz zur Verbesserung des Rechtsschutzes bei Fixierungen im Justiz- und Maßregelvollzug und bei öffentlich-rechtlichen Unterbringungen in psychiatrischen Einrichtungen des Landes Nordrhein-Westfalen (Drs. 17/5011), S. 4.

608 Vgl. zu dieser Definition das Glossar der gängigsten Maßregelvollzugsbegriffe der LWL-Maßregelvollzugsabteilung Westfalen, S. 8, online abrufbar unter https://www.lwl.org/massregelvollzug-download/Abt62/Service/Glossar/Glossar_MRV.pdf (zuletzt aufgerufen am 25.01.2024).

vorhanden ist. Bei der Leitung einer Abteilung ist zudem grundsätzlich davon auszugehen, dass auch eine gewisse Kontrollfunktion besteht, da regelmäßig die Belange der gesamten Abteilung sowie übergeordnet auch der Einrichtung im Blick zu behalten sind. Es handelt sich folglich um eine Doppelfunktion, die nicht nur die therapeutische Leitung umfasst, sondern vor allem auch die Sicherung und Wahrung der Grundrechte des Betroffenen. Im Rahmen des ersten Kapitels[609] konnte bereits gezeigt werden, dass die besondere Sicherungsmaßnahme der Fixierung unabhängig von der Frage, ob der Richter diese originär anordnet oder über die Zulässigkeit der Anordnung durch die Einrichtung entscheidet, in beiden Fällen nach der verfassungsrechtlichen Grundkonzeption grundsätzlich erst dann durchgeführt werden darf, wenn ein Richter über Zulässigkeit und Verhältnismäßigkeit der in Rede stehenden Zwangsmaßnahme entschieden hat. Nach Maßgabe des Art. 104 Abs. 2 S. 1 GG hat ausschließlich der neutrale und unabhängige Richter kraft seiner verfassungsrechtlichen Kompetenz über die Zulässigkeit und Fortdauer einer Freiheitsentziehung zu entscheiden. Beruht die Freiheitsentziehung nicht auf einer richterlichen Anordnung, so ist nach Art. 104 Abs. 2 S. 2 GG unverzüglich eine richterliche Entscheidung herbeizuführen. Der Richter behält daher stets und in vollem Umfang die Verantwortung für die freiheitsentziehende Zwangsmaßnahme der absehbar nicht nur kurzfristigen Fixierung. Es konnte daher festgestellt werden, dass mit der Neufassung des § 33 StrUG NRW lediglich in struktureller sowie innerorganisatorischer Hinsicht der Ablauf sowie die maßgebliche Vorgehensweise innerhalb der Unterbringungseinrichtung den Bedürfnissen einer handlungsorientierten Praxis angepasst worden sind, ohne damit jedoch eine Änderung des richterlichen Prüfungsprogrammes zu bezwecken. Werden diese Erkenntnisse auf die vorstehende Situation übertragen, so muss folgerichtig auch hier davon ausgegangen werden, dass die Normierung einer zumindest vorläufigen Anordnungskompetenz der therapeutischen Leitung unter besonderer Berücksichtigung einer möglichst weitreichenden Sicherstellung der Handlungsfähigkeit in der Praxis sachgerecht und mit den verfassungsrechtlichen Voraussetzungen vereinbar ist. § 33 Abs. 4 S. 2 StrUG sieht sodann vor, dass bei Gefahr im Verzug nur Beschäftigte eine Fixierung vorläufig anordnen können, die therapeutisch oder pflegerisch tätig sind. Diese präzisierende Einschränkung ist begrüßenswert, da die ursprüngliche Norm des § 21a Abs. 5 S. 2 MRVG NRW auf einer dritten Stufe der Delegationsbefugnis noch vorsah, dass ein anderer Bediensteter der Einrichtung die Anordnung vorläufig treffen darf, wenn die Entscheidung der therapeutischen Leitung nicht rechtzeitig eingeholt werden kann. Es blieb dabei schon unklar, ob wirklich *jeder andere* Bedienstete der Einrichtung dazu befugt sein sollte, ob also im Zweifel auch

609 Vgl. dazu 1. Kapitel B. III.

einem Auszubildenden ohne Praxiserfahrung eine vorläufige Anordnungsbefugnis zugesprochen werden konnte. Als Mindestvoraussetzung war daher zu fordern, dass dieser andere Bedienstete der therapeutischen Leitung hinsichtlich der Qualifikation sowie dem damit verknüpften Kenntnisstand zumindest vergleichbar ist.[610] In diese Richtung wies in diesem Zusammenhang auch die Beschlussempfehlung des Ausschusses für Recht und Verbraucherschutz, da die Einrichtungen danach gehalten sein sollen, den „Kreis der Anordnungsbefugten auf einen engeren Kreis von geschulten Bediensteten zu beschränken".[611] Hinsichtlich Schulung und Qualifikation dieser Person war daher in der Konsequenz zu fordern, dass der Bedienstete über ausreichende medizinische sowie psychiatrische Grundkenntnisse verfügt, um nicht nur die Maßnahme in erster Instanz anordnen zu können, sondern auch nachgelagert im Rahmen der Betreuung die Gewähr dafür zu bieten, dass ein psychiatrischer Interventionsbedarf erkannt wird und so schwerwiegenden Gesundheitsschädigungen vorgebeugt werden kann.[612] Keinesfalls durfte es sich folglich um einen Automatismus handeln, sodass zudem eine Rufbereitschaft der therapeutischen Leitung eingerichtet werden sollte, um ein Mindestmaß an Rechtssicherheit herzustellen.[613] Vor diesem Hintergrund ist zu fordern, dass auch *tatsächlich* versucht worden ist, die therapeutische Leitung zu erreichen. Diese Kriterien zum Anlass nehmend, kann vorliegend davon ausgegangen werden, dass die Neufassung des StrUG NRW dem schmalen Grat zwischen der Aufrechterhaltung der Handlungsfähigkeit in Krisensituationen und der möglichst umfassenden Grundrechtssicherung des Betroffenen in einem verfassungsrechtlich vertretbaren Maß gerecht geworden ist. Hervorzuheben ist in diesem Zusammenhang noch die Regelung des § 33 Abs. 4 S. 1 StrUG NRW, wonach eine Fixierung erst nach vorheriger ärztlicher Inaugenscheinnahme und Stellungnahme von der therapeutischen Leitung angeordnet wird. Angesichts der vulnerablen Rechtsstellung der untergebrachten Person erscheint diese gesetzliche Verankerung besonders begrüßenswert, da nunmehr sichergestellt werden kann, dass den mit der Fixierung ver-

610 *Deutscher Anwaltverein,* Stellungnahme des Deutschen Anwaltvereins durch den Ausschuss Strafrecht zu dem Gesetz zur Verbesserung des Rechtsschutzes bei Fixierungen im Justiz- und Maßregelvollzug und bei öffentlich-rechtlichen Unterbringungen in psychiatrischen Einrichtungen des Landes Nordrhein-Westfalen (Drs. 17/5011), S. 5.

611 Beschlussempfehlung und Bericht des Ausschusses für Recht und Verbraucherschutz (6. Ausschuss), BT-Drs. 19/10243, S. 21.

612 *A. Baur,* NJW 72 (2019), 2273, 2275.

613 *Deutscher Anwaltverein,* Stellungnahme des Deutschen Anwaltvereins durch den Ausschuss Strafrecht zu dem Gesetz zur Verbesserung des Rechtsschutzes bei Fixierungen im Justiz- und Maßregelvollzug und bei öffentlich-rechtlichen Unterbringungen in psychiatrischen Einrichtungen des Landes Nordrhein-Westfalen (Drs. 17/5011), S. 6.

bundenen Gefahren auch angemessen begegnet werden kann – gerade auch im Hinblick auf die Vorrangigkeit von Behandlungsmaßnahmen.[614]

b) Dokumentationspflichten

Um auch im Einzelfall die Effektivität des Rechtsschutzes und die Verhältnismäßigkeit des Eingriffs gewährleisten zu können, folgt nach Ansicht des Bundesverfassungsgerichts aus Art. 2 Abs. 2 S. 2 und 3 GG i.V.m. Art. 104 Abs. 1 S. 1 GG die Notwendigkeit, die Anordnung einer Fixierung sowie ihre maßgeblichen Gründe, ihre Durchsetzung, Dauer und Art der Überwachung zu dokumentieren.[615] Diese Vorgehensweise im Sinne einer detaillierten Dokumentationspflicht soll zum einen sicherstellen, dass der Betroffene auch zu einem späteren Zeitpunkt noch Rechtsschutz suchen kann. Gerade bei den hier in Rede stehenden Untergebrachten des psychiatrischen Maßregelvollzuges ist grundsätzlich zu befürchten, dass diese sich ihrer rechtlichen Überprüfungsmöglichkeiten überhaupt nicht bewusst sind oder aus mangelndem Vertrauen in die Rechtsberatungsberufe oder aus Angst vor hohen Kosten den Rechtsweg gar nicht beschreiten.[616] Umfassende Dokumentationspflichten können zumindest dazu beitragen, den Zugang zum Rechtsweg zu erleichtern. Zum anderen soll fachgerechtes Handeln auch unter der typischen Bedingung garantiert sein, dass die zuständigen Akteure innerhalb der Unterbringungseinrichtung wechseln.[617] Je detaillierter die Dokumentation innerhalb der Einrichtung ist, desto umfangreicher ist naturgemäß auch die Entscheidungsgrundlage des Richters. Folglich kann gerade die Einführung einer umfassenden Dokumentationspflicht die Funktionstüchtigkeit der richterlichen Entscheidung in der Praxis steigern und so zu einer erhöhten Transparenz und Rechtssicherheit sowohl für die Betroffenen selbst als auch für die an der Zwangsmaßnahme Beteiligten beitragen. Der nordrhein-westfälische Gesetzgeber hat die Anforderungen des Bundesverfassungsgerichts wortgetreu in § 33 Abs. 10 Nrn. 1–5 StrUG NRW aufgenommen sowie in Nr. 6 darauf verwiesen, dass die (tatsächlich erfolgte) Belehrung über die Möglichkeit, nach Beendigung einer nicht richterlich angeordneten Fixierung die Rechtmäßigkeit derselben gerichtlich überprüfen zu lassen,

---

614 Vgl. dazu auch den Gesetzentwurf der Landesregierung, Gesetz zur Durchführung strafrechtsbezogener Unterbringungen in einem psychiatrischen Krankenhaus und einer Entziehungsanstalt in Nordrhein-Westfalen (Strafrechtsbezogenes Unterbringungsgesetz NRW – StrUG NRW) vom 13. Januar 2021, LT-Drs. 17/12306, S. 78.

615 BVerfG, Urteil vom 24.07.2018 – 2 BvR 309/15, 2 BvR 502/16, Rn. 84.

616 Vgl. dazu *Baumgärtel*, Gleicher Zugang zum Recht für alle, S. 169, der bereits 1976 verschiedene Lösungsmodelle für diese grundsätzliche Problematik aufgezeigt hat.

617 BVerfG, Urteil vom 24.07.2018 – 2 BvR 309/15, 2 BvR 502/16, Rn. 84 mit Verweis auf BVerfGE 128, 282 (314).

ebenfalls zu dokumentieren ist. Anknüpfend an die vorangegangenen Ausführungen zur Anordnungsbefugnis ist zudem zu fordern, dass eine Dokumentation zusätzlich in personeller Hinsicht gewährleistet ist, sodass auch Transparenz im Hinblick auf die jeweils anordnende und überwachende Person geschaffen wird.[618]

Wünschenswert ist in diesem Zusammenhang auch die Einrichtung eines bundesweit einheitlichen Melderegisters zur Erfassung der Anwendungspraxis sowie der Anzahl von ergriffenen Zwangsmaßnahmen, wie es bereits in diesem Kapitel unter B. VIII. vorgeschlagen worden ist.[619] In diesem Zusammenhang hat die Auswertung eines Fragebogens des Arbeitskreises Gewaltprävention bereits im Jahr 2014 ergeben, dass in den jeweils befragten Kliniken die Zwangsmaßnahmen selbst sowie die Art der Maßnahme stets dokumentiert werden, bei 97 % zudem der Anlass, bei 95 % auch die Dauer der Maßnahme, bei 92 % die Art der Überwachung, bei 89 % die Rechtsgrundlage, bei 77 % Unterbrechungen und bei 55 % auch beteiligte Personen.[620] In Baden-Württemberg beispielsweise hat nach § 10 Abs. 3 S. 1 PsychKHG eine Ombudsstelle dafür Sorge zu tragen, dass die landesweite zentrale Erfassung von Unterbringungsmaßnahmen und Zwangsmaßnahmen innerhalb anerkannter Einrichtungen in verschlüsselter Form in einem Melderegister erfolgt. Unter dem Begriff der Zwangsmaßnahme in diesem Sinne sind gemäß § 10 Abs. 3 S. 2 PsychKHG die Zwangsbehandlung, die Fixierung, das Festhalten anstelle der Fixierung, die Absonderung in einem besonders gesicherten Raum und der Zimmereinschluss zu verstehen. Zur zentralen Erfassung wurde eine Onlineplattform eingerichtet, auf der sowohl ein Datenupload durch die jeweils meldepflichtige Einrichtung als auch ein Datendownload durch die Auswertungsstelle möglich ist.[621] Mithilfe einer bundesweit einheitlichen Statistik könnte nicht nur einer missbräuchlichen Verwendung von Zwangsmaßnahmen entgegengewirkt, sondern es könnten auch Zusammenhänge zwischen einer personellen Unterbesetzung der Einrichtung und einer gegebenenfalls darauf beruhenden erhöhten Anzahl von

618 In diesem Sinne äußert sich auch *Deutscher Anwaltverein*, Stellungnahme des Deutschen Anwaltvereins durch den Ausschuss Strafrecht zu dem Gesetz zur Verbesserung des Rechtsschutzes bei Fixierungen im Justiz- und Maßregelvollzug und bei öffentlich-rechtlichen Unterbringungen in psychiatrischen Einrichtungen des Landes Nordrhein-Westfalen (Drs. 17/5011), S. 6.

619 Allgemein zur Erforderlichkeit eines Melderegisters *Jakovljevic/Wiesemann*, Nervenarzt 87 (2016), 780, 785.

620 Dies sind die Ergebnisse eines Fragebogens des Arbeitskreises zur Prävention von Gewalt und Zwang (http://www.arbeitskreis-gewaltpraevention.de), der als Online-Version an 447 Adressaten verschickt worden ist, die jeweils als ärztliche Leiter einer Klinik in den Verzeichnissen der BDK, der ackpa oder der Lehrstuhlinhaber registriert waren; 217 an Fachkrankenhäusern, 190 an Abteilungen für Allgemeinkrankenhäuser und 40 Lehrstuhlinhaber an Universitätskliniken, vgl. dazu *Steinert/Schmid*, Nervenarzt 85 (2014), 621, 624.

621 *Flammer/Steinert*, Psychiatr Prax 46 (2019), 82, 83 f.

besonderen Sicherungsmaßnahmen aufgedeckt werden.[622] In diese Richtung weist auch das Bundesverfassungsgericht, wenn es davon ausgeht, dass die umfassende Dokumentation der Maßnahme „ein unentbehrliches Mittel der systematischen verbesserungsorientierten Qualitätskontrolle und Evaluation“[623] darstellt.

c) Unterrichtungs- und Informationspflichten

Ein wesentliches Mittel zur Gewährleistung von Transparenz stellen auch die Unterrichtungs- und Informationspflichten dar. Nach § 33 Abs. 8 StrUG NRW ist der untergebrachten Person die Notwendigkeit einer Fesselung oder einer Fixierung zusammen mit der Anordnung zu erläutern. Ist dies aufgrund der Umstände nicht möglich, ist die Erläuterung nachzuholen. Über eine Fixierung sind die gesetzliche Vertretung der untergebrachten Person und ihre anwaltliche Vertretung unverzüglich zu unterrichten. Dem Wunsch der untergebrachten Person nach Unterrichtung weiterer Personen soll entsprochen werden. Gerade vor dem Hintergrund, dass der Betroffene im psychiatrischen Maßregelvollzug krankheitsbedingt häufig nicht in der Lage ist, eigenständig für seine Rechte einzustehen, erscheint die Unterrichtung einer außenstehenden Person wie dem Rechtsbeistand oder dem Verfahrenspfleger unabdingbar, damit dieser für die Einhaltung der verfahrensmäßigen Rechte Sorge tragen kann.[624] Auf diese Weise entfaltet die Unterrichtung nicht nur eine Kontrollfunktion, sondern respektiert auch die Subjektstellung der untergebrachten Person.[625] Im Zusammenhang mit der Erläuterung von Zwangsmaßnahmen gegenüber dem Untergebrachten geht es zudem auch um das psy-

---

622 *Rzepka*, Sicherungsmaßnahmen, S. 417 Rn. H144. Gegenwärtig vorgesehen ist dies neben dem Beispiel Baden-Württembergs noch in Sachsen-Anhalt gem. § 20 Abs. 4 S. 4 und 5 MVollzG LSA („Anordnung und Aufhebung der besonderen Sicherungsmaßnahmen sind zu dokumentieren und der Aufsichtsbehörde wöchentlich mitzuteilen. Der Aufsichtsbehörde ist jährlich eine Auflistung der ergriffenen besonderen Sicherungsmaßnahmen im Sinne des Absatzes 1 Satz 1 Nrn. 1 bis 3 vorzulegen. Der Aufsichtsbehörde ist jährlich eine Auflistung der ergriffenen besonderen Sicherungsmaßnahmen im Sinne des Absatzes 1 Satz 1 Nrn. 1 bis 3 vorzulegen.“) sowie in Brandenburg gem. § 21 Abs. 3 S. 5 BbgPsychKG („Über die angeordneten besonderen Sicherungsmaßnahmen ist ein Verzeichnis anzulegen.“). Auch in Berlin ist gemäß § 48 Abs. 4 des PsychKG vorgesehen, dass die klinisch-forensische Einrichtung der für das Gesundheitswesen zuständigen Senatsverwaltung halbjährlich zum 30. Juni und 31. Dezember Daten über die Art, Anzahl und Dauer von Zwangsbehandlungen und die Anzahl besonderer Sicherungsmaßnahmen meldet.

623 BVerfG, Urteil vom 24.07.2018 – 2 BvR 309/15, 2 BvR 502/16, Rn. 84.

624 *Deutscher Anwaltverein*, Stellungnahme des Deutschen Anwaltvereins durch den Ausschuss Strafrecht zu dem Gesetz zur Verbesserung des Rechtsschutzes bei Fixierungen im Justiz- und Maßregelvollzug und bei öffentlich-rechtlichen Unterbringungen in psychiatrischen Einrichtungen des Landes Nordrhein-Westfalen (Drs. 17/5011), S. 8.

625 *Rzepka*, Sicherungsmaßnahmen, S. 416 Rn. H141.

chologisch wichtige Kriterium der Nachvollziehbarkeit, um nicht nur die (möglicherweise) vertrauensvolle Beziehung zwischen dem behandelnden Arzt und dem Untergebrachten zu erhalten, sondern um daneben auch eine Reflektion des Verhaltens zu ermöglichen. In erster Linie müssen die Entscheidungsfindungsprozesse folglich auch und gerade in Gefahrensituationen für den Untergebrachten transparent und nachvollziehbar sein. Daneben kann eine umfassende Nachbesprechung der Situation auch einen präventiven Effekt im Hinblick auf zukünftige Krisensituationen entfalten, sodass die nordrhein-westfälische Regelung besonders begrüßenswert erscheint.[626] Vorbildlich in dieser Hinsicht sind daneben auch die gesetzlichen Bestimmungen in den Bundesländern Sachsen-Anhalt (§ 20a Abs. 5 S. 1 MVollzG LSA), Sachsen (§ 31 Abs. 6 S. 5 SächsPsychKG), Hessen (§ 34 Abs. 4 S. 2 MVollzG HE) und Baden-Württemberg (§ 25 Abs. 6 S. 1 PsychKHG BW), wonach eine Nachbesprechung der Sicherungsmaßnahme durch den leitenden bzw. verantwortlichen Arzt dann vorgesehen ist, sobald der Gesundheitszustand des Patienten dies zulässt.

d) Überwachung der Maßnahme

Der bundesverfassungsgerichtlichen Forderung nach einer Eins-zu-Eins-Betreuung durch therapeutisches oder pflegerisches Personal[627] entspricht der nordrhein-westfälische Gesetzgeber, indem in § 33 Abs. 6 StrUG NRW bei Fixierungen eine ununterbrochene, unmittelbare persönliche Eins-zu-eins-Bezugsbegleitung durch Beschäftigte mit therapeutischer oder pflegerischer Qualifikation grundsätzlich innerhalb des Raumes, indem sich die fixierte Person befindet, verankert worden ist. Nach § 33 Abs. 7 StrUG NRW ist die Notwendigkeit der Fixierung zudem fortlaufend zu überprüfen und ärztlich zu überwachen. Mit dem eindeutigen Wortlaut der Norm wird gewährleistet, dass nur entsprechend qualifiziertes Personal für die Betreuung eingesetzt werden darf.[628] Zudem soll diese Vorgehensweise nicht nur sicherstellen, dass gesundheitlichen Schäden infolge der Fixierung rechtzeitig vorgebeugt werden kann, sondern zusätzlich verdeutlichen, dass nur mithilfe einer permanenten Überwachung auch tatsächlich festgestellt werden kann, ob die Maßnahme der Fixierung mangels fortbestehender Gefahr nach § 33 Abs. 3 StrUG NRW gelockert oder entfernt werden kann.

---

626 Diese Kriterien stellen wesentliche Punkte des sog. Weddinger Modells dar, auf das im 6. Kapitel näher eingegangen wird, vgl. dazu *Mahler et al.*, Nervenarzt 90 (2019), 700, 703; s. auch *Mahler et al.*, Nervenheilkunde 34 (2015), 249, 250: „Ein umsichtiger Entscheidungsprozess, der transparent und partizipativ alle Aspekte, Optionen und Beteiligten integriert, ist entscheidend dafür, ob eine Behandlung für Patientinnen als nachvollziehbar oder willkürlich erlebt werden."

627 BVerfG, Urteil vom 24.07.2018 – 2 BvR 309/15, 2 BvR 502/16, Rn. 83.

628 *Goerdeler*, R&P 36 (2018), 199, 202.

D. Zusammenfassung der Erkenntnisse des dritten Kapitels

Die Anwendung von Zwang stellt grundsätzlich stets, aber naturgemäß insbesondere in staatlichen Freiheitsentziehungsverhältnissen einen schwerwiegenden Eingriff in die Grundrechte des Betroffenen dar und ist vor diesem Hintergrund sowohl ethisch als auch rechtlich rechtfertigungsbedürftig.[629] Gerade im Rahmen von psychiatrischen Unterbringungen besteht seit jeher nicht nur ein komplexes Spannungsfeld zwischen dem Wohl der untergebrachten Person und der Wahrung ihrer Würde und Selbstbestimmung, sondern auch zwischen dem verfassungsrechtlich verankerten Freiheitsrecht des Betroffenen und der zu schützenden Sicherheit des Personals sowie der Mituntergebrachten.[630] Vor allem in den 1970er Jahren wurden vermehrt Forderungen nach einer Demokratisierung und Modernisierung psychiatrischer Einrichtungen als Ergebnis einer zunehmenden Sensibilisierung der Öffentlichkeit für die Lage der Psychiatrie in der Bundesrepublik Deutschland erhoben, die ihren Ausdruck vor allem in der Einrichtung einer Sachverständigenkommission im Auftrag der Bundesregierung und der damit verbundenen Erarbeitung einer „Enquête zur Lage der Psychiatrie in der Bundesrepublik Deutschland" gefunden hat, die in ihrem Abschlussbericht von einer absoluten „Schlusslichtposition" des psychisch kranken Straftäters innerhalb des psychiatrischen und psychotherapeutischen Versorgungsbereichs gesprochen hat.[631] Dieser Bericht hat neben umfangreichen strukturellen Veränderungen auch die Voraussetzungen für eine therapeutische Ausrichtung der Psychiatrie geschaffen, sodass die Behandlung psychisch kranker Menschen insgesamt erheblich verbessert werden konnte.[632] In diesen Kontext eines dynamischen Entwicklungs- und Reflektionsprozesses ist auch der bereits dargestellte Strafgefangenenbeschluss des Bundesverfassungsgerichts als weiterer Schritt auf dem Weg zu einer umfassenden Verrechtlichung der forensischen Psychiatrie zu setzen, demzufolge die Grundrechte der Untergebrachten vollständige Geltung beanspruchen und so das be-

629 *Deutscher Ethikrat,* Hilfe durch Zwang? Professionelle Sorgebeziehungen im Spannungsfeld von Wohl und Selbstbestimmung, S. 7.

630 *S. Hirsch/Steinert,* Deutsches Ärzteblatt International 116 (2019), 336.

631 Bericht über die Lage der Psychiatrie in der Bundesrepublik Deutschland – Zur psychiatrischen und psychotherapeutisch/psychosomatischen Versorgung der Bevölkerung, BT-Drs. 7/4200, S. 281. Ausführlich zur politischen Vorbereitung und zum gesamten Reformprozess vor allem *Söhner/Fangerau/Becker,* Nervenarzt 89 (2018), 570; vgl. dazu auch *Bernsmann,* Maßregelvollzug und Grundgesetz, S. 142 f.; *Kammeier,* Zur Weiterentwicklung des Maßregelvollzugs, S. 193.

632 *Deutscher Ethikrat,* Hilfe durch Zwang? Professionelle Sorgebeziehungen im Spannungsfeld von Wohl und Selbstbestimmung, S. 95.

gründete Rechtsverhältnis maßgeblich beeinflussen.[633] Auch die ausführlich behandelte Entscheidung des Bundesverfassungsgerichts bezüglich der Zulässigkeits- und Anwendungsvoraussetzungen einer Fixierung innerhalb der öffentlich-rechtlichen Unterbringung reiht sich in diesen Prozess der Vergesetzlichung ein und unterstreicht ein weiteres Mal das Erfordernis einer in formeller sowie materieller Hinsicht verfassungskonformen Ermächtigungsgrundlage für einen so intensiven Grundrechtseingriff wie die besondere Sicherungsmaßnahme der Fixierung.[634] Die bereits in der Einleitung angesprochene besondere Vulnerabilität[635] des Untergebrachten innerhalb eines psychiatrischen Krankenhauses, die in erster Linie ursächlich auf die psychische Erkrankung zurückzuführen ist, sich aber durch die zwangsweise Unterbringung und das dadurch konstituierte Zwangs- und Abhängigkeitsverhältnis nahezu verdoppelt, erfordert eine fachlich kritische sowie rechtlich und (medizin-)ethisch differenzierte Betrachtung der in Rede stehenden Zwangsmaßnahmen. Daraus folgende und vor diesem Hintergrund verfassungs- sowie menschenrechtlich zwingende Konsequenzen sind neben eng gefassten tatbestandlichen Anwendungsvoraussetzungen auch verfahrensrechtliche Sicherungen zum Schutz des Betroffenen.[636]

Die seit dem 31. Dezember 2021 in Nordrhein-Westfalen geltende Regelung im Gesetz zur Durchführung strafrechtsbezogener Unterbringungen in einem psychiatrischen Krankenhaus und einer Entziehungsanstalt in Nordrhein-Westfalen sieht in § 33 Abs. 2 StrUG NRW nunmehr vor, dass eine Fixierung als letztes Mittel nur dann angeordnet werden darf, wenn dies zur Abwehr einer gegenwärtigen erheblichen Selbstgefährdung oder einer von der untergebrachten Person ausgehenden erheblichen sowie nach hiesiger Lesart auch *gegenwärtigen* Gefährdung bedeutender Rechtsgüter anderer unerlässlich ist und nach ihrem Verhalten oder aufgrund ihres Zustandes andere, weniger einschneidende Maßnahmen zur Abwendung der Gefahr als nicht ausreichend erscheinen. Unter Berücksichtigung der bereits ausführlich dargelegten und in den folgenden Abschnitten lediglich überblicksartig zusammengefassten ergänzenden Auslegungskriterien ist insgesamt davon auszugehen, dass das Gesetz zur Durchführung strafrechtsbezogener Unterbringungen in einem psychiatrischen Krankenhaus und einer Entziehungs-

633 S. dazu bereits die Einleitung sowie weiterführend auch *Lindemann*, Die Sanktionierung unbotmäßigen Patientenverhaltens, S. 68; *A. Baur*, Forensische Psychiatrie und Psychotherapie 25 (2018), 244, 246.

634 S. dazu 3. Kapitel C. I.

635 Ausführlich zur Vulnerabilität von Personen bzw. Personengruppen in professionellen Sorgebeziehungen im Gesundheits- und Sozialwesen *Deutscher Ethikrat*, Hilfe durch Zwang? Professionelle Sorgebeziehungen im Spannungsfeld von Wohl und Selbstbestimmung, S. 50 ff.

636 *Rzepka*, Sicherungsmaßnahmen, S. 403 Rn. H105.

anstalt in Nordrhein-Westfalen im Allgemeinen sowie die Norm des § 33 StrUG NRW im Speziellen bei konsequenter Berücksichtigung einer verfassungskonformen Auslegung einen entscheidenden Beitrag zur Verbesserung des Rechtsschutzes bei Fixierungen sowie zur Stärkung der Rechtsstellung des Untergebrachten und seiner aus der verfassungsrechtlich verankerten Selbstbestimmungsgarantie folgenden Patientenautonomie und Würde zu leisten vermag. Punktueller Verbesserungsbedarf hat sich lediglich auf der Grundlage einer vergleichenden Betrachtung der gesetzlichen Bestimmungen anderer Bundesländer – vor allem im Hinblick auf eine zeitliche Befristung der Fixierung sowie die Schaffung einer verantwortlichen Vertrauensperson, beispielsweise in Form eines Patientenfürsprechers[637] – gezeigt.

Die von der untergebrachten Person im Einzelfall ausgehende Gefahr muss ursächlich auf ihrem aktuellen Verhalten bzw. ihrem gegenwärtigen Zustand beruhen, der sich insgesamt nennenswert von der allgemeinen krankheitsbedingten Problematik sowie den auf der Grunderkrankung beruhenden Risikofaktoren infolge der Unterbringung in einem psychiatrischen Krankenhaus abheben muss. Die bloß allgemeine Einschätzung der Gefährlichkeit kann eine besondere Sicherungsmaßnahme wie die Zwangsfixierung daher regelmäßig nicht tragen. Nach dem Sinn und Zweck der Norm sowie dem kontextuellen Gesamtzusammenhang ihres Entstehens, wonach das grundrechtsbeeinträchtigende Handeln insgesamt begrenzt werden sollte, muss bei der tatbestandlich geforderten gegenwärtigen Gefahr folglich entscheidend sein, ob zur (endgültigen) Schadensabwehr ein sofortiges Handeln in Gestalt von sofortigen Abwehrmaßnahmen erforderlich ist. Bei einer drohenden gegenwärtigen und erheblichen Selbstschädigung ist zusätzlich zu berücksichtigen, dass dem Betroffenen gemäß der grundrechtlich geschützten Freiheit zur Krankheit auch das Recht zukommt, einen auf die Heilung abzielenden Eingriff abzulehnen, selbst wenn dieser nach dem gegenwärtigen Stand der Medizin dringend angezeigt ist. Überdies umfasst das allgemeine Persönlichkeitsrecht aus Art. 2 Abs. 1 i.V.m. Art. 1 Abs. 1 GG auch das Recht des zur freien Selbstbestimmung und Eigenverantwortung fähigen Menschen auf selbstbestimmtes Sterben, welches das Recht auf Selbsttötung einschließt. Nur dann, wenn der Untergebrachte gegenwärtig nicht zu einer Bildung eines freiverantwortlichen Willens in der Lage ist, weil er krankheitsbedingt nicht die Notwendigkeit einer Maßnahme erkennt oder krankheitsbedingt unfähig ist, entsprechend einer solchen Einsicht zu handeln, überwiegt die Schutzpflicht des Staates zugunsten des Lebens und der körperlichen Unversehrtheit des Untergebrachten.[638] Unter dem Eindruck dieser Erkenntnisse

637 Auf diese Punkte wird noch ausführlicher eingegangen, vgl. dazu 4. Kapitel D. IV und VII.

638 *Kammeier*, Stellungnahme zum Gesetzentwurf der Fraktionen der CDU/CSU und SPD: „Entwurf eines Gesetzes zur Stärkung der Rechte von Betroffenen bei Fixierungen im Rahmen von Frei-

und unter Berücksichtigung der verfassungsrechtlich verankerten allgemeinen Handlungsfreiheit sowie der damit verbundenen Willenshoheit des Betroffenen erscheint es daher insgesamt geboten, die Zwangsfixierung bei einer Selbstgefährdung nur dann zuzulassen, wenn die Fähigkeit zu einer freien Willensbildung ausgeschlossen ist und der Betroffene daher des besonderen staatlichen Schutzes bedarf.[639] Folgerichtig muss die Fixierung wegen gegenwärtiger erheblicher Selbstgefährdung zwingend zur Voraussetzung haben, dass die betroffene Person zur freien Willensbildung nicht mehr in der Lage ist. In der Konsequenz bedeutet das für § 33 Abs. 2 Alt. 1 StrUG NRW, dass die Norm verfassungskonform so auszulegen ist, dass eine Fixierung der untergebrachten Person zur Abwehr einer gegenwärtigen erheblichen Selbstgefährdung bei einer freiverantwortlichen Willensentscheidung zum Schutze des verfassungsrechtlich garantierten Selbstbestimmungsrechts sowie der damit einhergehenden Patientenautonomie gänzlich ausgeschlossen ist. Das Kriterium der Freiverantwortlichkeit wird insofern verfassungskonform in die Norm des § 33 Abs. 2 StrUG NRW hineingelesen, sodass die Zwangsmaßnahme der Fixierung zur Abwendung einer freiverantwortlichen Selbstgefährdung insgesamt unzulässig ist.

Besonders Rechnung zu tragen ist darüber hinaus dem in der Norm verankerten Grundsatz der Verhältnismäßigkeit, sodass die Fixierung stets nur *ultima ratio* und damit letztes Mittel der Intervention sein darf. In jedem Einzelfall ist daher genau zu prüfen, ob ein Alternativmittel zur Verfügung steht, das den Zweck der Zwangsmaßnahme in gleicher Weise fördert, aber den Betroffenen weniger stark belastet als die Fixierung. Welche Auswirkungen ein positives therapeutisches Umfeld auf die Notwendigkeit von Zwangsmaßnahmen haben kann bzw. wie dagegen eine auf die individuellen Bedürfnisse des Untergebrachten sowie eine auf Vermeidung von Gewalt und Zwang ausgerichtete Behandlungsgestaltung innerhalb des psychiatrischen Maßregelvollzugs theoretisch aussehen könnte, wird Gegenstand eines Ausblicks sein. Im Hinblick auf die verfahrensrechtlichen Si-

---

heitsentziehungen", BT-Drs. 19/8939 v. 02.04.2019, S. 5, schlägt daher folgende Formulierung einer Ermächtigungsgrundlage (in der Stellungnahme selbst ist § 127 Abs. 1 StVollzG-Entwurf gemeint) vor, die mit den hiesigen Ausführungen zu einer verfassungskonformen Ermächtigungsgrundlage und der damit verbundenen Forderung einer Berücksichtigung des freiverantwortlichen Willens des Patienten und seinem verfassungsrechtlichen garantierten Recht zur Krankheit im Wesentlichen übereinstimmt: „Eine Fesselung, durch die die Bewegungsfreiheit des Gefangenen vollständig aufgehoben wird (Fixierung), ist nur zulässig, wenn und solange diese Maßnahme zur Abwendung einer drohenden schweren Selbstschädigung eines nicht einsichtsfähigen Betroffenen oder zum Schutz erheblicher Rechtsgüter Dritter unerlässlich ist."

639 So auch *Deutscher Richterbund*, Stellungnahme des Deutschen Richterbundes zu dem Referentenentwurf des BMJV für ein Gesetz zur Stärkung der Rechte von Betroffenen bei Fixierungen im Rahmen von Freiheitsentziehungen, S. 5.

cherungen des Betroffenen konnte in Bezug auf die Anordnungs- und Delegationsbefugnis mithilfe einer vergleichenden Betrachtung der Rechtsgrundlagen des MRVG NRW sowie des StrUG NRW festgestellt werden, dass die Neufassung des StrUG NRW dem schmalen Grat zwischen der Sicherstellung bzw. Aufrechterhaltung der Handlungsfähigkeit in Krisensituationen und der möglichst umfassenden Grundrechtssicherung des Betroffenen in einem vorzugswürdigeren und damit insgesamt verfassungsrechtlich vertretbaren Maß gerecht geworden ist. Um den fundamental wichtigen Kriterien der Nachvollziehbarkeit, Partizipation und Transparenz auch in der Praxis Geltung verschaffen zu können, sind neben den vorgesehenen umfassenden Dokumentationspflichten vor allem auch die eingeführten Unterrichtungs- und Informationspflichten von entscheidender Bedeutung.

E. Exkurs: Das Bundesverfassungsgericht im Kompetenzgeflecht von verfassungsrechtlich zulässiger Rechtsauslegung und -fortbildung sowie positiv gestaltender Gesetzgebungstätigkeit

Angesichts der detaillierten Vorgaben des Bundesverfassungsgerichts im Hinblick auf eine verfassungskonforme Ermächtigungsgrundlage und der zum Teil wortgetreuen Übernahme einzelner Passagen durch den Gesetzgeber drängt sich im Anschluss an die umfangreiche Darstellung des Urteils sowie der gesetzgeberischen Folgetätigkeit die Frage auf, ob nicht entgegen der verfassungsrechtlich verankerten Gewaltenteilung und der damit verbundenen grundsätzlichen Trennung von Legislative und Judikative ein verfassungsrechtlich nicht vorgesehenes Übergewicht der einen Gewalt über die andere vorliegt. Auf diese Weise könnte sich das Bundesverfassungsgericht gleichsam zu einem „Ersatzgesetzgeber" aufgeschwungen haben, der selbst positiv gestaltend tätig wird und der legislativen Gewalt gleichzeitig die Möglichkeit und den Spielraum zu eigener Gestaltung nimmt.[640] Diese Problematik und die damit einhergehende Frage nach den Grenzen der Verfassungsgerichtsbarkeit erlangt seit jeher vor allem im Zusammenhang mit rechtlich bedeutsamen und politisch höchst brisanten Entscheidungen besondere Bedeutung,[641] bisher jedoch ohne das Ergebnis einer allseits überzeugenden Lösung.[642]

---

640 So bereits *Hesse*, JZ 50 (1995), 265, 267; vgl. zu dem Begriff des „Ersatzgesetzgebers" auch die umfangreichen Nachweise in Fn. 53.

641 Vgl. dazu auch das treffende Zitat von *Voßkuhle*, F.A.Z. Einspruch vom 27.02.2020: „Nun ist die Frage nach den Grenzen der Verfassungsgerichtsbarkeit so alt wie die Verfassungsgerichtsbarkeit

Die nachfolgenden Abschnitte sollen sich daher ebenfalls der Frage widmen, wo die (vermeintliche) Grenze zwischen der verfassungsrechtlich zulässigen Rechtsfortbildung und der dem Gesetzgeber originär zustehenden Gesetzgebungskompetenz liegt. Eine allgemeingültige Antwort kann und soll jedoch (auch) in diesem Exkurs nicht ermittelt werden, sodass das Hauptaugenmerk darauf liegen wird, wie sich das in Rede stehende Handeln des Bundesverfassungsgerichts im Hinblick auf die Verfassung insgesamt einordnen und bewerten lässt. Diese Frage lässt sich jedoch keiner zufriedenstellenden Lösung zuführen, sofern nicht zuvor die Funktion des Bundesverfassungsgerichts und seine Aufgabe im Rechtssystem der Bundesrepublik Deutschland herausgearbeitet worden sind.[643]

I. Aufgabe und Funktion des Bundesverfassungsgerichts

Das Bundesverfassungsgericht ist gemäß § 1 Abs. 1 BVerfGG ein allen übrigen Verfassungsorganen gegenüber selbstständiger und unabhängiger Gerichtshof des Bundes, dem die in einem demokratischen Rechtsstaat einflussreiche Aufgabe zukommt, über den Vorrang der Verfassung und damit über die Einhaltung der formellen und materiellen Vorgaben dieser Verfassung zu wachen.[644] Durch die Einrichtung einer solchen Verfassungsgerichtsbarkeit macht Art. 93 GG die Bindung aller staatlichen Gewalt an das Grundgesetz einer Kontrolle und Nachprüfung durch unabhängige Richter in einem justizförmigen Verfahren am Maßstab des Verfassungsrechts zugänglich.[645] Im Streitfall ist das Bundesverfassungsgericht folglich auf zulässigen Antrag hin dazu berufen, die Normen des Grundgesetzes (letzt)verbindlich auszulegen und auf diese Weise dafür zu sorgen, dass das Zusammenspiel der Verfassungsorgane den Regelungen und Vorgaben der Verfassung entspricht und die Staatsgewalt die ihr formell und materiell durch die Verfassung auferlegten Grenzen nicht überschreitet, sodass sich die gesamte Tätigkeit der Staatsorgane insgesamt an den Wertentscheidungen des Grundgesetzes orientiert.[646] In dieser Hinsicht agiert das Bundesverfassungsgericht also verfassungs-

---

selbst und hat in regelmäßigen Abständen Konjunktur.", https://www.faz.net/einspruch/justiz/kritik-an-verfassungsgericht-karlsruhe-unlimited-16652859.html (zuletzt aufgerufen am 25.01.2024).

642 Von Mangoldt/Klein/Starck-*Voßkuhle*, Art. 93 GG Rn. 35.

643 Ausführlich zur staatsrechtlichen Stellung des Bundesverfassungsgerichts auch *Chryssogonos*, Verfassungsgerichtsbarkeit und Gesetzgebung, S. 24 ff.

644 Von Mangoldt/Klein/Starck-*Voßkuhle*, Art. 93 GG Rn. 17. In diesem Zusammenhang wird auch von der Stellung eines „Hüters der Verfassung" gesprochen.

645 Von Münch/Kunig-*Meyer*, Art. 93 GG Rn. 14.

646 Sachs-*Detterbeck*, Art. 93 GG Rn. 5.

akzessorisch und gesetzesdeterminiert, sodass eine Verfassungsrechtsfortbildung zwar grundsätzlich gestattet, eine „positive Gesetzgebung im Rechtsprechungsgewand“ dagegen versagt ist.[647] Gemäß § 31 Abs. 1 BVerfGG binden Entscheidungen des Bundesverfassungsgerichts die Verfassungsorgane des Bundes und der Länder sowie alle Gerichte und Behörden, sodass der rechtserkennenden Entscheidung eine innerstaatliche Letztverbindlichkeit zukommt.[648] Nach ständiger Rechtsprechung des Bundesverfassungsgerichts umfasst diese Bindungswirkung in der gebräuchlichen Formulierung den Entscheidungsausspruch sowie die ihn tragenden Entscheidungsgründe, während nach der dies kritisierenden Gegenauffassung lediglich eine subjektive Erstreckung der Rechtskraft über die Verfahrensbeteiligten hinaus auf die dort genannten Träger der öffentlichen Gewalt bewirkt werden soll.[649] Im Kern geht es dabei um die Frage, ob sich die Bindungswirkung der bundesverfassungsgerichtlichen Entscheidung lediglich auf den Streitgegenstand bezieht oder ob diese nicht vielmehr den Einzelfall übersteigt und sich in der Folge auch auf die Auslegung der maßgeblichen Normen in den Gründen erstreckt.[650] Gegen eine einzelfallübergreifende Bindungswirkung mag herangezogen werden, dass es durchaus zu beträchtlichen Auslegungsschwierigkeiten sowie einer damit verbundenen Rechtsunsicherheit hinsichtlich der Frage kommen kann, welche Gründe einer Entscheidung als tragend zu bezeichnen sind.[651] Dem wird entgegengehalten, dass die Bewältigung solcher Auslegungsprobleme eine Alltagsproblematik der Instanzrechtsprechung sei.[652] Kritisiert wird jedoch auch eine gewisse Widersprüchlichkeit, die darin zu erblicken sei, dass das Verfassungsrecht gerade für eine dynamische Entwicklung offen sein sollte, gleichzeitig jedoch eine verbindliche Interpretation auf der Ebene der Verfassung befürwortet werde.[653] Für eine einzelfallübersteigende Bindungswirkung werden demgegenüber vor allem

647 Schmidt-Bleibtreu/Klein/Bethge-*Bethge*, § 1 BVerfGG Rn. 6.

648 Von Münch/Kunig-*Meyer*, Art. 93 GG Rn. 14.

649 St. Rspr., vgl. nur BVerfGE 1, 14 (37); BVerfGE 19, 377 (391 f.) = NJW 1966, 723; BVerfGE 20, 56 (87) = NJW 1966, 1499; BVerfGE 40, 88 (93) = NJW 1975, 1355; BVerfGE 96, 375 (404); BVerfGE 112, 1 (40); BVerfGE 112, 268 (277) = NJW 2005, 2448; offenlassend BVerfGE 115, 97 (109) = NJW 2006, 1191. Ausführlich dazu BeckOK BVerfGG-*von Ungern-Sternberg*, § 31 BVerfGG Rn. 25 ff.; kritisch Lechner/Zuck, § 31 BVerfGG Rn. 30 ff. sowie *Schlaich/Korioth*, Das Bundesverfassungsgericht, Rn. 485 ff. Ausführlich zu Umfang und Grenzen der Bindungswirkung des § 31 Abs. 1 BVerfGG sowie zur Gesetzeskraft nach § 31 Abs. 2 BVerfGG auch *Gusy*, Parlamentarischer Gesetzgeber und Bundesverfassungsgericht, S. 234 ff.

650 Vgl. zu der Fragestellung BeckOK BVerfGG-*von Ungern-Sternberg*, § 31 BVerfGG Rn. 25 f.

651 Ausführlich dazu *Schlaich/Korioth*, Das Bundesverfassungsgericht, Rn. 488.

652 Lechner/Zuck, § 31 BVerfGG Rn. 31.

653 Ausführlich dazu *Schlaich/Korioth*, Das Bundesverfassungsgericht, Rn. 490.

systematische, teleologische sowie historische Argumente vorgebracht.[654] Eine solche Präjudizienwirkung entspreche gerade der Funktion des Bundesverfassungsgerichts als „Hüter der Verfassung“[655]. Nicht von der Hand zu weisen ist zudem auch ein gewisser Entlastungseffekt, wenn die Bindungswirkung des § 31 Abs. 1 BVerfGG sich auch auf Wiederholungs- und Parallelfälle erstreckt, da die staatlichen Hoheitsträger verpflichtet werden, in vergleichbaren Fällen die aufgezeigten verfassungsrechtlichen Maßstäbe zu berücksichtigen, sodass das Bundesverfassungsgericht vor unnötiger Inanspruchnahme in Wiederholungsfällen geschützt werden kann.[656]

II. Das Bundesverfassungsgericht als Ersatzgesetzgeber

Der bereits dargelegte Verfassungsauftrag ermächtigt das Bundesverfassungsgericht folglich lediglich dazu, Gesetze für verfassungswidrig bzw. nichtig zu erklären, nicht hingegen dazu, im Einzelfall selbst Recht zu setzen, da sich das Gericht andernfalls die Rolle eines Ersatzgesetzgebers anmaßen würde.[657] Während es also die Aufgabe des unmittelbar demokratisch legitimierten Gesetzgebers ist, Normsetzung zu betreiben, muss sich die Aufgabe des Bundesverfassungsgerichts in der Konsequenz darauf beschränken, diese Normen nachzuprüfen.[658] Vereinfacht gesprochen bestimmt folglich der Gesetzgeber die abstrakten Maßstäbe, auf deren Grundlage Verwaltung und Gerichte sodann Einzelfallentscheidungen fällen.[659] Es ist jedoch ein sehr schmaler Grat, der „die Kompetenzen eines über die Verfassungsmäßigkeit von Normen entscheidenden Gerichts von denen des

---

654 Diese Argumente erläutert BeckOK BVerfGG-*von Ungern-Sternberg*, § 31 BVerfGG Rn. 26.
655 Vgl. zu diesem Begriff bereits Fn. 644; vgl. auch BVerfGE 40, 88 (93) = NJW 1975, 1355 sowie BVerfGE 108, 282 (295) = NJW 2003, 3111; BeckOK BVerfGG-*von Ungern-Sternberg*, § 31 BVerfGG Rn. 26.
656 Schmidt-Bleibtreu/Klein/Bethge-*Bethge*, § 31 BVerfGG Rn. 75.
657 *Voßkuhle*, AöR 125 (2000), 177, 198.
658 *Götz/L. Schneider*, DVBl 2012, 145, 148; vgl. dazu auch *Hesse*, JZ 50 (1995), 265, 267: „Im Verhältnis zu Parlament und Regierung bestehen seine Aufgaben (Anmerkung: Diejenigen des Bundesverfassungsgerichts) nicht in aktiver Gestaltung, sondern in rechtlicher Kontrolle; es kann ihnen prinzipiell nur durch eine Beanstandung ihrer Akte entgegentreten, die von dem bloßen Verdikt der Verfassungswidrigkeit über eine Aufhebung bis hin zur Erklärung der Nichtigkeit reichen kann, grundsätzlich also kassatorischer Natur ist. Nicht kann das Gericht anstelle der anderen Gewalten politische Entscheidungen treffen, von Ausnahmen (wie der einstweiligen Anordnung und der Vollstreckungsanordnung) abgesehen, selbst rechtliche Regelungen erlassen oder den anderen Gewalten den Inhalt dessen vorschreiben, was sie zu regeln haben.“
659 *Bauer*, rescriptum 5 (2014), 98.

parlamentarischen Legislativorgans“ im Einzelfall trennt.[660] Der Übergang von zulässiger Rechtsanwendung zu bereits unzulässiger Rechtsfortbildung ist zum Teil fließend, sodass es sich in streitigen Fällen stets um eine Grauzone handelt, in der die Abgrenzung zwischen dem Bereich der bloßen Rechtsanwendung der Verfassung einerseits und dem Bereich der politischen Gestaltung andererseits immense Schwierigkeiten bereiten kann.[661] Die Kompetenzabgrenzung zwischen dem Gesetzgeber und der rechtsprechenden Gewalt stellt sich dabei als eine genuin verfassungsrechtliche Aufgabe dar.[662] In diesem Zusammenhang ist zudem stets zu berücksichtigen, dass dem Akt der richterlichen Rechtsanwendung grundsätzlich ein voluntatives und gestaltendes Element nicht abgesprochen werden kann, sodass in gewissem Umfang jede Entscheidung der Verfassungsrechtsprechung auch eine politische Wirkung entfaltet.[663] Das Bundesverfassungsgericht verfügt in dieser Hinsicht über eine besondere Interpretationsmacht, die sich nicht nur aus dem bereits dargestellten Vorrang der Verfassung sowie der Kompetenz zur letztverbindlichen Interpretation des Grundgesetzes ergibt, sondern daneben auch aus dem Fehlen eines allgemein anerkannten Kanons der Interpretationsmethode.[664]

Vor dem Hintergrund dieser Ausführungen erscheint nun fraglich, ob das Zusammenspiel der Verfassungsorgane vorliegend den Vorgaben der Verfassung entsprochen und die Verfassungsgerichtsbarkeit die ihr formell und materiell durch die Verfassung auferlegten Grenzen nicht überschritten hat. Dies soll im Folgenden anhand des Grundsatzes der Gewaltenteilung sowie des Gestaltungsspielraums des Gesetzgebers näher untersucht werden. Sodann wird ein abschließendes Fazit zur eingangs gestellten Frage gezogen, ob sich das Bundesverfassungsgericht im Rahmen der Entscheidung vom 24. Juli 2018[665] zu einem vermeintlichen „Ersatzgesetzgeber“ aufgeschwungen hat, sodass dem parlamentarischen Gesetzgeber die Möglichkeit zu eigener gestalterischer Tätigkeit genommen wurde.

---

660 So bereits *Stern*, NJW 11 (1958), 1435.

661 *Barley/Gaier/Robbers*, Kontrolle parlamentarischer Gesetzgebungsakte, S. 17.

662 *Möllers*, JZ 64 (2009), 668, 671.

663 *Vorländer*, APuZ 61 (2011), 15, 16; von Mangoldt/Klein/Starck-*Voßkuhle*, Art. 93 GG Rn. 31; zum Verhältnis von Gesetzgebung und Verfassungsgerichtsbarkeit als Verwirklichung von Politik und Recht auch *Gusy*, Parlamentarischer Gesetzgeber und Bundesverfassungsgericht, S. 41 ff.

664 Von Mangoldt/Klein/Starck-*Voßkuhle*, Art. 93 GG Rn. 33.

665 BVerfG, Urteil vom 24.07.2018 – 2 BvR 309/15, 2 BvR 502/16.

1. Grundsatz der Gewaltenteilung

Der in dieser Diskussion elementare Grundsatz der Gewaltenteilung stellt sich als das tragende Funktions- und Organisationsprinzip des Grundgesetzes dar.[666] Dieser Grundsatz zielt dabei nicht auf eine absolute Trennung der Funktionen der jeweiligen Staatsgewalt ab, sondern vielmehr auf eine politische Machtverteilung, auf das Ineinandergreifen der drei Gewalten sowie eine daraus resultierende gegenseitige Kontrolle und Begrenzung mit der Folge einer Mäßigung der Staatsgewalt.[667] Eine strikte Trennung von Legislative und Judikative ist folglich verfassungsrechtlich nicht vorgesehen, sodass gewisse Überschneidungen der Funktionen und gegenseitige Einflussnahmen der einen Gewalt auf die andere durchaus gebräuchlich sind.[668] Dies führt zwangsläufig dazu, dass lediglich äußerst schwerwiegende und offensichtliche Übergriffe der einen Gewalt über die andere Gewalt zu einer verfassungswidrigen Kompetenzüberschreitung führen können. Wichtig ist dabei die Erkenntnis, dass Gesetzgebung und Rechtsprechung keine gegensätzlichen Gewalten sind, da es vorrangig um die Ausübung von verfassungsrechtlich vorgesehenen Kompetenzen geht. Diese Kompetenzen der jeweiligen Verfassungsorgane sind gleichzeitig Schranken der Auslegungskompetenz des Bundesverfassungsgerichts.[669] Der fundamentale Unterschied zwischen den beiden Gewalten ist, dass der Gesetzgeber seine verfassungsrechtliche Legitimation aus seiner Funktion als das vom Volk gewählte und damit demokratisch legitimierte Parlament erlangt und vor diesem Hintergrund im Rahmen der vorzunehmenden Abwägung keiner (weiteren) Begründung bedarf, während das Bundesverfassungsgericht hingegen Auslegung und Rechtsfortbildung als Mittel der juristischen Methodik auf der Grundlage der Verfassung betreibt.[670] Dieser Blickwinkel offenbart zugleich auch die zentrale Problematik: Das Bundesverfassungsgericht entscheidet im Grundsatz gegen den Willen des unmittelbar demokratisch legitimierten Parlaments, wenn es ein Gesetz für verfassungswidrig und nichtig erklärt.[671] Ein Vorrang des Parlaments gegenüber dem Bundesverfassungsgericht kann aus dem in Art. 20 Abs. 3 GG zum Ausdruck kommenden Grundsatz der Volkssouveränität jedoch nicht hergeleitet werden.[672]

Die Entscheidungsfindung innerhalb des Bundesverfassungsgerichts folgt naturgemäß jedoch einer anderen Logik als diejenige im Parlament: Zum einen ent-

---

666 S. dazu bereits 1. Kapitel A. IV.

667 BVerfGE 137, 185 (231) mit Verweis auf BVerfGE 3, 225 (247); 7, 183 (188); 9, 268 (279); 22, 106 (111); 34, 52 (59); 95, 1 (15).

668 So bereits BVerfGE 3, 225 (247).

669 Von Münch/Kunig-*Meyer*, Art. 93 GG Rn. 21.

670 *Barley/Gaier/Robbers*, Kontrolle parlamentarischer Gesetzgebungsakte, S. 33.

671 Dürig/Herzog/Scholz-*C. Walter*, Art. 93 GG Rn. 101.

672 *Gusy*, Parlamentarischer Gesetzgeber und Bundesverfassungsgericht, S. 89.

scheiden die Verfassungsrichter nicht nur unabhängig und ohne Eigeninteresse, sondern zumeist auch mit großem zeitlichen Abstand und ohne Zeitdruck. Zum anderen finden – anders als im Rahmen von politisch brisanten Auseinandersetzungen im Plenum – innerhalb der Beratungen des Bundesverfassungsgerichts ausschließlich juristische Argumente Gehör.[673] Die Kontrollrechte des Bundesverfassungsgerichts sind vor diesem Hintergrund verfassungsrechtliche Kompetenzen, deren Ausübung nicht zur Disposition des Gerichts steht.[674] Nicht nur durch Auslegung der prinzipiell offenen Verfassung, sondern gerade auch durch die stetige Weiterentwicklung der Grundrechte in Form der Bestimmung des jeweiligen Schutzbereichs, der Schranken und verfassungsrechtlichen Wirkungsweise, sodass nicht nur der normative Inhalt geklärt werden konnte, sondern auch die Tragweite der einzelnen Grundrechte sowie ihr Verhältnis zueinander, hat das Bundesverfassungsgericht einen effektiven Grundrechtsschutz erarbeitet und die Grundlage für eine „heute nahezu allumfassende praktische Bedeutung der Grundrechte“ im gesamten Rechtsleben der Bundesrepublik Deutschland geschaffen.[675]

2. Gestaltungsspielraum des Gesetzgebers

Dem Gesetzgeber kommt jedoch prinzipiell ein weiter Gestaltungsspielraum bei seinen Entscheidungen zu.[676] Es ist dabei nach ständiger Rechtsprechung nicht Aufgabe des Bundesverfassungsgerichts, eine Überprüfung der gesetzgeberischen Entscheidung im Hinblick auf Zweckmäßigkeit oder Gerechtigkeit vorzunehmen.[677] Wie weit der aufgezeigte Entscheidungs- und Gestaltungsspielraum des Gesetzgebers reicht, richtet sich im konkreten Einzelfall nach dem jeweiligen Prüfungsgegenstand, der Eigenart des betroffenen Sachbereichs sowie der Bedeutung der jeweils auf dem Spiel stehenden Rechtsgüter.[678]

---

673 *Voßkuhle*, F.A.Z. Einspruch vom 27.02.2020, vgl. Fn. 641.

674 *Barley/Gaier/Robbers*, Kontrolle parlamentarischer Gesetzgebungsakte, S. 33.

675 *Hesse*, JZ 50 (1995), 265, 266 f.

676 Vgl. dazu mit zum Teil im Wortlaut abweichenden, aber inhaltlich gleichbedeutenden Bezeichnungen BVerfGE 71, 66 (77); 73, 301 (315); 77, 84 (104); 81, 156 (205); 101, 158 (218); 121, 317 (356); 126, 233 (256); 130, 52 (68). In dem Urteil des Bundesverfassungsgerichts vom 24.07.2018 – 2 BvR 309/15, 2 BvR 502/16, Rn. 74 – wird dies als „Einschätzungs-, Wertungs- und Gestaltungsspielraum“ des Gesetzgebers bezeichnet.

677 St. Rspr., vgl. dazu nur BVerfGE 140, 240 (279): „Es ist jedoch nicht Aufgabe des Bundesverfassungsgerichts zu prüfen, ob der Gesetzgeber dabei die gerechteste, zweckmäßigste und vernünftigste Lösung gewählt hat.“ sowie BVerfGE 3, 162 (182); 9, 201 (206); 36, 174 (189); 54, 11 (26); 90, 145 (173); 95, 267 (310); 108, 351 (64); 139, 148 (182).

678 Von Mangoldt/Klein/Starck-*Voßkuhle*, Art. 93 GG Rn. 43 mit zahlreichen Belegen zur bundesverfassungsgerichtlichen Rechtsprechung; s. auch BeckOK Grundgesetz-*Morgenthaler*, Art. 93 GG Rn. 6.

Prüfungsgegenstand der in Rede stehenden Entscheidung des Bundesverfassungsgerichts[679] ist die bereits ausführlich beschriebene Fixierung im Rahmen einer öffentlich-rechtlichen Unterbringung als besondere Sicherungsmaßnahme zur Abwehr einer sich aus dem Verhalten der jeweiligen Person ergebenden akuten Eigen- und Fremdgefährdung. Diese Maßnahme stellt jeweils einen besonders schwerwiegenden Grundrechtseingriff in die Freiheit der Person dar, der prinzipiell nur dann zulässig ist, wenn eine verfassungskonforme Ermächtigungsgrundlage zugrunde liegt, die ihrerseits materielle und verfahrensrechtliche Sicherungen zum Schutze der Grundrechte des Betroffenen vorsieht. Gerade dort, wo der Betroffene dem staatlichen Handeln aufgrund eines Abhängigkeits- und Zwangsverhältnisses gleichsam ausgeliefert ist, sind tiefgreifende Grundrechtseingriffe besonders kritisch zu sehen und es bedarf einer sorgfältig austarierten gesetzlichen Regelung sowie eines umfassenden gerichtlichen Rechtsschutzes.[680] Das Bundesverfassungsgericht hat jedoch den weiten Gestaltungsspielraum des Gesetzgebers zu beachten und daher lediglich zu überprüfen, ob die durch die Verfassung aufgezeigten äußersten Grenzen eingehalten worden sind. Es ist in diesem Zusammenhang originäre Aufgabe des Gesetzgebers, mithilfe eines praktikablen Regelungsmodells einen sinnvollen Ausgleich zwischen den grundrechtlichen Freiheitsrechten der Betroffenen und den Interessen der Allgemeinheit herzustellen und damit insgesamt die Grenzen und Voraussetzungen des zulässigen Handelns zu bestimmen.[681] Mithilfe solcher Umschreibungen können auf der einen Seite zwar die Wirkbereiche der beiden Gewalten im Grundsatz anschaulich beschrieben werden. Es wird jedoch mangels handhabbarer sowie allgemeingültiger Maßstäbe auf der anderen Seite nicht hinreichend deutlich, ab welchem Punkt konkret der Gestaltungsspielraum des Gesetzgebers durch eine Entscheidung des Bundesverfassungsgerichts so weit eingeengt und damit gleichsam ausgehöhlt wird, dass von einem verfassungswidrigen Kompetenzübergriff gesprochen werden könnte. Es stellt sich auch die grundsätzliche Frage, zu Lasten welcher Gewalt dieses Spannungsfeld aufgelöst werden sollte. Ein verfassungsrechtlicher Vorrang der einen Gewalt über die jeweils andere ist dem Grundgesetz nicht zu entnehmen.[682] Vorzugswürdig erscheint es daher, den Gestaltungsspielraum des Gesetzgebers vielmehr als *Zielvorgabe* der Verfassung einzuordnen und gerade nicht als nachprüfbaren Entscheidungsmaßstab.[683] Treffend auf den Punkt gebracht wurde die Notwendigkeit einer solchen Betrachtung von *Robbers:* „Wer freilich endgültige

---

679 BVerfG, Urteil vom 24.07.2018 – 2 BvR 309/15, 2 BvR 502/16.

680 *A. Baur*, Forensische Psychiatrie und Psychotherapie 25 (2018), 244, 246.

681 *A. Baur*, Forensische Psychiatrie und Psychotherapie 25 (2018), 244, 247.

682 Von Münch/Kunig-*Meyer*, Art. 93 GG Rn. 21.

683 So zutreffend auch Dürig/Herzog/Scholz-*C. Walter*, Art. 93 GG Rn. 106.

Klarheit und trennscharfe Aufgabenverteilung erwartet, erliegt ungeschichtlicher Utopieverheißung, verkennt die notwendig unabgeschlossene Prozeßhaftigkeit der Zuordnung von Kompetenzträgern auf Verfassungsebene."[684] Vor dem Hintergrund der besonderen Intensität des Eingriffs und der außerordentlichen Grundrechtssensibilität der Thematik ist das Bundesverfassungsgericht als Hüter der Verfassung folglich ausdrücklich dazu berufen, den Gesetzgeber dort in seine Schranken zu weisen,[685] wo er ein praktikables Lösungsmodell nicht entwickelt hat und die widerstreitenden Interessen damit nicht in einen verfassungskonformen Ausgleich bringen konnte. Diese Aufgabe der Rechtsprechung kann es insbesondere auch erfordern, „Wertvorstellungen, die der verfassungsmäßigen Rechtsordnung immanent, aber in den Texten der geschriebenen Gesetze nicht oder nur unvollkommen zum Ausdruck gelangt sind, in einem Akt des bewertenden Erkennens, dem auch willenhafte Elemente nicht fehlen, ans Licht zu bringen und in Entscheidungen zu realisieren."[686] In der vorliegenden Sachverhaltskonstellation ist erschwerend das Fehlen einer verfassungskonformen Ermächtigungsgrundlage zu berücksichtigen, sodass auch ein zukünftiges verfassungsmäßiges hoheitliches Handeln und damit insgesamt ein rechtsstaatliches Vorgehen nicht denkbar gewesen ist. In der Folge hat das Bundesverfassungsgericht die gesetzliche Ausgestaltung durch den Landesgesetzgeber damit als unvereinbar mit dem Grundgesetz gemäß § 31 Abs. 2 S. 3 BVerfGG eingestuft. Eine solche Unvereinbarkeitserklärung, verbunden mit der Anordnung befristeter Fortgeltung der verfassungswidrigen Regelung, kommt in Betracht, „wenn die sofortige Ungültigkeit der zu beanstandenden Norm dem Schutz überragender Güter des Gemeinwohls oder grundrechtlich geschützter Belange des Betroffenen selbst oder Dritter die Grundlage entziehen würde und eine Abwägung mit den betroffenen Grundrechten ergibt, dass der Eingriff für eine Übergangszeit hinzunehmen ist".[687] Eine solche Vorgehensweise dient vor allem dazu, zukünftige weitere Verfassungsverstöße und eine damit verbundene Rechtsunsicherheit zu vermeiden, sichert jedoch gleichzeitig auch den Gestaltungsspielraum des Gesetzgebers,[688] sodass von einem verfassungswidrigen Kompetenzübergriff seitens des Bundesverfassungsgerichts nicht die Rede sein kann. Um der herausragenden Ausstrahlungswirkung der Grundrechte auch und gerade im Bereich der psychiatrischen Unterbringung gerecht zu werden und die praktischen Voraussetzungen für die bereits eingeleitete Verrechtlichung des Maßregelvollzugs zu schaffen, sind dem Gesetzgeber folglich die

---

684 *Robbers*, NJW 51 (1998), 935, 936; Rechtschreibung ist dem Original entnommen worden.
685 So auch *A. Baur*, Forensische Psychiatrie und Psychotherapie 25 (2018), 244, 247.
686 BVerfGE 34, 269 (287).
687 BVerfG, Urteil vom 24.07.2018 – 2 BvR 309/15, 2 BvR 502/16, Rn. 119.
688 Dürig/Herzog/Scholz-*C. Walter*, Art. 93 GG Rn. 117.

Voraussetzungen einer insgesamt verfassungskonformen Ermächtigungsgrundlage aufzuzeigen, um so sicherzustellen, dass das Zusammenspiel der Verfassungsorgane auch den Vorgaben der Verfassung entspricht.

III. Zusammenfassende Würdigung

Das Bundesverfassungsgericht genießt in der Bundesrepublik Deutschland grundsätzlich ein hohes Ansehen und eine besondere Vertrauensstellung.[689] In dem zugrunde liegenden Rechtssystem kommt der Verfassungsgerichtsbarkeit dabei als letztverbindlichem Interpreten des Grundgesetzes die Aufgabe zu, die Verfassung zu pflegen und weiterzuentwickeln.[690] Diese Verfassungsaufgabe sorgt im Bereich der Gewaltenteilung und der damit verbundenen Trennung von Legislative und Judikative für kompetenzielle Spannungen, die sich auch nicht durch einfache Formeln oder hochtrabende Wendungen zufriedenstellend auflösen lassen.[691]

Der Blick auf die Kompetenzbereiche von Legislative und Judikative sollte sich jedoch nicht (ausschließlich) auf die im Einzelfall schwierige Abgrenzungsfrage verengen, da der seit Jahrzehnten betriebene Aufwand in Bezug auf die Ermittlung einer mehrheitsfähigen und allgemeingültigen Abgrenzungsformel nicht im Verhältnis zu seinem verfassungsrechtlichen Ertrag steht. Durch das Grundgesetz selbst ist die vertrauensvolle Aufgabe der rechtsprechenden Gewalt gemäß Art. 92 GG den sachlich und persönlich unabhängigen Richtern anvertraut. Die besondere Aufgabe der Wahrung des Vorrangs der Verfassung und der damit korrespondierenden Bindung aller staatlichen Gewalt an die Verfassung ist dabei dem Bundesverfassungsgericht übertragen worden.[692] Wenn also (bloß) danach gefragt wird, ob der Gestaltungs- und Entscheidungsspielraum des demokratisch legitimierten Gesetzgebers durch die bundesverfassungsgerichtliche Entscheidung noch gewahrt worden ist, ist der Blick verstellt für die Erkenntnis, dass das Bundesverfassungsgericht lediglich wahrheitsgemäß ermittelt, was die Verfassung für den parlamentarischen Gesetzgeber vorentschieden hat mit der Folge, dass dieser in der aufge-

---

689 *Lembcke*, Über das Ansehen des Bundesverfassungsgerichts, S. 19, 24, erklärt dies damit, dass das Bundesverfassungsgericht selbst kein politischer Akteur ist, aber den politischen Prozess und seine Entscheidungen kontrolliert. Zudem unterliege die gerichtliche Kontrolltätigkeit auch nicht dem „latenten, aber doch mittlerweile nagenden Zweifel an der Funktionsfähigkeit demokratischer Institutionen und politischer Parteien".

690 *Voßkuhle*, JZ 64 (2009), 917, 918.

691 Dürig/Herzog/Scholz-*C. Walter*, Art. 93 GG Rn. 120.

692 Von Mangoldt/Klein/Starck-*Voßkuhle*, Art. 93 GG Rn. 17 f.

zeigten Hinsicht nicht gestaltungsfrei ist.[693] Ein solches Vorgehen im Einklang mit und auf Grundlage der Verfassung spricht dem Gesetzgeber aber gerade nicht seinen eigenen Gestaltungsspielraum ab, sondern zeigt vielmehr auf, in welchen Bereichen überhaupt von einem solchen Spielraum auszugehen ist. Das Grundgesetz selbst ist also die Schranke staatlichen und insbesondere gesetzgeberischen Handelns.[694] Wenn es dem durch das Bundesverfassungsgericht auf zulässigen Antrag hin zu prüfenden Gesetz sodann am „Bewusstsein des Gesetzgebers für die Grundrechtsrelevanz der getroffenen Regelung“[695] mangelt, ist das Verfassungsgericht kraft der durch das Grundgesetz zugewiesenen Kompetenz zu einer Korrektur verpflichtet. Eine kompetenzielle Zurückhaltung des Bundesverfassungsgerichts im Sinne eines „Judicial self-restraint“ entspricht vor diesem Hintergrund gerade nicht den verfassungsrechtlichen Vorgaben, sondern kann vielmehr nur als Verzicht darauf verstanden werden, selbst Politik zu betreiben.[696] Generell sollte in diesem Zusammenhang mit allgemein gehaltenen Umschreibungen, die eine hinreichende Klarheit und Kontur im Hinblick auf Abgrenzungskriterien (lediglich) suggerieren, zurückhaltend umgegangen werden, da sie regelmäßig mögliche Lösungswege verdecken und keine klaren Entscheidungskriterien bieten.[697]

Ein wichtiger Faktor, der in dieser Diskussion nicht unberücksichtigt bleiben sollte, ist die weitere Vorgehensweise des Gesetzgebers *im Anschluss* an die in Rede stehende Entscheidung des Bundesverfassungsgerichts. Zwar waren die bundesverfassungsgerichtlichen Ausführungen im Hinblick auf die formellen und materiellen Voraussetzungen einer insgesamt verfassungsgemäßen Ermächtigungsgrundlage sehr detailliert und eng. Daher ging der Gesetzgeber davon aus, dass angesichts „der Vorgaben des Bundesverfassungsgerichts keine Alternative zur Schaffung einer Rechtsgrundlage sowie eines entsprechenden gerichtlichen Verfahrensrechts für Fixierungen“ bestehe.[698] Allerdings hat der Gesetzgeber sich aus seiner originären Entscheidungskompetenz heraus dazu entschlossen, diese Vor-

---

693 Von Münch/Kunig-*Meyer*, Art. 93 GG Rn. 24.

694 *Steiner*, NJW 54 (2001), 2919, 2922.

695 *Steiner*, NJW 54 (2001), 2919, 2921.

696 So bereits *Hesse*, JZ 50 (1995), 265, 273; zum Ganzen auch von Mangoldt/Klein/Starck-*Voßkuhle*, Art. 93 GG Rn. 36.

697 So bereits *Robbers*, NJW 51 (1998), 935, 936: „Als Richtzeichen können sie (Anmerkung: Damit sind „allgemeine Formeln zur Bestimmung verfassungsgerichtlicher Kompetenzweite“ gemeint) der Orientierung im verfassungsdogmatischen und verfassungspolitischen Streit dienen. Allgemeine Formeln gehören ins Abkürzungsverzeichnis der Entscheidungsgründe; sie entlasten Diskussion und Begründung, sie dürfen sie nicht ersetzen.“

698 Gesetzentwurf der Fraktionen der CDU/CSU und SPD „Entwurf eines Gesetzes zur Stärkung der Rechte von Betroffenen bei Fixierungen im Rahmen von Freiheitsentziehungen“ vom 02.04.2019, Drs. 19/8939, S. 2.

gaben auch auf den Bereich des Straf- und Maßregelvollzugs, der Zivilhaft sowie auf den Bereich des Vollzugs der Untersuchungshaft und der einstweiligen Unterbringung zu erstrecken und auch dort eine Ermächtigungsgrundlage für Fixierungen sowie Regelungen zur sachlichen und örtlichen gerichtlichen Zuständigkeit, zum gerichtlichen Verfahrensrecht und zur Kostenerhebung zu schaffen. Eine solche Erstreckung hat das Bundesverfassungsgericht nicht *explizit* erwähnt, aber es ist davon auszugehen, dass eine solche Vorgehensweise den Maßgaben des Bundesverfassungsgerichts durchaus entspricht.[699] Damit soll nun keine zirkelschlussartige Argumentation bemüht werden, denn deutlich herauszustellen ist auch, dass die Rechtslage rund um die Thematik der Fixierung einer untergebrachten Person durch die umfassende Bearbeitung durch das Bundesverfassungsgericht nunmehr nahezu „zementiert“[700] worden ist. In der Tendenz kann daher zwar durchaus von einer bisweilen spürbaren Verschiebung des verfassungsrechtlichen Kompetenzgefüges zu Lasten des parlamentarischen Gesetzgebers und zu Gunsten der Verfassungsgerichtsbarkeit gesprochen werden.[701] Erkennbar ist daneben jedoch auch, dass das von der Verfassung vorgesehene Zusammenspiel der Gewalten vor allem im Hinblick auf einen möglichst umfassenden Grundrechtsschutz nach den Vorgaben des Grundgesetzes funktioniert. Eine derart ausführliche Entscheidung des Bundesverfassungsgerichts wie diejenige vom 24. Juli 2018 übernimmt so in gewisser Weise auch eine „Entlastungsfunktion“ für die legislative Gewalt und entfaltet ein Stück weit auch eine „systemstabilisierende“ Funktion.[702]

---

699 Zu dieser recht einhelligen Ansicht im Schrifttum s. bereits die Nachweise in Fn. 25.

700 So besonders treffend in Bezug auf Verfassungsgerichtsentscheidungen *A. Baur*, Forensische Psychiatrie und Psychotherapie 25 (2018), 244, 252: „Sie lassen keine Gestaltungsspielräume und zementieren die Rechtslage.“; in diesem Sinne auch *Gusy*, Parlamentarischer Gesetzgeber und Bundesverfassungsgericht, S. 261: „Eine Rechtsfrage, zu welcher das Gericht Stellung genommen hat, gilt als entschieden; eine st. Rspr. des Bundesverfassungsgerichts ist ein Instrument zur Verrechtlichung der Verfassung im Sinne einer Verdichtung und Vermehrung des geltenden Verfassungsrechts.“

701 *Steiner*, NJW 54 (2001), 2919, 2923.

702 So bereits *Gusy*, Parlamentarischer Gesetzgeber und Bundesverfassungsgericht, S. 262.

4. Kapitel: Die Funktionstüchtigkeit des Richtervorbehalts im Anwendungsbereich des § 33 Abs. 2, 5 StrUG NRW

A. Problemaufriss

Die übergeordnete Thematik dieser Arbeit stellt die Untersuchung der Funktionstüchtigkeit des Richtervorbehalts im Anwendungsbereich des § 33 Abs. 2, 5 StrUG NRW bei Vorliegen der bereits ausführlich dargestellten Tatbestandsvoraussetzungen einer nicht nur kurzfristigen Fixierung des Betroffenen im Rahmen der Unterbringung in einem psychiatrischen Krankenhaus gemäß § 63 StGB dar. Nach der Konzeption des Gesetzgebers bedarf gemäß § 33 Abs. 5 S. 1 StrUG NRW die Durchführung einer Fixierung, durch die die Bewegungsfreiheit der untergebrachten Person absehbar nicht nur kurzfristig aufgehoben wird, der vorherigen richterlichen Entscheidung über die Zulässigkeit der Anordnung unter Beachtung der in Absatz 2 genannten Voraussetzungen. Dieser Vorbehalt soll folglich den gesetzlich vorgesehenen Grundstandard darstellen. Konträr dazu soll es lediglich gesetzlich vorgesehener Ausnahmefall sein, dass die richterliche Entscheidung gemäß § 33 Abs. 5 S. 3 StrUG NRW im Sinne einer nachträglichen Genehmigung unverzüglich nachgeholt wird. Dieser Rechtsschutz der vorherigen richterlichen Entscheidung und nachträglichen richterlichen Genehmigung einer Fixierung soll nach § 33 Abs. 5 S. 4 StrUG NRW dann nicht greifen, wenn bereits zu Beginn der Maßnahme absehbar ist, dass die Entscheidung erst nach Wegfall des Grundes der Maßnahme ergehen wird (hier sog. Sondertatbestand 1) oder die Maßnahme vor Herbeiführung der Entscheidung tatsächlich beendet und auch keine Wiederholung zu erwarten ist (hier sog. Sondertatbestand 2). Das Gericht ist nach § 33 Abs. 5 S. 5 StrUG NRW unverzüglich zu unterrichten, wenn die Fixierung nach Antragstellung bei Gericht, aber vor einer gerichtlichen Entscheidung, nicht mehr erforderlich ist. Zu unterscheiden sind daher nach den vorstehenden Ausführungen drei verschiedene Anknüpfungspunkte für eine Einordnung und Bewertung der Funktionstüchtigkeit des Richtervorbehalts des § 33 Abs. 5 StrUG NRW: der gesetzlich vorgesehene Grundstandard als Regelfall der vorherigen richterlichen Entscheidung, wobei der Begriff des „Regelfalls“ hier nicht auf eine Beschreibung der Häufigkeit und damit der quantitativen Bedeutung abstellt, sondern auf die gesetzgeberische Grundintention (1.), die nachträgliche richterliche Genehmigung als gesetzlich vorgesehener Ausnahmefall von der angegebenen Regel (2.) sowie die nachträgliche gerichtliche Klärung der Zulässigkeit einer durchgeführten Fixierung (3.).

https://doi.org/10.1515/9783111347868-007

Von maßgeblichem Interesse ist dabei die Frage, ob das Institut des Richtervorbehalts in der Praxis tatsächlich zu einem verbesserten und insbesondere effektiveren Grundrechtsschutz des Betroffenen unter den besonderen Bedingungen des psychiatrischen Maßregelvollzuges führen kann. Die mit der Frage der Funktionstüchtigkeit des Richtervorbehalts einhergehenden Problemfelder hat *Baur* treffend auf den Punkt gebracht: „Fixierungen sind Krisenmaßnahmen. Sie müssen schnell gehen. Sie können und dürfen nur kurzfristige Reaktionen auf problematische Zuspitzungen sein. Ein Richter wird deswegen in der Praxis meist nur nachträglich über eine bereits ärztlich veranlasste Fixierung entscheiden können. Daran wird auch der vom Bundesverfassungsgericht ausdrücklich geforderte richterliche Bereitschaftsdienst wenig ändern können. Auch bei der Fixierung stellen sich deswegen ähnliche Fragen wie schon bei der Zwangsbehandlung: Welche eigenen Entscheidungsspielräume hat der Richter überhaupt? Auf welcher Sachverhaltsgrundlage trifft der Richter in der Praxis seine Entscheidung? Und nicht zuletzt: Welche persönliche Entscheidungskompetenz hat etwa ein Richter im Bereitschaftsdienst, der ansonsten nur mit Insolvenz- und Wohnungsmietrecht zu tun hat?“[703] Zur Beantwortung dieser Fragen sowie zur Einordnung und Bewertung der Kritik am Rechtsschutzinstrument des Richtervorbehalts wird auf die Erkenntnisse zur Funktion des Richtervorbehalts sowie zur richterlichen Prüfungs- und Entscheidungskompetenz im Rahmen der Ausübung von Richtervorbehalten aus dem ersten Kapitel dieser Arbeit, zu den tatsächlichen und rechtlichen Rahmenbedingungen des psychiatrischen Maßregelvollzuges aus dem zweiten Kapitel sowie zum Prüfungsprogramm des entscheidenden Richters in Gestalt der tatbestandlichen Anordnungsvoraussetzungen der nordrhein-westfälischen Ermächtigungsgrundlage aus dem dritten Kapitel zurückgegriffen. Dabei wird deutlich werden, dass die vorangegangenen Darstellungen das vierte Kapitel nicht nur maßgeblich vorbereitet haben, sondern mit den hiesigen Ausführungen einen einheitlichen Gesamtrahmen bilden, sodass auf der Grundlage der erfolgten Darstellungen und mithilfe der Diskussion alternativer Rechtsschutzkonzepte eine abschließende Antwort auf die eingangs gestellte Frage nach der Funktionstüchtigkeit des Richtervorbehalts gegeben werden kann. In diesem Zusammenhang ist es indessen uneingeschränkt zu begrüßen, dass sich der Ausschuss für Recht und Verbraucherschutz in seiner Beschlussempfehlung für eine Evaluierung des Gesetzes spätestens fünf Jahre nach dem Inkrafttreten mithilfe einer Bund-Länder-Arbeitsgruppe ausgesprochen hat, die insbesondere die folgenden Aspekte in den Blick nehmen soll: Statistische Erfassung von Fixierungen, Reichweite des Richtervorbehalts für Fixierungen unterhalb der Fünf-Punkt-Fixierung sowie Aufnahme

703 *A. Baur*, Forensische Psychiatrie und Psychotherapie 25 (2018), 244, 252.

einer starren 30-Minuten-Grenze in den Gesetzestext für den Richtervorbehalt auslösende Fixierungsanordnungen.[704] In eine ähnliche Richtung weist auch § 64 StrUG NRW, wonach dem nordrhein-westfälischen Landtag über die Erfahrungen mit dem Gesetz bis zum 31. Dezember 2022 und danach alle fünf Jahre zu berichten ist.[705] Einen ersten spürbaren Impuls in Bezug auf die wünschenswerte Evaluierung setzt die Stellungnahme vom Bund der Richter und Staatsanwälte in Nordrhein-Westfalen e.V. (DRB NRW) vom 19. Oktober 2022, die im Hinblick auf den Schutz der von den Zwangsmaßnahmen betroffenen Personen ein verhalten positives Fazit zieht: Die Einführung des Richtervorbehalts habe sich grundsätzlich bewährt. Dies liege zum einen daran, dass die Rechte der Betroffenen durch das StrUG NRW verbessert worden seien. Die Einführung des Richtervorbehalts bezüglich der Anordnung bestimmter Zwangsmaßnahmen im Rahmen der strafrechtsbezogenen Unterbringung habe sich für die Betroffenen selbst, aber auch für den mit einer Unterbringung verfolgten Zweck als sinnvoll erwiesen. Zum anderen sei es in der Praxis zu einer Verkürzung der Verfahrensdauer bis zur Behandlung gekommen. Kritisiert wird demgegenüber vor allem die sehr kurzfristige Einführung des StrUG NRW, was zu erheblichen Reibungsverlusten bei den betroffenen Gerichten und den Verfahrensbeteiligten geführt habe. Hingewiesen wird daneben unter anderem auf den nicht unerheblichen zusätzlichen personellen Aufwand.[706] Es zeigt sich daher bestätigt, dass eine umfassende Auswertung zu brauchbaren Ergebnissen für alle Beteiligten führen kann. Während sich die vorliegende Arbeit nun auf eine theoretische Erfassung und Bewertung der maßgeblichen Faktoren für eine Beurteilung der Funktionstüchtigkeit des Richtervorbehalts aus primär rechtswissenschaftlicher Sicht beschränken wird, erscheint es demgegenüber unabdingbar, diese Frage mithilfe der durch die Evaluierung und die Berichtspflichten gewonnenen Daten unter Berücksichtigung der Stellungnahme des DRB NRW zu gegebener Zeit *in praxi* gegebenenfalls neu zu bewerten.[707]

---

704 Beschlussempfehlung und Bericht des Ausschusses für Recht und Verbraucherschutz (6. Ausschuss), BT-Drs. 19/10243, S. 19, s. dazu bereits 1. Kapitel D. III.

705 Die statuierte Berichtspflicht soll es dem Parlament ermöglichen, zeitnah auf den Änderungsbedarf zu reagieren, vgl. dazu den Gesetzentwurf der Landesregierung, Gesetz zur Durchführung strafrechtsbezogener Unterbringungen in einem psychiatrischen Krankenhaus und einer Entziehungsanstalt in Nordrhein-Westfalen (Strafrechtsbezogenes Unterbringungsgesetz NRW – StrUG NRW) vom 13. Januar 2021, LT-Drs. 17/12306, S. 93.

706 Evaluation des Strafrechtsbezogenen Unterbringungsgesetzes NRW (StrUG NRW) des DRB NRW vom 19. Oktober 2022, online abrufbar unter https://www.drb-nrw.de/fileadmin/Landesverband-Nordrhein-Westfalen/Dokumente/Stellungnahmen/2022-10-19_Stellungnahme_DRB_NRW_zum_StrUG_NRW.pdf (zuletzt zugegriffen am 31.01.2024).

707 In diese Richtung weist auch das folgende Zitat von *A. Baur*, NJW 72 (2019), 2273, 2277: „Es bleibt zu hoffen, dass sich diese Evaluation nicht auf eine schlichte Datenabfrage in den Ländern be-

Ausgangspunkt der hiesigen Untersuchung wird zunächst eine Darstellung der möglichen Schwachstellen des Richtervorbehalts im psychiatrischen Maßregelvollzug sein, um sodann auf dieser Grundlage Korrekturbedarf in der Praxis aufzeigen und alternative Rechtsschutzkonzepte untersuchen zu können. Zwar ist die Anwendung des Richtervorbehalts durch die Entscheidung des Bundesverfassungsgerichts nunmehr zwingend, da die Fixierung als Freiheitsentziehung eingestuft wurde und die Verfassung für diesen Fall das verfahrensrechtliche Rechtsschutzinstrument des Richtervorbehalts aus Art. 104 Abs. 2 GG vorsieht. Wie bereits ausführlich dargelegt worden ist, sehen auch die entsprechenden Ermächtigungsgrundlagen des Bundes- und nordrhein-westfälischen Landesgesetzgebers folgerichtig nunmehr den Richtervorbehalt für nicht nur kurzfristige Zwangsfixierungen des Betroffenen vor.[708] *Baur* spricht daher treffend davon, dass die Rechtslage durch die Entscheidung des Bundesverfassungsgerichts „zementiert" worden ist.[709] Dieser Befund macht eine eingehende Auseinandersetzung mit alternativen Rechtsschutzmodellen jedoch gerade nicht entbehrlich; vielmehr sollten im Rahmen einer die Ausgangssituation zum Anlass nehmenden Diskussion die rechtlichen Möglichkeiten umfassend dargestellt und im Hinblick auf ihre verfassungsrechtliche Eignung untersucht werden, da nur auf einer solchen Grundlage tatsächlich festgestellt werden kann, ob die gegen den Richtervorbehalt vorgebrachte Kritik auch berechtigt ist und wie der Korrekturbedarf in der Praxis rechtstatsächlich aussehen könnte. Im Anschluss an diese Analyse soll gleichsam als Herzstück der gesamten Arbeit eine abschließende Schlussfolgerung zur Frage der Funktionstüchtigkeit des Richtervorbehalts im Anwendungsbereich des § 33 Abs. 2, 5 StrUG NRW gezogen werden.

B. Mögliche Schwachstellen des Richtervorbehalts in der Praxis des psychiatrischen Maßregelvollzuges gemäß § 63 StGB

Das Instrument des Richtervorbehalts wird in der rechtswissenschaftlichen Literatur bisweilen als „zahnloser Tiger" oder als „rechtsstaatliches Trostpflaster" mit

---

schränkt, sondern in einer wissenschaftlichen und bundesweiten Studie mündet, die insbesondere auch auf Länderunterschiede und Strategien zur Vermeidung von Fixierungen fokussiert."

708 Auch in den übrigen Bundesländern sind nunmehr überwiegend Ermächtigungsgrundlagen für Fixierungen im Rahmen der Unterbringung in einem psychiatrischen Krankenhaus gemäß § 63 StGB vorgesehen, die bei einer absehbar nicht nur kurzfristigen Dauer unter dem Vorbehalt der richterlichen Entscheidung stehen, vgl. dazu die Nachweise in Fn. 527. S. dazu 3. Kapitel B. II.

709 S. dazu bereits 3. Kapitel E. III.

der „Wirkung eines Palliativums“[710] bezeichnet. *Hüls* beurteilt den Richtervorbehalt in seiner rechtlichen und faktischen Ausgestaltung gar als „grob unzureichend“.[711] Speziell im Hinblick auf den für Fixierungsfälle normierten Richtervorbehalt des Art. 104 Abs. 2 S. 1 GG spricht *Kammeier* von einem „verfassungsrechtlichen Phantom“, da ernstlich zu vermuten sei, dass auch Fixierungen von nicht nur kurzfristiger Dauer trotz des richterlichen Bereitschaftsdienstes ohne eine entsprechende richterliche Überprüfung bleiben werden.[712] Auch das Bundesverfassungsgericht geht in seinem Urteil vom 24. Juli 2018 davon aus, dass zwar grundsätzlich eine vorherige richterliche Entscheidung erforderlich sei, dies aber im Regelfall bei akuten Selbst- oder Fremdgefährdungen wegen des sofortigen Interventionsbedarfs nicht möglich sein wird, da der mit der Freiheitsentziehung verfolgte verfassungsrechtlich zulässige Zweck bei einem Zuwarten nicht erreichbar wäre.[713] Um die Defizite des Richtervorbehalts speziell in Bezug auf die spezifische Situation im psychiatrischen Maßregelvollzug aufzeigen und einordnen zu können, werden im Folgenden die strukturellen, berufsorganisatorischen sowie psychologisch bedingten Mängel des Rechtsinstruments in der praktischen Handhabung zunächst ursachenbezogen kategorisiert und sodann abschließend bewertet.

I. Einseitige Entscheidungsgrundlage des Richters

Vielfach kritisiert wird die Abhängigkeit des Richters von der Exekutive bzw. der beantragenden Stelle und damit die zwangsläufig einseitige Entscheidungsgrundlage des Richters, der sich bei seiner Entscheidung schlicht nur auf die Informationen stützen könne, die ihm zur Verfügung gestellt werden.[714] Bemängelt wird vor allem, dass die Akten- und Beweismittelvorlage insbesondere bei strafprozessualen Grundrechtseingriffen aus taktischen Gesichtspunkten selektiv und unvollständig erfolge.[715] Ein solches Vorgehen mag im Einzelfall durchaus erforderlich sein, ist aber deshalb besonders fatal, da dem entscheidenden Richter andere Erkenntnis-

---

710 S. zu entsprechenden Nachweisen bereits die Einleitung, Fn. 47 ff.

711 *Hüls*, Polizeiliche und staatsanwaltliche Ermittlungstätigkeit, S. 294.

712 *Kammeier*, Stellungnahme zum Gesetzentwurf der Fraktionen der CDU/CSU und SPD: „Entwurf eines Gesetzes zur Stärkung der Rechte von Betroffenen bei Fixierungen im Rahmen von Freiheitsentziehungen“, BT-Drs. 19/8939 v. 02.04.2019, S. 10.

713 BVerfG, Urteil vom 24.07.2018 – 2 BvR 309/15, 2 BvR 502/16, Rn. 98.

714 Vgl. zu diesem Kritikpunkt vor allem das Zitat eines nicht näher bezeichneten Ermittlungsrichters bei *Asbrock*, ZRP 31 (1998), 17, 19: „Wir haben weitreichende Entscheidungen auf einer oft sehr dünnen Grundlage zu treffen.“

715 *Brüning*, Der Richtervorbehalt, S. 222 f.

quellen regelmäßig nicht zur Verfügung stehen.[716] Allerdings ist ebenfalls zu berücksichtigen, dass dem Richtervorbehalt in seiner Grundausrichtung eine exekutive und justizielle Gesamtverantwortung und damit eine Kompetenz- und Machtverteilung zugrunde liegt, sodass die Abhängigkeit des Richters von der Exekutive dem Richtervorbehalt in gewisser Weise immanent ist.[717] Zudem ist zu konstatieren, dass der Richter bei unvollständigem Aktenmaterial oder einer mündlich erbetenen Anordnung nicht gezwungen ist, eine solche auch zu erteilen. Vielmehr steht dem mit der Sache befassten Richter von Verfassungs wegen gerade die Möglichkeit zu, entweder auf die Übermittlung aussagekräftiger Unterlagen zu dringen oder aber den Antrag abzulehnen, sofern der Richter nicht über die erforderliche umfassende Kenntnis verfügt und ihm die fehlenden Informationen dennoch nicht zur Verfügung gestellt werden.[718] Weiterhin ist es dem Richter als rechtsprechendes Organ aus seiner sonstigen Tätigkeit heraus durchaus bekannt, dass es zu einer psychologisch bedingten einseitigen Tatsachenbewertung kommen kann, wenn eine bestimmte Entscheidung von einer anderen Instanz begehrt wird.[719] In einem solchen Fall ist der Richter stets gehalten, eine auf einer gründlichen und vollständig durchdachten Prüfung basierende Entscheidung zu treffen. Gerade von der Person des unabhängigen Richters verspricht sich die Rechtsordnung eine unvoreingenommene und alle Aspekte berücksichtigende Entscheidung im Einklang mit den verfassungsrechtlichen Vorgaben. Dem Richtervorbehalt aufgrund der einseitigen Informations- und Entscheidungsgrundlage eine generelle Ungeeignetheit zu unterstellen, würde nicht nur bedeuten, dass jedem Richter pauschal die Befähigung zu einer solch eigenverantwortlichen Entscheidung abgesprochen wird, sondern würde darüber hinaus auch verkennen, dass solche Schwächen in der Praxis durch entsprechend ausgebildete Richter ein Stück weit ausgeglichen werden können.[720]

Es stellt sich an dieser Stelle nun die entscheidende Frage, auf welcher Informationsgrundlage der Richter seine Entscheidung über die Zulässigkeit einer Fi-

---

716 *Gusy*, ZRP 36 (2003), 275.

717 *Rabe von Kühlewein*, Der Richtervorbehalt, S. 424 f.; *Voßkuhle*, FS Wahl, S. 443; *Rabe von Kühlewein*, GA 149 (2002), 637, 641; *Nelles*, Kompetenzen und Ausnahmekompetenzen in der Strafprozeßordnung, S. 36 f.

718 *Krehl*, NStZ 23 (2003), 461, 462.

719 *Prechtel*, Das Verhältnis der Staatsanwaltschaft zum Ermittlungsrichter, S. 183 f., 185 f., verweist darauf, dass es in der Natur der Sache liege und psychologisch bedingt sei, dass der eigene Standpunkt häufig unbewusst anders, nämlich die eigene Ansicht bestärkend, dargestellt wird. Es sei jedoch durchaus sinnvoll, die bestmögliche Gewährleistung der Rechtmäßigkeit strafprozessualer Maßnahmen durch die richterliche Mitwirkung anzustreben; dazu auch *Rabe von Kühlewein*, Der Richtervorbehalt, S. 425.

720 So im Ergebnis auch *Rabe von Kühlewein*, Der Richtervorbehalt, S. 427.

xierung des Betroffenen im Anwendungsbereich des § 33 StrUG NRW trifft. Bereits bei flüchtiger Betrachtung fällt dabei auf, dass sich die Informationsgrundlage des Richters im Vorfeld der Maßnahme naturgemäß aufgrund des unterschiedlichen Anknüpfungspunktes grundlegend von derjenigen einer gerade stattfindenden oder derjenigen im Nachgang an eine bereits durchgeführte Fixierung des Betroffenen unterscheidet, sodass es für eine sachgerechte und umfassende Würdigung dieser möglichen Schwachstelle des Richtervorbehalts unabdingbar erscheint, eine Differenzierung hinsichtlich des Entscheidungszeitpunktes vorzunehmen, wie sie bereits im Rahmen der Einführung in die Thematik (Problemaufriss) zu Beginn des vierten Kapitels aufgezeigt worden ist, sodass im Folgenden die vorherige richterliche Entscheidung, die nachträgliche richterliche Genehmigung sowie die nachträgliche gerichtliche Klärung der Zulässigkeit untersucht werden.

1. Vorherige richterliche Entscheidung

Die vorgängige richterliche Entscheidung genießt grundsätzlich Vorrang vor der nachträglichen Entscheidung des Richters und stellt dementsprechend auch den gesetzlich so vorgesehenen Grundstandard dar.[721] Gemäß Art. 104 Abs. 2 S. 1 GG hat nur der Richter über Zulässigkeit und Fortdauer einer Freiheitsentziehung zu entscheiden, sodass er im Rahmen einer eigenverantwortlichen Prüfung in vollem Umfang die Verantwortung für die Maßnahme übernimmt und die Einhaltung der sich aus der Verfassung und dem einfachen Recht ergebenden Voraussetzungen überwacht.[722] Da nach Art. 104 Abs. 1 S. 1 GG die durch Art. 2 Abs. 2 GG gewährleistete Freiheit der Person nur aufgrund eines förmlichen Gesetzes und nur unter Beachtung der darin vorgeschriebenen Form beschränkt werden darf, wozu auch die Einhaltung der Anhörungspflicht des § 319 FamFG zählt, hat der Richter überdies auch die ordnungsgemäße Anhörung des Betroffenen sicherzustellen.[723]

Aus den vorangestellten Ausführungen folgt zunächst eine Pflicht zur Sachverhaltsaufklärung, um dem Richter eine eigene und möglichst umfassende Informationsgrundlage für die Rechtsanwendung zu ermöglichen.[724] Der Gesetzgeber hat sich für eine Zuständigkeit der Amtsgerichte im Rahmen des Rechtsschutzes des

---

721 S. dazu bereits die Einführung in das 4. Kapitel der vorliegenden Arbeit sowie überdies BVerfG, Urteil vom 24.07.2018 – 2 BvR 309/15, 2 BvR 502/16, Rn. 98; BVerfGE 22, 311 (317 f.); 105, 239, (248 f.); 10, 302 (321); vgl. in diesem Zusammenhang auch Dürig/Herzog/Scholz-*Mehde*, Art. 104 GG Rn. 76; von Mangoldt/Klein/Starck-*Gusy*, Art. 104 GG Rn. 43.

722 BVerfG, Urteil vom 24.07.2018 – 2 BvR 309/15, 2 BvR 502/16, Rn. 97 mit Verweis auf BVerfGE 10, 302 (310); 22, 311 (317 f.).

723 BeckOK FamFG-*Günter*, § 319 FamFG Rn. 3.

724 Nach von Mangoldt/Klein/Starck-*Gusy*, Art. 104 GG Rn. 44 wird diese Pflicht häufig zu den „grundgesetzlichen Essentialia justiziellen Handelns“ gezählt.

Betroffenen und eine damit verbundene Geltung der Verfahrensordnung des FamFG entschieden, insbesondere also für eine Anwendung der §§ 319, 331 Nr. 4 FamFG.[725] Nach dem Wortlaut des § 319 FamFG ist eine Anhörung des Betroffenen in allen Unterbringungssachen gemäß § 312 FamFG erforderlich und damit im Sinne der Nr. 4 des § 312 FamFG auch bei freiheitsentziehenden Unterbringungen, freiheitsentziehenden Maßnahmen oder ärztlichen Zwangsmaßnahmen bei Volljährigen nach den Landesgesetzen über die Unterbringung psychisch Kranker.[726] Der Anwendungsbereich der Vorschrift stellt folglich im Rahmen der Nr. 4 maßgeblich auf Menschen mit psychischer Erkrankung und die damit verbundene erhöhte verfahrensrechtliche Schutzpflicht des Staates ab, die gleichermaßen bei Betroffenen im Rahmen der öffentlich-rechtlichen Unterbringung wie auch bei untergebrachten Personen im psychiatrischen Maßregelvollzug des § 63 StGB anzunehmen ist. Zudem ist gemäß § 121b Abs. 1 S. 2 StVollzG angeordnet, dass die für Unterbringungssachen nach § 312 Nr. 4 des Gesetzes über das Verfahren in Familiensachen und in den Angelegenheiten der freiwilligen Gerichtsbarkeit anzuwendenden Bestimmungen entsprechend gelten sollen. Für den Bereich der freiheitsentziehenden Maßregeln der Besserung und Sicherung gilt diese Norm wiederum gemäß § 138 Abs. 4 StVollzG entsprechend, sodass auch die Anhörung gemäß § 319 FamFG eingeschlossen ist. Wie bereits im Rahmen des ersten Kapitels gezeigt werden konnte, kommt der Anhörung des Betroffenen dabei als Kernstück der Amtsermittlungstätigkeit eine zentrale Rolle zu, da aus dem gewonnenen persönlichen Eindruck erst die Möglichkeit des Gerichts erwächst, die Sachverständigengutachten oder ärztlichen Stellungnahmen umfassend würdigen und einordnen zu können.[727] Es handelt sich daher bei der Anhörungspflicht des § 319 FamFG um eine der wesentlichen Verfahrensgarantien, die durch Art. 104 Abs. 1 GG zur Verfassungspflicht erhoben ist und den Anspruch des Betroffenen auf Gewährung rechtlichen Gehörs absichert,[728] sodass es sich als unverzichtbare Voraussetzung eines rechtsstaatlichen Verfahrens darstellt, dass Entscheidungen, die den Entzug der persönlichen Freiheit unmittelbar betreffen, auf einer hinlänglichen richterlichen Sachaufklärung beruhen. Es muss eine in tatsächlicher Hinsicht ausreichende Grundlage bestehen, die der Bedeutung der verfassungsrechtlichen Freiheitsgarantie entspricht.[729] Da es im Hinblick auf den Umfang des jeweiligen Grundrechtsschutzes nach Ansicht des Bundesverfassungsgerichts keinen Unterschied

---

725 Ausführlich zum Verfahrensablauf 1. Kapitel C.

726 MüKo FamFG-*Schmidt-Recla*, § 319 FamFG Rn. 3; BeckOK FamFG-*Günter*, § 319 FamFG Rn. 4.

727 S. dazu bereits die Rechtsprechungsnachweise in Fn. 212.

728 BayObLG, Beschluss vom 15.09.1999 – 3Z BR 221/99; BVerfGE 58, 208 = NJW 1982, 691.

729 So bereits BVerfGE 70, 297 (308) sowie BVerfGE 58, 208 (222).

machen kann, auf welcher Rechtsgrundlage der Betroffene untergebracht ist,[730] muss konsequent auch der gleiche oder ein zumindest vergleichbarer Schutzstandard bestehen.[731]

Folgerichtig ist grundsätzlich im Vorfeld einer Fixierung gemäß § 33 Abs. 2, 5 StrUG NRW eine Anhörung des Betroffenen durch den Richter erforderlich. Hier zeigt sich jedoch bereits ein entscheidendes Problem bei der vorgängigen richterlichen Entscheidung: Regelmäßig ist zu diesem Zeitpunkt wegen des kurzfristigen Handlungsbedarfs eine Mitwirkung des Betroffenen an der gebotenen Sachverhaltsaufklärung nicht denkbar. Der Richter kann daher grundsätzlich lediglich auf die zur Verfügung gestellten Informationen des jeweiligen Antragstellers zurückgreifen und ihm bleibt in diesem Stadium die Ausübung eigener Aufklärungsinstrumente verwehrt.[732] Wegen der in den weit überwiegenden Fällen anzunehmenden Eilbedürftigkeit wird im Regelfall lediglich eine richterliche Aktendurchsicht möglich sein, die keinen Raum für eine persönliche Anhörung lässt und im Regelfall so auch keinen realistischen Eindruck des Betroffenen zu vermitteln vermag. Etwas anderes gilt lediglich dann, wenn der Richter im Nachgang an die Antragstellung unmittelbar die Einrichtung aufsucht, dort die Situation noch nicht weiter zugespitzt ist und aus diesem Grund ein Erscheinen des Richters abgewartet werden konnte, sodass noch *vor* Durchführung der notwendig gewordenen Fixierung eine persönliche Anhörung des Betroffenen möglich ist. Der Charakter einer Fixierung als Kriseninterventionsmaßnahme im Ausnahmefall einer ausgeprägten Gefahrensituation spricht jedoch grundsätzlich gegen die rechtstatsächliche Möglichkeit eines solchen Szenarios, sodass diese Betrachtung im Einklang mit der bundesverfassungsgerichtlichen Rechtsprechung nicht weiter zugrunde gelegt werden kann. Fraglich ist daher, worauf sich die Prüfung des Richters bei einer von der Maßregelvollzugseinrichtung beantragten Fixierung eines Untergebrachten im Einzelfall unabhängig von der Anhörung erstrecken könnte. Anknüpfend an die im dritten Kapitel ausführlich vorgestellten Tatbestandsvoraussetzungen der Ermächtigungsgrundlage des § 33 Abs. 2 StrUG NRW ist davon auszugehen, dass der Richter in eigener Kompetenz die von der antragstellenden Einrichtung vorgebrachten Tatsachen im Hinblick auf ihre grundsätzliche Eignung und Schlüssigkeit zur Recht-

---

730 BVerfG, Beschluss des Zweiten Senats vom 19. Juli 2017 – 2 BvR 2003/14, Rn. 35.

731 Vgl. dazu auch OLG Nürnberg, Beschluss vom 23.02.2018 – 2 Ws 60/18, Rn. 33 in Bezug auf die Zwangsbehandlung: „Auch wenn § 319 Abs. 1 Satz 1 FamFG vorliegend keine Anwendung findet, hat die verfassungsrechtliche Komponente dieser Vorschrift eine Ausstrahlungswirkung auf das Verfahren über die Anordnung der Zwangsbehandlung im Rahmen des Maßregelvollzugs nach § 63 StGB, die von den Strafvollstreckungskammern bei der Entscheidung über die persönliche Anhörung des Untergebrachten zu beachten sein wird."

732 Von Mangoldt/Klein/Starck-*Gusy*, Art. 104 GG Rn. 44.

fertigung einer gegenwärtigen erheblichen Selbstgefährdung oder einer von der untergebrachten Person ausgehenden erheblichen sowie nach hiesiger Lesart auch *gegenwärtigen* Gefährdung bedeutender Rechtsgüter anderer[733] und der damit einhergehenden gesetzlichen Zulässigkeit einer Zwangsfixierung prüfen kann. Bereits im Rahmen des ersten Kapitels ist herausgearbeitet worden, dass der Richter zwar lediglich darüber entscheidet, ob die Zwangsmaßnahme vorgenommen werden darf, nicht hingegen, ob sie auch vorgenommen werden soll,[734] sodass Fragen der Zweckmäßigkeit oder Erfolgseignung einer Fixierung prinzipiell nicht zum richterlichen Prüfungsprogramm gehören. Etwas anderes ist jedoch dann anzunehmen, wenn sich diese Prüfungspunkte ausnahmsweise als gesetzlich vertypte Tatbestandsvoraussetzungen der jeweiligen Zwangsmaßnahme oder als Bestandteil der Verhältnismäßigkeitsprüfung darstellen.[735] Vorliegend ist eine Fixierung des Untergebrachten nach § 33 Abs. 2 StrUG NRW lediglich dann zulässig, wenn diese als letztes Mittel zur Gefahrenabwehr *unerlässlich* ist und nach dem Verhalten der untergebrachten Person oder aufgrund ihres Zustandes *andere, weniger einschneidende Maßnahmen zur Abwendung der Gefahr als nicht ausreichend erscheinen.*[736] Folglich gehören die Unerlässlichkeit im Sinne einer zwingenden Notwendigkeit der Fixierung sowie die Frage der Erforderlichkeit als letztes Mittel der Intervention bereits zum gesetzlichen Tatbestand der Norm und sind als Ausprägung und Verstärkung des verfassungsrechtlich verankerten Verhältnismäßigkeitsgrundsatzes zu begreifen. Folgerichtig muss sich die richterliche Prüfung im Falle der Fixierung des Betroffenen innerhalb der Unterbringung im psychiatrischen Maßregelvollzug auch und gerade auf die Notwendigkeit, Erforderlichkeit und Erfolgseignung der Fixierung beziehen. Um eine eigenständige und umfassende Prüfung des Richters zu ermöglichen, sind diesem neben der den Sachverhalt bildenden Ausgangslage daher auch die tragenden Gründe für die Zwangsmaßnahme mitzuteilen. Die Güte des Richtervorbehalts und damit auch der effektive Grundrechtsschutz des Betroffenen sind eng verknüpft mit der Klarheit der gesetzgeberischen Tatbestandsvoraussetzungen. Der Richtervorbehalt setzt naturgemäß das Bestimmtheitsgebot voraus und sorgt durch seine Anwendung nicht selbst dafür, dass eine Norm die verfassungsrechtlich erforderliche Bestimmtheit erlangt.[737] Die Tatbestandsvoraussetzungen müssen für den entscheidenden Richter demnach derart greifbar sein, dass er den geschilderten Sachverhalt ohne Weiteres unter den Tatbestand der Norm subsumieren kann, da sich andernfalls eine mangelnde Be-

733 Vgl. dazu die Erkenntnisse des 3. Kapitels.
734 S. dazu 1. Kapitel B. III.
735 So bereits *Rieß*, NStZ 11 (1991), 513, 515.
736 Hervorhebungen wurden zwecks Verdeutlichung durch die Verf. vorgenommen.
737 *Gusy*, GA 2003, 672, 682; *Rabe von Kühlewein*, Der Richtervorbehalt, S. 415 f.

stimmtheit der Eingriffsnorm auch in der richterlichen Entscheidung als geringe Bestimmtheit der Kontrollmaßstäbe fortsetzen würde.[738] Dies schließt es zwar nicht aus, dass der Richter aufgrund seiner rechtlichen Expertise in der Lage ist, gerade die verfassungsrechtlich erforderlichen Konkretisierungen im Rahmen der Prüfung des Verhältnismäßigkeitsgrundsatzes in seiner Person vorzunehmen.[739] Zu konstatieren ist jedoch, dass eine größtmögliche Bestimmtheit der Eingriffsnorm sowie eine einheitliche Auslegung der wesentlichen Tatbestandsmerkmale – wie im Rahmen des dritten Kapitels gezeigt wurde – gleichzeitig eine deutliche Stärkung und Effektivierung des Richtervorbehalts bedingen können.

Weitere Konsequenz der Anwendung des FamFG ist zudem, dass als Grundlage der gerichtlichen Entscheidung über die Fixierung das Vorliegen eines ärztlichen Zeugnisses gemäß § 321 Abs. 2 FamFG erforderlich ist, das zu sämtlichen materiellen Voraussetzungen der Fixierung Stellung beziehen und dem Richter im Zeitpunkt der gerichtlichen Anordnung der Fixierung vorliegen muss.[740] Gemäß §§ 281 Abs. 2, 280 Abs. 2 FamFG muss der Arzt den Betroffenen vor der Erstattung seines Zeugnisses persönlich untersuchen und befragen.[741] Wie bereits gezeigt wurde, muss sich das ärztliche Zeugnis neben den materiellen Voraussetzungen der Fixierung auch zu ihrer voraussichtlichen Dauer und den damit verbundenen Risiken für den Betroffenen äußern sowie eine diagnostische Einordnung der maßgeblichen Gründe für die Fixierung in ihren Grundzügen vornehmen.[742] Die Norm des § 33 Abs. 4 StrUG NRW sieht zudem vor, dass eine Fixierung nach vorheriger ärztlicher Inaugenscheinnahme und Stellungnahme von der therapeutischen Leitung angeordnet wird. Bei Gefahr im Verzug können zwar auch andere therapeutisch oder pflegerisch Beschäftigte diese Maßnahme vorläufig anordnen; die ärztliche Inaugenscheinnahme und Stellungnahme sowie die Anordnung der therapeutischen Leitung sind jedoch unverzüglich nachzuholen. Vor diesem Hintergrund erstreckt sich die richterliche Entscheidung grundsätzlich auch auf das erforderliche ärztli-

---

738 *Gusy*, GA 2003, 672, 682; *Disselkamp*, Der Richtervorbehalt bei der Blutprobenentnahme gemäß § 81a Abs. 2 StPO, S. 54 f.

739 So auch *Disselkamp*, Der Richtervorbehalt bei der Blutprobenentnahme gemäß § 81a Abs. 2 StPO, S. 55; *Rabe von Kühlewein*, Der Richtervorbehalt, S. 416.

740 Vgl. dazu 1. Kapitel C. I. 1. b).

741 So der Gesetzentwurf der Fraktionen der CDU/CSU und SPD „Entwurf eines Gesetzes zur Stärkung der Rechte von Betroffenen bei Fixierungen im Rahmen von Freiheitsentziehungen", BT-Drs. 19/8939, S. 17.

742 *A. Baur*, NJW 72 (2019), 2273, 2276.

che Zeugnis bzw. auf das Ergebnis der ärztlichen Inaugenscheinnahme und Stellungnahme.

In Anbetracht dieser Ausführungen scheint die These weiterhin bestätigt zu sein, dass der Richter bezüglich der Sachverhaltsaufklärung von der antragenden Stelle abhängig ist und sich die richterliche Prüfungskompetenz auf eine Plausibilitäts- bzw. Schlüssigkeitskontrolle[743] beschränken könnte. Naturgemäß verstärkt wird diese Problematik zudem durch die im zweiten Kapitel herausgearbeitete, bisweilen fehlende gemeinsame Sprache von Ärzten und Juristen.[744] Es ist an dieser Stelle jedoch in Erinnerung zu rufen, dass eine solche Einschätzung die richterliche Prüfung nicht entbehrlich macht, da die Verfassung gerade auf eine Machtverteilung von Exekutive und Judikative sowie eine diesbezügliche Gesamtverantwortung abzielt, sodass ein Abhängigkeitsverhältnis der Gewalten dem mit der Ausübung von Richtervorbehalten verbundenen Verfahren grundsätzlich immanent ist. Freilich ist mit Nachdruck zu fordern, dass die zur Verfügung gestellten Unterlagen in der Praxis auch tatsächlich eine einzelfallgerechte und umfassende Prüfung des Richters ermöglichen. Dies kann nur dann in einem zufriedenstellenden Maße gelingen, wenn der Richter durch eine fachlich einwandfreie, objektive sowie umfassende Aufklärung über die wesentlichen Grundlagen seitens des Antragstellers in eine konkrete Entscheidungssituation versetzt wird.[745]

2. Nachträgliche richterliche Genehmigung

Eine abweichende Betrachtung im Hinblick auf die Entscheidungsgrundlage ergibt sich bei der nachgängigen Entscheidung im Sinne der nachträglichen richterlichen Genehmigung, die nach Ansicht des Bundesverfassungsgerichts sowie der Literatur wohl der Regelfall sein wird.[746] Das Bundesverfassungsgericht stellt in diesem Zusammenhang darauf ab, dass die Fixierung ihrer Natur nach häufig vor einer gerichtlichen Überprüfung schon wieder beendet ist.[747] Eine nachträgliche richterliche Entscheidung ist grundsätzlich nur dann zulässig, wenn der mit der

743 Nach von Mangoldt/Klein/Starck-*Gusy*, Art. 104 GG Rn. 44 werde die richterliche Sachverhaltsermittlung „faktisch zur Plausibilitäts- bzw. Schlüssigkeitskontrolle exekutiver Sachverhaltsdarstellung".

744 Vgl. dazu – insb. im Hinblick auf die Handhabung von §§ 20, 21 StGB – 4. Kapitel B. IV.

745 *Jürschik/Schulte*, NVwZ 37 (2018), 1695, 1696.

746 BVerfG, Urteil vom 24.07.2018 – 2 BvR 309/15, 2 BvR 502/16, Rn. 98. *Nenadić/Schmidt-Recla*, MedR 2019, 55, 56; *Jürschik/Schulte*, NVwZ 37 (2018), 1695, 1696; ausführlich auch *Goerdeler*, R&P 36 (2018), 199, 203, der die (im weiteren Verlauf noch zu klärende) Frage aufwirft, ob das „Ideal einer eigenständigen, auf eigener Sachverhaltsermittlung beruhenden richterlichen Entscheidung, die den Freiheitsentzug konstitutiv begründet", dann überhaupt erreichbar sein kann.

747 BVerfG, Urteil vom 24.07.2018 – 2 BvR 309/15, 2 BvR 502/16, Rn. 59.

Freiheitsentziehung verfolgte verfassungsrechtlich zulässige Zweck nicht erreichbar wäre, sofern der Maßnahme die richterliche Entscheidung vorausgehen müsste. In diesem Fall ist die Entscheidung „unverzüglich" und damit ohne jede Verzögerung nachzuholen, die sich nicht aus sachlichen Gründen rechtfertigen lässt.[748] Nach Ansicht des Bundesverfassungsgerichts sind solche Verzögerungen nicht vermeidbar, die sich aus der Notwendigkeit verfahrensrechtlicher Vorkehrungen zum Schutz des Betroffenen ergeben oder durch die Länge des Weges, Schwierigkeiten beim Transport, die notwendige Registrierung und Protokollierung oder ein renitentes Verhalten des Betroffenen bedingt sind.[749] Die bereits dargelegte Verpflichtung des Staates, der Bedeutung des Richtervorbehalts durch geeignete verfahrensrechtliche und organisatorische Maßnahmen zur Gewährleistung eines effektiven Grundrechtsschutzes ausreichend Rechnung zu tragen, verlangt insgesamt nach einer unverzüglichen Herbeiführung der richterlichen Entscheidung.[750]

Aufgrund der im Hinblick auf die Tatbestandsvoraussetzungen wohl regelmäßig vorliegenden Eilbedürftigkeit der Fixierung ist davon auszugehen, dass eine Entscheidung in den überwiegenden Fällen erst nachträglich im Wege einer einstweiligen Anordnung gemäß §§ 331 ff., 49 ff. FamFG ergehen wird.[751] In Bezug auf das bereits oben genannte ärztliche Zeugnis ergibt sich hier wiederum die Besonderheit, dass dieses gemäß § 312 Nr. 4 FamFG nicht von einem Arzt für Psychiatrie ausgestellt werden muss und gemäß § 331 Nr. 2 letzter Hs. FamFG auch keine Erfahrung des Arztes auf dem Gebiet der Psychiatrie erforderlich ist.[752]

Wie bereits dargelegt, hat die mündliche Anhörung als wesentlicher Bestandteil der Sachverhaltsaufklärung der Entscheidung über die Anordnung der freiheitsentziehenden Maßnahme grundsätzlich vorauszugehen.[753] Im Hinblick auf das

---

748 A. a. O., Rn. 99; von Mangoldt/Klein/Starck-*Gusy*, Art. 104 GG Rn. 48 m. w. N.; Dürig/Herzog/Scholz-*Mehde*, Art. 104 GG Rn. 76, ebenfalls m. w. N. „Unverzüglich" soll danach nicht gleichbedeutend sein mit § 121 BGB, sondern sich primär am Zweck des Richtervorbehalts orientieren.

749 BVerfG, Urteil vom 24.07.2018 – 2 BvR 309/15, 2 BvR 502/16, Rn. 99, 100 mit Verweis auf BVerfGE 105, 239 (249); BVerfGK 7, 87 (99).

750 Von Mangoldt/Klein/Starck-*Gusy*, Art. 104 GG Rn. 48 m. w. N. aus der Rechtsprechung; Hömig/Wolff-*Wolff*, Art. 104 GG Rn. 10.

751 S. dazu bereits 1. Kapitel C., in diesem Sinne auch *A. Baur*, NJW 72 (2019), 2273, 2276; *Goerdeler*, R&P 36 (2018), 199, 203.

752 Nach *A. Baur*, NJW 72 (2019), 2273, 2276 ist der Beweggrund dieser Regelungen neben einigen systematischen Erwägungen vor allem in den praktischen Problemen zu erblicken, die daraus resultieren, dass außerhalb des Vollzugs der Behandlungsmaßregeln wohl kaum genügend psychiatrisch erfahrene Ärzte zur Verfügung stehen.

753 Dazu bereits 1. Kapitel B. III., C. I. 1. d) sowie 4. Kapitel B. I. 1.

Unterbringungsverfahren hat das Bundesverfassungsgericht ausgeführt, dass es vorrangiger Zweck der Anhörung sei, dem Richter „einen persönlichen Eindruck von dem Betroffenen und der Art seiner Erkrankung zu verschaffen, damit er in den Stand gesetzt wird, ein klares und umfassendes Bild von der Persönlichkeit des Unterzubringenden zu gewinnen“.[754] Eine wegen Vorliegens von Gefahr im Verzug unterlassene Anhörung ist daher unverzüglich nachzuholen.[755] Diese Zweckbeschreibung lässt sich auf die Situation der Anordnung einer freiheitsentziehenden Zwangsfixierung im psychiatrischen Maßregelvollzug übertragen, da es auch hier maßgeblich darauf ankommt, der ärztlicherseits eingestuften Notwendigkeit einer solchen Maßnahme eine entsprechende rechtsstaatliche Kontrolle entgegenzusetzen. Allerdings ist bei der nachträglichen richterlichen Genehmigung auch zu berücksichtigen, dass sich der Betroffene unter Umständen bereits seit einiger Zeit in der Fixierung befindet, sodass ein unverfälschtes Kennenlernen unabhängig von der im Einzelfall belastenden Situation kaum denkbar erscheint. Gegenstand der Anhörung ist eine Befragung zu den tatsächlichen und rechtlichen Voraussetzungen auf der Grundlage derjenigen Ermächtigungsgrundlage, die die Freiheitsentziehung rechtfertigen soll.[756] Die Prüfung des Richters umfasst daher vor allem die Feststellung der die Freiheitsentziehung tragenden Tatsachen, wobei die Schwere des in Rede stehenden Grundrechtseingriffs insbesondere eine eingehende Prüfung der Erforderlichkeit dieser Maßnahme gebietet.[757] Die Anforderungen an die Erforderlichkeit einer Fixierung wurden bereits umfassend dargelegt,[758] aber es ist an dieser Stelle noch einmal in Erinnerung zu rufen, dass die Fixierung lediglich das letzte Mittel der Intervention sein darf, sodass in jedem Einzelfall genau zu prüfen ist, ob ein Alternativmittel zur Verfügung steht, das den legitimen Zweck der Gefahrenabwehr in gleicher Weise fördert, aber den Betroffenen weniger stark belastet. Damit der Richter eine solche Prüfung auch tatsächlich durchführen kann, ist in diesem Zusammenhang zu fordern, dass die antragstellende Behörde die bereits ausgeschöpften Maßnahmen im Vorfeld der Fixierung umfassend darlegt. Zur Herstellung von Rechtssicherheit für alle an der Maßnahme beteiligten Akteure ist eine Dokumentation des Ablaufs essentiell. Nur so kann der Richter auch beurteilen, ob die Maßnahme tatsächlich lediglich als *ultima ratio* genutzt wurde. Daneben

754 „Der persönliche Eindruck des entscheidenden Richters gehört deshalb als Kernstück des Amtsermittlungsverfahrens (...) zu den wichtigsten Verfahrensgrundsätzen des Unterbringungsrechts.“, BVerfGE 58, 208 (07.10.1981 – 2 BvR 1194/80).

755 BVerfG (2. Kammer des Zweiten Senats), Beschluss vom 27.02.2013 – 2 BvR 1872/10.

756 Von Mangoldt/Klein/Starck-*Gusy*, Art. 104 GG Rn. 53; Dürig/Herzog/Scholz-*Mehde*, Art. 104 GG Rn. 128 ff.

757 BVerfGE 83, 24 (30.10.1990 – 2 BvR 562/88).

758 3. Kapitel C. II. 1. c) bb).

hat der Richter im Rahmen der gebotenen Abwägung sicherzustellen, dass die Fixierung auch im Einzelfall stets den Anforderungen des Verhältnismäßigkeitsprinzips genügt.[759] Im Übrigen ist auf die obigen Ausführungen zur vorgängigen richterlichen Entscheidung zu verweisen, da die Erkenntnisse zum Bestimmtheitsgrundsatz und zur Klarheit der Tatbestandsvoraussetzungen der Ermächtigungsgrundlage auch bei diesem zeitlichen Bezugspunkt umfassend Geltung beanspruchen können.

3. Nachträgliche gerichtliche Klärung der Zulässigkeit

Die nachträgliche gerichtliche Klärung der Zulässigkeit einer durchgeführten Fixierung stellt grundsätzlich keine mit der Frage der Funktionstüchtigkeit des Richtervorbehalts originär verbundene Rechtsschutzkonzeption dar, da es sich insofern nicht mehr um präventiven richterlichen Rechtsschutz handelt, sondern vielmehr um eine Form des nachträglichen Rechtsschutzes in Bezug auf eine rein behördlich angeordnete Fixierung. Diese ist zu dem in Rede stehenden Zeitpunkt bereits vollzogen, sodass der Grundrechtseingriff nicht mehr rückgängig gemacht werden kann.[760] Der dritte Anknüpfungspunkt findet vorliegend dennoch Eingang in die Betrachtung, da der Blick nicht ausschließlich auf den Anwendungsbereich des Richtervorbehalts verengt, sondern ganz im Gegenteil ausgeweitet werden sollte auf die übergreifend relevante Frage, wie der Rechtsschutz des Betroffenen im Nachgang an die Fixierung ausgestaltet ist, um nicht nur verlaufsbegleitend, sondern auch nachträglich einen effektiven Grundrechtsschutz zu gewährleisten.[761]

Wurde die Zulässigkeit der Fixierung durch das Gericht überprüft oder wurde die Maßnahme nachträglich gerichtlich genehmigt, so hat dem Grunde nach bereits

---

759 Hömig/Wolff-*Wolff*, Art. 104 GG Rn. 9 m. w. N. aus der Rechtsprechung.

760 *Meier*, ZRP 43 (2010), 223, 225.

761 Vgl. zum Rechtsschutzbedürfnis die Ausführungen des Bundesverfassungsgerichts in seinem Urteil vom 24.07.2018 – 2 BvR 309/15, 2 BvR 502/16, Rn. 59: „Die Zulässigkeit einer Verfassungsbeschwerde setzt voraus, dass ein Rechtsschutzbedürfnis für die Aufhebung des angegriffenen Hoheitsaktes oder jedenfalls für die Feststellung seiner Verfassungswidrigkeit vorliegt (…). Dieses Rechtsschutzbedürfnis muss noch im Zeitpunkt der Entscheidung des Bundesverfassungsgerichts fortbestehen (…). Dies ist bei besonders tiefgreifenden und folgenschweren Grundrechtsverstößen insbesondere der Fall, wenn die direkte Belastung durch den angegriffenen Hoheitsakt sich auf eine Zeitspanne beschränkt, in welcher der Betroffene nach dem regelmäßigen Geschäftsgang eine Entscheidung des Bundesverfassungsgerichts kaum erlangen konnte (…). Der Grundrechtsschutz des Betroffenen würde andernfalls in unzumutbarer Weise verkürzt (…). Unter die Fallgruppe tiefgreifender Grundrechtseingriffe fallen vornehmlich solche, die schon das Grundgesetz – wie die hier geltend gemachte Freiheitsentziehung gemäß Art. 104 Abs. 2 GG – unter Richtervorbehalt gestellt hat (…). Mit der Fixierung, die ihrer Natur nach häufig vor einer gerichtlichen Überprüfung schon wieder beendet ist, steht ein solcher tiefgreifender Grundrechtseingriff in Rede."

eine richterliche Kontrolle stattgefunden. In diesem Fall steht dem Betroffenen gegen diese Entscheidung das Rechtsmittel der Beschwerde gemäß § 58 FamFG zu.[762] Über die Möglichkeit der Einlegung eines solchen Rechtsmittels wird der Betroffene mittels einer dem amtsgerichtlichen Beschluss beigefügten Rechtsbehelfsbelehrung i. S. v. § 39 FamFG informiert.[763] Nach Beendigung einer Fixierung, die nicht richterlich angeordnet worden ist, ist die untergebrachte Person gemäß § 33 Abs. 9 S. 2 StrUG NRW über die Möglichkeit zu belehren, die Rechtmäßigkeit der durchgeführten Fixierung gerichtlich überprüfen zu lassen. Handelt es sich um eine nur kurzfristige Fixierung, sodass keine Entscheidung durch das Gericht erforderlich ist, so finden die §§ 121a, b, 138 Abs. 4 StVollzG mangels einer Maßnahme, die der vorherigen gerichtlichen Anordnung oder gerichtlichen Genehmigung bedarf, keine Anwendung. Es ließe sich daher in Erwägung ziehen, dass in einem solchen Fall das Verfahren der §§ 109 ff. StVollzG einschlägig ist. Gemäß § 109 Abs. 1 S. 1 StVollzG kann gegen eine Maßnahme zur Regelung einzelner Angelegenheiten auf dem Gebiet des Strafvollzuges oder des Vollzuges freiheitsentziehender Maßregeln der Besserung und Sicherung eine gerichtliche Entscheidung beantragt werden. Dem steht jedoch entgegen, dass § 312 Nr. 4 FamFG die freiheitsentziehende Maßnahme der Fixierung nunmehr als Unterbringungsmaßnahme definiert, sodass die speziellere Norm des nachträglichen Rechtsschutzes in Gestalt von § 327 FamFG[764] diejenige des § 109 StVollzG verdrängt mit der Folge, dass auch die nachträgliche Überprüfung der konkreten Durchführung einer gerichtlich angeordneten oder genehmigten Maßnahme sowie einer rein behördlich angeordneten Fixierung der Prüfung durch das Amtsgericht obliegt.[765] Der Gesetzentwurf der Bundesregierung führt diesbezüglich aus: „Die Zuständigkeit des Amtsgerichts erstreckt sich dann insbesondere auch auf die konkrete Durchführung der Anordnung, bleibt auch nach Erledigung der Fixierung bestehen und besteht auch dann, wenn eine erforderliche Genehmigung nicht eingeholt wurde. So wird vermieden, dass sich unter Umständen zwei Gerichte mit dem im Wesentlichen gleichen Sachverhalt befassen müssen.“[766] Lässt der Betroffene hingegen selbst die Rechtmäßigkeit der Fixierungsanordnung nach § 327 FamFG gerichtlich überprüfen, so ist der Blick dafür zu

762 *A. Schneider*, FamRZ 2019, 89, 93.

763 Gesetzentwurf der Bundesregierung „Entwurf eines Gesetzes zur Stärkung der Rechte von Betroffenen bei Fixierungen im Rahmen von Freiheitsentziehungen“, BT-Drs. 19/9767, S. 12.

764 Zur Kritik an dieser Vorgehensweise und zum Rechtsweg für die gerichtliche Überprüfung der rein behördlich veranlassten Maßnahme *Grotkopp/Fölsch*, NJW 72 (2019), 3409, 3412.

765 In diesem Sinne auch die Beschlussempfehlung bzw. der Bericht des Ausschusses für Recht und Verbraucherschutz (6. Ausschuss), BT-Drs. 19/10243, S. 21.

766 Gesetzentwurf der Bundesregierung „Entwurf eines Gesetzes zur Stärkung der Rechte von Betroffenen bei Fixierungen im Rahmen von Freiheitsentziehungen“, S. 14.

schärfen, dass daraus eine Schlechterstellung resultiert, da die auf Antrag des Betroffenen ergehende Entscheidung des Amtsgerichts gemäß § 327 Abs. 4 FamFG nicht anfechtbar ist. In der Konsequenz ist der Betroffene bei einer vollzugsbehördlichen Anordnung also schlechter gestellt als in denjenigen Fällen, in denen der Anstaltsleiter eine solche Maßnahme gemäß § 109 StVollzG verhängt.[767]

Im Sinne des effektiven Rechtsschutzes und zur Sicherung der Verhältnismäßigkeit des Grundrechtseingriffs wurden die bereits oben genannten umfassenden Dokumentationspflichten (und damit einhergehende Schriftlichkeitserfordernisse) in der Norm des § 33 Abs. 10 StrUG NRW kodifiziert. Auf diese Weise wurde auch der Prüfungsumfang des Richters für den Bereich des nachträglichen gerichtlichen Rechtsschutzes einfach-gesetzlich konkretisiert. Im Falle einer durchgeführten Fixierung hat die Maßregelvollzugseinrichtung die Anordnung, die hierfür maßgeblichen Gründe, die Durchführung und Dauer, die Art der Überwachung sowie die Belehrung gemäß § 33 Abs. 9 S. 2 StrUG NRW zu dokumentieren, sodass sich die Prüfung des Richters im Rahmen seiner Sachverhaltsaufklärung entscheidend auf diese Ausführungen stützen kann. Auch hier ist der Richter im Hinblick auf seine Informationsgrundlage in gewisser Weise von der antragstellenden Einrichtung und der Übermittlung der entsprechenden Unterlagen abhängig. Nichtsdestotrotz zeigt sich, dass die richterliche Prüfungsgrundlage weiter konturiert worden ist, worin eine spürbare Stärkung des Grundrechtsschutzes zu erblicken ist.

II. Unzureichende Prüfung durch den Richter

Weiterer wesentlicher Kritikpunkt ist die oftmals unzureichende richterliche Prüfung, die nicht nur Konsequenz der lediglich punktuellen und zeitlich begrenzten Befassung des Richters mit der Sache aufgrund der regelmäßig bestehenden Eilbedürftigkeit und des daraus folgenden erheblichen Zeitdrucks ist, sondern darüber hinaus auch aus der grundsätzlich fehlenden Überwachung und Ergebniskontrolle der Maßnahme folgt.[768] Der Richter hat in seiner Funktion mangels eines Initiativrechts jedoch grundsätzlich keinen Einfluss darauf, zu welchem Zeitpunkt der Antrag seitens der Unterbringungseinrichtung gestellt wird, sodass sich der daraus resultierende Zeitdruck als Spezifikum des Richtervorbehalts darstellt.[769] Bemängelt wird zudem das oftmals fehlende Fach- und Spezialwissen des Rich-

767 So zutreffend AK-StVollzG-*Spaniol*, § 121b StVollzG, Rn. 6.

768 *Asbrock*, ZRP 31 (1998), 17, 19; *Rabe von Kühlewein*, Der Richtervorbehalt, S. 427; zur Forderung einer Ergebniskontrolle bei der Überwachung der Telekommunikation äußert sich *Gusy*, ZRP 36 (2003), 275, 278.

769 S. dazu vor allem *Asbrock*, ZRP 31 (1998), 17, 19.

ters.[770] Es finde keine Ausbildung zum Ermittlungsrichter statt; vielmehr würden noch unerfahrene oder fachfremde Berufsanfänger mit der in der Praxis als unattraktiv bezeichneten Tätigkeit im Rahmen der Ausübung von Richtervorbehalten betraut.[771] Vielfach kann eine unzureichende richterliche Prüfung auch mit einer einseitigen Entscheidungsgrundlage einhergehen. Im Rahmen dieses Kapitels soll jedoch nicht mehr ausschließlich die informatorische Grundlage des Richters Gegenstand der Betrachtung sein, sondern vielmehr der Blick geschärft werden für etwaige berufsorganisatorische und psychologische Schwachstellen in der Grundkonzeption des Richtervorbehalts. In diesem Zusammenhang fragt *Baur* zu Recht, was ein Richtervorbehalt als höchste Legitimationsschwelle der geltenden Rechtsordnung überhaupt wert sei, wenn es dem entscheidenden Richter im Einzelfall an Sachkunde und Kompetenz für eine unabhängige und eigene Entscheidung mangelt, sodass der Antrag gleichsam automatisch bewilligt werde.[772] *Helmken* hat sich der Frage nach den Ursachen der Mängel des Richtervorbehalts aus einem anthropologisch-psychologischen Blickwinkel genähert und dabei drei wesentliche Fallgruppen in Form von psychischen Stimuli herausgearbeitet, die im Einzelfall in der Entscheidungssituation des Richters dazu führen (können), dass dieser seiner Kontrollpflicht nicht in ausreichender Weise genügt: Die Anordnung des Richters als Resultat ausgeübten Drucks (1.), als Resultat von Sanktionsfurcht (2.) sowie als Resultat fehlender Belohnungsanreize (3.).[773] Diese Fallgruppen sowie die darauf basierenden Erkenntnisse des Autors sollen im Rahmen der Untersuchung der Schwachstellen des Richtervorbehalts im Hinblick auf die Situation des Maßregelvollzuges mit in die Betrachtung eingestellt und für die Bewertung nutzbar gemacht werden. Daneben wird als weiterer maßgeblicher Faktor auch das möglicherweise fehlende medizinische sowie psychiatrische Spezialwissen untersucht.

1. Fehlendes Fachwissen

Nach Maßgabe des § 109 StVollzG entscheidet die Strafvollstreckungskammer über jede Maßnahme zur Regelung einzelner Angelegenheiten auf dem Gebiet des Strafvollzuges oder des Vollzuges freiheitsentziehender Maßregeln der Besserung und Sicherung, wenn der Antragsteller geltend macht, durch die Maßnahme oder ihre Ablehnung oder Unterlassung in seinen Rechten verletzt zu sein. Ob die Fi-

770 So bereits *Asbrock*, ZRP 31 (1998), 17, 19; *Brüning*, ZIS 1/2006, 29, 32; *Rabe von Kühlewein*, Der Richtervorbehalt, S. 432; *Talaska*, Der Richtervorbehalt, S. 90 sowie im Hinblick auf die hiesige Fallkonstellation *Jürschik/Schulte*, NVwZ 37 (2018), 1695, 1696.

771 *Aschmann*, Der Richtervorbehalt, S. 171; *Kühne*, Strafprozessrecht, Rn. 410.

772 *A. Baur*, Forensische Psychiatrie und Psychotherapie 25 (2018), 244, 251.

773 *Helmken*, StV 23 (2003), 193, 194 ff.

xierung eine solche Maßnahme im Sinne des § 109 StVollzG darstellt und damit eine Zuständigkeit der Strafvollstreckungskammer besteht,[774] ist zunächst unterschiedlich beurteilt worden.[775] Der Bundesgesetzgeber hat sich letztendlich für eine Zuständigkeit der Amtsgerichte entschieden. Gemäß § 121a Abs. 1 StVollzG ist daher das Amtsgericht, in dessen Bezirk die Maßnahme der Fixierung durchgeführt wird, für die vorherige gerichtliche Anordnung sowie die gerichtliche Genehmigung der Fixierung zuständig. Gemäß § 121b Abs. 1 S. 3 StVollzG entscheidet über die Beschwerde das Landgericht gemäß § 58 FamFG und über die Rechtsbeschwerde der Bundesgerichtshof nach Maßgabe des § 70 Abs. 3 FamFG. Das Verfahren verbleibt daher grundsätzlich in der Zuständigkeit des Amtsgerichts und (gerade) nicht bei dem ansonsten auch für Untergebrachte des Maßregelvollzugs gemäß §§ 63, 64 StGB geltenden Rechtsschutz der §§ 109 – 121 StVollzG, wo in erster Instanz die Strafvollstreckungskammer der Landgerichte nach Maßgabe des § 78a Abs. 1 Nr. 2 GVG in der Besetzung mit einem Richter sachlich zuständig ist.[776] Auch für die nachträgliche Überprüfung der konkreten Durchführung einer Fixierung des Betroffenen ist gemäß § 327 FamFG das Amtsgericht zuständig, um eine Zuständigkeitsspaltung in der Praxis zu vermeiden, die jedoch ursprünglich im Gesetzentwurf vorgesehen

---

774 Zur Zuständigkeit der jeweiligen Strafvollstreckungskammer, zum Aufgabenbereich und zur Besetzung vgl. KK StPO-*Diemer*, § 78b GVG Rn. 1; HK-Strafrecht-*Duttge/Kangarani*, § 78b GVG Rn. 1 ff.; MüKo StPO-*Schuster*, § 78b GVG Rn. 2 ff.

775 BeckOK GVG-*M. Huber*, § 78a GVG Rn. 6: „(...) die Entscheidung über die Fixierung einer Person, die in einer Justizvollzugsanstalt oder einer Einrichtung des Maßregelvollzugs untergebracht ist, obliegt dem Amtsgericht, nicht aber der (kleinen) Strafvollstreckungskammer des Landgerichts“, in diesem Sinne auch LG Kleve (1. kleine Strafvollstreckungskammer), Beschluss vom 10.08.2018 – 182 StVK 11/18; LG Aachen, Beschluss vom 19.12.2018 – 33a StVK 1278/18; LG Paderborn (Strafvollstreckungskammer), Beschluss vom 14.02.2019 – 13 StVK 2/19. Für den Fall, dass sich die Vollzugsbehörde im Vorhinein eine ihrerseits beabsichtigte vollzugliche Maßnahme gerichtlich genehmigen lassen will, was nicht von dem eindeutigen Wortlaut der §§ 109 ff. StVollzG erfasst sein soll, da sie lediglich eine Anfechtungs- und Überprüfungsmöglichkeit für den Betroffenen selbst eröffnen, soll nach LG Aachen, Beschluss vom 07.01.2019 – 33 m StVK 22/19 auch keine Zuständigkeit der StVK bestehen (ebenso OLG Frankfurt am Main, Beschluss vom 13.11.2018, Az.: 3 Ws 847/18, Rn. 6). Für die Zuständigkeit der kleinen Strafvollstreckungskammer hingegen OLG Hamm (1. Strafsenat), Urteil vom 20.11.2018 – 1 Vollz (Ws) 391/18 sowie LG Lübeck, Beschluss vom 10.08.2018 – 5x StVK 1/18 = BeckRS 2018, 17918. Eine gewisse Unwilligkeit seitens der Landgerichte bezüglich ihrer möglicherweise vorliegenden Zuständigkeit in Fixierungsangelegenheiten lässt sich hier insgesamt nicht von der Hand weisen; treffend daher *A. Baur*, R&P 37 (2019), 116, 118: „Und dennoch keimt bisweilen der Verdacht, insbesondere die mühevolle Verneinung der eigenen Zuständigkeit könnte auch ein willkommener Weg sein, inhaltlich nicht entscheiden zu müssen und dem eigenen Gerichtszweig einen unangenehmen Verfahrensgegenstand zu ersparen“; ausführlich auch *Kaehler/Petit*, FamRZ 2019, 164 – 168.

776 *A. Baur*, NJW 72 (2019), 2273, 2276; ausführlich zum Rechtsschutz im psychiatrischen Maßregelvollzug *Oelbermann*, Rechtsschutz, S. 468 Rn. K42.

war und erst nach einer Empfehlung des Rechtsausschusses und auf Anregung des Bundesrats überarbeitet wurde.[777] Im Folgenden sollen die Argumente für eine Zuständigkeit der Amtsgerichte sowie für eine solche der Strafvollstreckungskammer der Landgerichte trotz der insoweit verbindlichen Entscheidung des Gesetzgebers aufgezeigt werden, um auf dieser Grundlage den Kritikpunkt des fehlenden Fachwissens näher untersuchen zu können.

a) Abwägung der Argumente in Bezug auf die Zuständigkeit

Für eine Zuständigkeit der Amtsgerichte sprechen vor allem justizökonomische Erwägungen, da neben der örtlichen Nähe zu den maßgeblichen Vollzugseinrichtungen und der vorhandenen Erfahrung mit dem präventiven Rechtsschutz auch auf den dort bereits eingerichteten Bereitschaftsdienst zurückgegriffen werden kann.[778] Amtsgerichte seien wegen der Zuständigkeit für zivil- und öffentlichrechtliche Unterbringungen und der damit einhergehenden sachlichen und örtlichen Nähe zudem besser dazu in der Lage, eine zeitnahe Entscheidung im Sinne des verfassungsrechtlichen Gebots zu treffen.[779] Damit gehe einher, dass der Amtsrichter durch seine Erfahrung mit Verfahren nach Maßgabe der § 312 Nr. 4 FamFG, § 23a Abs. 2 GVG über eine größere Sachnähe verfüge.[780] Vorteil einer amtsgerichtlichen Zuständigkeit sei auch, dass mit der Geltung der Verfahrensordnung des FamFG nicht nur die Beteiligung eines Beistands sowie nahestehender Personen sichergestellt, sondern darüber hinaus auch eine mündliche Anhörung zwingend gemäß §§ 319, 331 Nr. 4 FamFG vorgeschrieben sei, während die Strafvollstreckungskammer der Landgerichte regelmäßig gemäß § 115 Abs. 1 StVollzG ohne mündliche Anhörung entscheide.[781] Allerdings ist an dieser Stelle auch im Blick zu

---

777 *Petit,* Stellungnahme zu dem „Entwurf eines Gesetzes zur Stärkung der Rechte von Betroffenen bei Fixierungen im Rahmen von Freiheitsentziehungen" (BT-Drucksache 19/8939), S. 4; *A. Baur,* NJW 72 (2019), 2273, 2276.

778 *A. Baur,* NJW 72 (2019), 2273, 2276.

779 *Fölsch/Grotkopp,* DRiZ 2019, 84, 86.

780 *Kaehler/Petit,* FamRZ 2019, 164, 167.

781 Vgl. dazu *Petit,* Stellungnahme zu dem „Entwurf eines Gesetzes zur Stärkung der Rechte von Betroffenen bei Fixierungen im Rahmen von Freiheitsentziehungen" (BT-Drucksache 19/8939), S. 3 f. sowie *Kaehler/Petit,* FamRZ 2019, 164, 167. Zu beachten ist an dieser Stelle außerdem, dass die Norm des § 115 Abs. 1 StVollzG keinesfalls eine mündliche Anhörung der Verfahrensbeteiligten ausschließt. Vielmehr ist das Gericht nach der aktuellen obergerichtlichen Rechtsprechung dann zu einer mündlichen Anhörung des Betroffenen verpflichtet, wenn eine hinreichende Sachaufklärung auf andere Weise nicht möglich ist, vgl. OLG Nürnberg, Beschluss vom 23.02.2018 – 2 Ws 60/18 Rn. 27. Das Gericht führt zudem aus, dass eine mündliche Erörterung mit dem Antragsteller auch aus Gründen der gerichtlichen Fürsorgepflicht erforderlich sein kann, wenn dieser im schriftlichen Ausdruck

behalten, dass der fundamentale Verfassungsgedanke des Art. 104 GG grundsätzlich unabhängig von der Frage der gerichtlichen Zuständigkeit eine Ausstrahlungswirkung auf das gegenständliche Verfahrensrecht hat und so eine Anhörungspflicht des Betroffenen zu statuieren vermag.[782] Zudem verweisen *Kaehler* und *Petit* zutreffend darauf, dass eine verfassungskonforme Auslegung des § 109 Abs. 3 StVollzG auch durchaus die Möglichkeit eröffne, dem Betroffenen in entsprechender Anwendung einen Rechtsanwalt beizuordnen, da diese Vorgehensweise durch die Strafvollstreckungskammer im Verfahren nach § 109 StVollzG dem Gesetz nicht fremd sei.[783] Darüber hinaus wird ebenfalls angeführt, dass der Nutzen für einen eigenen landgerichtlichen Bereitschaftsdienst neben dem bereits bestehenden amtsgerichtlichen Eildienst in keinem vernünftigen und sachgerechten Verhältnis zu dem damit verbundenen gerichtsorganisatorischen Aufwand stehe.[784] Ebenfalls zu beachten ist, dass neben den vorrangig zu würdigenden rechtlichen Erwägungen auch pragmatische Gesichtspunkte im Blick behalten werden müssen, die vor allem mit den strukturellen Arbeitsbedingungen an den Amts- und Landgerichten zusammenhängen: Während die Richter der Strafvollstreckungskammer lediglich zu einem gewissen Teil mit Fragen der Strafvollstreckung beschäftigt sind (sog. Annexgeschäft) und im Übrigen ihrer sonstigen richterlichen Tätigkeit in den jeweiligen Strafkammern des Landgerichts nachgehen, sodass sie aufgrund dieser vorgegebenen Arbeitsstruktur in der Regel systembedingt im Gericht agieren, sind die in Rede stehenden Amtsrichter bereits aufgrund ihrer originären betreuungsrechtlichen Tätigkeit vielfach für Ortstermine unterwegs und damit nicht ausschließlich im Gericht anwesend, sodass eine amtsgerichtliche Zuständigkeit für Fixierungsentscheidungen vor diesem Hintergrund besser darstellbar erscheint.[785]

---

ungewandt und deshalb sein Begehren nicht klar erkennbar oder bei schwieriger Rechtslage auf die Stellung sachdienlicher Anträge hinzuweisen ist.

782 S. dazu die obigen Erkenntnisse des 4. Kapitels unter B. I. 1. Maßgeblich ist in diesem Zusammenhang auch der Wortlaut des § 121b Abs. 1 S. 1 und 2 StVollzG: „Das gerichtliche Verfahren im Sinne des § 121a richtet sich nach dem Gesetz über das Verfahren in Familiensachen und in den Angelegenheiten der freiwilligen Gerichtsbarkeit. Die für Unterbringungssachen nach § 312 Nummer 4 des Gesetzes über das Verfahren in Familiensachen und in den Angelegenheiten der freiwilligen Gerichtsbarkeit anzuwendenden Bestimmungen gelten entsprechend."

783 *Kaehler/Petit*, FamRZ 2019, 164, 167.

784 *Fölsch/Grotkopp*, DRiZ 2019, 84, 86.

785 Vgl. dazu beispielhaft die in diesem Zusammenhang sachdienliche richterliche Geschäftsverteilung für das Geschäftsjahr 2020 des Landgerichts Dortmund, S. 78 ff., 94 ff., 103 ff., online abrufbar unter https://www.lg-dortmund.nrw.de/aufgaben/geschaeftsverteilung/JGVP-2020.pdf (zuletzt aufgerufen am 24.03.2021) mit dem Hinweis auf S. 112, dass die Tätigkeit in den Strafkammern Vorrang hat vor der Tätigkeit in den Strafvollstreckungskammern.

Gerade für Untergebrachte des psychiatrischen Maßregelvollzugs ist diese bundeseinheitliche Regelung der amtsgerichtlichen Zuständigkeit jedoch auch kritisch zu sehen. Wie bereits an anderer Stelle ausführlich dargelegt worden ist,[786] handelt es sich bei diesen Untergebrachten um solche Personen, bei denen aufgrund einer zum Teil erheblichen rechtswidrigen Tat und einer darin zum Ausdruck gekommenen und anhaltenden Gefährlichkeit für die Allgemeinheit eine langjährige und grundsätzlich unbefristete Unterbringung in einem psychiatrischen Krankenhaus gerichtlich angeordnet worden ist. Es ist daher davon auszugehen, dass diese Personen ein gegenüber den zivilrechtlich und öffentlich-rechtlich Untergebrachten erhöhtes Gefährdungspotential aufweisen, sodass eine Fixierung im Falle des psychiatrischen Maßregelvollzugs der (vermeintlich) einzige Ausweg aus einer Situation der akuten Krisenintervention sein dürfte.[787] Die Amtsgerichte verfügen jedoch im Gegensatz zu den Strafvollstreckungskammern nicht in gleichem Maße über die in solchen Situationen für eine sachgerechte richterliche Entscheidung erforderlichen tatsächlichen und rechtlichen Erfahrungswerte mit vollzugsrechtlichen Besonderheiten, sodass es gerade bei einem schwerwiegenden Eingriff in das Freiheitsrecht der untergebrachten Person naheliegender erscheinen könnte, die bereits bei den Strafvollstreckungskammern vorhandene Expertise der Richter durch die Befassung mit vollzugsrechtlichen Fragestellungen und den damit einhergehenden Vorkenntnissen in Bezug auf den betroffenen Untergebrachten sowie den konkreten Vollzugsablauf nutzbar zu machen.[788] Dies wird noch dadurch unterstrichen, dass bei einer erwartbaren Anordnung einer Unterbringung in einem psychiatrischen Krankenhaus in erster Instanz ebenfalls bereits das Landgericht nach §§ 24 Abs. 1 S. 1 Nr. 2, 74 Abs. 1 S. 1 GVG zuständig ist. *Fölsch* und *Grotkopp* verweisen in diesem Zusammenhang auch darauf, dass eine sachgerechte Entscheidung und vor allem eine die berechtigten Belange des Betroffenen wahrende Anhörung gänzlich anders ausfallen würde, wenn die Vorgeschichte gerichtsbekannt sei und auf bereits vorhandene Verfahrensakten zurückgegriffen werden könne, als wenn die Entscheidung lediglich auf der Grundlage der Angaben im Antrag und Attest erfolgen würde.[789] Auch *Petit* führt überzeugend aus, dass es für rechtskonforme Entscheidungen einer möglichst breiten Tatsachengrundlage

786 2. Kapitel B. III. 2.

787 So auch *Kammeier*, Stellungnahme zum Gesetzentwurf der Fraktionen der CDU/CSU und SPD: „Entwurf eines Gesetzes zur Stärkung der Rechte von Betroffenen bei Fixierungen im Rahmen von Freiheitsentziehungen", BT-Drs. 19/8939 v. 02.04.2019, S. 7.

788 *Fölsch/Grotkopp*, DRiZ 2019, 84, 86.

789 Ebd. Dies kann sich selbstverständlich auch gegen den Betroffenen kehren.

über die praktischen Umstände des Vollzuges bedarf.[790] Einschränkend ist hier allerdings zu berücksichtigen, dass der Richter gerade bei einer Fixierungsentscheidung wegen der Eilbedürftigkeit und Dringlichkeit der richterlichen Entscheidung kaum Zeit dafür finden wird, auf die bei Gericht vorhandenen Verfahrensakten zuzugreifen. Es ist vor diesem Hintergrund lediglich in Ansatz zu bringen, dass bei dem jeweiligen Richter aufgrund vorangegangener Entscheidungen konkretes Wissen in Bezug auf vollzugsrechtliche Besonderheiten und den in Rede stehenden Patienten vorhanden sein könnte. Daran anknüpfend erblickt *Baur* in der Zuständigkeitsverteilung eine Gefahr für die Entscheidungsqualität, da auf diese Weise nicht mehr alle vollzugs- und vollstreckungsrechtlichen Fragestellungen bei einem Gericht konzentriert seien.[791] Eine solche Zuständigkeitskonzentration ist jedoch nach *Petit* gerade aus Gründen der Transparenz und Verständlichkeit für den Betroffenen von immenser Bedeutung.[792] Nach *Kammeier* vermittelt der Gesetzentwurf bzw. die nunmehr in Kraft getretene gesetzliche Ausgestaltung „den fatalen Eindruck, die Zuweisung von Fixierungsangelegenheiten in allen infrage kommenden Vollzügen an die Amtsgerichte zusammen mit der „Flexibilisierung des richterlichen Bereitschaftsdienstes“ (...) diene weitaus eher der Einsparung von Personal und Kosten im Bereich der Justiz und der Justizverwaltung als der Stärkung und dem effektiven Rechtsschutz der von diesen extremen Eingriffsmaßnahmen betroffenen Personen“; es sei vielmehr „eine differenzierendere, den Beurteilungsanforderungen an die unterschiedlichen Personengruppen und deren besonderen Unterbringungssettings (Vollzugseinrichtungen) sachlich besser gerecht werdende Zuweisung der gerichtlichen Verfahren der Genehmigung und Überprüfung von Fixierungsmaßnahmen“ erforderlich.[793] Eine diesen Voraussetzungen entsprechende Zuweisung erblickt er in einer Zuständigkeit der Strafvollstreckungskammer, da diese bereits nach Maßgabe des § 109 StVollzG für die Lebensperspektive des Betroffenen regelmäßig sehr bedeutsame Fragen der

---

790 Er bezieht sich in seiner Stellungnahme jedoch auf eine vorteilhafte Konzentration der Informationen über alle Aspekte der jeweiligen Fixierungspraktiken der jeweiligen Einrichtungen bei dem Amtsgericht vor Ort (vgl. dazu *Petit*, Stellungnahme zu dem „Entwurf eines Gesetzes zur Stärkung der Rechte von Betroffenen bei Fixierungen im Rahmen von Freiheitsentziehungen“ (BT-Drucksache 19/8939), S. 4 f.). Das Argument der Konzentrationswirkung ist jedoch sinngemäß auf die hier zugrunde gelegte spezifische Situation des Untergebrachten im psychiatrischen Maßregelvollzug und eine damit verbundene Zuständigkeit der Strafvollstreckungskammer zu übertragen.

791 *A. Baur*, NJW 72 (2019), 2273, 2276.

792 *Petit*, Stellungnahme zu dem „Entwurf eines Gesetzes zur Stärkung der Rechte von Betroffenen bei Fixierungen im Rahmen von Freiheitsentziehungen“ (BT-Drucksache 19/8939), S. 5.

793 *Kammeier*, Stellungnahme zum Gesetzentwurf der Fraktionen der CDU/CSU und SPD: „Entwurf eines Gesetzes zur Stärkung der Rechte von Betroffenen bei Fixierungen im Rahmen von Freiheitsentziehungen“, BT-Drs. 19/8939 v. 02.04.2019, S. 7.

Vollstreckung zu entscheiden habe und sich daher im Laufe der Zeit ein hohes Maß an Kenntnissen und Kompetenzen zur Beurteilung des sozialen und rechtlich relevanten Verhaltens eines Betroffenen im Vollzugsalltag entwickle.[794] Zudem bestehe bereits eine Zuständigkeit der Strafvollstreckungskammern für Fragen des vorbeugenden Rechtsschutzes im Rahmen von behördlichen Anordnungen einer Zwangsbehandlung, sodass die Richter der Strafvollstreckungskammern dafür prädestiniert seien, sich ebenso mit der Zulässigkeit eines so schwerwiegenden Grundrechtseingriffs wie der nicht nur kurzfristigen Fixierung zu befassen.[795]

Werden die Argumente systematisch und zusammenfassend betrachtet, so fällt schnell auf, dass die Erwägungen *für* eine amtsgerichtliche Zuständigkeit vor allem von Gedanken der Praktikabilität getragen werden, während die Erwägungen *gegen* diese Zuständigkeit vor allem die rechtlich-psychiatrische Kompetenz betreffen. Der Gedanke der Zuständigkeitskonzentration kann zwar grundsätzlich sowohl zugunsten der amtsgerichtlichen als auch der landgerichtlichen Konzentration der Informationen herangezogen werden, spricht in der hier vorliegenden Konstellation jedoch wegen der bereits vorhandenen Zuständigkeit der Strafvollstreckungskammer gemäß § 109 StVollzG i.V.m. § 138 Abs. 3 StVollzG für eine Konzentration der Fragestellungen auch in Bezug auf Fixierungsentscheidungen bei der jeweiligen Strafvollstreckungskammer des Landgerichts. Auch das im Kern durchaus überzeugende Argument einer zwingend durchzuführenden mündlichen Anhörung des Betroffenen im Verfahren nach dem FamFG bei einer amtsgerichtlichen Zuständigkeit lässt sich dadurch entkräften, dass der Verfassungsgedanke des Art. 104 GG unabhängig von der Verfahrensart aufgrund seiner Ausstrahlungswirkung auf das einfache Recht zur Anwendung gelangt. Ein (weiterer) gewichtiger Nachteil gegen die Zuständigkeit der Amtsgerichte ist in der mit der Verfahrensordnung des FamFG verbundenen, erheblichen Beschränkung des Rechtsmittelweges bei Beschwerden über die konkrete Art und Weise der tatsächlichen Durchführung einer Fixierung zu erblicken, auf die *Petit* zu Recht verweist: Während der Beschluss gemäß § 327 Abs. 4 FamFG nicht anfechtbar ist, unterliegt die Entscheidung der Strafvollstreckungskammer zumindest der Rechtsbeschwerde zum Oberlandesgericht nach Maßgabe des § 116 StVollzG.[796] Vor dem Hintergrund, dass bei der Erörterung von strukturellen Defiziten des Richtervorbehalts stets die fehlende Expertise des Richters genannt wird, erscheint die Zuweisung zu den Amtsgerichten in Bezug auf Fixierungsentscheidungen daher aus bloß justizökonomischen Gründen fatal. Al-

794 A. a. O., S. 8.

795 A. a. O., S. 8 f.

796 *Petit*, Stellungnahme zu dem „Entwurf eines Gesetzes zur Stärkung der Rechte von Betroffenen bei Fixierungen im Rahmen von Freiheitsentziehungen“ (BT-Drucksache 19/8939), S. 5 f.

lerdings ist diesbezüglich auch zu berücksichtigen, dass sich die Richter des Amtsgerichts in einer Betreuungsabteilung zuständigkeitsbedingt mit betreuungsrechtlichen Fragestellungen beschäftigen und daher ebenfalls in gewissem Maße über eine Expertise in Betreuungs- und Unterbringungssachen gemäß §§ 271 ff., 312 ff. FamFG verfügen, sodass keinesfalls von einem gänzlich fehlenden Fachwissen gesprochen werden kann. In Anbetracht einer wünschenswerten Zuständigkeitskonzentration ist es jedoch überaus bedauerlich, dass eine durchaus verheißungsvolle Möglichkeit der Stärkung des Rechtsinstruments des Richtervorbehalts ungenutzt gelassen worden ist, sodass es auch nicht verwundert, dass diese Entscheidung des Gesetzgebers kritisiert worden ist.[797]

Zusammenfassend lässt sich somit zunächst festhalten, dass vor allem die vorgestellten rechtlichen Erwägungen in Bezug auf die hier maßgebliche Konstellation sowie die Konzentrationswirkung vollstreckungsrechtlicher Fragestellungen für eine Zuständigkeit der Strafvollstreckungskammer am Landgericht, die organisationstheoretischen und praxisorientierten Argumente hingegen für eine Zuständigkeit der Amtsgerichte sprechen. Dass der Gesetzgeber nun den letztgenannten pragmatischen Argumenten den Vorzug gegeben hat, ist daher mit der aufgezeigten Abwägung durchaus angreifbar und mindestens diskussionswürdig. Es ist jedoch davon auszugehen, dass die Schwelle der Verfassungswidrigkeit (wohl) nicht überschritten ist, da eine gewisse Plausibilität sowie Nachvollziehbarkeit der durch den Gesetzgeber als höherrangig eingestuften Beweggründe im Hinblick auf eine möglichst praktikable Lösung nicht gänzlich von der Hand zu weisen ist. Vollständig überzeigen kann diese Entscheidung allerdings nicht, sodass zumindest mit Blick auf die in Rede stehende Frage der Funktionstüchtigkeit des Richtervorbehalts, die wie gezeigt auch eng mit dem verfügbaren Fachwissen des Richters verbunden ist, von einem gesetzgeberischen Fehlgriff gesprochen werden kann.

---

797 *Kammeier,* Stellungnahme zum Gesetzentwurf der Fraktionen der CDU/CSU und SPD: „Entwurf eines Gesetzes zur Stärkung der Rechte von Betroffenen bei Fixierungen im Rahmen von Freiheitsentziehungen", BT-Drs. 19/8939 v. 02.04.2019, S. 6 ff.; *A. Baur,* Stellungnahme zur öffentlichen Anhörung des Ausschusses für Recht und Verbraucherschutz des deutschen Bundestages am 8. Mai 2019 zu dem Entwurf eines Gesetzes zur Stärkung der Rechte von Betroffenen bei Fixierungen im Rahmen von Freiheitsentziehungen der Fraktionen CDU/CSU und SPD (BT-Drs. 19/8939), S. 6: „Bei einem unbedarften Blick verwundert diese vom Gesetzentwurf kaum näher begründete Zuständigkeitsverteilung." Allerdings war ursprünglich – wie bereits ausgeführt – auch noch eine kaum praktikable Zuständigkeitsaufspaltung vorgesehen.

b) Erweiterung der Perspektive durch die Erkenntnisse zum sog. „Schulterschlusseffekt“ von Schünemann

Nunmehr soll die Perspektive in einem nächsten Schritt jedoch noch einmal erweitert werden, indem die Erkenntnisse zum sog. „Schulterschlusseffekt“ mit in die Betrachtung eingestellt werden. In einem computergestützten Hauptverhandlungs-Experiment konnte durch *Schünemann* der von ihm so bezeichnete „Schulterschlusseffekt“ auf der Grundlage einer Originalermittlungsakte wegen Betruges gemäß § 263 StGB nachgewiesen werden, der darin zu erblicken ist, dass sich der Richter in der Hauptverhandlung schlichtweg darauf verlässt, dass die Staatsanwaltschaft bereits im Vorfeld das Ergebnis des Ermittlungsverfahrens umfassend geprüft und als ausreichend für den Schuldnachweis eingestuft hat.[798] Basierend auf der Theorie der sozialen Vergleichsprozesse[799] ist die Vorgehensweise damit zu erklären, dass der Richter in einer unklaren Situation regelmäßig an die vorangegangene Prüfung einer als fachkundig und kompetent eingestuften Person anknüpft, da die Übereinstimmung mit einer ähnlichen Gruppe ein Gefühl der Korrektheit der eigenen Meinung sowie der Angemessenheit der eigenen Fähigkeiten vermittelt.[800] Für das Strafverfahren soll dieser Effekt dahingehend bestehen, dass sich der Richter in einer mehrdeutigen Situation eher an der Beurteilung der Staatsanwaltschaft und nicht an derjenigen des Verteidigers orientiert, weil die Beurteilungskriterien des Anklägers mit den eigenen Kriterien vergleichbar sind.[801] Obwohl es sich bei der hier zugrunde liegenden Entscheidungssituation des Richters nicht um ein klassisches Strafverfahren im obigen Sinne handelt, so können diese Erkenntnisse dennoch nutzbar gemacht werden: Der Richter wird sich bei speziell medizinisch-diagnostischen Fragestellungen (wohl) regelmäßig als weniger qualifiziert als das ärztliche und therapeutische Personal einer Vollzugseinrichtung einstufen und vor diesem Hintergrund durchaus davon ausgehen, dass der Antragsteller den in Rede stehenden Sachverhalt mit dem Auge des Psychiaters bereits vorgeprüft und als grundsätzlich anordnungs- bzw. genehmigungsfähig eingestuft hat.[802] In dieser Situation der Entscheidungsfindung vergleicht sich die Person des

---

798 *Schünemann*, StV 20 (2000), 159, 162.

799 „Die Theorie der sozialen Vergleichsprozesse geht auf mehrere Wurzeln zurück: Einerseits auf *Festingers* Theorie des Gruppendrucks sowie den Ansätzen zur Anspruchsniveauforschung, andererseits auf die soziologischen Arbeiten zur Bezugsgruppentheorie.“, vgl. dazu *D. Frey* (Hrsg.), Kognitive Theorien der Sozialpsychologie, S. 74.

800 *Haisch/D. Frey*, Die Theorie sozialer Vergleichsprozesse, S. 79.

801 *Barton*, Einführung in die Strafverteidigung, § 12 Rn. 41.

802 *Thomas*, AnwBl 1992, 354 spricht in diesem Zusammenhang von einer „Oberflächenprüfung“, die „von dem Gefühl bestimmt ist, da[ss] bereits die antragstellende Behörde die Zulässigkeitsvoraussetzungen bejaht“ habe. Vor dem Hintergrund, dass auch der Arzt seinerseits davon ausgehen wird, dass der Richter die juristischen Voraussetzungen des gesetzlichen Tatbestandes selbst prüfen

Richters mit der anderen Gruppe – hier der Ärzte bzw. Therapeuten – und wählt zur Vermeidung von Diskrepanz als eigene Position diejenige der als attraktiv und kompetent betrachteten Vergleichsgruppe, um auch Gewissheit dahingehend zu erlangen, dass die eigene Meinung korrekt ist.[803] Ein anschauliches Beispiel für dieses Phänomen des entscheidenden Richters, der sich im Regelfall an der Einschätzung der kompetenten Vergleichsgruppe orientiert und (wohl) lediglich im absoluten Ausnahmefall von dieser Einschätzung abweicht, stellt die Aussage eines baden-württembergischen Unterbringungsrichters in Bezug auf die Zwangsbehandlung bei *Baur* dar: „Er werde demnächst einmal versuchsweise die ärztlich vorgeschlagene Dosierung des Medikaments aus juristischen Verhältnismäßigkeitserwägungen halbieren und dann gespannt schauen, was passiert."[804] Unter Zugrundelegung dieser Ausführungen drängen sich folgende Schlussfolgerungen auf: Ohne eigenes Fachwissen erscheint eine eigenverantwortliche und eigenständige Entscheidung des Richters kaum denkbar (1.). Es kann befürchtet werden, dass der Richter oftmals im Sinne des von *Schünemann* entwickelten Schulterschlusseffekts auf der Grundlage der Theorie der sozialen Vergleichsprozesse nicht von der vorangegangenen Einschätzung der als fachkundig und kompetent erachteten Vergleichsgruppe der Ärzte sowie des therapeutischen Personals der Unterbringungseinrichtung abweichen wird (2.). Welche Konsequenzen aus diesen Schlussfolgerungen im Hinblick auf die Frage der Funktionstüchtigkeit des Richtervorbehalts zu ziehen sind, wird im Rahmen der abschließenden Bewertung untersucht.

2. Ausübung von Druck

Auf den entscheidenden Richter wird in vielerlei Hinsicht und von mehreren Seiten Druck ausgeübt. So wird in der Regel von ihm erwartet, dass er binnen kürzester Zeit über den gestellten Antrag befindet, aber gleichzeitig auch seiner sonstigen richterlichen Tätigkeit fristgerecht nachkommt. Mit Blick auf die bekannte generelle Arbeitsüberlastung der Richter ist es nur menschlich, von zwei Alternativen stets diejenige zu wählen, die weniger Aufwand erfordert und gleichzeitig mehr Zeit für vermeintlich wichtigere bzw. dem originären Tätigkeitsfeld des Richters entsprechende Aufgaben bietet.[805] Treffend formuliert dazu *Helmken*, dass auf der

---

wird und er (der Arzt) sich daher darum keine Sorgen machen müsse, erscheint dieser Effekt noch weiter verstärkt zu werden. Auf diese Problematik wird unter dem Punkt B. III. „Verlust einer klaren Verantwortungszuweisung" näher eingegangen.

803 *Haisch/D. Frey*, Die Theorie sozialer Vergleichsprozesse, S. 78 ff.

804 *A. Baur*, Forensische Psychiatrie und Psychotherapie 25 (2018), 244, 251.

805 Vgl. dazu die Daten von LTO der Bundesländer für das Jahr 2016: „Vor allem die Strafgerichte und die Staatsanwaltschaften gelten als überlastet. Tatsächlich liegen die Erledigungsquoten für Strafsachen sowohl an den Amtsgerichten als auch an den Landgerichten in den meisten Ländern einen Seite für eine „theoretisch hoch voraussetzungsvolle und verantwortungsvolle Entscheidung" kaum weniger Aufwand denkbar sei, als eine bloße Unterschrift unter einen bereits vorformulierten Antrag zu setzen, aber auf der anderen Seite der Unterschrift nicht anzusehen sei, ob sie „das Resultat eines langwierigen und schwierigen Abwägungsprozesses oder einer mechanischen Handbewegung" ist.[806] Dabei scheint die Versuchung des Richters groß, sich diesem Überlastungs- und Zeitdruckeffekt durch eine schnelle Unterschrift im Sinne einer möglichst zeitsparenden Prüfung zu entziehen (sog. Trägheitseffekt).[807] Allgemeinverbindliche Aussagen zur Arbeitslast des Richters lassen sich jedoch kaum formulieren, da die Belastung nicht nur objektiv von strukturellen Bedingungen wie der Besetzung der Richterstellen in dem Bundesland bzw. OLG-Bezirk, der Anzahl an Ermittlungsrichtern des betreffenden Gerichts, der durch die Geschäftsverteilung erfolgenden Aufgabenverteilung und dem damit verbundenen Arbeitsanfall sowie der zusätzlichen Belastung durch eine Spruchrichtertätigkeit abhängig ist, sondern darüber hinaus auch subjektiv von der Arbeits- und Entscheidungsfreude, dem juristischen Kenntnisstand sowie vor allem von der subjektiv empfundenen Arbeitsbelastung des Richters beeinflusst wird, die nicht objektiv messbar ist und sich daher einer Pauschalisierung von vornherein entzieht.[808] Als richtungsweisend sind in diesem Zusammenhang jedoch die Ergebnisse einer landesweiten Umfrage des Bremischen Richterbundes zur beruflichen Belastung der Richter und Staatsanwälte aus dem Jahr 2017 zu werten, wonach Richter insgesamt 47,08 Wochenstunden arbeiten. Die Richter und Staatsanwälte leisten damit pro Woche 1.013 unbezahlte Überstunden, was einer Arbeitszeit von 25 zusätzlichen Richtern und Staatsanwälten entspricht.[809] Das Fazit der Umfrage lautet wie folgt: „Richter und

---

leicht unter 100 Prozent – das heißt, es wurden nicht so viele Fälle abgearbeitet wie neu hereinkamen. Auf lange Sicht bleiben so Verfahren liegen und die Bestände wachsen an. In Nordrhein-Westfalen hatten die Strafrichter am Amtsgericht im Durchschnitt 417,6 eingehende Strafsachen zu bearbeiten, ihre Kollegen in Hamburg dagegen nur 289,0. Dabei zeigt sich: Wo der Druck sehr hoch ist, arbeiten die Richter besonders schnell: In Nordrhein-Westfalen erledigten sie durchschnittlich 410,7 Fälle und erreichten damit Platz 1, in Hamburg lediglich 283,4 (Platz 16).", *Kaufmann*, LTO vom 13.03.2018, vgl. https://www.lto.de/recht/justiz/j/justiz-ranking-2016-zahlen-deutsche-gerichte-erledigungsquote-verfahrensdauer-bestaende/ (zuletzt aufgerufen am 25.01.2024).

806 *Helmken*, StV 23 (2003), 193, 194.

807 Ebd.

808 *Große Strafrechtskommission des deutschen Richterbundes*, Gutachten zum Thema: Das Verhältnis von Gericht, Staatsanwaltschaft und Polizei im Ermittlungsverfahren, strafprozessuale Regeln und faktische (Fehl-?)Entwicklungen, S. 212 f.; In diesem Zusammenhang spricht *Thomas*, AnwBl 1992, 354 vom „überlasteten" oder sich „überlastet fühlenden" Ermittlungsrichter.

809 *Bremischer Richterbund*, Ergebnisse der landesweiten Umfrage des Bremischen Richterbundes zur beruflichen Belastung der Richterinnen und Richter, Staatsanwältinnen und Staatsanwälte, S. 2.

Staatsanwälte kämpfen mit einer deutlich zu hohen Arbeitslast. Darunter leidet die Qualität der Arbeit. Sie können aufgrund der hohen Belastung ihren eigenen Ansprüchen oft nicht mehr gerecht werden. Die Folgen dieser permanenten Überlastung spüren auch die rechtssuchenden Bürger, deren Verfahren sich immer länger hinziehen."[810]

Ein (weiteres) verhängnisvolles Beispiel praktischer Konsequenzen der hohen richterlichen Arbeitsbelastung vermag das Urteil des Amtsgerichts Würzburg vom 29.09.2012 aufzuzeigen. Darin heißt es wörtlich: „Jeder nicht nur sehr selten in Würzburg auftretende Verteidiger weiß – so wird es auch vom Verteidiger Dr. A. vorgetragen –, dass es jedenfalls in Würzburg seit Jahrzehnten gängige Praxis ist, dass die Staatsanwaltschaft, wenn sie Beschlüsse beim Ermittlungsrichter beantragt, dem Antrag einen vollständig ausformulierten Beschluss (mit Kopf des Amtsgerichts Würzburg) beifügt, welcher in aller Regel unverändert (aber nicht ungeprüft) vom Ermittlungsrichter unterzeichnet wird – wenn nicht der Erlass grundsätzlich abgelehnt wird. Die hohe Anzahl der zu beurteilenden Anträge – häufig in Verbindung mit umfangreichem Akteninhalt – verlangen diese Vorgehensweise. Eine Abänderung/Ergänzung des Entwurfs, wenn er in der Sache – im Ergebnis richtig ist, die Formulierung aber eventuell anders oder die Begründung umfassender sein könnte, unterbleibt in der Regel aufgrund dieser hohen Arbeitsbelastung."[811] Der Betroffene kann in einem solchen Fall schlicht nicht mehr erkennen, ob überhaupt eine vertiefte Prüfung seines Einzelfalls stattgefunden hat, da der Eindruck erweckt wird, dass der Vorschlag unreflektiert übernommen wurde.[812] Übergeordnetes Ziel muss es daher nicht nur sein, die personelle Ausstattung an den Gerichten zu verbessern, sondern darüber hinaus sollte die Justiz auch generelle Möglichkeiten erarbeiten, um eine sorgfältigere Prüfung durch die Richter und so ein tatsächliches Mehr an Rechtsstaatlichkeit gewährleisten zu können.[813]

Objektivierbare Anhaltspunkte im Hinblick auf den gerichtlichen Personalbedarf der Justiz auf Landesebene bietet dagegen das Personalbedarfsberechnungssystem (kurz „PEBB§Y"), mit dessen Hilfe der durchschnittliche Bearbeitungsaufwand (sog. Basiszahl) für die Bearbeitung von einzelnen Produkten (der gesamte Geschäftsanfall der Ordentlichen Gerichte und Staatsanwaltschaften ist in Produkte und sog. Erhebungsgeschäfte unterteilt) als Orientierungs- und Entscheidungshilfe

---

810 A. a. O., S. 4.
811 Amtsgericht Würzburg, Urteil vom 29.09.2012, 103 Cs 701 Js 19849/11, Rn. 55 f.
812 *Stadler*, ZRP 46 (2013), 179.
813 Ebd.

für die Haushaltsaufstellung ermittelt werden kann.[814] Danach betrug die Bearbeitungszeit eines Richters im Bereich Betreuungssachen am Amtsgericht[815] für die Kategorie „Unterbringung und unterbringungsähnliche Maßnahmen (Unterbringungssachen)" (= Produkt RA 360) im Jahr 2014 insgesamt 104 Minuten, während die Bearbeitungszeit von Richtern und Rechtspflegern der Strafkammern am Landgericht[816] für die Kategorie „Verfahren vor der Kleinen und Großen Strafvollstreckungskammer, Verf. nach dem StVollzG" (= Produkt RL 220) 219 Minuten betrug.[817] Allerdings gilt es zu beachten, dass die Basiszahlen und damit die durchschnittliche Bearbeitungszeit lediglich aus jeweils zurückliegenden Zeiträumen berechnet werden, sodass die Zahlen gerade keinen Aufschluss über die gegenwärtige Arbeitsbelastung des Richters geben können.[818] Vielmehr hat der Richter danach zunächst für einen bestimmten Zeitraum mit seiner Arbeitskraft „in Vorleistung" zu treten und den jeweils gestiegenen Arbeitsanfall bei seinem Auftreten zu bewältigen, während erst in Zukunft mit einer personellen Aufstockung und einer damit verbundenen Reduzierung der Arbeitsbelastung gerechnet werden kann.[819] Für die abschließende Beurteilung der Funktionstüchtigkeit des Richtervorbehalts in Bezug auf die Entscheidung der Anordnung oder Genehmigung einer Fixierung sind die ermittelten Basiszahlen also nur in begrenztem Umfang hilfreich.

---

814 Ausführlich wird dieses Projekt beschrieben in dem dazugehörigen Gutachten, s. dazu *PricewaterhouseCoopers Aktiengesellschaft*, Gutachten PEBB§Y-Fortschreibung 2014, S. 17 ff.

815 Erhebungsdaten Amtsgerichte Aachen, Aschersleben, Brake, Coburg, Darmstadt, Düsseldorf, Essen, Euskirchen, Flensburg, Frankenthal, Freiburg, Friedberg, Goslar, Haldensleben, Hanau, Hannover, Jena, Karlsruhe, Köln, Leipzig, Marsberg, Moers, München, Nürnberg, Paderborn, Regensburg, Schwerin, Stuttgart, Uelzen, Ulm, Warendorf, Würzburg und Zittau.

816 Erhebungsdaten Landgerichte Augsburg, Berlin, Braunschweig, Chemnitz, Darmstadt, Duisburg, Frankfurt/Oder, Karlsruhe, Koblenz, Köln, Mannheim, München I, Siegen, Stendal und Stuttgart.

817 *PricewaterhouseCoopers Aktiengesellschaft*, Gutachten PEBB§Y-Fortschreibung 2014, S. 138, 144. Die Haupterhebung wurde von Januar bis Juni 2014 durchgeführt, die Auswertung erfolgte von Juli bis November 2014.

818 Vgl. dazu *PricewaterhouseCoopers Aktiengesellschaft*, Gutachten PEBB§Y-Fortschreibung 2014, S. 19: „Die PEBB§Y-Fortschreibung 2014 setzte ebenso wie die ihr vorangegangenen Untersuchungen ein mathematisch-analytisches Berechnungsverfahren um, das im Wesentlichen auf der Erhebungstechnik der Selbstaufschreibung beruht. Dabei notierten die Untersuchungsteilnehmer innerhalb des sechsmonatigen Erhebungszeitraums ihre anfallenden Bearbeitungszeiten in den konkreten Verfahren der Justizdienststellen. Dadurch ergaben sich im Mix der zahlreichen Verfahrensbearbeitungen in den Erhebungsdienststellen valide durchschnittliche Bearbeitungszeiten in Minuten."

819 *Große Strafrechtskommission des deutschen Richterbundes*, Gutachten zum Thema: Das Verhältnis von Gericht, Staatsanwaltschaft und Polizei im Ermittlungsverfahren, strafprozessuale Regeln und faktische (Fehl-?)Entwicklungen, S. 213 ff.

Das grundsätzlich begrüßenswerte Bestreben, die richterliche Entscheidung zum frühestmöglichen Zeitpunkt herbeizuführen, birgt stets das Risiko einer unzureichenden Sachverhaltsermittlung und eines damit verbundenen Qualitätsverlusts: „Wer den im Streifenwagen mitfahrenden Richter verlangt, darf sich nicht wundern, wenn dessen Entscheidungen im Regelfall denen der Polizeibeamten entsprechen werden. Es ist vor dem Hintergrund der verschiedenen Verfassungsgebote und unter Berücksichtigung der akuten Handlungsnotwendigkeiten der Exekutivorgane erforderlich, für den richterlichen Entscheidungsvorrang eine vernünftige Balance zu erreichen, im Sinne eines „so früh wie möglich – aber so gut vorbereitet wie nötig".“[820] Vor diesem Hintergrund lässt sich die Funktionstüchtigkeit des Richtervorbehalts (wohl) lediglich durch eine Verminderung des Überlastungs- und Zeitdrucks nachhaltig stärken, was durch eine personelle und sachliche Aufstockung der jeweiligen Gerichte ermöglicht werden kann. Es ist ein Mittelweg zu wählen zwischen einer möglichst zeitnahen Entscheidung des Richters, die jedoch auf einer ausreichenden Tatsachengrundlage zu erfolgen hat.

3. Durchlaufverfahren

Als Grund für eine unzureichende Wahrnehmung der Kontrollfunktion des Richtervorbehalts durch die Person des Richters selbst wird häufig im Sinne eines ausschlaggebenden Faktors für eine ungünstige strukturelle Entscheidungssituation auch das Argument des sog. Durchlaufverfahrens angegeben.[821] Diese Argumentation knüpft an die bereits oben beschriebene, lediglich punktuelle und zeitlich begrenzte Befassung des Richters mit der Sache an.[822] Der Richter beschäftigt sich in der Regel lediglich im Rahmen des Antragsverfahrens mit der Situation des Betroffenen und ist ansonsten nicht (mehr) mit dem Verfahren befasst. Dem Richter obliegt auch keine Ergebniskontrolle und Überwachung der in Rede stehenden Maßnahme.[823] *Helmken* verweist daher auf einen psychologischen Grundtatbestand, wonach eine sorgfältige Entscheidung stets voraussetze, dass für das Ergebnis später auch Verantwortung übernommen werden müsse. Der Richter könne sich daher mangels emotionaler Bindung zu dem Fall gar nicht für den Betroffenen und seine konkrete Situation engagieren, sodass sich die dadurch entstehende mangelnde Sorgfalt zwangsläufig auf den Abwägungsprozess der Ent-

---

820 *Thewes*, FGPrax 20 (2014), 189, 192.

821 *Helmken*, StV 23 (2003), 193, 195; vgl. dazu auch die Ergebnisse der Arbeitsgruppe 6 des 26. Strafverteidigertages 2002, online abrufbar unter http://vnbs.de/index.php?id=38 (zuletzt aufgerufen am 25.01.2024).

822 Vgl. dazu 4. Kapitel B. II.

823 *Hüls*, Polizeiliche und staatsanwaltliche Ermittlungstätigkeit, S. 289.

scheidung zu Lasten des Betroffenen auswirke.[824] Vor dem Hintergrund dieser Ausführungen kann selbstverständlich nicht jedem Richter pauschal ein mangelnder Einsatz und eine daraus resultierende unzureichende Prüfung unterstellt werden, aber sicherlich stellt die psychologische Komponente eines fehlenden richterlichen Engagements bei Durchlaufverfahren einen grundsätzlich nicht zu unterschätzenden Faktor für die Beurteilung der Funktionstüchtigkeit des Richtervorbehalts dar. In diesem Zusammenhang spielt jedoch auch (wieder) die sachliche Zuständigkeit der Gerichte eine gewichtige Rolle. Da den Strafvollstreckungskammern der Landgerichte ohnehin die richterliche Überwachung des Vollzuges obliegt und sie daher naturgemäß auch über die relevanten Vorkenntnisse zu dem Untergebrachten selbst sowie über das Wissen in Bezug auf den Vollzugsablauf in der Unterbringungseinrichtung verfügen, sodass der Betroffene dem Gericht entweder bereits bekannt ist oder aber die (zumindest theoretische) Möglichkeit des Rückgriffs auf vorhandene Verfahrensakten besteht, könnte die obige Argumentation bezüglich einer unzureichenden richterlichen Prüfung im Rahmen eines Durchlaufverfahrens für den konkret in Rede stehenden Fall der Fixierung eines Patienten innerhalb des psychiatrischen Maßregelvollzuges dann deutlich abgeschwächt oder gar ausgeräumt werden, wenn die Zuständigkeitsregelung primär auf das jeweils zugrunde liegende Verfahren abgestimmt wäre und nicht lediglich auf die Maßnahme der Fixierung als solche, also hier keine amtsgerichtliche, sondern vielmehr eine landgerichtliche Zuständigkeit begründet wäre.[825] Da sich der Gesetzgeber aber trotz der aufgezeigten Bedenken für eine Zuständigkeit der Amtsgerichte entschieden hat, ist diese Argumentation für die abschließende Abwägung im Hinterkopf zu behalten.

4. Sanktionsangsteffekt und fehlende Anerkennung

Weitere Faktoren, die eine unzureichende richterliche Prüfung bedingen können, sind neben einer möglicherweise fehlenden (oder je nach Betrachtungsweise vorhandenen) Sanktionsfurcht auch ausbleibende Belohnungsanreize. Da der Richter mangels einer im Einzelfall beachtlichen Beschwerdemacht des Betroffenen im Regelfall keine externen Sanktionen zu befürchten habe, führe der fehlende Sanktionsangsteffekt zu einer eher unsorgfältigen Prüfung des Antrags.[826] Allerdings ist in die Betrachtung ebenfalls einzustellen, dass der Richtervorbehalt in der strafprozessualen Praxis durchaus eine gewisse strafrechtliche Absicherung durch

---

824 *Helmken*, StV 23 (2003), 193, 195 f.

825 *Fölsch/Grotkopp*, DRiZ 2019, 84, 86.

826 Nach *Helmken*, StV 23 (2003), 193, 195 ist dies als fehlender externer Sanktionsangsteffekt zu begreifen.

die Norm des § 339 StGB erfahren hat. So hat der 1. Strafsenat des BGH am 24. Juli 2009[827] einen am Amtsgericht tätigen Richter in Betreuungssachen wegen Rechtsbeugung gemäß § 339 StGB verurteilt, da er in 54 verfahrensgegenständlichen Fällen gegenüber in Pflegeheimen befindlichen Personen freiheitsentziehende Maßnahmen nach § 1906 Abs. 1, 4 BGB wie etwa die Anbringung von Bettgittern, die Fixierung im Bett oder die Verlängerung der Unterbringung genehmigt und dabei entgegen der ihm bekannten gesetzlichen Verpflichtung aus der damals noch geltenden Norm des § 70c FGG a. F. systematisch darauf verzichtet hat, die Betroffenen zuvor persönlich anzuhören und sich dadurch einen unmittelbaren Eindruck von ihnen zu verschaffen. Erschwerend kam hinzu, dass der Angeklagte formularmäßig vorgefertigte Anhörungsprotokolle erstellte, die er dann zu den Verfahrensakten nahm, um den Anschein ordnungsgemäß durchgeführter Anhörungen zu erwecken. Allerdings dokumentierte er damit in sieben Fällen auch Anhörungen von Personen, die zum angeblichen Zeitpunkt der Anhörung bereits verstorben waren. Als er in einem Fall von der Geschäftsstelle im Amtsgericht angesichts einer Todesmitteilung darauf hingewiesen wurde, dass der Betroffene am Tag der angeblichen Anhörung bereits verstorben gewesen sei, veränderte der Angeklagte nachträglich den Inhalt der Verfahrensakten.[828] Durch diesen systematischen Verstoß gegen die statuierte Anhörungspflicht bei gleichzeitiger Vorspiegelung einer verfahrensrechtlich ordnungsgemäßen Vorgehensweise hat sich der Angeklagte nach Ansicht des BGH „in einer derart schweren Weise bewusst von Recht und Gesetz entfernt, dass darin ein elementarer Rechtsverstoß zu sehen ist".[829] Mit Beschluss vom 29. November 2023 hat der BGH zudem die Verurteilung eines Amtsrichters unter anderem wegen Rechtsbeugung bestätigt, was ebenfalls zeigt, dass das Rechtssystem über einen funktionierenden Kontrollmechanismus verfügt.[830]

In diesem Kontext ist auch das durch das Bundesverfassungsgericht in seiner Entscheidung vom 15. Januar 2020 auf Einstellungsentscheidungen bei rechtswidriger Zwangsfixierung erstreckte Recht auf effektive Strafverfolgung zu nennen.[831] Zwar ist im Unterschied zur vorstehend erläuterten Entscheidung kein Rechtsschutz *gegen* den entscheidenden Richter gegeben, da Anhaltspunkte für eine Rechtsbeugung diesbezüglich nicht substantiiert vorgetragen worden sind.[832] Allerdings ist der Rechtsschutz durch dieses strafrechtliche Element im Zusammen-

827 BGH, Beschluss vom 24.06.2009 – 1 StR 201/09 (LG Stuttgart).

828 A. a. O., Rn. 3; dazu auch *Bitzigeio*, Der Richtervorbehalt im Spannungsfeld normativer Anforderungen und polizeilicher Praxis, S. 76.

829 BGH, Beschluss vom 24.06.2009 – 1 StR 201/09 (LG Stuttgart), Rn. 4.

830 BGH, Beschluss vom 29.11.2023 – 1 StR 223/23 (LG Karlsruhe).

831 BVerfG, Beschluss der 2. Kammer des Zweiten Senats vom 15. Januar 2020 – 2 BvR 1763/16.

832 A. a. O., Rn. 59 ff.

hang mit nicht nur kurzfristigen (rechtswidrigen) Fixierungen insgesamt erheblich gestärkt worden,[833] sodass auch die Beschwerdemacht des Betroffenen nunmehr eine spürbare Intensivierung erfahren hat. Zusammenfassend ist daher für diesen Gesichtspunkt festzustellen, dass der entscheidende Richter zwar weiterhin nur dann wegen Rechtsbeugung gemäß § 339 StGB strafbar ist, wenn er sich nach Ansicht der Rechtsprechung in subjektiver Hinsicht bewusst in schwerwiegender Weise von Recht und Gesetz entfernt hat,[834] wofür es grundsätzlich nicht genügen kann, wenn der Täter lediglich mit der Möglichkeit einer rechtlich nicht mehr vertretbaren Entscheidung rechnet und sich damit abfindet.[835] Demgegenüber ist jedoch ebenfalls zu konstatieren, dass der Kritikpunkt einer durch die schwache Rechtsposition des Betroffenen bedingten unsorgfältigen richterlichen Prüfung im Rahmen von Richtervorbehaltsentscheidungen zumindest im Zusammenhang mit rechtswidrigen Zwangsfixierungen nicht (mehr) uneingeschränkt Geltung beanspruchen kann.

Im Gegensatz dazu befürchtet der Richter im Sinne eines Sanktionsangsteffekts, dass er im Falle einer übermäßigen Ablehnung von Anträgen innerhalb der Justiz bzw. unter Kollegen als wirklichkeitsfremd oder unkooperativ bezeichnet werden könnte, sodass er sich dieser unangenehmen Situation mithilfe einer einfachen Unterschrift und einer damit einhergehenden unzureichenden Prüfung von vornherein entzieht.[836] Zudem ist in psychologischer Hinsicht nicht zu unterschätzen, dass eine größtmögliche Arbeitszufriedenheit stets voraussetzt, dass eine Person für ihre Tätigkeit auch eine entsprechende Anerkennung erfährt, die jedoch bei einem Durchlaufverfahren wie demjenigen des Antragsverfahrens bei Richtervorbehalten nicht ohne Weiteres in ausreichendem Maße erfolgt. Wenn der entscheidende Richter also für diese Tätigkeit keine Bewertung durch den Dienstherrn oder die Kollegen und damit insgesamt keine ausreichende Anerkennung erhält, dann investiert er psychologisch bedingt auch weniger Arbeitszeit und Energie

833 *Schemmel*, NJW 73 (2020), 651, 652.

834 S. o., vgl. dazu auch BGH, Beschluss vom 24. Juni 2009 – 1 StR 201/09; Urteil vom 22. Januar 2014 – 2 StR 479/13. Nach der in der Literatur herrschenden Ansicht hingegen soll eine Beugung des Rechts nur dann vorliegen, wenn dieses objektiv falsch angewandt wird und eine Entscheidung daher objektiv im Widerspruch zu Recht und Gesetz steht (sog. objektive Theorie), vgl. nur MüKo StGB-*Uebele*, § 339 StGB Rn. 26 ff.; NK-StGB-*Kuhlen/Zimmermann*, § 339 StGB Rn. 42; Schönke/Schröder-*Heine/Hecker*, § 339 StGB Rn. 9 ff.

835 BVerfG, Beschluss der 2. Kammer des Zweiten Senats vom 15. Januar 2020 – 2 BvR 1763/16, Rn. 60; s. auch Schönke/Schröder-*Heine/Hecker*, § 339 StGB Rn. 14.

836 Diesen psychologischen Wirkmechanismus bezeichnet *Helmken*, StV 23 (2003), 193, 195 als Solidaritäts- bzw. Harmonieeffekt, negativ als Sanktionsangsteffekt.

dafür.[837] Diese Ausführungen werden auch durch die Ergebnisse der bereits vorgestellten landesweiten Umfrage des Bremischen Richterbundes zur beruflichen Belastung der Richter unterstrichen: „Eine Wertschätzung der geleisteten Arbeit durch die politischen Entscheidungsträger können Richter und Staatsanwälte kaum erkennen. Es ist bedenklich, wenn die Vertreter der Dritten Staatsgewalt sich von den politisch Verantwortlichen allein gelassen fühlen. Gefordert sind jetzt deutliche Signale der Unterstützung aus dem politischen Raum. Das betrifft neben einer Abhilfe bei der unzureichenden personellen Ausstattung auch die Anerkennung in Gestalt einer Besoldung, die der beruflichen Verantwortung und Leistung gerecht wird.“[838] *Voßkuhle* stellt in diesem Zusammenhang auch heraus, dass die Richtervorbehalte häufig mangels Spezialzuständigkeit nicht zum originären „Kerngeschäft“ der Richtertätigkeit gehören und der Richter sich daher denklogisch nicht mit dieser Aufgabe identifizieren könne.[839] Zusammenfassend betrachtet zeigt sich also, dass die berufsorganisatorische und psychologische Ausgangssituation bei der Ausübung von Richtervorbehalten als eher ungünstig einzustufen ist. Auf mögliche Verbesserungsvorschläge wird zu einem späteren Zeitpunkt eingegangen.[840]

III. Verlust einer klaren Verantwortungszuweisung

Der oben beschriebene Schulterschlusseffekt, wonach der Richter als Zweitentscheider im Regelfall nicht von der vorangegangenen Einschätzung der als fachkundig eingestuften Vergleichsperson des Arztes der Unterbringungseinrichtung als Erstentscheider abweichen wird, ist wechselseitig auf beiden Seiten der Entscheidung denkbar. Es droht dabei die Gefahr, dass sich die Verantwortlichkeiten nicht verdoppeln, sondern vielmehr gegenseitig auflösen.[841] Wenn sich nun also der Richter darauf verlässt, dass der Arzt den Antrag aus einem plausiblen und insbesondere legitimen Grund gestellt und daher das Vorliegen der entsprechenden Voraussetzungen zuvor bereits bejaht hat, der Arzt hingegen seinerseits davon ausgeht, dass der Richter als Repräsentant der Justiz die tatbestandlichen Voraus-

---

837 Nach *Helmken*, StV 23 (2003), 193, 196 hat die Ermittlungsrichtertätigkeit für eine Anerkennung der richterlichen Tätigkeit wenig zu bieten; nach *Bitzigeio*, Der Richtervorbehalt im Spannungsfeld normativer Anforderungen und polizeilicher Praxis, S. 70, führt die ermittlungsrichterliche Tätigkeit ein „randständiges Dasein mit mangelnder Anerkennung“.

838 *Bremischer Richterbund*, Ergebnisse der landesweiten Umfrage des Bremischen Richterbundes zur beruflichen Belastung der Richterinnen und Richter, Staatsanwältinnen und Staatsanwälte, S. 4.

839 *Voßkuhle*, FS Wahl, S. 443 (458), Anführungszeichen sind dem Original entnommen worden.

840 Vgl. dazu die Ausführungen zum Korrekturbedarf in der Praxis, 4. Kapitel D.

841 So treffend *A. Baur*, LTO vom 24.07.2018, s. Fn. 16 für weitere (Zitier-)Nachweise.

setzungen eigenständig juristisch prüfen und nicht sehenden Auges einer unverhältnismäßigen Maßnahme stattgeben wird, so drängt sich die Frage auf, welche verschiedenen Verantwortlichkeiten im Anwendungsbereich des § 33 StrUG NRW konkret bestehen. Zudem ist fraglich, ob überhaupt und wenn ja, auf welche Weise diese Bereiche sachgerecht zugewiesen und erfüllt werden können, um einer Aushöhlung der Entscheidungsqualität vorzubeugen. Denn auch hier gilt es zu berücksichtigen, dass sich die Verantwortlichkeiten bei einer arbeitsteiligen Vorgehensweise naturgemäß verteilen und mehrere Schultern diese Verantwortung grundsätzlich leichter tragen, sodass die Gefahr besteht, dass – wie *Baur* treffend formuliert hat – eine Schulter die eigene Verantwortung gar nicht mehr wahrnimmt,[842] mit der drohenden Folge einer gänzlich fehlenden Prüfung.

Es ist in diesem Zusammenhang in Erinnerung zu rufen, dass der Richter eine eigenverantwortliche und eigenständige Prüfung über die Vornahme des in Rede stehenden Grundrechtseingriffs vorzunehmen hat, für die er zudem eine eigene Verantwortung trägt.[843] Zwar wird im Rahmen des Richtervorbehaltsverfahrens prinzipiell nur eine Prüfung der Rechtmäßigkeit, nicht hingegen der Zweckmäßigkeit einer Maßnahme durch den Richter vorgenommen. Vor diesem Hintergrund könnte gelten, dass die Frage der praktischen Notwendigkeit des Grundrechtseingriffs ausschließlich der antragstellenden Behörde als praxisnäherer Instanz obliegt. Allerdings ist gerade für die Zwangsmaßnahme der Fixierung im psychiatrischen Krankenhaus zu beachten, dass sich der Grundsatz der Verhältnismäßigkeit als gesetzlich vertypte Tatbestandsvoraussetzung der Ermächtigungsgrundlage darstellt, sodass die Unerlässlichkeit der Fixierung sowie die Frage der Erforderlichkeit bereits zum gesetzlichen Tatbestand der Norm gehören. Diese Punkte sind daher als Ausprägung und Verstärkung des verfassungsrechtlich verankerten Verhältnismäßigkeitsgrundsatzes zu begreifen, sodass sich die richterliche Prüfung im Falle einer Fixierung der untergebrachten Person im Anwendungsbereich des § 33 StrUG NRW auch und gerade auf die Notwendigkeit, Erforderlichkeit und Erfolgseignung der Fixierung beziehen muss.[844] Wegen der jeweils vorhandenen Expertise erscheint es allerdings sachgerecht, dem Richter die *rechtliche* Verantwortung für die Maßnahme der Fixierung und dem Arzt die *psychiatrische* Verantwortung zu übertragen. Sind auf diese Weise bereits die verschiedenen Verantwortungsbereiche theoretisch abgesteckt, so ist weiterführend zu klären, inwiefern die Prüfung der einen Partei diejenige der anderen Partei entbehrlich macht und die Gesamtverantwortung von Arzt und Richter auf diese Weise auf-

842 *A. Baur*, Forensische Psychiatrie und Psychotherapie 25 (2018), 244, 253.

843 1. Kapitel B. III. sowie 4. Kapitel B. I. Dazu auch *Gusy*, NJW 45 (1992), 457, 461; *Rabe von Kühlewein*, Der Richtervorbehalt, S. 88 ff; *Voßkuhle*, FS Wahl, S. 443 (449).

844 Vgl. dazu 1. Kapitel B I. sowie 4. Kapitel B. I. 1.

zulösen vermag. Eine Teilung im Sinne einer Auflösung der Verantwortlichkeiten wäre demgegenüber nur dann anzunehmen, wenn Arzt und Richter einen nahezu vollständig deckungsgleichen Ausschnitt prüfen würden und sie sich so ohne eigenständige Prüfung auf die Erwägungen des jeweils anderen stützen könnten. Es ist jedoch gleich zu Beginn zu konstatieren, dass der Richter nicht etwa an den Tatsachenvortrag der Behörde gebunden ist, sondern seinerseits die tatsächliche Entscheidungsgrundlage als Teil der Rechtmäßigkeitsprüfung festzustellen hat.[845] Der Richter setzt der Exekutive im Sinne des Gebots der bestmöglichen richterlichen Sachaufklärung eine eigene konstitutive Entscheidung entgegen, sodass eine Kontrolle in rechtlicher Hinsicht stattfindet. Von diesem dogmatischen Standpunkt aus betrachtet ist die Aufgabenverteilung in der Theorie folglich klar voneinander abzugrenzen. Zu kurz gedacht wäre es nun, die Problematik der Verantwortlichkeiten mit Verweis auf diese potentielle Abgrenzbarkeit von der Hand zu weisen, da es sich zwangsläufig um *den* idealtypischen Fall handelt. Durch die Überantwortung der Entscheidungsbefugnis für den Grundrechtseingriff der Fixierung von der Exekutive auf den Richter wird der Bereich der Verantwortlichkeiten erweitert und eine rechtlich-psychiatrische Gesamtverantwortung angestrebt. Um damit jedoch tatsächlich ein spürbares Mehr an Rechtsstaatlichkeit zu erreichen und es nicht lediglich bei einem bloß theoretischen Konzept zu belassen, ist es in der Praxis demgemäß unabdingbar, dass sich die jeweils betroffene Person auch ihrer rechtsstaatlichen Verantwortlichkeit annimmt und ihr durch eine eigenständige und verantwortungsbewusste Prüfung gerecht wird. Tritt dieser Fall ein, findet also tatsächlich eine der verfassungsrechtlichen Verantwortung entsprechende und am Einzelfall orientierte Prüfung statt, so ist der Blick für einen in dieser Prüfung zum Ausdruck kommenden, gewichtigen Vorzug des Richtervorbehalts zu schärfen, der in einer Disziplinierungsfunktion zu erblicken ist. Wenn also auf der einen Seite befürchtet wird, dass sich die Verantwortlichkeiten auflösen, kann auf der anderen Seite als Konsequenz des Richtervorbehalts jedoch auch eine umso gewissenhaftere Prüfung angezeigt sein, da diese in dem Bewusstsein vorgenommen wird, dass noch eine weitere Person den Antrag – wenn auch aus einem etwas anderen Blickwinkel – prüfen wird.[846] Das Wissen um die Kontrollierbarkeit und Nachprüfbarkeit des eigenen grundrechtsrelevanten Handelns[847] und die damit erstrebte Transpa-

845 Vgl. dazu auch *Voßkuhle*, FS Wahl S. 443 (450).

846 So im Ergebnis auch *Diekjobst*, RUB RR 2019, 1, 5: „Tatsächlich scheint es zunächst merkwürdig, dass der Richter entscheidet, aber nur der Arzt vor Ort ist und die Situation beurteilen kann. Nichts anderes ist aber durch Art. 104 Abs. 2 GG geboten. Zudem steht es dem Gesetzgeber frei, verschärfte Regelungen aufzustellen. Schließlich hat auch allein schon die Kontaktaufnahme zum Richter eine Warnfunktion."

847 So auch *A. Baur*, LTO vom 24.07.2018, s. Fn. 16 für weitere (Zitier-)Nachweise.

renz des gesamten Entscheidungsvorganges kann so zu einer kritischeren und sorgfältigeren Prüfung im Lichte der Grundrechte des Betroffenen führen. Die Frage der *Verantwortlichkeit* ist folglich ein zentraler Bestandteil in der Debatte um die Beurteilung der Funktionstüchtigkeit des Richtervorbehalts. Wichtig ist es daher, auch ein *Bewusstsein* für diese Verantwortung zu schaffen. Gerade von der Person des unabhängigen Richters ist infolgedessen zu verlangen, dass er sich seiner beschriebenen Prüfungsverantwortlichkeit annimmt. Einen entscheidenden Schritt in die richtige Richtung im Sinne einer möglichst erschöpfenden rechtsstaatlichen Kontrollierbarkeit und größtmöglichen Transparenz stellen in diesem Zusammenhang die gesetzlich verankerten Dokumentationspflichten des § 33 Abs. 10 StrUG NRW dar, die im vorangegangenen Kapitel erläutert worden sind. Auf dieser Grundlage sind nicht nur die Verantwortlichkeiten der handelnden Akteure klar zugeordnet, sondern überdies wird auch das Bewusstsein der Beteiligten dafür geschärft, dass ein so grundrechtsrelevantes Vorgehen wie dasjenige bei einer Fixierung stets einer Rechtfertigung und umfassenden Kontrolle bedarf.

IV. Entscheidungskompetenz bei Gefahr im Verzug

Ein wesentliches und in Literatur und Rechtsprechung bereits vielfach und ausführlich in Bezug auf die Eilkompetenz von Polizei und Staatsanwaltschaft bei strafprozessualen Grundrechtseingriffen diskutiertes Problem stellt die Entscheidungskompetenz bei Gefahr im Verzug dar.[848] Bei Gefahr im Verzug können gemäß § 33 Abs. 4 S. 2 StrUG NRW auch andere therapeutisch oder pflegerisch Beschäftigte die Maßnahme vorläufig anordnen. Nach Maßgabe des § 33 Abs. 5 S. 2 StrUG NRW darf die Maßnahme bei Gefahr im Verzug zudem auch vorläufig durchgeführt werden. Ein Fall von Gefahr im Verzug ist anzunehmen, sofern die mit der Einschaltung des Richter naturgemäß verbundene Verzögerung den Zweck der Maß-

848 *Hüls*, Polizeiliche und staatsanwaltliche Ermittlungstätigkeit, S. 294, bezeichnet dies als „Achillesferse der Kontrolle bei Anordnung und Durchführung von Zwangsmaßnahmen" bzw. als „Achillesferse des Grundrechtsschutzes", vgl. *dies.*, ZIS 4 (2009), 160, 161. Zu diesem Kritikpunkt auch *Amelung*, NStZ 21 (2001), 337; *Asbrock*, ZRP 31 (1998), 17, 19; *Aschmann*, Der Richtervorbehalt, S. 168 f.; *Brüning*, Der Richtervorbehalt, S. 195 ff.; *dies.*, ZIS 1/2006, 29; *Rabe von Kühlewein*, Der Richtervorbehalt, S. 438 f.; *Talaska*, Der Richtervorbehalt, S. 84 ff. Zur Entwicklung des Rechtsschutzes gegen strafprozessuale Grundrechtseingriffe, dem vom Gesetzgeber intendierten Regel-Ausnahmeverhältnis zwischen richterlich angeordneten und nicht richterlich angeordneten Durchsuchungen sowie einer Erweiterung der Eingriffsphase vgl. *Amelung*, Rechtsprechung zum Rechtsschutz gegen strafprozessuale Grundrechtseingriffe, S. 912 ff., 928 ff.

nahme vereiteln würde.[849] Bei dem Begriff der „Gefahr im Verzug" handelt es sich zwar um einen unbestimmten Rechtsbegriff, der jedoch einer umfassenden gerichtlichen Überprüfungsmöglichkeit unterliegt.[850] Mit Blick auf die Tatbestandsvoraussetzungen der Norm konkurrieren in einem solchen Spannungsverhältnis das Grundrecht der untergebrachten Person auf körperliche Unversehrtheit sowie auf Freiheit der Person des Art. 2 Abs. 2 S. 1 und 2 GG und ebenfalls das Recht auf körperliche Unversehrtheit aus Art. 2 Abs. 2 S. 1 GG der an der Fixierung und an der Situation im Vorfeld beteiligten Personen. Besteht gegenwärtig folglich eine tatbestandliche Gefahrensituation der akuten Eigen- oder Fremdgefährdung gemäß § 33 Abs. 2 StrUG NRW und erscheint aus diesem Grund eine Fixierung der untergebrachten Person unerlässlich, so besteht ein Zielkonflikt, da dem einen Grundrecht lediglich auf Kosten des anderen Grundrechts zur umfassenden Wirksamkeit bzw. Aufrechterhaltung verholfen werden kann und das eine Verfassungsgut zur weitestmöglichen Realisierung des anderen Verfassungsguts beeinträchtigt wird.[851] Liegt die im dritten Kapitel ausführlich untersuchte Konstellation vor, dass die untergebrachte Person sich selbst zu verletzen oder gar zu töten versucht, sind Schutz- und Eingriffsobjekt identisch, sodass in die Grundrechte des zu schützenden Grundrechtsträgers selbst eingegriffen wird. Auch bei dieser Fallgestaltung kann das Grundrecht auf Leben und körperliche Unversehrtheit des Art. 2 Abs. 2 S. 1 GG nur auf Kosten desjenigen der Freiheit der Person des Art. 2 Abs. 2 S. 2 GG geschützt werden. Darüber hinaus darf nicht aus den Augen verloren werden, dass sich aus dem Maßregelvollzugsgesetz gleichzeitig der ordnungspolitische Auftrag ergibt, akute Gefahren im Rahmen der Unterbringung abzuwenden.[852] Zur Auflösung dieses Spannungsverhältnisses hat sich der Gesetzgeber für eine primäre Entscheidungskompetenz des Richters und eine Anordnungskompetenz der Einrichtung bei Gefahr im Verzug entschieden, um auf der einen Seite einen hohen

---

849 BVerfG NJW 2019, 1428 sowie BVerfGE 51, 97 (111) = NJW 1979, 1539; BVerfGE 103, 142 (153 f.) = NJW 2001, 1121; BVerfGE 139, 245 (269) = NJW 2015, 2787 Rn. 69. Zu der Frage, ob auch der erreichbare, aber „unwillige" Bereitschaftsrichter den Ausnahmetatbestand der Gefahr im Verzug auslösen kann, äußern sich *Beichel/Kieninger*, NStZ 23 (2003), 10; *Hofmann*, NStZ 23 (2003), 230; *Trück*, JZ 65 (2010), 1106, 1107; *Jahn*, NStZ 27 (2007), 255, 260; *Fickenscher/Dingelstadt*, NStZ 29 (2009), 124, 125 f.; *Brocke/Herb*, NStZ 29 (2009), 671, 674; *Bitzigeio*, Der Richtervorbehalt im Spannungsfeld normativer Anforderungen und polizeilicher Praxis, S. 64 ff.

850 *Moldenhauer/Wenske*, JA 49 (2017), 206.

851 Zu diesem Spannungsverhältnis in Bezug auf die Blutprobenentnahme des § 81a StPO auch *Disselkamp*, Der Richtervorbehalt bei der Blutprobenentnahme gemäß § 81a Abs. 2 StPO, S. 73.

852 Vgl. dazu 3. Kapitel A. sowie *Gather/Noeker/Juckel* (Hrsg.), LWL-Standard zur Vermeidung, Anwendung und Dokumentation von freiheitsentziehenden Maßnahmen und Zwangsbehandlungen in der Psychiatrie, S. 15.

Grundrechtsschutz des Betroffenen bei eingriffsintensiven Maßnahmen, aber auf der anderen Seite auch eine größtmögliche Handlungsfähigkeit des ärztlichen und therapeutischen Personals in Krisensituationen sicherzustellen. Während also grundsätzlich der präventive Grundrechtsschutz des Betroffenen das vorrangig zu schützende Verfassungsgut ist, sodass der Grundrechtseingriff der Entscheidung des Richters vorbehalten ist, so ist dieses Verfassungsgut dann zugunsten der Grundrechte der beteiligten Personen zurückzustellen, wenn der Ausnahmefall der Gefahr im Verzug anzunehmen ist. Konsequenz dieser Ausgestaltung ist es nicht nur, dass das zu kontrollierende Organ (das Personal der Unterbringungseinrichtung) selbst über seine eigene Zuständigkeit und eine damit einhergehende Durchbrechung der richterlichen Zuständigkeit als Kontrollinstanz entscheidet, sondern überdies entfällt eine eigenverantwortliche Prüfung des Richters vor Anordnung der in Rede stehenden Maßnahme vollständig und das Personal der Einrichtung entscheidet in alleiniger Kompetenz über das „Ob" der Fixierung.[853] Um die widerstreitenden Interessen der beteiligten Parteien in einen den verfassungsrechtlichen Vorgaben entsprechenden Einklang zu bringen und nicht eines der verfassungsrechtlichen Güter zu Lasten des anderen Gutes über Gebühr zu beeinträchtigen, ist der Begriff der Gefahr im Verzug eng auszulegen und setzt daher voraus, dass die vorherige Einholung einer richterlichen Entscheidung den Erfolg der in Rede stehenden Maßnahme gefährdet oder sogar vereitelt, sodass der Eintritt der Gefahr folglich gerade durch die zeitliche Verzögerung des Versuchs der Kontaktaufnahme mit dem zuständigen Richter droht.[854] Werden diese Erkenntnisse auf die Situation der Fixierung der untergebrachten Person übertragen, so bedeutet dies für die Rechtmäßigkeit der Durchbrechung der primären Entscheidungskompetenz des Richters, dass gerade durch die zeitliche Verzögerung, die mit der Herbeiführung der richterlichen Entscheidung naturgemäß verbunden ist, die Abwehr der gegenwärtigen und erheblichen Eigen- oder Fremdgefährdung unmöglich gemacht und der von der Norm intendierte Zweck der Verhinderung solcher Gefahren insgesamt mit der Folge einer Verletzung verfassungsrechtlich geschützter Güter der handelnden Akteure vereitelt wird. In einem solchen Fall

853 So auch *Disselkamp*, Der Richtervorbehalt bei der Blutprobenentnahme gemäß § 81a Abs. 2 StPO, S. 74; *Hüls*, Polizeiliche und staatsanwaltliche Ermittlungstätigkeit, S. 294; *Hüls*, ZIS 4 (2009), 160, 161; vgl. dazu auch BVerfGE 139, 245 (269 f.); 103, 142 (155).

854 Zur Auslegung des Begriffs der Gefahr im Verzug im Rahmen von Art. 13 GG vor allem BVerfG, Beschluss des Zweiten Senats vom 12. März 2019 – 2 BvR 675/14 , Rn. 55; BVerfGE 139, 245 (269 f.); 103, 142 (153) sowie *Brüning*, Der Richtervorbehalt, S. 179; *Ostendorf/Brüning*, JuS 41 (2001), 1063, 1066; *Rabe von Kühlewein*, GA 149 (2002), 637, 654. Zur Gefahr im Verzug bei § 81a StPO *Disselkamp*, Der Richtervorbehalt bei der Blutprobenentnahme gemäß § 81a Abs. 2 StPO, S. 74 f. sowie *Kraft*, JuS 51 (2011), 591, 592.

kann der Schutz der an der Fixierung beteiligten Personen zwingend nur durch den Verzicht auf den vorbeugenden richterlichen Grundrechtsschutz der untergebrachten Person erreicht werden.[855] Äquivalent ist die Fallkonstellation zu bewerten, in der die Gefahr dem Untergebrachten von sich selbst droht. Auch hier kann das Grundrecht auf Leben und körperliche Unversehrtheit nur dann realisiert werden, wenn der präventive Grundrechtsschutz zurückgestellt wird. Allerdings sind hier zwingend die Einschränkungen in Bezug auf die Willensfreiheit der untergebrachten Person bzw. die Freiverantwortlichkeit der Entscheidung zu beachten, die im Rahmen des dritten Kapitels aufgezeigt worden sind.

Diese im Einzelfall schwierige Frage der Zuordnung verlangt von den an der Maßnahme beteiligten Personen präzise zeitliche Prognoseeinschätzungen.[856] Wie bereits der Wortlaut des § 33 Abs. 5 S. 1 StrUG NRW offenbart, ist in einem ersten Schritt abzuschätzen, ob es sich überhaupt um eine absehbar nicht nur kurzfristige Fixierung handelt, sodass eine primäre richterliche Entscheidungskompetenz besteht. Das Bundesverfassungsgericht hat für diese Zeitspanne den Wert von 30 Minuten angegeben.[857] Es stellt sich dabei nun die Frage, wie der Zeitpunkt in der Praxis zuverlässig zu bestimmen ist, ab dem eine richterliche Entscheidung beantragt werden muss. Dies ist deshalb problematisch, da zu Beginn der Maßnahme aufgrund verschiedener Einflussfaktoren wie dem Verhalten der untergebrachten Person, der personellen und sachlichen Ausstattung der Unterbringungseinrichtung sowie weiterer Umfeldfaktoren die konkrete Dauer oftmals noch nicht sicher abgeschätzt werden kann.[858] Wenn der Richter im Rahmen seiner Entscheidung gemäß § 33 Abs. 2, 5 StrUG NRW i.V.m. Art. 104 Abs. 2 S. 1 GG jedoch über die Zulässigkeit einer Fixierung im Vorfeld der in Rede stehenden Maßnahme bestimmen soll, so muss bereits zu diesem Zeitpunkt festgestellt werden können, ob die Maßnahme die Qualität und besondere Belastungswirkung einer Freiheitsentziehung aufweisen wird, was ihm jedoch grundsätzlich nur dann möglich sein wird, wenn die Intensität dieser Maßnahme bereits ex ante absehbar ist.[859] Es ist nicht zu übersehen, dass es in schwierigen Fallkonstellationen zu Abgrenzungsschwierigkeiten bezüglich des maßgeblichen Zeitpunktes kommen kann, die regelmäßig zu

---

855 So auch *Disselkamp*, Der Richtervorbehalt bei der Blutprobenentnahme gemäß § 81a Abs. 2 StPO, S. 75 im Hinblick auf das Strafverfolgungsinteresse.

856 *Goerdeler*, R&P 36 (2018), 199, 203.

857 „Von einer kurzfristigen Maßnahme ist in der Regel auszugehen, wenn sie absehbar die Dauer von ungefähr einer halben Stunde unterschreitet.“, vgl. BVerfG, Urteil vom 24.07.2018 – 2 BvR 309/15, 2 BvR 502/16, Rn. 68.

858 Dürig/Herzog/Scholz-*Mehde*, Art. 104 GG Rn. 66; ausführlich zur Bestimmbarkeit des Zeitraums auch *A. Schneider*, FamRZ 2019, 89, 90 ff.

859 Von Mangoldt/Klein/Starck-*Gusy*, Art. 104 GG Rn. 21.

Lasten des Betroffenen gehen werden.[860] Im Zweifel ist daher die richterliche Entscheidung so früh wie möglich herbeizuführen.[861] Diese Auslegung deckt sich auch mit den Ausführungen des Bundesverfassungsgerichts, wonach von Seiten der Einrichtung unverzüglich auf eine gerichtliche Entscheidung hinzuwirken ist, wenn nicht bereits *eindeutig* absehbar ist, dass die Fixierung vor Erlangung eines richterlichen Beschlusses beendet sein wird.[862] In einem nächsten Schritt ist sodann zu überprüfen, ob die Voraussetzungen für die Durchbrechung der richterlichen Entscheidungskompetenz wegen Gefahr im Verzug vorliegen und daraus eine Anordnungskompetenz der Unterbringungseinrichtung erwächst. Dabei ist stets zu berücksichtigen, dass es gemäß § 33 Abs. 5 S. 4 StrUG NRW einer Antragstellung bei Gericht nur dann nicht bedarf, wenn bereits zu Beginn der Maßnahme absehbar ist, dass die Entscheidung erst nach Wegfall des Grundes der Maßnahme ergehen wird (hier sog. Sondertatbestand 1) oder die Maßnahme vor Herbeiführung der Entscheidung tatsächlich beendet und auch keine Wiederholung zu erwarten ist (hier sog. Sondertatbestand 2). Nach § 33 Abs. 5 S. 5 StrUG NRW ist das Gericht unverzüglich zu unterrichten, wenn die Fixierung nach Antragstellung bei Gericht, aber vor einer gerichtlichen Entscheidung, nicht mehr erforderlich ist.

Inwiefern bei der absehbar nicht nur kurzfristigen Fixierung der untergebrachten Person im Anwendungsbereich des § 33 Abs. 2, 5 StrUG NRW eine übermäßige und missbräuchliche Nutzung der Ausnahmekompetenz durch das handelnde Personal zu befürchten ist, ist im Gegensatz zu den vorangegangenen rechtsdogmatischen Ausführungen primär eine Frage empirischer Natur und kann hier mangels auswertbarer Datensätze nicht abschließend beantwortet werden. Für eine diesbezügliche Diskussion beachtet werden sollte jedoch der folgende Unterschied zu der Konstellation eines strafprozessualen Grundrechtseingriffs: Die Polizei und die Staatsanwaltschaft sind zwar wie alle staatlichen Organe gemäß Art. 20 Abs. 3 GG strikt an das Gesetz gebunden und diesem unterworfen. Es herrscht jedoch insbesondere im strafprozessualen Ermittlungsverfahren ein psychologischer Druck, da der Täter ermittelt und der Öffentlichkeit präsentiert werden muss.[863]

---

860 Dürig/Herzog/Scholz-*Mehde*, Art. 104 GG Rn. 66.

861 So auch *Nenadić/Schmidt-Recla*, MedR 2019, 55, 57.

862 BVerfG, Urteil vom 24.07.2018 – 2 BvR 309/15, 2 BvR 502/16, Rn. 102. Hervorhebung wurde zur Verdeutlichung durch die Verf. vorgenommen.

863 *Prechtel*, Das Verhältnis der Staatsanwaltschaft zum Ermittlungsrichter, S. 63, verweist darauf, dass ein gewisser psychologischer Druck, bei Vorliegen einer Straftat auch einen Täter zu ermitteln und zur Verurteilung zu bringen, bestehe. Die tägliche Ermittlugsarbeit der Staatsanwaltschaft führe dabei zu einer gewissen Betriebsblindheit und einer unbewussten Verdrängung des Objektivitätsgrundsatzes; ihm nachfolgend *Hüls*, Polizeiliche und staatsanwaltliche Ermittlungstätigkeit, S. 286; *dies.*, ZIS 4 (2009), 160, 161; *Brüning*, Der Richtervorbehalt, S. 113 f.; *Ostendorf/Brüning*, JuS 41

Anknüpfend an die im Zusammenhang mit dem Schulterschlusseffekt vorgestellten psychologischen Grundbedingungen menschlichen Verhaltens könnten die handelnden Organe also eher geneigt sein, aufgrund ihrer Vorprägung durch die Ermittlungen primär belastendes Material zu suchen und entlastendes Material auszuklammern. *Hüls* führt in diesem Zusammenhang zutreffend aus, dass bereits durch das Beantragen einer Maßnahme gegen einen Verdächtigen der Anschein der Parteilichkeit erweckt werde.[864] Im Gegensatz dazu ist der für die Durchführung der Zwangsmaßnahme verantwortliche Arzt innerhalb des psychiatrischen Krankenhauses nicht Teil des strafprozessualen Ermittlungsverfahrens und daher prinzipiell keinem psychologischen Ermittlungsdruck ausgesetzt. Ihm geht es um das Wohl seiner Patienten sowie der an der Zwangsmaßnahme beteiligten Personen in einer Situation der akuten Eigen- oder Fremdgefährdung. Der Arzt arbeitet in erster Linie in einem psychiatrischen Krankenhaus, um seine Patienten effektiv zu behandeln und ihnen bei ihrem Leiden zu helfen. Allerdings ist hier durchaus in Rechnung zu stellen, dass der leitende Arzt regelmäßig einer anderen Form des Drucks in Gestalt innerinstitutioneller Handlungszwänge ausgesetzt sein wird, da es innerhalb der Einrichtung im Sinne einer positiven Unternehmenskultur auch stets auf eine hinreichende (Arbeits-)Zufriedenheit des Personals ankommt, die ihrerseits zu einer Verbesserung des Arbeitsklimas führen kann.[865] Zusätzlich ist der handelnde Arzt auch auf eine gewisse Autorität und Souveränität im Umgang mit den Patienten angewiesen und möchte aus diesem Grund stets sein Gesicht wahren, sodass diese Faktoren prinzipiell jederzeit das ärztliche Handeln begleiten und maßgeblich beeinflussen werden. Zwar ist gleichzeitig auch davon auszugehen, dass der Arzt stets eine vertrauensvolle Beziehung zu seinem Patienten anstreben und vor diesem Hintergrund von übermäßigen Eingriffen in dessen Rechte absehen wird. Dem Arzt von vornherein eine missbräuchliche Verwendung der Eilkompetenz zu unterstellen, erscheint mit Blick auf die vorstehenden Ausführungen daher nicht angezeigt. Es darf jedoch nicht übersehen werden, dass die aufgezeigten Handlungszwänge des Arztes in ihrer grundsätzlichen Ausprägung und Intensität jedoch durchaus dem psychologischen Ermittlungsdruck von Polizei und Staats-

---

(2001), 1063, 1065 f.; *Disselkamp,* Der Richtervorbehalt bei der Blutprobenentnahme gemäß § 81a Abs. 2 StPO, S. 54.

864 *Hüls,* Polizeiliche und staatsanwaltliche Ermittlungstätigkeit, S. 286 sowie *dies.*, ZIS 4 (2009), 160, 161.

865 *Dudeck* merkt diesbezüglich zutreffend an, dass das Personal stets eine ganz eigene Motivation hat, bei freiem Arbeitsmarkt in einer geschlossenen Psychiatrie zu arbeiten. Dies soll von selbstlosem Altruismus, über Neugier am Bösen zu einem vorhandenen Strafbedürfnis reichen, das aus eigener Opferschaft entstanden sein mag, vgl. dazu *Dudeck,* Der Maßregelvollzug als totalitäres System, S. 13.

anwaltschaft gleichkommen können, sodass die Schwachstelle der Aushebelung der primären Entscheidungskompetenz des Richters durch die bei Gefahr im Verzug anordnungsbefugten Personen im Anwendungsbereich des § 33 Abs. 5 StrUG NRW nicht ohne jeden Zweifel ausgeräumt werden kann.[866] In diesem Zusammenhang ist es daher uneingeschränkt zu begrüßen, dass sich der Ausschuss für Recht und Verbraucherschutz in seiner Beschlussempfehlung für eine Evaluierung des Gesetzes spätestens fünf Jahre nach dessen Inkrafttreten mithilfe einer Bund-Länder-Arbeitsgruppe ausgesprochen hat, sodass auf empirische Erkenntnisse zur quantitativen Nutzung der Ausnahmekompetenz gehofft werden kann.[867] Ebenso erfreulich ist auch die bereits angesprochene Berichtspflicht in der Norm des § 64 StrUG NRW, wonach dem nordrhein-westfälischen Landtag über die Erfahrungen mit dem Gesetz bis zum 31. Dezember 2022 und danach alle fünf Jahre zu berichten ist.[868] Es ist dabei stets im Blick zu behalten, dass die Reichweite und Qualität des Grundrechtsschutzes des Betroffenen bei Fixierungen auch bei der Frage der Entscheidungskompetenz maßgeblich von der konkreten Auslegung der Norm abhängig ist, sodass mit Nachdruck zu fordern ist, dass die bereits im dritten Kapitel ausführlich herausgearbeitete, vorzugswürdige Lesart der Norm des § 33 StrUG NRW auch in der Praxis berücksichtigt wird.[869]

V. Kurzfristiger Interventionsbedarf in Krisensituationen

Widerspricht eine Untersuchung des Gesundheitszustands, eine Heilbehandlung oder ein ärztlicher Eingriff dem natürlichen Willen des Betreuten,[870] so kann der

---

866 Zwar verweist *Goerdeler*, R&P 36 (2018), 199, 203 zutreffend auf die Gefahr von solchermaßen eröffneten Gestaltungsspielräumen, die zur „Vermeidung eines als lästig empfundenen bürokratischen Aufwandes" einladen. Mangels empirischer Nachweisbarkeit soll diese Problematik hier jedoch nicht weiter verfolgt werden.

867 Vgl. dazu bereits den Problemaufriss im Rahmen des 4. Kapitels.

868 Vgl. dazu bereits Fn. 705 sowie die Stellungnahme des DRB NRW in Fn. 706.

869 S. dazu 3. Kapitel C. II. 1. b).

870 Vgl. zum Begriff der ärztlichen Zwangsmaßnahme MüKo BGB-*A. Schneider*, § 1906a BGB Rn. 10: „Der Betreute muss der Maßnahme nicht unbedingt ausdrücklich widersprechen, vielmehr ist die Maßnahme zu seinem Willen in Beziehung zu setzen: Jedes Verhalten des Betreuten, das auf die Ablehnung der Behandlung schließen lässt (ablehnende Gesten, Verweigerung der möglichen Mitwirkung), begründet den Zwangscharakter. Keinesfalls ist für den Begriff der Zwangsbehandlung erforderlich, dass der Betroffene physischen Widerstand leistet." S. auch Schulz/Hauß, Familienrecht-*Kemper*, § 1906a BGB Rn. 3: „Hat der Betreute zum Ausdruck gebracht, dass er mit der Behandlung oder sonstigen Maßnahme nun doch einverstanden ist, sind die Zustimmung des Betreuers und die betreuungsgerichtliche Genehmigung nicht erforderlich."

Betreuer in diese ärztliche Zwangsmaßnahme nur einwilligen, wenn nach Maßgabe des § 1906a Abs. 1 S. 1 Nr. 4 BGB – neben den weiteren Voraussetzungen, die in der Norm genannt sind, auf die hier mangels Relevanz für den vorliegenden Untersuchungsgegenstand aber nicht näher eingegangen werden soll – zuvor ernsthaft, mit dem nötigen Zeitaufwand und ohne Ausübung unzulässigen Drucks versucht wurde, den Betreuten von der Notwendigkeit der ärztlichen Maßnahme zu überzeugen. Nach § 1906a Abs. 2 BGB setzt die wirksame Einwilligung des Betreuers in die ärztliche Zwangsmaßnahme zudem die vorherige betreuungsgerichtliche Genehmigung voraus.[871] Mit Blick auf die tatbestandliche Voraussetzung wird deutlich, dass bei der Zwangsbehandlung des Patienten im Gegensatz zur ausführlich beschriebenen Zwangsmaßnahme der Fixierung eine gewisse Vorlaufzeit zur Planung benötigt wird und dem entscheidenden Richter in diesem Verfahren im Regelfall genügend Zeit für eine eigenständige Prüfung auf der Grundlage einer Anhörung des Betroffenen sowie eines ärztlichen Zeugnisses zur Verfügung stehen wird. Konsequenz dieser ersichtlichen Diskrepanz in Bezug auf die zeitliche Dimension könnte es sein, dass das Richtervorbehaltsverfahren für Fixierungsangelegenheiten, die regelmäßig aufgrund der gefahrenabwehrrechtlichen Ausrichtung von akutem Handlungsbedarf geprägt sind, zu sperrig ist und damit einem effektiven Grundrechtsschutz des Betroffenen insgesamt im Weg steht.

Um diese These überprüfen zu können, sind zunächst der Ablauf der Fixierung sowie das Verfahren bei Ausübung des Richtervorbehalts in Erinnerung zu rufen.[872] Liegen die Tatbestandsvoraussetzungen der Norm des § 33 Abs. 2 StrUG NRW vor und ist folglich eine absehbar nicht nur kurzfristige Fixierung der untergebrachten Person zur Abwehr einer gegenwärtigen erheblichen Selbstgefährdung oder einer nach hiesiger Lesart *gegenwärtigen* erheblichen Gefährdung bedeutender Rechtsgüter anderer unerlässlich und erscheinen nach dem Verhalten der untergebrachten Person oder aufgrund ihres Zustandes andere, weniger einschneidende Maßnahmen zur Abwendung der Gefahr als nicht ausreichend, so ist die richterliche Entscheidung entweder im Vorfeld der Fixierung oder bei Gefahr im Verzug während der bereits stattfindenden Fixierung unverzüglich zu beantragen, wenn nicht einer der in der Norm genannten Sondertatbestände vorliegt, also bereits zu Beginn der Maßnahme absehbar ist, dass die Entscheidung erst nach Wegfall des Grundes der Maßnahme ergehen wird (Sondertatbestand 1) oder die Maßnahme vor Herbeiführung der Entscheidung tatsächlich beendet und auch keine Wiederholung zu erwarten ist (Sondertatbestand 2). Ob die Entscheidung des Richters im Einzelfall voraussichtlich erst nach Wegfall des ausschlaggebenden Grundes oder

---

871 MüKo BGB-*A. Schneider*, § 1906a BGB Rn. 33.

872 Vgl. dazu die Ausführungen unter dem Punkt C. im Rahmen des 1. Kapitels.

nach Beendigung der Fixierung ergehen kann, hängt dabei insbesondere von der Dauer der Maßnahme ab.[873] Nach den Hinweisen für untergebrachte Personen im Maßregelvollzug des ZBFS darf eine Fixierung nur längstens für 24 Stunden befristet angeordnet werden, wobei eine Verlängerung jedoch möglich ist.[874] *Fogel* und *Steinert* empfehlen bei fixierten Patienten im Alter von 18 bis 65 Jahren, die länger als acht Stunden fixiert werden und bei denen die weitere Dauer nicht absehbar ist, eine Thromboseprophylaxe mit zum Beispiel 3000 I. E. Certoparin alle 24 Stunden.[875] In der S3-Leitlinie „Verhinderung von Zwang: Prävention und Therapie aggressiven Verhaltens bei Erwachsenen" führt die DGPPN aus, dass Fixierungen einen Zeitraum von wenigen Stunden nicht überschreiten sollten.[876] Werden zusätzlich die oben beschriebenen Ergebnisse der durch die Bundesländer zur Verfügung gestellten Daten in den Blick genommen, so wird deutlich, dass die Zwangsmaßnahme der Fixierung oftmals über einen Zeitraum von zwölf oder sogar mehr als 24 Stunden durchgeführt wird.[877] In der Zusammenschau ist daher zwar ein grundsätzliches Bestreben der Akteure erkennbar, die Dauer der Fixierung so kurz wie möglich zu halten; deutlich wird jedoch auch, dass eine Fixierung häufig durchaus mehrere Stunden andauern kann.[878] Hinzu kommt, dass eine Entfixierung sehr personalintensiv und zeitaufwendig ist und regelmäßig erst dann in Betracht kommt, wenn die ausschlaggebenden Gründe für die Fixierung nicht mehr vorhanden bzw. teilweise remittiert sind.[879] Folglich sind auf der einen Seite Fälle denkbar, in denen eine Fixierung der untergebrachten Person nur kurzzeitig zur Abwehr der drohenden Gefahr erforderlich ist, sodass der Richter die Maßnahme nicht anordnen oder genehmigen muss. Gleichermaßen erscheint es auch plausibel, dass die Fixierung aufgrund ihrer voraussichtlichen Dauer zwar grundsätzlich anordnungs- bzw. genehmigungsbedürftig ist, der Richter aber dennoch vor ihrer

---

873 Bedauerlich ist in diesem Zusammenhang, dass das Bundesverfassungsgericht sich nicht zu der zulässigen Höchstdauer einer Fixierung geäußert hat, vgl. *Goerdeler*, R&P 36 (2018), 199, 204.

874 Hinweise für untergebrachte Personen im Maßregelvollzug, ZBFS (Zentrum Bayern Familie und Soziales), S. 38, online abrufbar unter https://www.zbfs.bayern.de/imperia/md/images/zbfs_intranet/produktgruppe_x/hinweise_fur_untergebrachte_personen_neu.pdf (zuletzt aufgerufen am 26.01.2024). Dies ist auch gesetzlich in Art. 25 Abs. 3 S. 5 BayMRVG kodifiziert, wonach eine Fixierung nur befristet angeordnet werden darf, längstens für 24 Stunden.

875 *Fogel/Steinert*, Lege artis 2 (2012), 28, 30.

876 *Deutsche Gesellschaft für Psychiatrie und Psychotherapie, Psychosomatik und Nervenheilkunde e.V.* (Hrsg.), S3-Leitlinie, S. 209.

877 Vgl. dazu die vorgestellten und ausgewerteten Daten im 3. Kapitel B.

878 Eingängig sind in diesem Zusammenhang die Schilderungen einer Psychiatrieerfahrenen (die Autorin möchte anonym bleiben), die während ihres Klinikaufenthalts wegen einer Psychose sechs Tage lang fixiert worden ist, *Nomen Nominandum*, Psychosoziale Umschau 32 (2017), 11.

879 Vgl. nur *Fogel/Steinert*, Lege artis 2 (2012), 28, 30.

tatsächlichen Beendigung nicht rechtzeitig vor Ort sein kann. Auf der anderen Seite ist es demgegenüber ebenfalls möglich, dass der zur Erforderlichkeit einer besonderen Sicherungsmaßnahme der Fixierung führende Erregungszustand des Betroffenen noch anhält und der zur Entscheidung verständigte Richter die untergebrachte Person sodann vor Ort noch in der Fixierung vorfindet. In dieser Situation kann sich der Richter auf der Grundlage einer mündlichen Anhörung des Betroffenen[880] und der von der Unterbringungseinrichtung zur Verfügung gestellten Informationen bezüglich des Untergebrachten, des konkreten Ablaufs der Gefahrensituation sowie der von der Einrichtung im Vorfeld bereits unternommenen Deeskalationsversuche ein eigenes Bild von der Gesamtsituation machen und die Maßnahme der Fixierung in der Folge entweder genehmigen oder den Antrag zurückweisen.[881]

Vor dem Hintergrund dieser Ausführungen ist zwar zu konstatieren, dass die Situation insgesamt von akutem Handlungsbedarf geprägt ist und insofern zeitnahe Entscheidungen der beteiligten Personen (zwingend) erforderlich sind. Dies unterscheidet die Fixierungssituation folglich in zeitlicher Hinsicht grundlegend von derjenigen der richterlichen Genehmigung einer Zwangsbehandlung im oben beschriebenen Sinne. Eine Untauglichkeit des Rechtsschutzinstruments des Richtervorbehalts bei Kriseninterventionen aufgrund einer etwaigen Sperrigkeit durch das naturgemäß in Gang gesetzte Verfahren ist darin jedoch *prima vista* nicht zu erblicken. Bei zeitintensiven und lange andauernden Fixierungen der untergebrachten Person, aber auch bei kurzfristigen Entscheidungen kann der Richtervorbehalt daher grundsätzlich zu einer effektive(re)n Grundrechtssicherung beitragen.

VI. Bewertung der vorgebrachten Schwachstellen

Unter dem Eindruck der vorangegangenen Erkenntnisse drängt sich nunmehr die Frage auf, wie die aufgezeigten Schwachstellen des Richtervorbehalts in der Praxis des psychiatrischen Maßregelvollzuges im Hinblick auf dessen Funktionstüchtigkeit

880 Einzuwenden ist an dieser Stelle jedoch, dass die Anhörung des Betroffenen insofern ein Stück weit verfälscht ist, da der Patient nicht in natura in seinem Zustand vor der Fixierung kennengelernt werden kann, vgl. dazu auch *Goerdeler*, R&P 36 (2018), 199, 203.

881 Vgl. dazu auch die Ausführungen im Hinblick auf die verfahrensrechtliche Frage der gerichtlichen Zuständigkeit und ihre Auswirkungen auf die Anhörung des Betroffenen bei *Kaehler/Petit*, FamRZ 2019, 164, 168, die zutreffend darauf hinweisen, dass eine Entscheidung durch den Richter an dessen Schreibtisch dem Betroffenen das rechtliche Gehör verwehren würde, sodass eine persönliche Anhörung vor diesem Hintergrund unentbehrlich ist.

einzuordnen sind. Im Folgenden sollen die Ergebnisse der umfassenden Analyse der Schwachstellen nun zusammenfassend dargestellt und bewertet werden, bevor sodann ein Fazit zur Funktionstüchtigkeit gezogen wird.

Bezüglich der einseitigen Entscheidungsgrundlage des Richters konnte bereits gezeigt werden, dass die rechtsstaatliche Gesamtverantwortung von Justiz und Exekutive zwangsläufig eine gewisse Abhängigkeit der Gewalten voneinander bedingt, die jedoch nicht nur einseitig als bloße Schwachstelle des Richtervorbehalts aufgefasst werden sollte, sondern demgegenüber auch als Ausdruck eines funktionierenden rechtsstaatlichen Systems, in dem sich die Gewalten gegenseitig mäßigen und kontrollieren („checks and balances").[882] Damit geht einher, dass durch die Überantwortung der Anordnungsbefugnis für den Grundrechtseingriff der Fixierung auf den Richter der Bereich der Verantwortlichkeiten erweitert und so eine rechtlich-psychiatrische Gesamtverantwortung angestrebt wurde. Für ein tatsächliches Mehr an Rechtsstaatlichkeit ist es demgemäß unabdingbar, dass sich die beteiligten Parteien ihrer rechtsstaatlichen Verantwortlichkeit annehmen und ihr durch eine eigenständige und verantwortungsbewusste Prüfung gerecht werden. Die Effektivität des Rechtsschutzes steht und fällt naturgemäß mit der Qualität der zugrunde liegenden Prüfung – jedes denkbare Rechtsschutzinstrument kann daher stets nur in dem Maße wirkungsvoll sein, in welchem es durch den jeweiligen Prüfer auch ausgeübt bzw. ausgefüllt wird. Werden sodann die Erkenntnisse zur Funktion des Richtervorbehalts ebenfalls in die Betrachtung eingestellt, die unter anderem in einer Disziplinierungsfunktion zu erblicken ist, so kann als Konsequenz des Richtervorbehalts eine umso gewissenhaftere Prüfung angezeigt sein und schlussendlich durchgeführt werden, da diese in dem Bewusstsein vorgenommen wird, dass noch eine weitere Person am Entscheidungsprozess beteiligt ist, sodass das Wissen um die Kontrollierbarkeit des eigenen grundrechtsrelevanten Handelns und die damit erstrebte Transparenz des gesamten Entscheidungsvorganges zu einer sorgfältigeren Prüfung im Lichte der Grundrechte des Betroffenen führt.

Als problematischer stellt sich hingegen die Frage dar, wie der Kritikpunkt einer durch fehlendes Fachwissen ausgelösten, im Einzelfall unzureichenden Prüfung des Richters einzuordnen ist. In Fällen mangelnder richterlicher Ausbildung oder unzureichender persönlicher Qualifikation verliert das Rechtsinstitut des Richtervorbehalts zwangsläufig ebenfalls erheblich an Qualität und Effektivität.[883] Eine solch unzureichende richterliche Prüfung ist besonders fatal, da die Reichweite

882 Über dieses Thema klärt auch die Internetseite der Bundeszentrale für politische Bildung auf, vgl. dazu https://www.bpb.de/politik/grundfragen/24-deutschland/40460/gewaltenverschraenkung (zuletzt aufgerufen am 25.01.2024).

883 *Rabe von Kühlewein*, Der Richtervorbehalt, S. 432; *Wildhagen*, Persönlichkeitsschutz, S. 154.

der jeweiligen Grundrechtsgewährleistung durch den Umfang der Prüfungskompetenz bestimmt wird.[884] Eine eigenverantwortliche und eigenständige Entscheidung des Richters ist jedoch bei fehlendem Fachwissen kaum denkbar, was sich dann als besonders folgenschwer erweist, wenn der Richter im Sinne des von *Schünemann* auf der Grundlage der Theorie der sozialen Vergleichsprozesse entwickelten Schulterschlusseffekts ohne eine solche Prüfung nicht von der vorangegangenen Einschätzung der als fachkundig und kompetent erachteten Vergleichsgruppe der Ärzte abweicht. Aber auch dann, wenn der Richter keine andere Entscheidung zu treffen vermag als der jeweilige Arzt, ist hier ebenfalls in Rechnung zu stellen, dass nicht ausschließlich der möglicherweise fehlende Entscheidungsspielraum des Richters von Bedeutung ist, sondern vielmehr die intendierte Hemmung des Verfahrens, die bereits dadurch erreicht wird, dass eine weitere Partei in den Entscheidungsvorgang eingebunden wird.[885] In diesem Zusammenhang konnte in Bezug auf die Zuständigkeitsregelung ebenfalls festgestellt werden, dass vor allem rechtliche Erwägungen wie die Konzentrationswirkung vollstreckungsrechtlicher Fragestellungen für eine Zuständigkeit der Strafvollstreckungskammer am Landgericht gesprochen hätten, während vordergründig organisationstheoretische und justizökonomische Argumente ausschlaggebend für eine solche Konzeption zugunsten der amtsgerichtlichen Zuständigkeit waren. Kritikwürdig ist daran, dass gerade bei den Strafvollstreckungskammern im Hinblick auf den hier maßgeblichen Punkt des richterlichen Fachwissens eine besondere Expertise der Richter durch die Befassung mit vollzugsrechtlichen Fragestellungen und den damit einhergehenden Vorkenntnissen in Bezug auf den betroffenen Untergebrachten sowie den konkreten Vollzugsablauf verfügbar sind, sodass diesbezüglich durchaus von einem gesetzgeberischen Fehlgriff gesprochen werden kann. Demgegenüber muss aber ebenfalls in Ansatz gebracht werden, dass der Betreuungsrichter des Amtsgerichts auch eine nicht zu unterschätzende rechtlich-psychiatrische Expertise durch seine Erfahrung mit Verfahren gemäß § 312 Nr. 4 FamFG i.V.m. § 23a Abs. 2 GVG aufweist, sodass die Entscheidung des Gesetzgebers vor diesem Hintergrund folglich überaus diskussionswürdig ist, aber bezüglich des fehlenden Fachwissens keinen allein ausschlaggebenden Faktor für eine mangelnde Funktionstüchtigkeit des Richtervorbehalts darstellen kann. Dies wird noch dadurch unterstrichen, dass in diesem Zusammenhang auch diverse Möglichkeiten zur Verbesserung der Ausgangslage erkennbar sind. Zur Verhinderung eines möglichen Effizienzverlusts ist daher vor allem die bereits von der Rechtsprechung angemahnte Gewährung ausreichender Aus- und Fortbildungsmöglichkeiten er-

884 *Voßkuhle*, FS Wahl, S. 443 (449).
885 *Meier*, ZRP 43 (2010), 223, 225.

forderlich, um den Richtern auch die tatsächliche Möglichkeit zu verschaffen, sich den notwendigen Kenntnis- und Wissensstand anzueignen.[886] Eine solche Anpassung des tatsächlichen Bedarfs würde eine erhebliche Effektivierung der richterlichen Entscheidung bedeuten.[887] Im Gegenzug ist von den betroffenen Richtern gleichermaßen zu fordern, sich dieser Möglichkeiten auch tatsächlich anzunehmen und in eigener Person für die Steigerung der Funktionstüchtigkeit des Richtervorbehalts zu sorgen.

Ein vergleichbares Bild zeigt sich bei der erläuterten Schwachstelle der Ausübung erheblichen Drucks auf den Richter. So darf es vor dem Hintergrund der aufgezeigten Zahlen[888] nicht verwundern, dass die Qualität der Arbeit und die damit verbundene Effizienz des Rechtsschutzinstruments des Richtervorbehalts angesichts der enormen Arbeitsbelastung der Richter akut gefährdet ist. Naturgemäß steht und fällt die Qualität der richterlichen Entscheidung auch mit der Intensität der Prüfung und der dafür zur Verfügung stehenden Zeit, sodass der Befund unmittelbare Auswirkungen auf die Funktionstüchtigkeit des Richtervorbehalts und damit den effektiven Grundrechtsschutz des Betroffenen hat. Um diesem bereits länger bekannten, strukturellen Defizit wirksam begegnen zu können, ist mit Nachdruck die Verbesserung der personellen und sachlichen Ausstattung der Gerichte zu fordern, auf die ausführlicher im Rahmen des Kapitels zum Korrekturbedarf in der Praxis eingegangen werden soll. Denn auch entsprechend zur Verfügung gestellte Aus- und Fortbildungsmöglichkeiten kann der Richter trotz eines möglicherweise beträchtlichen Eigenengagements nur dann wahrnehmen, wenn er dafür auch genügend Zeit erübrigen kann. Im Zusammenhang mit der personellen und sachlichen Ausstattung der Gerichte ist zudem auch *Walther* fraglos beizupflichten, wenn er den akuten Bedarf an neuen Richterstellen ebenfalls mit der Attraktivität des Richterberufs im Hinblick auf die Nachwuchsgewinnung begründet, da die Vereinbarkeit von Familie und Beruf durch die prinzipielle Möglichkeit der freien Arbeitseinteilung als Ausprägung der richterlichen Unabhängigkeit bei einer übermäßigen Belastung der vorhandenen Richter infolge der massiven Ausweitung des richterlichen Bereitschaftsdienstes gefährdet sei.[889] Ein diesbezüglich ebenfalls nicht zu unterschätzender Faktor ist zudem die mit der hohen Arbeits-

---

886 *Amelung*, NStZ 21 (2001), 337, 340; *Asbrock*, ZRP 31 (1998), 17, 19; *Brüning*, Der Richtervorbehalt, S. 224; *Rabe von Kühlewein*, Der Richtervorbehalt, S. 432 f; *Wildhagen*, Persönlichkeitsschutz, S. 154; vgl. dazu auch BVerfGE 103, 142 (152 f.).

887 Im Rahmen des Kapitels zum Korrekturbedarf in der Praxis (4. Kapitel D.) wird auf diesen Punkt noch näher eingegangen; vgl. dazu auch *Rabe von Kühlewein*, Der Richtervorbehalt, S. 432.

888 *Bremischer Richterbund*, Ergebnisse der landesweiten Umfrage des Bremischen Richterbundes zur beruflichen Belastung der Richterinnen und Richter, Staatsanwältinnen und Staatsanwälte, S. 4.

889 *Walther*, HeMi 2/2018, 6, 9.

belastung verbundene grundsätzliche Arbeitszufriedenheit des Richters, die naturgemäß dann steigt, wenn dieser für seine Tätigkeit auch eine entsprechende Anerkennung durch den Dienstherrn, die Kollegen oder die Politik erfährt. Ist dies jedoch nicht in einem ausreichenden Maße der Fall, dann investiert diese Person psychologisch bedingt auch weniger Arbeitskraft und -zeit in ihre Aufgaben. Als überaus bedenklich sind daher die Ergebnisse der Umfrage des Bremischen Richterbundes zu werten, wonach die Richter eine solche Wertschätzung für ihre tägliche Arbeit vor allem durch die Politik überhaupt nicht wahrnehmen. Vor dem Hintergrund der besonderen Grundrechtssensibilität der Materie im Rahmen von Richtervorbehaltsverfahren und der gleichzeitig so ungünstigen psychologischen und berufsorganisatorischen Ausgangslage ist daher der Forderung nach einem politischen Signal und nach Abhilfe uneingeschränkt zuzustimmen, die nach Ansicht des Bremischen Richterbundes vor allem bei der bereits genannten unzureichenden personellen Ausstattung der Gerichte ansetzen und auch die Anerkennung in Gestalt einer Besoldung, die der beruflichen Verantwortung und Leistung gerecht wird, in den Blick nehmen sollte.[890]

Bei der Frage der Entscheidungskompetenz im Falle von Gefahr im Verzug konkurrieren der effektive Grundrechtsschutz des Betroffenen mit der Herstellung von größtmöglicher Handlungsfähigkeit der an der Fixierung beteiligten Akteure in der Praxis. Grundsätzlich stellt der präventive Grundrechtsschutz der untergebrachten Person zwar das vorrangig zu schützende Verfassungsgut dar, sodass der Grundrechtseingriff prinzipiell der Entscheidung durch den Richter vorbehalten ist. Dieser Schutzstandard ist jedoch dann zugunsten der Grundrechte der beteiligten Personen zurückzustellen, wenn der Ausnahmefall der Gefahr im Verzug vorliegt, sodass in der vorliegenden Fallkonstellation gerade durch die zeitliche Verzögerung, die mit der Herbeiführung der richterlichen Entscheidung naturgemäß verbunden ist, die Abwehr der gegenwärtigen und erheblichen Eigen- oder Fremdgefährdung unmöglich gemacht und der von der Norm intendierte Zweck insgesamt vereitelt werden würde. Das bedeutet in der Konsequenz, dass das eigentlich zu kontrollierende Organ selbst über seine eigene Zuständigkeit und eine damit einhergehende Durchbrechung der richterlichen Zuständigkeit als Kontrollinstanz entscheidet. Überdies entfällt in diesem Fall eine eigenverantwortliche Prüfung des Richters vor Anordnung der in Rede stehenden Maßnahme vollständig, sodass das Personal der Einrichtung in alleiniger Kompetenz über das „Ob“ der Fixierung entscheidet. Zwar hat der verantwortliche Arzt primär das Wohl seines Patienten

890 So die bereits vorgestellten Ergebnisse, vgl. dazu *Bremischer Richterbund*, Ergebnisse der landesweiten Umfrage des Bremischen Richterbundes zur beruflichen Belastung der Richterinnen und Richter, Staatsanwältinnen und Staatsanwälte, S. 4.

im Blick und ist im Gegensatz zu den am strafprozessualen Ermittlungsverfahren beteiligten Parteien prinzipiell keinem psychologischen Ermittlungsdruck ausgesetzt. Allerdings sind in die Betrachtung auch ebenfalls die aufgezeigten innerinstitutionellen Handlungszwänge in Gestalt der grundsätzlichen Arbeitszufriedenheit, des Stationsklimas sowie der Stellung des Arztes im Verhältnis zu seinen Patienten miteinzubeziehen, die in ihrer grundsätzlichen Ausprägung und Intensität durchaus dem psychologischen Ermittlungsdruck von Polizei und Staatsanwaltschaft gleichkommen können. Zudem kann im Einzelfall auch die Gesundheit des behandelnden Arztes durch die Gefährdungssituation akut bedroht sein, sodass er in einem solchen Fall geneigt sein könnte, die Ausnahmekompetenz rigoros wahrzunehmen. Gerade das grundsätzliche Bestreben, auch weiterhin mit dem Betroffenen auf Basis einer möglichst vertrauensvollen Arzt-Patienten-Beziehung weiterzuarbeiten, stellt jedoch einen entscheidenden Unterschied zur Konstellation eines strafprozessualen Grundrechtseingriffs dar, bei der Polizei und Staatsanwaltschaft mit einem Täter konfrontiert sind, mit dem sie in den weit überwiegenden Fällen keine vergleichbare Beziehung verbindet.[891] Es kann daher nicht pauschal davon ausgegangen werden, dass der leitende Arzt aufgrund der aufgezeigten Handlungszwänge die Ausnahmekompetenz gleichsam automatisch ausüben wird. Vielmehr ist ihm auch eine gewisse Besonnenheit zu attestieren, die sein Handeln im Einzelfall zu bestimmen vermag. Eine Tendenz zur missbräuchlichen Verwendung dieser Ausnahmekompetenz soll daher zum gegenwärtigen Zeitpunkt nicht unterstellt werden. Es bleibt jedoch abzuwarten, welche Erkenntnisse bei der Evaluierung des Gesetzes durch eine Bund-Länder-Arbeitsgruppe herausgearbeitet und welche Erfahrungen dem nordrhein-westfälischen Landtag mit dem StrUG NRW berichtet werden, sodass dieses Ergebnis möglicherweise einer Korrektur bedarf. Bis dahin erscheint diese Schwachstelle des Rechtsinstruments jedoch nicht geeignet, eine prinzipiell mangelnde Funktionstüchtigkeit des Richtervorbehalts zu belegen.

Im Hinblick auf die Frage, ob das Richtervorbehaltsverfahren für Fixierungsangelegenheiten, die regelmäßig aufgrund der gefahrenabwehrrechtlichen Ausrichtung von akutem Handlungsbedarf geprägt sind, zu sperrig ist und damit einem effektiven Grundrechtsschutz des Betroffenen insgesamt im Weg steht, konnte ebenfalls keine Untauglichkeit des Richtervorbehalts festgestellt werden. Auch bei kurzfristigen Entscheidungen kann der Richtervorbehalt *grundsätzlich* zu einem effektiven Grundrechtsschutz des Betroffenen beitragen.

---

891 Einschränkend ist jedoch hinzuzufügen, dass unter den spezifischen Bedingungen einer totalen Institution wie dem psychiatrischen Maßregelvollzug lediglich in gewissen Grenzen von einer Vertrauensbeziehung ausgegangen werden kann, vgl. dazu auch den Ausblick im 6. Kapitel.

C. Alternative Rechtsschutzkonzepte

Wenn nach Alternativen zur gegenwärtigen Rechtslage in Bezug auf ein taugliches Rechtsschutzinstrument zur effektiven Grundrechtssicherung der Untergebrachten im psychiatrischen Krankenhaus gemäß § 63 StGB gefragt wird, so ist damit nach dem allgemeinen Sprachgebrauch bereits vorgegeben, dass *per definitionem* überhaupt eine Auswahlmöglichkeit und damit ein gewisser Gestaltungsspielraum besteht.[892] Diese Bezeichnung scheint daher auf den ersten Blick irreführend zu sein, da der Richtervorbehalt im Nachgang an die bundesverfassungsgerichtliche Entscheidung vom 24. Juli 2018 eine gesetzliche Verankerung auf Bundes- und unter anderem auch auf nordrhein-westfälischer Landesebene erfahren hat und daher einer Änderung prinzipiell nicht mehr zugänglich ist. Dieses Dilemma wurde von *Baur* treffend auf den Punkt gebracht: „Sei es, wie es will: Der Richtervorbehalt für die Fixierung ist genauso in der Welt wie die strikten Vorgaben des Bundesverfassungsgerichts zur Zwangsbehandlung – ein „Dahinter-Zurück" gibt es nicht. Denn es ist kaum vorstellbar, dass das Bundesverfassungsgericht Anlass und Möglichkeit haben wird, seine sehr konkreten Anforderungen an die Zwangsbehandlung und Fixierung noch einmal zurückzunehmen oder auch nur zu ändern. Und das ist die eigentliche Problematik solcher Verfassungsgerichtsentscheidungen: Sie lassen keine Gestaltungsspielräume und zementieren die Rechtslage. Sie nehmen damit jede Möglichkeit, nach der besten Lösung für ein Problem zu suchen und vielleicht auch mal einen Lösungsweg zu korrigieren."[893] Auf den ersten Blick stellt sich daher nicht mehr die Frage nach Alternativen, sondern vielmehr nach Möglichkeiten der Stärkung des Richtervorbehalts. Diese Betrachtung verkennt jedoch, dass gerade die Suche nach alternativen Rechtsschutzkonzeptionen die Perspektive erweitern kann und dabei die Gelegenheit bietet, die ausführlich dargelegte Kritik an diesem Institut auf ihre Stichhaltigkeit hin zu überprüfen sowie die Vorteile desselben im Vergleich zu anderen Rechtsschutzinstrumenten aufzeigen zu können. Die rechtliche Ausgangslage lädt daher insgesamt dazu ein, trotz ihrer Verfestigung den Blick für Alternativen zu schärfen, um auf dieser Grundlage einen möglichen Korrekturbedarf für die Praxis aufzeigen und ein abschließendes Fazit zur Funktionstüchtigkeit des Richtervorbehalts ziehen zu können. Untersucht

892 Auf der Internetseite des Duden werden unter dem Stichwort der „Alternative" zwei Bedeutungen aufgezeigt: freie, aber unabdingbare Entscheidung zwischen zwei Möglichkeiten; das Entweder-oder (1.) sowie zweite, andere Möglichkeit; Möglichkeit des Wählens zwischen zwei oder mehreren Dingen (2.), online abrufbar unter https://www.duden.de/rechtschreibung/Alternative_Entscheidungsmoeglichkeit (zuletzt aufgerufen am 25.01.2024).

893 *A. Baur*, Forensische Psychiatrie und Psychotherapie 25 (2018), 244, 252.

werden sollen im Folgenden daher das Modell des Landesbeauftragten für den Maßregelvollzug des Landes Nordrhein-Westfalen sowie die Einrichtung eines klinischen Ethik-Komitees innerhalb der jeweiligen Maßregelvollzugseinrichtung. Einschränkend ist hier jedoch hinzuzufügen, dass die Konzeption des Landesbeauftragten für den Maßregelvollzug mit dem am 1. Januar 2021 in Kraft getretenen Gesetz zur Umstrukturierung der Maßregelvollzugsbehörde im Zuständigkeitsbereich des Ministeriums für Arbeit, Gesundheit und Soziales vom 17. Dezember 2020[894] nicht mehr im Maßregelvollzugsgesetz Nordrhein-Westfalens vorgesehen ist. Darüber hinaus ist ebenfalls zu bedenken, dass das StrUG NRW am 31. Dezember 2021[895] in Kraft und insoweit an die Stelle des MRVG NRW getreten ist, sodass sich die folgenden Ausführungen auf eine hypothetische Prüfung beschränken müssen, inwiefern das Modell des Landesbeauftragten für den Maßregelvollzug eine gangbare Alternative zum Rechtsschutzinstrument des Richtervorbehalts darstellen könnte, sofern eine solche Regelung zukünftig wieder normiert werden sollte.

I. Landesbeauftragter für den Maßregelvollzug

Zuständig für die praktische Durchführung des Maßregelvollzuges sind die Direktoren der Landschaftsverbände Rheinland (LVR) und Westfalen-Lippe (LWL) als große Klinikträger gemäß § 54 StrUG NRW, die als untere staatliche Verwaltungsbehörde tätig werden und insoweit der Dienst- und Fachaufsicht des in Nordrhein-Westfalen für den klinischen Maßregelvollzug gemäß §§ 63, 64 StGB zuständigen Ministeriums für Arbeit, Gesundheit und Soziales unterstehen.[896]

Ursprünglich eingerichtet wurde die Behörde des Landesbeauftragten für den Maßregelvollzug, um in Nordrhein-Westfalen eine einheitliche Einführung und Einhaltung von Qualitätsstandards zu überwachen.[897] Speziell in Bezug auf die Zwangsbehandlung des Patienten sollte die entscheidende objektive Schutzwir-

---

894 Gesetz zur Umstrukturierung der Maßregelvollzugsbehörde im Zuständigkeitsbereich des Ministeriums für Arbeit, Gesundheit und Soziales vom 17. Dezember 2020, Gesetz- und Verordnungsblatt (GV. NRW.), Ausgabe 2020 Nr. 59 vom 31.12.2020, S. 1237 bis 1278.

895 Gesetz zur Durchführung strafrechtsbezogener Unterbringungen in einem psychiatrischen Krankenhaus und einer Entziehungsanstalt in Nordrhein-Westfalen (Strafrechtsbezogenes Unterbringungsgesetz NRW – StrUG NRW) vom 17. Dezember 2021, GV. NRW. S. 1494.

896 Diese Informationen sind online abrufbar auf der jeweiligen Internetseite des LVR und LWL.

897 Vgl. dazu die Informationen des LVR unter https://www.lvr.de/de/nav_main/derlvr/organisation/lvrdezernate/klinikverbundundheilpdagogischehilfen/fachbereichmaregelvollzug/behrdenaufbauimmaregelvollzug/behrdenaufbauimmaregelvollzug_1.jsp sowie auch die verschiedenen Landesbeauftragten des Landes Nordrhein-Westfalen für vielfältige Bereiche und Tätigkeitsfelder unter https://www.land.nrw/de/landesbeauftragte (zuletzt aufgerufen jeweils am 25.01.2024).

kung, die in der Einschaltung eines externen Dritten zu erblicken ist, in Gestalt der Behörde des Landesbeauftragten für den Maßregelvollzug gemäß § 17a Abs. 4 S. 1 MRVG NRW a. F. als eine vom Bundesverfassungsgericht ausdrücklich im Sinne einer anderen neutralen Stelle in Betracht gezogenen „sonstigen Behörde“[898] erreicht werden. Im diesbezüglichen Gesetzentwurf der Landesregierung wird dazu ausgeführt, dass der Landesbeauftragte für den Maßregelvollzug für die Aufgabenwahrnehmung besonders gut geeignet sei, weil dort sowohl die Prüfung der medizinischen als auch der rechtlichen Aspekte einer zwangsweisen Behandlung mit dem vorhandenen Personal sichergestellt werden könne.[899] In seinem Beschluss vom 3. Dezember 2018 hat das *OLG Hamm* diese Erwägungen für zumindest vertretbar erachtet und darauf hingewiesen, dass der Landesbeauftragte für den Maßregelvollzug gegenüber der psychiatrischen Einrichtung gemäß § 31 Abs. 2 MRVG NRW a. F. umfassend überprüfungs- und auskunftsberechtigt ist und es dem Landesbeauftragten ebenso wie der Einrichtung unbenommen bleibe, im Einzelfall vor einer Entscheidung den Rat externer Sachverständiger einzuholen.[900]

Grundsätzlich wird von der Übertragung der Entscheidungskompetenz auf einen solchen Funktionsträger[901] in besonderem Maße eine rechtmäßige und grundrechtsschonende Entscheidung erwartet.[902] Als Begründung für eine solchermaßen erhöhte Qualität wird regelmäßig neben der besonderen Sachkunde und Erfahrung in dem entsprechenden Sachbereich auch die spezifische Verantwortlichkeit des Behördenleiters herangezogen, da dieser seine Behörde nach außen vertritt und insofern im Namen und in Verantwortung der Behörde handelt.[903] Der Behördenleiter verfügt grundsätzlich über die für die Position notwendigen Qualifikationen und Fähigkeiten und kann auch durch seine politische Verantwortung zu einer Stärkung der rechtsstaatlichen und betroffenenorientierten Aspekte führen.[904] Der Entscheidung eines höheren Verwaltungsbeamten wird zudem in innerorganisatorischer Hinsicht ein anderes Gewicht und damit eine höhere Aufmerksamkeit für einen rechtmäßigen Einsatz zugesprochen, sodass die größere Kompetenz, Einzelfalldistanz und damit verbundene Objektivität des Behörden-

---

898 BVerfG, Beschluss des Zweiten Senats vom 23. März 2011 – 2 BvR 882/09, Rn. 71.

899 Gesetzentwurf der Landesregierung, Gesetz zur Regelung des Jugendstrafvollzuges und zur Änderung der Vollzugsgesetze in Nordrhein-Westfalen vom 16.11.2016, LT-Drs. 16/13470, S. 352.

900 OLG Hamm, Beschluss vom 03.12.2018 – 1 Vollz (Ws) 311/18, Rn. 31.

901 Vgl. dazu die Entscheidungskompetenz des Behördenleiters im nordrhein-westfälischen Polizeigesetz gemäß §§ 16a Abs. 2 S. 1, 17 Abs. 2 S. 1, 19 Abs. 2 S. 1, 20 Abs. 4 PolG NRW.

902 *Bonin*, Grundrechtsschutz durch verfahrensrechtliche Kompensation, S. 248.

903 *Lisken/Mokros*, NVwZ 10 (1991), 609, 613.

904 *Bonin*, Grundrechtsschutz durch verfahrensrechtliche Kompensation, S. 288.

leiters für eine angemessene Berücksichtigung der Interessen des Betroffenen sorgen soll.[905]

Vor dem Hintergrund dieser Ausführungen zur Konzeption des Behördenleitervorbehalts stellt sich nunmehr die Frage, inwiefern die Einschaltung eines solchen Kontrollinstruments im Verhältnis zum Richtervorbehalt zu einer effektiveren Grundrechtssicherung des Betroffenen bei einer Fixierung im Anwendungsbereich des § 33 Abs. 2, 5 StrUG NRW beitragen könnte. Zu diesem Zweck sind die beiden Rechtsschutzinstrumente einem Vergleich zu unterziehen, der neben ihrer konzeptionellen Zielsetzung auch die Schwachstellen in den Blick nimmt, um auf dieser Grundlage die möglichen Vorzüge und Nachteile des Richtervorbehalts aufzeigen und Verbesserungsmöglichkeiten herausarbeiten zu können.

1. Vergleich anhand der Funktionsbeschreibung

Der Richtervorbehalt im Anwendungsbereich des § 33 Abs. 2, 5 StrUG NRW erfüllt bei so schwerwiegenden Grundrechtseingriffen wie der nicht nur kurzfristigen Fixierung eine Kontroll-, Grundrechtssicherungs- sowie Disziplinierungsfunktion, indem nicht nur die Einhaltung der spezifischen Verfahrensvorschriften und tatbestandlichen Eingriffsgrenzen überwacht wird, sondern daneben ein effektiver und möglichst umfassender Grundrechtsschutz einer so sensiblen Personengruppe insbesondere durch den erhöhten Legitimationsaufwand gewährleistet werden kann. Diesen Funktionen kann gerade der neutrale und sachlich sowie persönlich unabhängige Richter entsprechen, da dieser aufgrund seiner juristischen Expertise und seiner Vertrauensstellung im Rechtssystem eine besondere Gewähr für die Richtigkeit der Entscheidung bietet. Daneben ist noch einmal in Erinnerung zu rufen, dass es gerade wegen der Grundrechtssensibilität und der zu wahrenden Integrität des Rechtsstaates in besonderem Maße auf die verfassungsmäßige Durchsetzung von schwerwiegenden Grundrechtseingriffen ankommt.[906]

Auch dem Institut des Landesbeauftragten für den Maßregelvollzug ist eine solche Kontroll-, Grundrechtssicherungs- und Disziplinierungsfunktion zu attestieren. Nach dem Prinzip der Selbstkontrolle der Verwaltung soll dessen Entscheidung für eine rechtmäßige Gesetzesanwendung und eine ausreichende Berücksichtigung der Interessen des Betroffenen sorgen. Aufgrund der ihn als Behördenleiter qualifizierenden Expertise soll damit auch der Landesbeauftragte für den Maßregelvollzug eine rechtsstaatliche Gewähr für die Rechtmäßigkeit von schwerwiegenden Grundrechtseingriffen bieten. In Anbetracht der Ausführungen stellt sich allerdings die

905 A. a. O., S. 249; *Lisken/Mokros*, NVwZ 10 (1991), 609, 613; *Trute*, GS Jeand'Heur, S. 403 (425).
906 Vgl. zu diesen Erkenntnissen die finale Funktionsbeschreibung des Richtervorbehalts im Anwendungsbereich des § 33 Abs. 2, 5 StrUG NRW im 1. Kapitel A. VII.

Frage, ob der Landesbeauftragte für den Maßregelvollzug ebenso wie der zur Entscheidung berufene Richter über eine neutrale und unabhängige Position verfügt. Dies kann durchaus in Zweifel gezogen werden, wenn berücksichtigt wird, dass der Landesbeauftragte in der ursprünglichen Konzeption des Maßregelvollzugsgesetzes ebenso als Aufsichtsbehörde des Maßregelvollzuges fungierte. Sollte ein solches Modell in diesem Rahmen erneut eingeführt werden, so ist prinzipiell davon auszugehen, dass der Landesbeauftragte für den Maßregelvollzug seine vorherige Position anstelle des nunmehr zuständigen Ministeriums übernehmen und so auch wieder als Aufsichtsbehörde agieren würde. Folglich hätte der Landesbeauftragte in dieser Funktion nahezu zwangsläufig auch immer die übergeordneten Interessen der einzelnen Unterbringungseinrichtung und die damit einhergehende Einhaltung von Sicherheit und Ordnung sowie das grundsätzliche Funktionieren des gesamten Maßregelvollzuges in Nordrhein-Westfalen im Blick, sodass durchaus befürchtet werden könnte, dass dies zu einer im Einzelfall unzureichenden Berücksichtigung der grundrechtlich geschützten Belange des Patienten führt. Auf der Gegenseite ist jedoch auch zu berücksichtigen, dass gerade die mit der Position einhergehende politische Verantwortlichkeit und die damit verbundene Repräsentantenfunktion des Behördenleiters eben für den gesamten Maßregelvollzug eine dezidierte Prüfung zur Folge haben kann. In Bezug auf die Unabhängigkeit ist im Verhältnis zum ärztlichen und therapeutischen Personal der Einrichtung daher eine größere Objektivität und Einzelfalldistanz zum Geschehen gegeben, da der Landesbeauftragte zwar als Aufsichtsbehörde für den Maßregelvollzug fungiert, aber nicht in die akute Gefahrenlage im Sinne des § 33 StrUG NRW involviert ist. Allerdings kann hier eine vergleichbare verfassungsrechtliche Unabhängigkeit wie diejenige des Richters gemäß Art. 97 Abs. 1 GG nicht festgestellt werden.

Die bereits angedeutete Disziplinierungsfunktion ist naturgemäß sowohl der Entscheidung des Richters als auch derjenigen des Landesbeauftragten für den Maßregelvollzug immanent, da der erhöhte Legitimations- und Begründungsaufwand und die damit einhergehende Sperrwirkung des Kontrollinstruments bei Einschaltung einer weiteren Partei gleichermaßen für den jeweiligen Antragsteller begründet wird. In beiden Fällen wird die Anordnung oder Genehmigung einer bestimmten Maßnahme begehrt, deren Erforderlichkeit sodann dezidiert und nachvollziehbar dargelegt werden muss, sodass die psychologisch bedingte Komponente einer substantiierten Prüfung zum Zwecke der Überzeugung der jeweils entscheidenden Instanz bei beiden Rechtsschutzinstrumenten vorhanden wäre.

2. Vergleich anhand der aufgezeigten Schwachstellen

Werden die dargestellten Schwachstellen des Richtervorbehalts mit der Konzeption des Behördenleitervorbehalts verglichen, so ergeben sich diesbezüglich mehrere Anknüpfungspunkte, die im Folgenden untersucht werden sollen.

Wie bereits aufgezeigt, soll der Vorzug einer Entscheidung des Landesbeauftragten für den Maßregelvollzug darin begründet sein, dass dort sowohl die Prüfung der medizinischen als auch der rechtlichen Aspekte einer zwangsweisen Behandlung mit dem vorhandenen Personal sichergestellt werden kann. Es wird folglich davon ausgegangen, dass eine größere Sachnähe und damit verbundene Expertise vorhanden ist, die im Einzelfall für sachangemessene Entscheidungen sorgt. Diese Einordnung erscheint auch plausibel, wenn berücksichtigt wird, dass sich die Gruppe IV B „Maßregelvollzug“ der Abteilung IV „Krankenhausversorgung“ des Ministeriums für Arbeit, Gesundheit und Soziales des Landes Nordrhein-Westfalen zuständigkeitsbedingt mit maßregelvollzugsrechtlichen Themen wie Grundsatzfragen (Referat IV B 1), Therapie und Sicherheit (Referat IV B 2), Rechtsangelegenheiten Maßregelvollzug (Referat IV B 3), Bau Maßregelvollzug (Referat IV B 4) sowie Finanzen Maßregelvollzug (Referat IV B 5) beschäftigt.[907] Das Personal ist daher mit der Organisation, dem Ablauf und der Ausgestaltung des Maßregelvollzuges vertraut, sodass im Grundsatz eine medizinische und rechtliche Expertise auch in Bezug auf die Anordnung oder Genehmigung von besonderen Sicherungsmaßnahmen wie der nicht nur kurzfristigen Fixierung des Patienten attestiert werden kann. Im Vergleich zum entscheidenden Richter im Rahmen des Richtervorbehaltsverfahrens, bei dem im Einzelfall durchaus das notwendige Spezialwissen fehlen kann,[908] ist diese vorhandene Kompetenz der Behörde des Landesbeauftragten für den Maßregelvollzug im Hinblick auf einen möglichst hohen Grundrechtsschutzstandard bei schwerwiegenden Grundrechtseingriffen als Vorteil zu werten.

Bezüglich des Schwachpunktes eines fehlenden richterlichen Engagements bei Durchlaufverfahren ist vorliegend festzustellen, dass sich auch die Behörde des Landesbeauftragten für den Maßregelvollzug grundsätzlich ebenfalls lediglich punktuell und zeitlich begrenzt mit Fixierungsangelegenheiten beschäftigen würde, sodass eine psychologisch bedingte unsorgfältige Prüfung befürchtet werden kann.

---

907 Vgl. dazu den Organisationsplan des Ministeriums für Arbeit, Gesundheit und Soziales (Stand: 1. Januar 2024), online abrufbar unter https://www.mags.nrw/system/files/media/document/file/ministerium_orga-plan.pdf (zuletzt aufgerufen am 25.01.2024). Vormals gegliedert war die Behörde des Landesbeauftragten für den Maßregelvollzug in Nordrhein-Westfalen wie folgt: Referat „Psychiatrie, Maßregelvollzug“, Therapie und Sicherheit (Dezernat 1), Rechtsangelegenheiten (Dezernat 2), Bau (Dezernat 3) sowie Finanzen und Verwaltung (Dezernat 4).

908 S. dazu die ausführlichen Ausführungen im 4. Kapitel unter B. II. 1.

Allerdings ist hier zusätzlich zu berücksichtigen, dass die Behörde in der ursprünglichen Konzeption auch gemäß § 17a Abs. 2, 4 MRVG NRW a. F. im Hinblick auf medizinische Behandlungen gegen den natürlichen Willen der Patienten zur Erreichung der Entlassfähigkeit oder bei einer erheblichen Gefahr für das Leben oder für die Gesundheit der Patienten entschieden hat, sodass diesbezügliche Verfahrensakten und Kenntnisse über den Patienten und seine krankheitsbedingte Situation vorhanden wären, auf die sodann zurückgegriffen werden könnte. Die Zuständigkeit für gleich mehrere Fragen der Vollzugsgestaltung bedingt dann eine gewisse Konzentrationswirkung, die es unabhängig von der Frage der konkreten Ausgestaltung des Rechtsschutzmodells im Hinblick auf die obigen Ausführungen zur Zuständigkeit stets anzustreben gilt. Der Landesbeauftragte für den Maßregelvollzug wäre folglich unter der Voraussetzung, dass erneut eine Zuständigkeit nach dem Vorbild der §§ 17a, 31 MRVG NRW a. F. begründet werden würde, nicht nur punktuell im Verfahren der Anordnung oder Genehmigung einer Fixierung tätig, sodass der Kritikpunkt des Durchlaufverfahrens entkräftet werden könnte.

Bezüglich der hohen Arbeitsbelastung und der damit verbundenen Ausübung von Druck in der richterlichen Entscheidungssituation ist grundsätzlich festzustellen, dass sich die ermittelten Maßstäbe auf die Situation der Entscheidungsfindung innerhalb der Behörde des Landesbeauftragten für den Maßregelvollzug übertragen lassen. Müsste nicht der Richter über die Anordnung oder Genehmigung einer nicht nur kurzfristigen Fixierung der untergebrachten Person im Anwendungsbereich des § 33 StrUG NRW entscheiden, sondern an seiner Stelle der Landesbeauftragte für den Maßregelvollzug, so käme es auch hier maßgeblich auf eine zeitnahe, alle Umstände des Einzelfalls berücksichtigende und dabei möglichst grundrechtsschonende Entscheidung an. Es würde dennoch gleichermaßen erwartet werden, dass auch der übrigen Tätigkeit fristgerecht nachgekommen wird, sodass sich im Rahmen einer vergleichenden Gegenüberstellung diesbezüglich keine nennenswerten Unterschiede ergeben, die sich auf die Bewertung der Funktionstüchtigkeit des Richtervorbehalts auswirken würden. Ebenfalls in Ansatz zu bringen ist jedoch, dass gerade die personelle Ausstattung der Staatsanwaltschaften und Gerichte als unzureichend einzustufen ist.[909] Zusätzlich ist der rich-

---

909 Laut einer Umfrage des Deutschen Richterbunds (DRB), die bei jura online am 22.10.2020 zitiert wurde, müssen die Länder durch den Generationenwechsel rund 10.000 Stellen bis 2030 nachbesetzen, wobei die Besetzung von neuen Stellen, die aufgrund hoher Arbeitsbelastung geschaffen werden müssen, dabei noch nicht mitgerechnet sind. Die 10.000 erforderlichen Nachbesetzungen entsprechen etwa 40 Prozent der aktuell beschäftigen Staatsanwälte und Richter, vgl. dazu https://jura-online.de/blog/2020/10/22/drohender-richtermangel-vorgabe-pradikat-fallt-immer-weiter-weg/?utm_medium=email&utm_source=magazin&utm_campaign=flurfunk_201025 (zuletzt aufgerufen am 25.01.2024); vgl. dazu auch 4. Kapitel D. I.

terliche Bereitschaftsdienst zu berücksichtigen: Da ein solcher bei Gericht bereits eingerichtet worden ist und dieser auch im Rahmen anderer gerichtlicher Entscheidungen bereits genutzt wird, es aber gleichzeitig nicht ersichtlich ist, dass es eine solche Konzeption auch innerhalb des Ministeriums für Arbeit, Gesundheit und Soziales des Landes Nordrhein-Westfalen gibt,[910] ist dies als praktischer Vorzug des Richtervorbehalts zu werten.

Keine wesentlichen Unterschiede ergeben sich bei der Betrachtung der jeweiligen Entscheidungsgrundlage. Wird die Entscheidungskompetenz auf eine von der ausführenden Stelle abweichende Instanz übertragen, so ist der Entscheider denklogisch von dem jeweiligen Antragsteller hinsichtlich Umfang und Qualität der Entscheidungsgrundlage abhängig. Auch der Kritikpunkt einer möglichen Sperrigkeit des Richtervorbehalts aufgrund der Notwendigkeit einer kurzfristigen Krisenintervention gilt gleichermaßen für eine Entscheidung des Landesbeauftragten für den Maßregelvollzug, da gerade ein erhöhter Grundrechtsschutz des Betroffenen durch das in Gang gesetzte Verfahren intendiert wird und dies bereits *per definitionem* einen gewissen Verwaltungs- und Bearbeitungsaufwand erfordert. Gerade die Einhaltung des vom Gesetzgeber vorgesehenen Verfahrens für einen Grundrechtseingriff soll durch ein solches Rechtsschutzinstrument sichergestellt werden. Gewinnbringende und im Hinblick auf etwaige Verbesserungsmöglichkeiten in der Praxis dienliche Erkenntnisse liefern diese beiden Vergleichspunkte daher nicht.

Ein anderes Ergebnis lässt sich jedoch im Hinblick auf die klare Verantwortungszuweisung erzielen. Während der Richter in der Konstellation einer Kontrolle durch das Instrument des Richtervorbehalts die *rechtliche* Verantwortung für die Maßnahme der Fixierung trägt und der Arzt demgegenüber die *psychiatrische* bzw. *medizinische* Verantwortung, sodass die Verantwortungsbereiche in der Theorie klar abgrenzbar sind, stellt sich diese Zuordnung bei einer Kontrolle durch die Behörde des Landesbeauftragten für den Maßregelvollzug als durchaus problematisch dar, weil der Vorteil einer dortigen Prüfung ja gerade in einer Untersuchung der rechtlichen und medizinischen Voraussetzungen zu erblicken sein soll. Während diese Kompetenz in Bezug auf das vorhandene Fachwissen durchaus als Vorteil einzustufen war, ist diese Aufteilung im Hinblick auf die Verantwortungsbereiche jedoch ebenso als kritisch zu bewerten, da der vorgestellte Schulterschlusseffekt bzw. die in der Folge befürchtete Diffusion der Verantwortungsbereiche auf diese Weise noch verstärkt werden könnte, wenn der behandelnde Arzt

---

910 Auf der Internetseite des Bundesgesundheitsministeriums wird bspw. lediglich auf einen Notdienst im Sinne eines ärztlichen Bereitschaftsdienstes hingewiesen, vgl. dazu https://www.bundesgesundheitsministerium.de/service/begriffe-von-a-z/n/notdienst-aerztlicher-bereitschaftsdienst.html (zuletzt aufgerufen am 25.01.2024).

bei einer Entscheidung durch die Behörde des Landesbeauftragten für den Maßregelvollzug aufgrund der dortigen rechtlichen und medizinischen Expertise noch mehr als gegenüber dem Richter davon ausgehen könnte, dass dieser die wesentlichen Punkte in eigener Kompetenz prüfen wird, sodass die oben beschriebene Gefahr einer Auflösung der Verantwortlichkeiten ernsthaft zu befürchten wäre.

Es wurde bereits gezeigt, dass die Beschwerdemacht des Betroffenen im Rahmen von Richtervorbehaltsentscheidungen grundsätzlich als nicht erheblich einzustufen ist, aber gerade im Bereich der Zwangsfixierung eine spürbare Intensivierung erfahren hat. Während also nunmehr eine gewisse strafrechtliche und strafprozessuale Absicherung durch § 339 StGB und das Recht auf effektive Strafverfolgung beim Richtervorbehalt vorhanden ist, stellt sich demgegenüber die Frage, wie die Beschwerdemacht des Betroffenen bei einer Entscheidung durch die Behörde des Landesbeauftragten für den Maßregelvollzug ausgestaltet ist. Dieser ist Beamter der Besoldungsgruppe B3[911] und als solcher Amtsträger im Sinne von § 11 Abs. 1 Nr. 2 lit. a) StGB. Ein Amtsträger, der während der Ausübung seines Dienstes oder in Beziehung auf seinen Dienst eine Körperverletzung begeht oder begehen lässt, wird gemäß § 340 Abs. 1 S. 1 StGB mit Freiheitsstrafe von drei Monaten bis zu fünf Jahren bestraft. Bei einer rechtwidrigen Zwangsfixierung des Betroffenen, die einen erheblichen Eingriff in die körperliche Bewegungsfreiheit darstellt und bei entsprechender Dauer oder unsachgemäßer Anwendung ein gravierendes Verletzungsrisiko birgt, ist nicht von vornherein auszuschließen, dass eine Körperverletzung im Sinne von § 223 Abs. 1 StGB und damit eine körperliche Misshandlung oder eine Gesundheitsschädigung begangen würde. Wäre die Entscheidungskompetenz im Anwendungsbereich des § 33 StrUG NRW auf den Landesbeauftragten für den Maßregelvollzug übertragen, so würde dieser grundsätzlich befugtermaßen nicht nur während seiner üblichen Dienstzeit tätig, sondern überdies bestünde ein sachlicher und innerer Zusammenhang zu seiner Dienstausübung.[912] Zudem wäre auch eine Strafbarkeit gemäß § 239 Abs. 1, 3 StGB denkbar, sodass gleichermaßen bei einer Entscheidung durch den Landesbeauftragten für den Maßregelvollzug von einer gewissen strafrechtlichen Absicherung auszugehen ist.

Als letzter Vergleichspunkt soll der Ausnahmetatbestand der Gefahr im Verzug herangezogen werden. Wird der Sinn und Zweck einer solchen Regelung betrachtet, der grundsätzlich darin zu erblicken ist, dass die Handlungsfähigkeit der Akteure auch in Situationen der kurzfristigen Krisenintervention durch erreichbares und zur Entscheidung befugtes Personal sichergestellt werden kann, so ist er-

911 Vgl. dazu Anlage 2 LBesG NRW – Besoldungsgesetz für das Land Nordrhein-Westfalen.

912 Schönke/Schröder-*Hecker*, § 340 StGB Rn. 4; Lackner/Kühl/Heger-*Heger*, § 340 StGB Rn. 2; NK-StGB-*Kuhlen/Zimmermann*, § 340 StGB Rn. 8; MüKo StGB-*Voßen/MacCormaic*, § 340 StGB Rn. 9.

kennbar, dass die Ausnahmeregelung *unabhängig* von der primären Entscheidungskompetenz – entweder durch den Richter oder den Landesbeauftragten für den Maßregelvollzug – lediglich auf der nächstgelegenen Zuständigkeitsebene eine Entscheidungskompetenz statuieren soll. Das bedeutet konkret, dass von diesem Vergleichspunkt keine gewinnbringenden Erkenntnisse erzielt werden können, da auch bei einer Entscheidung durch die Behörde des Landesbeauftragten für den Maßregelvollzug ebenso wie bei der Entscheidung des Richters eine solche Regelung für den Fall einer nicht rechtzeitigen Entscheidung vorgesehen sein müsste.

3. Schlussfolgerung

Es stellt sich im Hinblick auf die vorangegangene Analyse nun anschließend die Frage, ob der Grundrechtsschutz des Betroffenen bei Fixierungen im Anwendungsbereich des § 33 Abs. 2, 5 StrUG NRW während der Unterbringung im psychiatrischen Maßregelvollzug durch eine Übertragung der Entscheidungskompetenz auf einen Behördenleiter wie den Landesbeauftragten für den Maßregelvollzug insgesamt effektiver ausgestaltet sein könnte als bei einer Entscheidung im Rahmen des Richtervorbehaltsverfahrens. Besonders hervorzuheben als Vorzug des Richtervorbehalts ist die rechtsstaatliche Errungenschaft einer verfassungsrechtlich abgesicherten Unabhängigkeit des Richters gemäß Art. 97 Abs. 1 GG. Ein auch nur annähernd vergleichbares Rechtsschutzkonzept ist der geltenden Rechtsordnung nicht bekannt. Vor diesem Hintergrund wird dem entscheidenden Richter zu Recht eine besondere Vertrauensstellung und eine damit verbundene Gewähr für rechtmäßige Entscheidungen attestiert. Eine durch den erhöhten Legitimations- und Begründungsaufwand für den jeweiligen Antragsteller begründete Disziplinierungsfunktion besteht dagegen naturgemäß bei beiden Kontrollinstrumenten wegen der Verlagerung der Entscheidungskompetenz auf eine andere Instanz. Ein merklicher Vorteil des Behördenleitervorbehalts ist demgegenüber das dort vorhandene Spezialwissen in Bezug auf rechtlich-psychiatrische Fragestellungen. Dies stellt sich im Hinblick auf die aufgezeigten Schwachstellen des Richtervorbehalts als durchaus verheißungsvolle Möglichkeit zur Stärkung des Schutzniveaus dar. Gleichzeitig bedingt dieser Vorzug jedoch auch, dass die Verantwortungszuweisung von Arzt und Behördenleiter ein Stück weit verloren gehen kann, da nicht länger zwei getrennte Bereiche – die Frage der rechtlichen Zulässigkeit und die Frage der psychiatrischen Notwendigkeit einer Fixierung – Gegenstand der jeweiligen Prüfung sind, die zumindest in der Theorie beim Richtervorbehalt durchaus erkennbar waren, auch wenn hier einschränkend hinzuzufügen ist, dass der Richter die Frage der Verhältnismäßigkeit und damit die Erforderlichkeit der Fixierung ebenfalls zu überprüfen hat, sodass sich auch hier die Prüfungsbereiche naturgemäß zu einem gewissen Teil überschneiden. Dennoch scheint beim Richtervorbehalt insgesamt deutlicher hervorzutreten, dass es um die rechtliche Kontrolle der Maßnahme geht, die mit der Einführung eines solchen Kontrollmodells gerade beabsichtigt worden ist.

Zusammenfassend lässt sich somit konstatieren, dass einige der herausgearbeiteten Funktionen in der maßregelvollzugsrechtlichen Praxis auch durch einen Behördenleitervorbehalt nach dem Vorbild des Kontrollmodells des Landesbeauftragten für den Maßregelvollzug des Landes Nordrhein-Westfalen erfüllt werden könnten. Ein effektiverer Grundrechtsschutz des Betroffenen kann durch eine solche Rechtsschutzkonzeption jedoch nicht erreicht werden. Ein erstes Fazit des Vergleichs ist daher, dass der Richtervorbehalt in der Praxis vor allem mit strukturellen Problemen behaftet ist, die maßgeblich seine Effektivität hemmen, dieser aber in seiner Grundkonzeption das insgesamt vorzugswürdigere Rechtsschutzmodell darstellt.

II. Klinisches Ethik-Komitee

Im Anschluss soll nun die Einrichtung eines klinischen Ethik-Komitees einer eingehenden Betrachtung unterzogen werden, da sich auch dadurch hilfreiche Anhaltspunkte für die praktische Ausgestaltung und für Verbesserungs- und Unterstützungsmöglichkeiten des Richtervorbehalts ergeben könnten. Bei einem Ethik-Komitee handelt es sich grundsätzlich um ein freiwilliges Gremium, das häufig in Form einer interdisziplinären Arbeitsgruppe auf der Ebene einzelner Einrichtungen oder bei gemeinsamer Trägerschaft auch auf überregionaler Ebene eine ethische Beratung und Fortbildung organisiert oder durchführt und deren originäre Aufgabe die Entwicklung von ethischen Richt- und Leitlinien in ethisch komplizierten Einzelfällen ist.[913] Wichtige Ziele einer solchen Ethikberatung in Einrichtungen des Gesundheitswesens sind daher die Unterstützung einer strukturierten Vorgehensweise bei ethischen Konfliktfällen, die Verbesserung der kommunikativen Kompetenz, die systematische Reflektion über ethische Fragestellungen, die Umsetzung allgemeiner moralischer Werte sowie das Aufzeigen von Lösungswegen und das Erarbeiten von tragfähigen Entscheidungen bei Konflikten zwischen unterschiedlichen individuellen oder institutionell gefassten Werten und Moralvorstellungen, sodass die Entscheidungsprozesse hinsichtlich der ethischen Anteile insgesamt nachvollziehbar und transparent für alle Beteiligten sind und eine Stärkung der ethischen Kompetenz erreicht werden kann.[914] Besetzt ist ein solches

---

913 *MTG Malteser Trägergesellschaft gGmbH,* Klinisches Ethikkomitee, S. 6.
914 *Vorstand der Akademie für Ethik in der Medizin e.V.,* Ethik Med 22 (2010), 149, 150.

Gremium dabei regelmäßig multiprofessionell mit fünf bis 20 Mitgliedern der Einrichtung unterschiedlicher Bereiche und Hierarchieebenen mit ärztlicher, pflegerischer, medizinischer und pflegeethischer Ausbildung, aber auch mit juristischem, psychosozialem, administrativem und seelsorgerischem sowie religiösem Hintergrund.[915]

Wie bereits verdeutlicht werden konnte, ist die Erstellung von Leitlinien eines der Ziele des Ethik-Komitees. Eine solche Ethik-Leitlinie soll nicht nur Informationen bereitstellen und die Effizienz und Transparenz des Entscheidungsvorganges erhöhen, sondern ebenfalls dafür sorgen, dass die Legalität und Legitimität von Entscheidungen gewährleistet werden kann, ein einheitlicher Umgang für vergleichbare Fallgestaltungen ermöglicht wird und auch die Patienteninteressen gewahrt werden.[916] In den Empfehlungen zur Erstellung von Ethik-Leitlinien in Einrichtungen des Gesundheitswesens wird im Hinblick auf ärztliche oder pflegerische Maßnahmen ausgeführt, dass mithilfe einer solchen Leitlinie „schnell und effektiv geprüft werden [kann], ob diese Maßnahme in der konkreten Entscheidungssituation geboten (also zwingend) oder unzulässig (also verboten) ist. Durch effektive Ermittlung von gebotenen und verbotenen Maßnahmen wird der Raum für die übrigen Situationen abgesteckt, in denen die Maßnahme grundsätzlich zulässig (also erlaubt) ist. In diesen Fällen ist eine gründliche Prüfung erforderlich, um die fall-spezifischen Kontextbedingungen zu klären und die relevanten ethischen und juristischen Aspekte individuell und situativ abzuwägen."[917] Es ist daher erkennbar, dass das klinische Ethik-Komitee in schwierig gelagerten Fällen – auch und gerade in Bezug auf Zwangsmaßnahmen – eine substanzielle Orientierungshilfe bieten und für eine erstrebenswerte Transparenz und Qualitätssicherung sorgen kann. Durch die Verknüpfung von moralischer Abwägung und juristischer (Zulässigkeits-)Prüfung entsteht zudem eine erhöhte Verbindlichkeit,[918] sodass einer Entscheidung des Ethik-Komitees ebenfalls eine gewisse Grundrechtssicherungs- und Kontrollfunktion attestiert werden kann. Obwohl daher grundsätzlich eine gewisse rechtliche Abwägung erfolgt, ist diese Prüfung dennoch nicht vollständig vergleichbar mit derjenigen des Richters, der über eine ihn für die konkrete Position qualifizierende Ausbildung und Expertise verfügt. Dieser wird zudem nur auf einen entsprechenden Antrag hin tätig und erarbeitet grundsätzlich auch keine Leitlinien für vergleichbare Fallgestaltungen. Daher ist insgesamt zu konstatieren, dass es sich bei einem Ethik-Komitee um keine echte Alternative zum Richtervorbehalt han-

915 A. a. O., 151.
916 *Neitzke et al.*, Ethik Med 27 (2015), 241, 243.
917 *Neitzke et al.*, Ethik Med 27 (2015), 241, 245.
918 A. a. O., 244.

deln kann, sondern lediglich um eine überaus sinnvolle Ergänzung, da Entscheidungen des Ethik-Komitees stets nur Handlungsempfehlungen darstellen und die Letztverantwortung grundsätzlich bei der zur Entscheidung befugten Person verbleibt.[919]

III. Zusammenfassende Betrachtung

Der Vergleich zwischen den Konzepten des Landesbeauftragten für den Maßregelvollzug Nordrhein-Westfalens sowie eines klinischen Ethik-Komitees auf der Ebene des psychiatrischen Maßregelvollzuges im Verhältnis zum Richtervorbehalt hat insgesamt eindrucksvoll gezeigt, dass die erarbeiteten Funktionen des Richtervorbehalts lediglich stellenweise durch eines der genannten Instrumente erfüllt werden können, aber insgesamt kein effektiverer Grundrechtsschutz des Betroffenen bei Fixierungen im Anwendungsbereich des § 33 Abs. 2, 5 StrUG NRW erreicht werden kann. Diese Einordnung deckt sich auch mit Erkenntnissen in der rechtswissenschaftlichen Literatur, wonach im Verhältnis zum Rechtsschutzinstrument des Richtervorbehalts nach wie vor keine echten Alternativen vorhanden sind.[920] Gerade die verfassungsrechtliche Unabhängigkeit des Richters gemäß Art. 97 GG, die bei keinem anderen Rechtsschutzkonzept in dieser Weise erkannt werden konnte, ist daher als eine besondere rechtsstaatliche Stärke einzustufen, die es unbedingt beizubehalten und stets hervorzuheben gilt. Festzustellen ist daher insgesamt, dass die (ohnehin) nicht mehr vorgesehene Behörde des Landesbeauftragten für den Maßregelvollzug in Nordrhein-Westfalen keine adäquate Alternative zum Rechtsschutzinstrument des Richtervorbehalts, die Einrichtung eines klinischen Ethik-Komitees hingegen eine verheißungsvolle Ergänzung darstellen kann, auf die im Rahmen des folgenden Kapitels noch einmal eingegangen wird.

D. Korrekturbedarf in der Praxis

Anknüpfend an das vorstehende Kapitel zu möglichen Alternativen im Verhältnis zum Rechtsschutzinstrument des Richtervorbehalts soll nunmehr ein möglicher Korrekturbedarf für die Praxis aufgezeigt werden. Dabei müssen jedoch stets die Erkenntnisse der vorangegangenen Kapitel im Blick behalten werden, da sich ent-

---

919 Vgl. dazu die Internetpräsenz der Alexianer Münster GmbH auf https://www.alexianer-muenster.de/unternehmen/wir-ueber-uns/das-ethikkomitee (zuletzt aufgerufen am 25.01.2024).

920 *Brüning*, ZIS 1/2006, 29, 35; *Hüls*, ZIS 4 (2009), 160, 167; *Voßkuhle*, FS Wahl, S. 443 (460).

scheidend herauskristallisiert hat, dass die vor allem strukturell bedingte Kritik am Richtervorbehalt im Hinblick auf die ungünstige berufsorganisatorische und psychologische Ausgangssituation bei der Ausübung von Richtervorbehalten durchaus berechtigt und ernst zu nehmen ist, es jedoch gleichzeitig keine adäquate Alternative zu diesem Instrument gibt, die in vergleichbarer Weise die grundrechtsschützenden Funktionen vollständig zu erfüllen vermag, sodass das bloße Aufzeigen der Kritik keinen konstruktiven Beitrag zur Lösung der Problematik darstellen kann.[921] Zwingende Folge dieser Erkenntnis ist es daher, dass nunmehr im Rahmen dieses Kapitels Möglichkeiten zum Abbau der strukturellen Defizite aufgezeigt werden.

I. Funktionsadäquate Ausstattung der Gerichte

Bereits im Rahmen des ersten Kapitels wurde die Verpflichtung aller staatlichen Organe dargelegt, wegen der Grundrechtssicherungsfunktion des Richtervorbehalts für dessen praktische Wirksamkeit Sorge zu tragen.[922] Zu den Voraussetzungen für eine solche tatsächlich wirksame präventive richterliche Kontrolle gehört auch die Sicherstellung einer ausreichenden sachlichen und personellen Ausstattung der Gerichte.[923] Der Gesetzentwurf der Bundesregierung bezüglich der Stärkung der Rechte von Betroffenen bei Fixierungen im Rahmen von Freiheitsentziehungen führt zu diesem Punkt aus: „Für die Länder wird ein derzeit nicht näher bezifferbarer Aufwand entstehen. Dieser erhöhte Aufwand ergibt sich aus dem Umstand, dass nunmehr ein Gericht über die originäre Anordnung einer nicht nur kurzfristigen freiheitsentziehenden Fixierung bzw. bei Gefahr im Verzug über deren Fortdauer zu entscheiden hat. Dieser Aufwand entspringt einer verfassungsrechtlichen Verpflichtung."[924] Wegen der bereits dargelegten Zuständigkeit der Amtsgerichte und der dortigen Verfügbarkeit des amtsgerichtlichen Bereitschaftsdienstes hat die Entscheidung des Bundesverfassungsgerichts vom 24. Juli 2018 daher erhebliche Auswirkungen auf die Arbeitsbelastung der am Amtsgericht tätigen

---

921 So auch *Voßkuhle*, FS Wahl, S. 443 (459): „Es gilt daher nicht, den Richtervorbehalt zu ersetzen oder zu überwinden, sondern ihn wirksam auszugestalten und zu verwirklichen."

922 St. Rspr., vgl. nur BVerfG, Beschluss des Zweiten Senats vom 12. März 2019 – 2 BvR 675/14, Rn. 54; BVerfG, Urteil vom 24.07.2018 – 2 BvR 309/15, 2 BvR 502/16, Rn. 96 sowie BVerfGE 105, 239 (248); für Art. 13 GG vgl. BVerfGE 103, 142 (151 f.); vgl. auch 1. Kapitel B. I.

923 BVerfG, Beschluss des Zweiten Senats vom 12. März 2019 – 2 BvR 675/14, Rn. 54 mit Verweis auf BVerfGE 103, 142 (152 f.); 139, 245 (267) Rn. 62 f.

924 Gesetzentwurf der Bundesregierung „Entwurf eines Gesetzes zur Stärkung der Rechte von Betroffenen bei Fixierungen im Rahmen von Freiheitsentziehungen", S. 3.

Richter. Bereits am 26. Oktober 2018 hat der Amtsrichterverband Münster in einem Schreiben an das Ministerium der Justiz NRW darauf hingewiesen, dass es für eine (adäquate) Umsetzung der Entscheidung des Bundesverfassungsgerichts einer deutlichen personellen Verstärkung der Amtsgerichte bedarf.[925] Eine erste Bilanz zieht der Amtsrichterverband in einem Schreiben vom 9. Dezember 2019 an den nordrhein-westfälischen Justizminister Peter Biesenbach.[926] Dort werden mehrere Möglichkeiten aufgezeigt, wie auf die Entscheidung des Bundesverfassungsgerichts reagiert werden kann, die im Folgenden überblicksartig vorgestellt und anschließend auf ihre Tauglichkeit zur Reduzierung der strukturellen Defizite überprüft werden sollen.

Eine Möglichkeit zur Begrenzung der Arbeitsbelastung an den Amtsgerichten soll die bereits angesprochene Konzentration des Bereitschaftsdienstes gemäß § 22c GVG im Sinne einer Übertragung vor allem auf Freiwillige darstellen, sodass nur solche Richter des Landgerichts in den Bereitschaftsdienst einbezogen würden, die sich hierzu auch bereiterklärt haben. Die Gewährung effektiven Rechtsschutzes als solidarische Aufgabe der gesamten Justiz mache jedoch eine Beteiligung der Landgerichte insgesamt unerlässlich. Dies sei zudem damit zu begründen, dass in den amtsgerichtlichen Eildienst auch Geschäfte einbezogen worden sind, die grundsätzlich in die Zuständigkeit der Strafvollstreckungskammern gehört hätten.[927] Auch *Grotkopp* und *Fölsch* greifen die Möglichkeit einer Erweiterung des § 22c GVG in dem Sinne auf, dass Bereitschaftsgerichte mit Richtern der Amts- und Landgerichte besetzt werden könnten, die sodann unaufschiebbare Geschäfte der jeweiligen Amts- und Landgerichte wahrnehmen könnten.[928] Um eine solche Konzentrationslösung mit Freiwilligen sicherstellen zu können, bedarf es jedoch im Gegenzug ausreichender Anreize, die unter anderem in einer deutlichen Entlastung von sonstigen Tätigkeiten, in Gehaltszuschlägen für Arbeiten außerhalb der normalen Arbeitszeiten sowie in der grundsätzlichen Schaffung von Rahmenarbeitsbedingungen zu erblicken sind, die den Richter bei seiner Arbeit spürbar entlasten.[929] Zudem solle sichergestellt werden, dass das Reisekostenrecht eine entsprechende Anpassung erfährt, sodass die Richter die Kosten von Fahrten im Rahmen der Wahrnehmung des Bereitschaftsdienstes nicht selbst zu tragen haben.[930] Weiterhin sei zu klären, ob ein den Anforderungen des Bundesverfas-

---

925 *Amtsrichterverband Münster,* Eildienst an den Amtsgerichten.

926 *Amtsrichterverband Münster,* Bereitschaftsdienst an den Amtsgerichten.

927 A. a. O., S. 2 f.

928 *Fölsch/Grotkopp,* DRiZ 2019, 84, 86.

929 *Amtsrichterverband Münster,* Bereitschaftsdienst an den Amtsgerichten, S. 3.

930 A. a. O., S. 4.

sungsgerichts entsprechender Bereitschaftsdienst als Arbeitszeit im Sinne der Richtlinie 2003/88/EG[931] zu qualifizieren sei. Sollte dies zu bejahen sein, wäre der Bereitschaftsdienst zwingend bei der Berechnung des Personalbedarfs als Arbeitszeit zu werten, während dieser bisher nur als Rufbereitschaft eingestuft werde. Weitere Konsequenz sei dann, dass wegen der diesbezüglich unzureichenden Ausstattung der Amtsgerichte dringend neue Richterstellen geschaffen werden müssten.[932]

In seiner Antwort vom 2. April 2020 führt der nordrhein-westfälische Justizminister Peter Biesenbach aus, dass die Entscheidung des Bundesverfassungsgerichts die Justiz seit mehr als eineinhalb Jahren beschäftige und ein Ende derzeit noch nicht abzusehen sei, aber gleichzeitig mit viel Engagement und großem Einsatz an Konzepten zur Neuorganisation des Bereitschaftsdienstes gearbeitet werde.[933] Er habe von seiner Verordnungsermächtigung des § 22c Abs. 1 S. 1 GVG Gebrauch gemacht und die Erstellung gemeinsamer Dienstpläne sowie eine Bereitschaftsdienstkonzentration in Abhängigkeit von den örtlichen Gegebenheiten angeordnet. Auch die Einbeziehung von Richtern des Landgerichts sei in einigen Fällen vorgesehen.[934] Allerdings betont er ebenfalls, dass der Bereitschaftsdienst nach dem gesetzlichen Leitbild Aufgabe der Amtsgerichte sei und einer Einbeziehung der Richter des Landgerichts daher stets eine Prüfung des Einzelfalls vorausgehen müsse. Eine personelle Verstärkung durch neue Planstellen sei zudem mit den Haushalten 2019 und 2020 eingerichtet worden.[935] Aus Sicht des Ministeriums der Justiz besteht jedoch derzeit kein Anlass, aufgrund der Entscheidung des EuGH[936] den Bereitschaftsdienst bei den Amtsgerichten generell als Arbeitszeit im Sinne der Richtlinie 2003/88/EG einzustufen: „Die Entscheidung des EuGH betraf einen Mitarbeiter der freiwilligen Feuerwehr, der von seinem Arbeitgeber verpflichtet wurde, sich während des Bereitschaftsdienstes an seinem Wohnsitz aufzuhalten und einem Ruf seines Arbeitsgebers binnen acht Minuten Folge zu leisten. Eine vergleichbare Einschränkung der den Bereitschaftsdienst wahrnehmenden Richter

---

931 Richtlinie 2003/88/EG des Europäischen Parlaments und des Rates vom 4. November 2003 über bestimmte Aspekte der Arbeitszeitgestaltung, Amtsblatt der Europäischen Union, L 299/9 – 19.

932 *Amtsrichterverband Münster*, Bereitschaftsdienst an den Amtsgerichten, S. 4 ff.

933 *Ministerium der Justiz des Landes Nordrhein-Westfalen*, Bereitschaftsdienst bei den Amtsgerichten, S. 1.

934 A. a. O., S. 1 f.

935 A. a. O., S. 3. Im weiteren Verlauf erläutert *Biesenbach* zudem ausführlich die Personalbedarfsberechnung nach PEBB§Y und die verzeichneten Änderungen, auf die hier jedoch mangels Relevanz für den Prüfungspunkt nicht näher eingegangen werden soll.

936 EuGH (5. Kammer), Urteil vom 21.02.2018 – C-518/15 (Ville de Nivelles/Rudy Matzak). Vgl. zu dieser Entscheidung auch die Anmerkung von *Sagan*, NJW 71 (2018), 1073, 1076.

und Servicekräfte durch den Dienstherren findet nicht statt. (...) Aus diesem Grunde kann der Bereitschaftsdienst, solange er keine Anwesenheit am Dienstort erfordert, nur dann als Arbeitszeit eingeordnet werden, wenn das Präsidium des jeweiligen Gerichts für den als Rufbereitschaft ausgestalteten Bereitschaftsdienst konkrete Vorgaben zum Aufenthaltsort und der Zeit, innerhalb derer die Dienstpflichten auszuüben sind, gemacht hat."[937] Die Problematik in Bezug auf das derzeitige Reisekostenrecht wurde hingegen zur weiteren Prüfung und Veranlassung an das Ministerium für Finanzen des Landes Nordrhein-Westfalen weitergegeben.[938]

Es stellt sich nun die Frage, was diese Ausführungen für die funktionsadäquate Ausstattung der Gerichte bedeuten und inwiefern ein (weiterer) Korrekturbedarf für die Praxis zur Beseitigung oder Reduzierung der strukturellen Defizite besteht. Zunächst einmal ist es überaus begrüßenswert, dass neue Planstellen für Richter sowie Servicekräfte geschaffen worden sind und eine Aufstockung der sachlichen und persönlichen Ausstattung der Gerichte sukzessive vorangetrieben wird.[939] Ob dadurch nun die Voraussetzungen für eine tatsächlich wirksame präventive richterliche Kontrolle *in praxi* an den Amtsgerichten vorliegen, muss weiter abgewartet werden und kann zu diesem Zeitpunkt und in diesem Rahmen nicht abschließend beantwortet werden, da es sich um einen dynamischen Entwicklungsprozess handelt.[940] Es ist in diesem Zusammenhang überdies zu fordern, dass den Richtern genügend Aus- und Fortbildungsmöglichkeiten gewährt werden. Darüber hinaus

---

937 *Ministerium der Justiz des Landes Nordrhein-Westfalen*, Bereitschaftsdienst bei den Amtsgerichten, S. 5 f.

938 A. a. O., S. 7. Eine Rückmeldung lag zum Zeitpunkt des Antwortschreibens noch nicht vor.

939 Interessant sind in diesem Zusammenhang die vergleichsweise konkreten Ausführungen zu den finanziellen Auswirkungen des Richtervorbehalts im Gesetzentwurf der Fraktion der CDU, Fraktion Bündnis 90/Die Grünen in Bezug auf das Hessische Gesetz zur Neugestaltung der Fixierungsvorschriften im Justizvollzugsrecht vom 14.05.2019, Drs. 20/627, S. 3, wonach finanzieller Aufwand entstehen wird durch den erhöhten Bedarf „an richterlicher Arbeitskraft/Servicearbeitskraft bei der ordentlichen Gerichtsbarkeit zur Umsetzung des Richtervorbehalts, insbesondere zur Gewährleistung eines Bereitschaftsdienstes. Hier ist von einem personellen Mehrbedarf im Umfang von jeweils 18 Stellen für Richter und Servicekräfte auszugehen. Dieser beinhaltet sowohl die erforderliche Rufbereitschaft als auch die Bearbeitung der Anträge infolge des bestehenden Richtervorbehalts. Die vorgenannten Stellen werden nicht nur Deckung zusätzlichen Bedarfs für Fixierungen im Justizvollzug dienen, sondern auch zur Deckung entsprechenden Bedarfs für Fixierungen im Rahmen von Maßregelvollzug und Psychiatrie."

940 Vgl. dazu auch die in Fn. 907 genannte Umfrage des Deutschen Richterbunds (DRB), die bei *jura online* am 22.10.2020 zitiert wurde, wonach die Bundesländer durch den Generationenwechsel rund 10.000 Stellen bis 2030 nachbesetzen müssen, wobei die Besetzung von neuen Stellen, die aufgrund hoher Arbeitsbelastung geschaffen werden müssen, dabei noch nicht mitgerechnet sind. Die 10.000 erforderlichen Nachbesetzungen entsprechen etwa 40 Prozent der aktuell beschäftigen Staatsanwälte und Richter.

erscheint es auch im Hinblick auf die in Rede stehende Funktionstüchtigkeit des Richtervorbehalts und einen damit untrennbar verbundenen effektiven Grundrechtsschutz des Betroffenen bei Fixierungen im Anwendungsbereich des § 33 StrUG NRW sinnvoll, in Abhängigkeit von den örtlich unterschiedlichen Gegebenheiten im Bundesland Nordrhein-Westfalen verschiedene Konzepte zu entwickeln, die die spezifischen personellen und örtlichen Verhältnisse angemessen berücksichtigen, sodass auf dieser Grundlage eine für den Gerichtsbezirk jeweils passende Ausgestaltung des Bereitschaftsdienstes in Form der Konzentration oder gemeinsamer Dienstpläne i. S. v. § 22c Abs. 1 GVG gefunden werden kann. Die komplexe Frage, ob der richterliche Bereitschaftsdienst in diesem Zusammenhang als Arbeitszeit im Sinne der Richtlinie 2003/88/EG eingestuft werden sollte, ist für die zugrunde liegende Frage der Funktionstüchtigkeit des Richtervorbehalts bei Fixierungen im Rahmen der Unterbringung in einem psychiatrischen Krankenhaus demgegenüber von lediglich untergeordneter Bedeutung und soll daher in diesem Rahmen mangels vertiefter Relevanz keiner abschließenden Lösung zugeführt werden.

Im Hinblick auf die mit der funktionsadäquaten Ausstattung der Gerichte einhergehende Frage der grundsätzlichen Organisation der Justiz stellt auch die Konkretisierung von Schriftlichkeits- und Begründungserfordernissen eine denkbare Verbesserungsmöglichkeit dar, um so den entscheidenden Richter dazu zu bringen, sich nicht nur stärker mit den jeweiligen formellen und materiellen Anforderungen auseinanderzusetzen, sondern um zusätzlich dafür zu sorgen, dass der Begründungs- und Formulierungsaufwand bei einer ablehnenden Entscheidung den Anforderungen bei einer stattgebenden Entscheidung angepasst wird, bei der zum Teil – wie bereits gezeigt – einfach die Formulierung aus dem Antrag übernommen wird.[941] So kann zudem der Gefahr vorgebeugt werden, dass der in Rede stehende Vorgang durch eine bloße Unterschrift vorschnell abgeschlossen wird.[942] Eine andere Möglichkeit zur Effizienzsteigerung bezogen auf die Aktenführung, die sich folglich nicht lediglich an die Justizorganisation richtet, sondern vielmehr an alle beteiligten Parteien des jeweiligen Vorganges, könnte das Erstellen von Zusammenfassungen und Inhaltsverzeichnissen sein, damit der Richter sich innerhalb vergleichsweise kürzerer Zeitspannen einen umfassenden Überblick verschaffen kann.[943]

941 Vgl. dazu Fn. 810; s. auch *Rabe von Kühlewein*, Der Richtervorbehalt, S. 433.

942 *Brüning*, Der Richtervorbehalt, S. 224.

943 Der Vorschlag bezieht sich bei *Brüning*, Der Richtervorbehalt, S. 224, insbesondere auf den Bereich der Wirtschafts- und der Organisierten Kriminalität, ist aber nicht darauf zu beschränken.

II. Schaffung einer Spezialzuständigkeit

In der Literatur wurde bereits mehrfach die Schaffung einer Spezialzuständigkeit im Sinne eines „Freiheitsrichters“ bzw. „judge of freedom“ diskutiert.[944] Auch in Bezug auf die hiesige Konstellation eines in Fixierungsangelegenheiten entscheidenden Richters erscheint es auf den ersten Blick unerlässlich, dass dieser auch über die notwendige Empathie, das Erfahrungswissen sowie Problembewusstsein verfügt, um die im Einzelfall konfligierenden Interessen der Unterbringungseinrichtung und des Untergebrachten in einen angemessenen und grundrechtsschonenden Ausgleich zu bringen.[945] Ein Richter mit ausschließlicher Zuständigkeit für Fixierungsentscheidungen könnte sich auf diese Weise naturgemäß die notwendige Spezialisierung aneignen und mithilfe dieser Erfahrung die in Rede stehenden Fälle sachgerechter abwägen und Eingriffsoptionen vor dem Hintergrund der tatsächlichen und rechtlichen Verhältnisse besser abschätzen.[946] Allerdings ist zweifellos trotz der insofern begrüßenswerten Kernintention dieser Idee zu hinterfragen, ob die ohnehin schon knappen sachlichen und personellen Ressourcen die Schaffung einer solchen Spezialzuständigkeit überhaupt hergeben. Wenn jedoch der Standpunkt bekräftigt wird, dass der Verweis auf knappe Haushaltskassen nicht verfangen kann, wenn es sich um den effektiven Grundrechtsschutz einer besonders schutzbedürftigen Personengruppe handelt, erscheint diese Forderung gleichsam legitim als auch tauglich zur Reduzierung der strukturellen Defizite.

Eine auch für Nordrhein-Westfalen überlegenswerte Möglichkeit stellt die konkrete Handhabung des Bereitschaftsdienstes in München dar: „Das Amtsgericht München habe keinen über 21:00 Uhr hinausgehenden nächtlichen Eildienst für die richterliche Anordnung präventiver Freiheitsentziehungen eingerichtet und dies damit begründet, dass im Isar-Amper-Klinikum für richterliche Entscheidungen im Zusammenhang mit vorläufigen Unterbringungsmaßnahmen ein eigener Bereitschaftsdienst vorhanden sei. Dort sei täglich ein Richter vor Ort, der über freiheitsentziehende Maßnahmen und ärztliche Zwangsmaßnahmen nach dem Bayerischen Unterbringungsgesetz entscheide. Dieser Dienst, der nicht nur die Patienten des Isar-Amper-Klinikums, sondern auch diejenigen anderer Krankenhäuser mit geschlossener psychiatrischer Abteilung erfasse, beginne um 9:00 Uhr und ende erst dann, wenn über alle an dem jeweiligen Tag anfallenden Angelegenheiten ent-

---

944 *Bitzigeio,* Der Richtervorbehalt im Spannungsfeld normativer Anforderungen und polizeilicher Praxis, S. 79; *Helmken,* StV 23 (2003), 193, 196. Vgl. zu dieser Forderung auch die Ergebnisse der in Fn. 820 bereits zitierten Arbeitsgruppe 6 des 26. Strafverteidigertages 2002 der Vereinigung Niedersächsischer und Bremer Strafverteidigerinnen und Strafverteidiger e.V.

945 *Helmken,* StV 23 (2003), 193, 196.

946 *Voßkuhle,* FS Wahl, S. 443 (459).

schieden worden sei."[947] Ein solcher Richter, der tagsüber in der entsprechenden Maßregelvollzugseinrichtung zugegen ist, verfügt nicht nur über den notwendigen Erfahrungsschatz in Bezug auf den Ablauf von Zwangsmaßnahmen sowie die Ausstattung der Unterbringungseinrichtung, sondern kann darüber hinaus innerhalb kürzester Zeit über den jeweiligen Antrag entscheiden und so zu einer durchaus erheblichen Steigerung des Grundrechtsschutzniveaus beitragen. So überzeugend die Vorteile einer solchen Lösung auf den ersten Blick erscheinen, müssen demgegenüber jedoch auch die möglichen Hindernisse betrachtet werden. Vor dem Hintergrund der bereits aufgezeigten unzureichenden personellen Ausstattung der Gerichte erscheint es wenig realistisch, dass eine solche Stelle mit den vorhandenen Ressourcen eingerichtet werden kann. Umso deutlicher zeigt sich jedoch, wie dringend notwendig eine (weitere) signifikante Aufstockung der Richterstellen ist, um nicht nur die bisher tätigen Richter merklich zu entlasten, sondern gleichzeitig auch den Grundrechtsschutz von Betroffenen abzusichern. Sollte die personelle und sachliche Aufstockung der entsprechenden Richterzahl eine solche Stelle zukünftig hergeben, so stellt dessen Einrichtung jedoch insbesondere in Nordrhein-Westfalen, aber grundsätzlich ebenso im gesamten Bundesgebiet, eine sehr verheißungsvolle Möglichkeit der spürbaren Stärkung des Grundrechtsschutzniveaus dar.

III. Schmerzensgeldanspruch bei rechtswidriger Fixierung

Eine weitere denkbare Verbesserungsmöglichkeit für die Praxis stellt die Gewährung eines geldwerten Ersatzanspruchs für den beim Betroffenen entstandenen immateriellen Schaden infolge eines rechtswidrigen Grundrechtseingriffs dar.[948] Übertragen auf die Situation im psychiatrischen Maßregelvollzug des § 63 StGB sollte dem Betroffenen bei einer rechtswidrigen Fixierung daher dem Grunde nach ein Schmerzensgeldanspruch gemäß § 839 Abs. 1 BGB i.V.m. Art. 34 S. 1 GG zustehen. Bereits am 16. Juli 2019 hat das *OLG Frankfurt am Main* (4. Zivilkammer)[949] in einem Fall entschieden, in dem eine Patientin in einer psychiatrischen Klinik ohne richterliche Genehmigung zwangsweise fixiert und medikamentös behandelt wurde und ihr wegen der Rechtswidrigkeit der Zwangsfixierung und -behandlung einen

---

947 BVerfG, Urteil vom 24.07.2018 – 2 BvR 309/15, 2 BvR 502/16, Rn. 29.

948 So lautet z.B. eines der Ergebnisse der in Fn. 820 bereits zitierten Arbeitsgruppe 6 des 26. Strafverteidigertages 2002 der Vereinigung Niedersächsischer und Bremer Strafverteidigerinnen und Strafverteidiger e.V.: „Pauschalisierter Ersatz des immateriellen Schadens bei rechtswidrigen Grundrechtseingriffen (Ergänzung des StrEG)".

949 OLG Frankfurt am Main (4. Zivilkammer), Urteil vom 16.07.2019 – 8 U 59/18.

Schmerzensgeldanspruch gemäß § 839 Abs. 1 BGB i.V.m. Art. 34 S. 1 GG i. H. v. 12.000 € zugesprochen. Diese Entscheidung verdeutlicht, dass die Rechtsordnung in der zugrunde liegenden Fallkonstellation einer rechtswidrigen Fixierung also durchaus einen geldwerten Ausgleich der Lebensbeeinträchtigung wegen der Unmöglichkeit der tatsächlichen Wiedergutmachung sowie eine Art der Genugtuung für das zugefügte Leid vorsieht.[950] Es besteht daher kein originärer Korrekturbedarf in Gestalt einer gänzlichen Neuschaffung einer Anspruchsgrundlage, sondern vielmehr ist auf der Grundlage des bereits bestehenden Rechtsinstruments zu fordern, dass ein solcher Anspruch aus § 839 Abs. 1 BGB i.V.m. Art. 34 S. 1 GG als Reflex der aufgezeigten Disziplinierungsfunktion des Richtervorbehalts bei Vorliegen der Tatbestandsvoraussetzungen in angemessener Höhe in der Praxis auch tatsächlich durchgesetzt wird.

IV. Befristung der Fixierung

Wie bereits an anderer Stelle dargelegt wurde,[951] ist die Unterbringungsmaßnahme gemäß § 323 Abs. 1 Nr. 2 FamFG und damit auch die Maßnahme der Fixierung gemäß § 312 Nr. 4 FamFG zu befristen und der Zeitpunkt ihrer Beendigung in die Beschlussformel aufzunehmen.[952] Bedauerlicherweise hat sich das Bundesverfassungsgericht selbst zu der Frage der Befristung nicht geäußert und auch der Gesetzgeber hat eine Höchstfrist für die Fixierung bisher nicht normiert. Vor dem Hintergrund der aufgezeigten besonderen Eingriffsintensität[953] und der drohenden vielfältigen Folgen einer solchen Maßnahme ist eindringlich zu fordern, dass der entscheidende Richter im Rahmen seiner Entscheidung angesichts der Grundrechtsrelevanz eine enge Befristung vornimmt.[954] Vorbildlich in dieser Hinsicht ist § 33 Abs. 2 HmbMVollzG, wonach die Fixierung nur von einem in der Psychiatrie erfahrenen Arzt aufgrund einer eigenen Untersuchung befristet angeordnet werden darf. Soll eine Fixierung demgegenüber über zwölf Stunden hinaus andauern oder nach weniger als zwölf Stunden erneut angeordnet werden, so ist außerdem die Zustimmung des Leiters der Vollzugseinrichtung oder eines weiteren Arztes mit

---

950 A. a. O., Rn. 78 m. w. N.

951 1. Kapitel C. II.

952 *Goerdeler*, R&P 36 (2018), 199, 204.

953 *A. Schneider*, FamRZ 2019, 89, 92 spricht von einem „der stärksten Eingriffe in das Freiheitsgrundrecht (…), welcher den Betroffenen in erheblicher Weise belastet".

954 So auch *A. Baur*, NJW 72 (2019), 2273, 2275, der zudem ausführt, dass Fixierungen im Strafvollzug im Regelfall für nicht länger als 48 Stunden angeordnet werden sollten und ihre Notwendigkeit danach erneut richterlich zu prüfen ist.

einer abgeschlossenen Weiterbildung auf psychiatrischem Gebiet erforderlich.[955] Vereinzelt haben auch andere Bundesländer in ihren Ermächtigungsgrundlagen eine Befristung kodifiziert; teilweise mit Angabe einer konkreten Zeitspanne wie in Hamburg (so z. B. in Bayern), teilweise dagegen ohne zeitliche Konkretisierung (so z. B. in Schleswig-Holstein, Baden-Württemberg, Rheinland-Pfalz, Brandenburg, Bremen, Berlin, Mecklenburg-Vorpommern, Thüringen sowie laut Gesetzentwurf vom 7. Oktober 2021, Drs. 16/1817, auch im Saarland[956]). Die gesetzliche Verankerung einer Befristung der Fixierung in allen Bundesländern wäre hier erstrebenswert.

V. Nachbesprechung der Fixierung

Im Rahmen einer vergleichenden Betrachtung der einzelnen Ermächtigungsgrundlagen der Bundesländer für die besondere Sicherungsmaßnahme der Fixierung hat sich zudem gezeigt, dass die gesetzliche Kodifizierung einer Nachbesprechung im Anschluss an die jeweilige Maßnahme durch den behandelnden Arzt, sobald der Gesundheitszustand der untergebrachten Person dies zulässt, im Hinblick auf das psychologisch wichtige Kriterium der Nachvollziehbarkeit überaus sinnvoll erscheint. Auf diese Weise könnte nicht nur die (möglicherweise) vertrauensvolle Beziehung zwischen Arzt und Patient erhalten, sondern auch eine Reflektion des Patientenverhaltens ermöglicht werden. Eine umfassende Nachbesprechung der Situation kann zudem einen präventiven Effekt im Hinblick auf zukünftige Krisensituationen entfalten, sodass für eine normative Verankerung zu plädieren ist, dem Betroffenen eine Nachbesprechung anzubieten und Vorschläge für den Wiederholungsfall zu erarbeiten, wie es bereits § 33 Abs. 9 S. 1 StrUG NRW vorsieht.[957]

VI. Statistische Erfassung der Anordnungszahlen

Es konnte bereits gezeigt werden, dass die systematische Auseinandersetzung mit der Frage der quantitativen Rechtswirklichkeit im Hinblick auf Häufigkeit und Dauer von Zwangsmaßnahmen wie der besonderen Sicherungsmaßnahme der Fixierung als Gegenstand der Epidemiologie ein für verschiedene Disziplinen interessantes und gleichzeitig brisantes Thema darstellt, sodass die möglichst einheitli-

955 Vorbildlich ist bei dieser Regelung auch die Erforderlichkeit der psychiatrischen Expertise.
956 Vgl. dazu Fn. 527.
957 Vgl. dazu bereits 3. Kapitel C. II. 1. c) bb).

che Erfassung solcher Daten von herausragender Bedeutung für die Forschung ist.[958] Die im Rahmen des dritten Kapitels im Zusammenhang mit der Aufbereitung und Auswertung der durch die genannten Bundesländer zur Verfügung gestellten Daten angesprochene wünschenswerte zentrale und vereinheitlichte Datenerhebung und -auswertung sowie die damit beispielsweise verbundene Einrichtung eines bundesweiten Melderegisters stellt daher eine für die Praxis vielversprechende Verbesserungsmöglichkeit dar. Auf diese Weise könnte nicht nur eine erhöhte Transparenz und Publizität erreicht werden, sondern überdies auch eine weitere Sensibilisierung der Beschäftigten des psychiatrischen Maßregelvollzuges erfolgen, um ein Grundverständnis zur Vermeidung von unnötigem Zwang gegenüber Untergebrachten aufzubauen und mögliche Ursachen und Folgen von Zwangsmaßnahmen für die Beteiligten besser verstehen und einordnen zu können. Zusätzlich könnte mithilfe einer bundesweit einheitlichen Statistik auch einer gegebenenfalls missbräuchlichen Verwendung von Zwangsmaßnahmen entgegengewirkt werden, indem die Möglichkeit der Aufdeckung von Zusammenhängen zwischen einer personellen Unterbesetzung der Einrichtung und einer möglicherweise darauf beruhenden erhöhten Anzahl von besonderen Sicherungsmaßnahmen geschaffen wird.[959]

VII. Ergänzung durch ein Ethik-Komitee

Während die Einrichtung eines klinischen Ethik-Komitees als echte Alternative zum Rechtsschutzinstrument des Richtervorbehalts bereits abgelehnt worden ist, stellt sich die Ergänzung des Richtervorbehaltsverfahrens durch ein solches Komitee auf der Ebene der jeweiligen Maßregelvollzugseinrichtung hingegen bei (noch) fehlender Etablierung als denkbare Möglichkeit zur Verbesserung der aktuellen Praxis dar.[960] In schwierigen Behandlungssituationen kann die Beratung durch ein Ethik-Komitee bereits im Vorfeld einer die Zwangsfixierung erforderlich machenden Gefahrensituation die wesentlichen Grundfragen in Bezug auf die bestmögliche Vorgehensweise, die Handlungsmöglichkeiten innerhalb der Einrichtung, die rechtlichen und psychiatrischen Grundlagen sowie die Lebensgeschichte des Patienten beantworten und so dafür sorgen, dass die handelnden Akteure im Falle der Fixierung auch bestmöglich auf die Situation und die Befindlichkeiten des Patienten vorbereitet sind. In eine vergleichbare Richtung weist auch der Vorschlag, einen

958 Vgl. dazu 3. Kapitel B. VIII.; s. auch *Jakovljevic/Wiesemann*, Nervenarzt 87 (2016), 780, 785.
959 Vgl. zu diesem Punkt die Ausführungen in 3. Kapitel C. II. 2. b).
960 Vgl. dazu die Schlussfolgerung im 4. Kapitel C. III.

sog. Patientenfürsprecher innerhalb der Einrichtung zu etablieren, der sich der Probleme der Patienten auf möglichst vertrauensvolle Weise annimmt und so bereits im Vorfeld für ein verbessertes und vor allem friedlicheres Stationsklima sorgen könnte.[961] Bei einer Fragebogenstudie im Zeitraum von Februar bis Juli 2013 bei insgesamt 79 Chefärzten von Kliniken des Maßregelvollzuges in Deutschland zur aktuellen Behandlungspraxis und Anwendungshäufigkeit von Zwangsbehandlungen gaben insgesamt 65,9 % an, dass ein klinisches Ethik-Komitee zur Beratung in schwierigen Behandlungssituationen sinnvoll sei; 19,5 % waren dagegen, da es vielmehr klarer juristischer Rahmenbedingungen bedürfe und eine Behandlungsverzögerung unbedingt vermieden werden müsse; 9,7 % waren unentschieden. Es wurde die Umsetzbarkeit hinterfragt und ein zusätzlicher bürokratischer Aufwand befürchtet, aber eine Beratung durch ein Ethik-Komitee grundsätzlich positiv bewertet.[962] Hervorzuheben ist an dieser Stelle, dass ein klinisches Ethik-Komitee nicht als Alternative zum Richtervorbehalt oder zu klaren juristischen Rahmenbedingungen vorgeschlagen wird, sondern vielmehr als Ergänzung des Verfahrens auf der Grundlage rechtlich etablierter und zuverlässiger Maßstäbe. Für eine erfolgversprechende Beratung ist das Vorhandensein von ausreichenden tatsächlichen, rechtlichen und psychiatrischen Rahmenbedingungen daher zwingende Voraussetzung.

E. Schlussfolgerung zur Funktionstüchtigkeit des Richtervorbehalts im Anwendungsbereich des § 33 StrUG NRW

In den vorangegangenen Kapiteln konnten umfangreiche Erkenntnisse zur Funktion des Richtervorbehalts, zum Umfang der richterlichen Prüfungskompetenz sowie zum Ablauf des Richtervorbehaltsverfahrens bei einer Fixierung des Betroffenen im Rahmen seiner Unterbringung in einem psychiatrischen Krankenhaus, zu den tatsächlichen und rechtlichen Rahmenbedingungen des psychiatrischen Maßregelvollzuges sowie zur spezifischen Situation des Untergebrachten in einer totalen Institution, zur gesetzessystematischen Ausgestaltung und zu den tatbestandlichen Eingriffsvoraussetzungen des § 33 Abs. 2, 5 StrUG NRW sowie zu den möglichen Schwachstellen des Richtervorbehalts unter Berücksichtigung alternativer Rechtsschutzkonzepte gesammelt werden. Auf dieser breiten Grundlage stellt sich nun zwangsläufig die Frage nach einer abschließenden Beurteilung der Funk-

961 Vgl. zu diesem Vorschlag 3. Kapitel C. II. 1. c) bb).
962 *Jakovljevic/Wiesemann*, Nervenarzt 87 (2016), 780, 783.

tionstüchtigkeit des Richtervorbehalts im Anwendungsbereich des § 33 StrUG NRW. Um dieser Frage im Folgenden dezidiert auf der Grundlage der bisherigen Ergebnisse nachgehen zu können, soll zunächst noch einmal aufgezeigt werden, welche grundsätzliche Zielvorstellung überhaupt mit der Einführung eines solchen Rechtsschutzinstruments in der vorliegenden Konstellation verfolgt worden ist.[963] Über der gesamten Thematik der Funktionstüchtigkeit des Richtervorbehalts steht naturgemäß der möglichst effektive und weitreichende Grundrechtsschutz einer besonders vulnerablen Patientengruppe. In diesem Zusammenhang ist es daher besonders begrüßenswert, dass eine durchaus spürbare Sensibilisierung der Öffentlichkeit sowie der psychiatrischen und rechtlichen Praxis unter anderem infolge der aufgezeigten Gerichtsentscheidungen angestoßen worden ist. Grundrechtsrelevantes und -eingreifendes Handeln wird dadurch gerade in staatlichen Abhängigkeitsverhältnissen wie demjenigen des psychiatrischen Maßregelvollzuges nunmehr deutlich kritischer hinterfragt und Zwang nicht (mehr) unreflektiert als Wesensmerkmal der Unterbringung akzeptiert. Nichtsdestotrotz handelt es sich aber wegen des nach wie vor vorhandenen Verbesserungspotentials lediglich um das Fundament einer insoweit wünschenswerten vollumfänglichen Sensibilisierung. Daher nimmt die Materie der psychiatrischen Unterbringung im Spannungsfeld zwischen Recht und Psychiatrie bedauerlicherweise in der gesellschaftlichen Wahrnehmung gegenwärtig noch immer eine eher geringschätzende Rolle ein. Zunächst einmal bedingt die oftmals durch fehlende Sach- und Fachkenntnis verfälschte Einordnung der Anordnungsvoraussetzungen, Ausgestaltung und Rechtswirklichkeit einer psychiatrischen Unterbringung eine tiefsitzende Verunsicherung und ablehnende Grundhaltung der Öffentlichkeit. Diese Einstellung hat häufig zur Konsequenz, dass die Behandlung von psychisch kranken Rechtsbrechern primär als Ressourcenverschwendung eingeordnet wird und der Nutzen einer beispielsweise erfolgreichen Rückfallprävention sowie einer Verbesserung der psychischen Verfassung des Patienten demgegenüber unbekannt oder von untergeordneter Bedeutung ist. Die genannten Faktoren werden sodann noch dadurch verstärkt, dass einige Medienvertreter eher auf der Suche nach einem spektakulären Justizskandal sind, anstatt eine Aufklärung der Bevölkerung durch eine faktenbasierte Berichterstattung zu gewährleisten. Als daraus folgende Konsequenz wird die forensische Psychiatrie auch als „Dark Room" wahrgenommen, der als nahezu rechtsfreier Raum der institutionellen Kontrolle entzogen zu sein scheint. Diese ersichtliche Diskrepanz im Hinblick auf die dargestellten gegenläufigen Positionen der Sensibilisierung in Gestalt einer voranschreitenden Anteilnahme der Öffentlichkeit auf der einen Seite und die nach wie vor präsente Voreingenommenheit der

---

963 Vgl. dazu auch die Einführung in die Thematik im Rahmen der Einleitung.

Gesellschaft in Gestalt einer vermehrten Ablehnung des psychiatrischen Maßregelvollzuges führt nicht nur den Zwiespalt der Öffentlichkeit eindrücklich vor Augen, sondern zeigt gleichermaßen in aller Deutlichkeit, dass diese Antinomie der divergierenden Wahrnehmung durch vermehrte Aufklärung sowie transparente und umfassende Aufarbeitung schrittweise zugunsten der vorzugswürdigen Anteilnahme aufgelöst werden muss. Vor dem Hintergrund dieser Erkenntnisse lässt es sich folglich nicht von der Hand weisen, dass in diesem zwangsläufig spannungsgeladenen Bereich, der wie kaum ein anderer von rechtlichen, politischen und gesellschaftlichen Ansprüchen beeinflusst wird, ein Stück weit auch eine Symbolwirkung durch die nunmehr mit dem Richtervorbehalt geschaffene externe Kontrolle eines geschlossenen Systems beabsichtigt worden ist.[964] Einen solchen Impuls soll auch das am 31. Dezember 2021 in Kraft getretene Gesetz zur Durchführung strafrechtsbezogener Unterbringungen in einem psychiatrischen Krankenhaus und einer Entziehungsanstalt in Nordrhein-Westfalen setzen, das auf der Grundlage einer umfassenden Novellierung der gesetzlichen Rahmenbedingungen des nordrhein-westfälischen Maßregelvollzuges unter Berücksichtigung der höchstrichterlichen Rechtsprechung sowie neu gewonnener empirischer Kenntnisse zu einer Stärkung des Selbstbestimmungsrechts der untergebrachten Person führen, gleichzeitig aber auch den Schutzanspruch der Allgemeinheit unter Beachtung der Grundrechte von Betroffenen betonen soll, um zukünftig eine sichere sowie rechtsstaatlich korrekte und erfolgreiche Durchführung der Unterbringung gewährleisten zu können.[965] Die Frage der Funktionstüchtigkeit des Richtervorbehalts im Rahmen des psychiatrischen Maßregelvollzuges ist folglich stets im Hinblick auf die dargelegten Begleitumstände zu betrachten, sodass die Kriterien der Transparenz, Kontrollierbarkeit, Verantwortlichkeit und Verrechtlichung bei der abschließenden Bewertung eine entscheidende Rolle spielen müssen. Ausschlaggebend für die Diskussion ist daher, ob das Rechtsschutzinstrument des Richtervorbehalts dem zwingend erforderlichen Balanceakt zwischen den Aspekten der Sicherheit der Bevölkerung, dem Grundrechtsschutz des Betroffenen und der Handlungsfähigkeit der beteiligten Akteure in einem zufriedenstellenden und damit insgesamt vertretbaren Maße gerecht werden kann.

Aschmann hat im Jahr 1999 in seinem Werk zum Richtervorbehalt im deutschen Polizeirecht das damals sehr treffende Fazit gezogen, dass die Vorteile des Richtervorbehalts theoretischer und die Nachteile tatsächlicher Natur seien.[966] Die darin zum Ausdruck kommende Attestierung einer praktischen Wirkungslosigkeit

964 So auch *A. Baur*, Forensische Psychiatrie und Psychotherapie 25 (2018), 244, 252.
965 Vgl. dazu bereits die Einleitung, Fn. 27 f.
966 *Aschmann*, Der Richtervorbehalt, S. 173.

des Richtervorbehalts steht in deutlichem Widerspruch zu seiner ihm durch die Rechtspraxis zugewiesenen Bedeutung, da der Richtervorbehalt gerade auch die Integrität des Rechtsstaates schützen und sicherstellen soll, dass die in Rede stehende Maßnahme stets auf dem Willen des demokratisch legitimierten Gesetzgebers beruht und insgesamt den verfassungsrechtlichen Vorgaben entspricht.[967] Auf den ersten Blick scheint die Einordnung *Aschmanns* daher nach wie vor Geltung zu beanspruchen, wenn die aufgezeigten strukturellen Defizite in der praktischen Handhabung des Richtervorbehalts in den Fokus der Betrachtung gerückt werden. Die rechtsstaatliche Qualität und damit einhergehende Effektivität des Richtervorbehalts steht und fällt naturgemäß mit der Intensität und Reichweite der richterlichen Prüfung, sodass vor diesem Hintergrund eine Untauglichkeit des Rechtsschutzinstruments für die Praxis bestätigt werden könnte. Dieser doch unbedarfte Blick auf die Ausgangslage erweist sich jedoch als zu kurz gedacht und soll daher einer eingehenderen Betrachtung unterzogen werden. Zur schrittweisen Überprüfung dieser These in Bezug auf die hier vorliegende Fallkonstellation einer Fixierung des Betroffenen im Rahmen der Unterbringung in einem psychiatrischen Krankenhaus im Anwendungsbereich des § 33 Abs. 2, 5 StrUG NRW soll vor allem eine Entscheidung der Beschwerdekammer des *LG Lübeck* vom 17. August 2020 näher beleuchtet werden,[968] die sich mit der Frage der Rechtswidrigkeit des Vollzugs einer Fixierungsanordnung im Rahmen einer öffentlich-rechtlichen Unterbringung beschäftigt, wenn die Eins-zu-Eins-Betreuung durch eine dauerhafte akustische Überwachung mittels Babyphone sowie durch persönliche Kontrollen alle 15 Minuten stattfindet. Der Entscheidung lag eine Beschwerde des Verfahrenspflegers zugrunde, mit der dieser die Feststellung begehrte, dass die mit dem angefochtenen Beschluss angeordnete vorübergehende Fixierung des Betroffenen diesen in seinen Rechten verletzt hat. Der Betroffene war aufgrund eines Beschlusses des *AG Eckernförde* gemäß § 1906 BGB bis zum 17. September 2020 auf einer geschlossenen Station des Klinikums H. untergebracht. Nachdem er mehrfach entwichen war, sich gegenüber dem Pflegepersonal massiv bedrohlich verhielt und dieses auch körperlich attackierte, wurde er auf dem Krankenhausbett fixiert. Der Antragsteller hat sodann am 8. Juni 2020 beim *AG Oldenburg i. H.* den Antrag gestellt, die Fünf-Punkt-Fixierung anzuordnen und dem Antrag eine „Ärztliche gutachterliche Stellungnahme" vom 8. Juni 2020 beigefügt. Der Betroffene befand sich während der persönlichen Anhörung durch den zuständigen Richter des AG fixiert in seinem Bett. Im Zimmer befand sich zudem ein Babyphon. Mit Beschluss vom 9. Juni

967 *Hüls*, ZIS 4 (2009), 160, 161; *Stadler*, ZRP 46 (2013), 179, 180.

968 LG Lübeck (7. Zivilkammer), Beschluss vom 17.08.2020 – 7 T 215/20; NJW-RR 2020, 1140–1141; BeckRS 2020, 19994.

2020 hat das *AG Oldenburg i.H.*[969] im Wege einstweiliger Anordnung die Einschränkung der Bewegungsfreiheit des Betroffenen durch eine Fünf-Punkt-Fixierung bis zum Ablauf des 10. Juni 2020 angeordnet. Dabei hat es unter anderem ebenfalls angeordnet, dass eine ständige Eins-zu-Eins-Betreuung und Überwachung durch therapeutisches oder pflegerisches Personal zu gewährleisten sei. Der Beschluss ist dem Verfahrenspfleger und dem Betroffenen am Ende der Anhörung mündlich bekannt gegeben worden. Der Betroffene zu 2 hat im Anschluss an die Anhörung zu Protokoll des anwesenden Amtsrichters Beschwerde gegen die Anordnung der Fixierung eingelegt.[970] Die Beschwerde hatte Erfolg: Die angefochtene Entscheidung des AG hat den Betroffenen in seinen Rechten verletzt, namentlich in seinem Grundrecht auf Freiheit der Person aus Art. 2 Abs. 2 S. 2 i.V.m. Art. 104 GG, da die Anordnung der Fünf-Punkt-Fixierung hier gerichtlich angeordnet worden ist, obschon im Zeitpunkt der Entscheidung des AG offensichtlich gewesen ist, dass die angeordnete Fixierungsmaßnahme rechtswidrig vollzogen werden würde. Der Vollzug der Fixierung entsprach erkennbar nicht den Anforderungen des Bundesverfassungsgerichts an eine Eins-zu-Eins-Betreuung. Aus den bereits umfassend dargelegten Ausführungen der in Rede stehenden bundesverfassungsgerichtlichen Entscheidung[971] folge aus Sicht der Kammer, dass die Eins-zu-Eins-Betreuung sich nicht in der „Überwachung" des Betroffenen im Hinblick auf etwaige Gesundheitsgefahren oder seine tatsächlichen Bedürfnisse erschöpfe, sondern zusätzlich den Zweck erfüllen soll, die Eingriffsintensität dadurch abzumildern, dass dem Betroffenen sicht- und fühlbar vermittelt werde, dass er nicht schutzlos der Willkür des Klinikpersonals ausgeliefert sei, sondern die unerlässliche Hilfe bei der Erfüllung natürlicher Bedürfnisse jederzeit und zuverlässig erfolge. Es müsse für den fixierten Betroffenen spürbar werden, dass seinem Bedürfnis auf dem Fuße nachgegangen werde. Allein in medizinischen oder therapeutischen Ausnahmefällen, die ärztlich festgestellt und dokumentiert sind, könne auf eine durchgängige Präsenz des Klinikpersonals verzichtet werden.[972] Maßgeblich ist darüber hinaus die folgende Passage der Entscheidung: „Im übrigen hält es die Beschwerdekammer angesichts der Schwere des Eingriffs und der Erheblichkeit der Gesundheitsgefahren durch eine Fixierung für sachgerecht, wenn bereits im Verfahren über die Anordnung der Fixierung die Art und Weise der Eins-zu-Eins-Betreuung bei der vollziehenden Klinik erfragt wird. Dies hilft es, zu vermeiden, dass es zu Fixie-

---

969 AG Oldenburg i.H. (in Holstein), Beschluss vom 09.06.2020 – 20 XIV 133/20 L.

970 LG Lübeck (7. Zivilkammer), Beschluss vom 17.08.2020 – 7 T 215/20; NJW-RR 2020, 1140; BeckRS 2020, 19994 Rn. 1 – 6.

971 3. Kapitel C. I.; BVerfG, Urteil vom 24.07.2018 – 2 BvR 309/15, 2 BvR 502/16, Rn. 71 und 83.

972 LG Lübeck (7. Zivilkammer), Beschluss vom 17.08.2020 – 7 T 215/20; NJW-RR 2020, 1140, 1141; BeckRS 2020, 19994, Rn. 16 f.

rungen kommt, bei denen Betroffene nicht entsprechend den Vorgaben des Bundesverfassungsgerichts (...) Eins-zu-Eins betreut werden."[973] Hier zeigt sich eindrücklich, wie das Konzept der rechtlich-psychiatrischen Gesamtverantwortung in der Praxis durch die Beteiligung der Justiz funktionieren und welche Auswirkungen die Entscheidung eines Richters im Rahmen des Richtervorbehaltsverfahrens haben kann. Gerade die herausgearbeitete Kontrollfunktion des Richtervorbehalts kann bereits *im Vorfeld* der Fixierung für eine rechtmäßige Durchführung der Maßnahme oder aber für eine Nichtdurchführung einer rechtswidrigen Fixierung und damit insgesamt für einen effektiven Grundrechtsschutz des Betroffenen sorgen. Es hat sich hier bestätigt, dass der Richtervorbehalt auch die Integrität des Rechtsstaates und damit die rechtmäßige Durchführung von Zwangsmaßnahmen sicherzustellen vermag. Dies entspricht zudem der ausführlich im Rahmen des ersten Kapitels herausgearbeiteten Kontroll- und Grundrechtssicherungsfunktion des Richtervorbehalts, wonach gerade bei einem so schwerwiegenden Grundrechtseingriff wie der absehbar nicht nur kurzfristigen Fixierung die berechtigten Interessen des Betroffenen bereits im Entscheidungsprozess im Hinblick auf die in Rede stehenden Maßnahme angemessene Berücksichtigung finden sollen. Einschränkend ist hier zwar anzumerken, dass sich die Entscheidung des *LG Lübeck* auf einen Untergebrachten in Schleswig-Holstein im Rahmen der öffentlich-rechtlichen Unterbringung bezog und in Nordrhein-Westfalen demgegenüber im Hinblick auf die hier in Rede stehende Konstellation einer Unterbringung im psychiatrischen Maßregelvollzug bereits eine entsprechende Regelung in § 33 Abs. 6 StrUG NRW existiert, wonach prinzipiell bei Fixierungen eine ununterbrochene, unmittelbare persönliche Eins-zu-eins-Bezugsbegleitung durch Beschäftigte mit therapeutischer oder pflegerischer Qualifikation grundsätzlich innerhalb des Raumes, indem sich die fixierte Person befindet, zu gewährleisten ist. Dennoch sollte der Blick hier geschärft werden für in der Praxis unmittelbar greifbare und wirkmächtige Vorzüge des Richtervorbehalts, sodass die eingangs dargestellte These von *Aschmann*, wonach die Vorteile lediglich theoretischer Natur seien, für die hiesige Konstellation nicht vollumfänglich bestätigt werden kann. Der Aspekt der (umfassenden) Kontrollierbarkeit bzw. Kontrollmöglichkeit grundrechtsrelevanter Entscheidungen einschließlich ihrer Auswirkungen auf die Praxis stellt sich in der Folge als gewichtiger *tatsächlicher* Vorzug des Richtervorbehalts dar. Diese These wird durch die Entscheidungen des *AG Frankfurt am Main*[974] und des *AG Bad Segeberg*[975] noch verstärkt, in denen die in Rede stehenden Fixierungen wegen feh-

973 A. a. O., Rn. 19.

974 AG Frankfurt am Main, Beschluss vom 31.12.2019 – 49 XIV 35/20 L.

975 AG Bad Segeberg, Beschluss vom 22.10.2018 – 3 XIV 7811 L.

lender Möglichkeit zur Eins-zu-Eins-Betreuung durch das pflegerische oder therapeutische Personal ebenfalls gerichtlich für unzulässig erklärt worden sind. Überzeugend ist dabei vor allem die folgende Passage in der Entscheidung des *Amtsgerichts Frankfurt am Main:* „Dabei verkennt das Gericht nicht, dass die Anwesenheit in einem Raum mit einem erheblich psychisch beeinträchtigten Menschen eine große Belastung für Pflegekräfte darstellen kann. Der Sinn und Zweck des gemeinsamen Aufenthalts ist aber ausschließlich aus Sicht der hilfsbedürftigen Person zu beurteilen und weder mangelndes Personal noch herausforderndes Verhalten rechtfertigt ein Unterlassen des ständigen Sicht- und Sprechkontakts zum Schutz des Betroffenen. Alles andere wäre höchst gefährlich für den beeinträchtigten Betroffenen und damit in rechtlicher Hinsicht unverhältnismäßig. Ist – wie hier – offensichtlich, dass die Klinik nicht zu einer anderweitigen Versorgung in der Lage ist, darf eine Fixierung nicht auch noch durch eine richterliche Entscheidung, welche die nicht fachgerechte Fixierung perpetuieren würde, legitimiert werden.“[976] Der danach zwingend an oberster Stelle einzuordnende Grundrechtsschutz des fixierten Betroffenen bedingt hier die erforderliche weitere Sensibilisierung und eingehende Auseinandersetzung mit der komplexen Materie durch die rechtliche und psychiatrische Praxis.

Dieser Aspekt der Kontrollierbarkeit wird maßgeblich durch die bereits herausgearbeitete Vertrauensstellung des Richters im Rechtssystem beeinflusst, der aufgrund seiner juristischen Expertise eine besondere Gewähr für die Rechtmäßigkeit und Willkürfreiheit von Entscheidungen bieten kann. Die Stärke des Rechtsinstruments erwächst folglich gerade aus der organisationsrechtlichen Sonderstellung und der damit einhergehenden institutionell verbürgten Unabhängigkeit des Richters.[977] Grundsätzlich ist dieser Vorzug des Rechtsinstruments zwar unabhängig von der den Richtervorbehalt jeweils ausübenden Person zu betrachten. Allerdings ist an dieser Stelle noch einmal in Erinnerung zu rufen, dass es ein effektiver Grundrechtsschutz des Betroffenen zwingend erforderlich macht, dass nicht nur sachkundige und kompetente Richter mit der Anordnung oder Genehmigung einer Fixierung betraut werden, sondern ebenfalls, dass auch ein praktisch umsetzbares Prüfungsprogramm zur Verfügung steht.[978] Wie bereits gezeigt wer-

---

976 AG Frankfurt am Main, Beschluss vom 31.12.2019 – 49 XIV 35/20 L, Rn. 10, zitiert nach https://openjur.de/u/2272856.html (zuletzt aufgerufen am 25.01.2024).

977 So auch *Meier*, ZRP 43 (2010), 223, 225; *Prechtel*, Das Verhältnis der Staatsanwaltschaft zum Ermittlungsrichter, S. 183: „Diese erhöhte Richtigkeitsgarantie beruht daher allein auf der organisationsrechtlichen Sonderstellung der Richter und nicht auf den jeweiligen, diese Tätigkeit ausübenden Personen.“

978 So bereits *A. Baur*, Stellungnahme zur öffentlichen Anhörung des Ausschusses für Recht und Verbraucherschutz des deutschen Bundestages am 8. Mai 2019 zu dem Entwurf eines Gesetzes zur den konnte, setzt der Richtervorbehalt naturgemäß das Bestimmtheitsgebot voraus und kann durch seine bloße Normierung nicht die verfassungsrechtlich erforderliche Bestimmtheit einer Norm garantieren, sodass die Güte des Richtervorbehalts und damit auch der effektive Grundrechtsschutz des Betroffenen zwangsläufig eng verknüpft sind mit der Präzision der gesetzgeberischen Tatbestandsvoraussetzungen. Je bestimmter und damit greifbarer die Tatbestandsvoraussetzungen für den entscheidenden Richter folglich sind, desto wirkmächtiger kann auch das Kontrollinstrument sein, da sich andernfalls eine mangelnde Bestimmtheit der Eingriffsnorm auch in der richterlichen Entscheidung als geringe Bestimmtheit der Kontrollmaßstäbe fortsetzt. Eine größtmögliche Bestimmtheit der Eingriffsnorm sowie ein praktisch umsetzbares Prüfungsprogramm sowohl des Richters als auch des Personals der jeweiligen Unterbringungseinrichtung können folgerichtig eine deutliche Stärkung und Effektivierung des Grundrechtsschutzes bedingen. In diesem Zusammenhang ist es daher zunächst einmal zu begrüßen, dass es (zumindest) für die Kliniken des LWL-PsychiatrieVerbundes Westfalen einen sog. LWL-Standard zur Vermeidung, Anwendung und Dokumentation von freiheitsentziehenden Maßnahmen und Zwangsbehandlungen in der Psychiatrie aus dem Jahr 2017 gibt, mit dessen Hilfe das Mitarbeiterwissen und -handeln unter rechtlichen, ethischen und klinischen Gesichtspunkten verbessert, eine einheitliche und lückenlose Dokumentation von freiheitsentziehenden Maßnahmen und Zwangsbehandlungen angestrebt sowie wissenschaftliche Literatur zur Verfügung gestellt werden soll.[979] Von diesem Standard sind jedoch gerade die Maßregelvollzugseinrichtungen sowie die integrierte Versorgung von Maßregelvollzugspatienten ausgenommen, sodass hier lediglich auf die Regelungen im Rahmen des Maßregelvollzugsgesetzes verwiesen wird.[980] Das ist wegen der Grundrechtsrelevanz der Thematik höchst bedauerlich, zeigt aber gleichzeitig auch vielversprechende Möglichkeiten auf, mit deren Hilfe in Zukunft nicht nur der Grundrechtsschutz effektiviert, sondern auch das Rechtsinstrument des Richtervorbehalts gestärkt werden kann, indem mithilfe einer übergreifenden Leitlinie nach dem Vorbild der bereits mehrfach zitierten S3-Leitlinie „Verhinderung von Zwang: Prävention und Therapie aggressiven Verhaltens bei Erwachsenen“[981] einheitliche Prüfungs- und Bewertungsmaßstäbe etabliert werden. Dies erscheint vor allem im Hinblick auf die Prüfung der Erforderlich-

Stärkung der Rechte von Betroffenen bei Fixierungen im Rahmen von Freiheitsentziehungen der Fraktionen CDU/CSU und SPD (BT-Drs. 19/8939), S. 5.

979 *Gather/Noeker/Juckel* (Hrsg.), LWL-Standard zur Vermeidung, Anwendung und Dokumentation von freiheitsentziehenden Maßnahmen und Zwangsbehandlungen in der Psychiatrie, S. 25, 27 f.

980 A. a. O., S. 26.

981 *Deutsche Gesellschaft für Psychiatrie und Psychotherapie, Psychosomatik und Nervenheilkunde e.V.* (Hrsg.), S3-Leitlinie.

keit einer Maßnahme zweckdienlich, da ein festes Arsenal an Alternativen und ein vorgegebener standardisierter Ablauf der möglichen Deeskalationsstrategien die Rechtssicherheit, Transparenz und Publizität des gesamten Vorganges entscheidend erhöhen können. Der Richtervorbehalt sollte daher angesichts der Grundrechtssensibilität und der größtmöglichen Praktikabilität von einer vergleichbaren Standard-Leitlinie zur Vermeidung, Anwendung und Dokumentation von freiheitsentziehenden Maßnahmen auf der Ebene des psychiatrischen Maßregelvollzuges gemäß § 63 StGB flankiert werden. Besonders begrüßenswert ist daher die Regelung des § 3 Abs. 3 S. 3 StrUG NRW, wonach allen Beschäftigten, die Kontakt zu untergebrachen Personen haben, zur Vermeidung von Zwangsmaßnahmen regelmäßig Kenntnisse über Aggressionen begünstigende und vermeidende Umstände sowie deeskalierend wirkende Bewältigungsstrategien zu vermitteln sind.

Anknüpfend an die eingangs erläuterte Symbolwirkung der nunmehr geschaffenen externen Kontrolle des geschlossenen psychiatrischen Systems ist der Blick zu schärfen für eine damit einhergehende Kompetenzverlagerung durch eine Begrenzung der Kompetenz auf der einen Seite und eine gleichzeitige Kompetenzerweiterung auf der anderen Seite. Indem nicht mehr das Personal der Unterbringungseinrichtung in *ausschließlich* alleiniger Kompetenz über die Durchführung von absehbar nicht nur kurzfristigen Fixierungen entscheiden kann, sondern vielmehr der durch den Richtervorbehalt involvierten Justiz die primäre Entscheidungskompetenz zugesprochen wurde, wird das naturgemäß in Gang gesetzte Verfahren gehemmt und der Konflikt aus der zum Teil bereits vielfach vorbelasteten Beziehung des Betroffenen zum Personal einer totalen Institution, die durch ein enorm einseitiges Machtgefälle geprägt ist, herausgenommen.[982] Durch ein Rechtsschutzinstrument wie dasjenige des Richtervorbehalts wird folglich mithilfe der Einschaltung einer dritten Partei in den Entscheidungsvorgang eine Kompetenzverlagerung erreicht, die nicht nur das Verfahren insgesamt entscheidend hemmt, sondern auch die Verantwortlichkeiten der beteiligten Akteure neu reguliert. Im Sinne der bereits aufgezeigten Disziplinierungsfunktion kann hier das Wissen um die Kontrollierbarkeit und Nachprüfbarkeit des eigenen grundrechtsrelevanten Handelns und die damit erstrebte Transparenz des Vorganges zu einer verantwortungsbewussten und sorgfältigen Prüfung im Lichte der Grundrechte des Betroffenen führen. Allerdings zeigt sich im Zusammenhang mit dem Aspekt der Kompetenzverlagerung auch gleichzeitig das Dilemma des Richtervorbehalts: Diskutiert unter den Stichworten des „verfassungsrechtlichen Phantoms“ oder der „Wirkung eines Palliativums“ wird vor allem bemängelt, dass zwar grundsätzlich eine vorherige richterliche Anordnung erforderlich sei, diese aber im Regelfall

982 Vgl. dazu bereits die Einführung in die Thematik, Fn. 3.

wegen des sofortigen Interventionsbedarfs nicht möglich sein werde, da andernfalls der mit der Freiheitsentziehung verfolgte Zweck nicht erreichbar wäre.[983] Befürchtet wird folglich, dass auch nicht nur kurzfristige Fixierungen ohne eine richterliche Überprüfung bleiben.[984] Mit Blick auf die Tatbestandsvoraussetzungen von § 33 Abs. 2, 5 StrUG NRW, wonach eine zugespitzte Gefahrensituation vorliegen muss, sowie unter Berücksichtigung des ordnungspolitischen Auftrags der Unterbringungseinrichtung, akute Gefahren rechtzeitig und möglichst umfassend abzuwehren, erscheint eine solche Befürchtung auf den ersten Blick durchaus naheliegend. Allerdings ist hier ebenso zu berücksichtigen, dass zum Bereich der richterlichen Überprüfung neben der originären Anordnung der Fixierung, die in einer Situation der akuten Krisenintervention die Ausnahme darstellen wird, auch die Genehmigung einer solchen Maßnahme gehört, also die Prüfung der Fortdauer der bereits begonnenen Freiheitsentziehung. Eine derartige Genehmigung kann den Eingriff als solchen dann zwar nicht mehr rückgängig machen und ist insofern auf eine Überprüfung beschränkt. *Gusy* formuliert dazu, dass der Betroffene im Eingriffszeitpunkt so gestellt werde, als würde es den Richtervorbehalt gar nicht geben.[985] Daran ist richtig, dass bei Gefahr im Verzug die primäre Entscheidungskompetenz des Richters durchbrochen und eine solche der Unterbringungseinrichtung begründet wird, sodass der Richter nicht im Vorfeld der Fixierungsmaßnahme entscheidet. Allerdings ist ebenso zu berücksichtigen, dass der Richter dennoch nicht erst nach Beendigung der Maßnahme im Wege des nachträglichen Rechtsschutzes entscheidet, sondern noch während ihrer Fortdauer. Da der Eingriff als solcher folglich noch nicht beendet ist, können die Entscheidung des Richters und entsprechend die aufgezeigten Funktionen des Richtervorbehalts hier substanziell zur Wirkung kommen. Zudem ist auch im Blick zu behalten, dass die Anordnung der Fixierung durch die Unterbringungseinrichtung stets in dem Wissen erfolgt, dass noch eine weitere Partei – die Justiz – in den Vorgang eingebunden wird, sodass die bereits ausführlich erläuterte Disziplinierungsfunktion für eine umso sorgfältigere Prüfung sorgen kann. Es liegt jedoch auf der Hand, dass es sich bei dieser Kompetenzverteilung gewissermaßen um eine Kompromisslösung handelt. Der Richtervorbehalt muss als möglichst wirkmächtiges Rechtsschutzinstrument eine praktikable Lösung für Situationen der Krisenintervention zur Verfügung stellen, in der die widerstreitenden Interessen in einem ausgewogenen Verhältnis zueinanderstehen. Grundsätzlich ist daher nach der gesetzgeberischen

---

983 So auch BVerfG, Urteil vom 24.07.2018 – 2 BvR 309/15, 2 BvR 502/16, Rn. 98.

984 *Goerdeler*, R&P 36 (2018), 199, 204; ebenso *Kammeier*, Stellungnahme zum Gesetzentwurf der Fraktionen der CDU/CSU und SPD: „Entwurf eines Gesetzes zur Stärkung der Rechte von Betroffenen bei Fixierungen im Rahmen von Freiheitsentziehungen", BT-Drs. 19/8939 v. 02.04.2019, S. 10.

985 *Gusy*, GA 2003, 672, 680.

Intention der präventive Grundrechtsschutz des Betroffenen das vorrangig zu schützende Verfassungsgut, das jedoch dann zugunsten des Grundrechtsschutzes der an der Fixierung beteiligten Personen zurückzutreten hat, wenn der Ausnahmefall der Gefahr im Verzug anzunehmen ist. Durch die enge Auslegung dieses Begriffs und der Verpflichtung zur unverzüglichen Herbeiführung der richterlichen Entscheidung ist insgesamt davon auszugehen, dass vorliegend eine ausgewogene Lösung im Wege der praktischen Konkordanz gefunden worden ist. Weitergehend sieht die Norm des § 33 Abs. 5 S. 4 und 5 StrUG NRW zudem gewisse Sondertatbestände dergestalt vor, dass es einer Antragstellung bei Gericht nur dann nicht bedarf, wenn bereits zu Beginn der Maßnahme absehbar ist, dass die Entscheidung erst nach Wegfall des Grundes der Maßnahme ergehen wird (Sondertatbestand 1) oder die Maßnahme vor Herbeiführung der Entscheidung tatsächlich beendet und auch keine Wiederholung zu erwarten ist (Sondertatbestand 2). Das Gericht ist unverzüglich zu unterrichten, wenn die Fixierung nach Antragstellung bei Gericht, aber vor einer gerichtlichen Entscheidung, nicht mehr erforderlich ist. Es wurde bereits gezeigt, dass im Einzelfall von den beteiligten Akteuren schwierige Prognoseentscheidungen verlangt werden, die von einer Vielzahl von Faktoren beeinflusst werden. Ob es jedoch Fixierungsfälle geben wird, die gänzlich ohne eine solche richterliche Überprüfung bleiben, ist in erster Hinsicht eine empirisch zu untersuchende Frage. Vor dem Hintergrund der gesammelten Erkenntnisse ist jedoch nicht absehbar, dass dies der praktische Regelfall sein wird. Vielmehr ist in die Betrachtung ebenfalls einzustellen, dass der mit der Überprüfung betraute Richter während der üblichen Dienstzeit nach dessen Benachrichtigung die jeweilige Unterbringungseinrichtung umgehend aufsuchen und dort die notwendigen Vorkehrungen für eine richterliche Entscheidung treffen wird. Demgegenüber ist in der Nachtzeit naturgemäß von einer geringeren Präsenz auszugehen. Angesichts der Grundrechtsrelevanz und der Eingriffsintensität ist dies als überaus misslich einzustufen. Auch erscheint es verfassungsrechtlich bedenklich, wenn Betroffene einer im Einzelfall über mehrere Stunden andauernden Fixierung ausgesetzt sind.[986] Hier ist noch einmal mit Nachdruck daran zu erinnern, dass die Gerichte und auch die Unterbringungseinrichtungen entsprechend sachlich und personell auszustatten sind, um die Intensität solcher Grundrechtseingriffe möglichst gering zu halten. Die durch eine funktionsadäquate Ausstattung der Gerichte gewonnenen Freiräume müssen sodann durch den jeweiligen Richter in einer seiner verfassungsrechtlichen Rolle auch angemessenen Art und Weise ausgefüllt werden.[987] Die

---

986 Vgl. dazu das Beispiel bei *Goerdeler*, R&P 36 (2018), 199, 204.

987 *Voßkuhle*, FS Wahl, S. 443 (453); *Osterfeld*, Ethik Med 31 (2019), 181, 182 f. schreibt dazu: „Wenn hingegen Person X (Name wurde hier anonymisiert), sich im März 2019 auf dem Westdeutschen

sukzessive Stärkung und Effektivierung des vorbeugenden Grundrechtsschutzes ist deshalb von essentieller Bedeutung, da die durch den Richtervorbehalt vermittelte eigenverantwortliche Prüfung einer unabhängigen und neutralen Instanz im Vorfeld der Fixierung oder während ihrer Durchführung durch eine nachträgliche gerichtliche Kontrolle nicht gewährleistet werden kann.[988] Der nachträgliche Rechtsschutz des Betroffenen ist zu dieser vorhergehenden richterlichen Prüfung nicht äquivalent, da die Maßnahme zu diesem Zeitpunkt bereits vollzogen worden ist und der Grundrechtseingriff nicht wieder rückgängig gemacht werden kann.[989]

Abschließend lässt sich daher zur Funktionstüchtigkeit des Richtervorbehalts im Anwendungsbereich des § 33 Abs. 2, 5 StrUG NRW konstatieren, dass dieser in der Praxis des psychiatrischen Maßregelvollzuges durchaus für signifikante Veränderungen sorgen kann und nicht nur als bloßes Fantasiegebilde herabzustufen ist, sodass die Kontrolle durch die Justiz hier gleichsam als Sachwalter für ein Mehr an Rechtsstaatlichkeit hervorzutreten vermag. Der erforderliche Balanceakt zwischen den Aspekten der Sicherheit der Bevölkerung, dem Grundrechtsschutz des Betroffenen und der Handlungsfähigkeit der beteiligten Akteure ist in einem insgesamt durchaus zufriedenstellenden Maße erreicht worden, indem nicht nur ein Bewusstsein für die verschiedenen Verantwortlichkeiten geschaffen worden ist, sondern darüber hinaus auch die Aufmerksamkeit der Beteiligten auf die Grundrechtsrelevanz der Thematik gelenkt werden konnte. Im Sinne der obigen Beschreibung des psychiatrischen Systems als „Dark Room" ist hier gewissermaßen Licht in die Dunkelkammer gebracht worden, ohne jedoch freilich das System als solches gleichsam mit einem Scheinwerfer auszuleuchten. Die Aspekte der Kontrollierbarkeit und der Verrechtlichung sorgen dabei für eine schrittweise und weiter voranzutreibende Transparenz. Die Stärke des Rechtsschutzinstruments des Richtervorbehalts resultiert hier vor allem aus einer funktionalen Perspektive im Sinne der organisationsrechtlichen Sonderstellung und der institutionellen Unabhängigkeit des Richters, die in diesem Ausmaß von keinem der erläuterten Alternativinstrumente erzielt werden kann. Dennoch darf nicht aus den Augen verloren

---

Betreuungsgerichtstag mündlich recht langatmig den durch das Fixierungsurteil des Bundesverfassungsgerichts (...) ausgelösten richterlichen Bereitschaftsdienst als lästiges Übel beschreibt und gegen Ende seines Vortrags „mehr Rechtssicherheit für Ärzte" fordert (...), dann wissen viele Menschen mit psychiatrischen Diagnosen (...), dass manchen Amtsrichtern der Schutz der Rechte von psychisch kranken oder behinderten Menschen oft weniger bedeutet als die geschmeidige Zusammenarbeit mit den psychiatrischen Kliniken." Zu betonen ist daher, dass der Richter stets ein verfassungsrechtlich ausgewogenes Verhältnis zwischen den Rechten des Betroffenen sowie den berechtigten Belangen der Unterbringungseinrichtung herzustellen hat.

988 BVerfGE 103, 142 (162) = NJW 2001, 1121.

989 *Meier*, ZRP 43 (2010), 223, 225.

werden, dass die strukturellen Defizite und damit auch die tatsächlichen Rahmenbedingungen der richterlichen Tätigkeit ursachenspezifisch aufzuarbeiten sind, sodass neben der Verbesserung der personellen und sachlichen Ausstattung der Gerichte einschließlich der Gewährung ausreichender Aus- und Fortbildungsmöglichkeiten auch die aufgezeigten Korrekturmöglichkeiten in den Blick zu nehmen sind. Daneben ist ein praktisch umsetzbares Prüfungsprogramm für die am Entscheidungsvorgang beteiligten Akteure im Sinne einer Leitlinie für den Maßregelvollzug zu fordern, das nicht nur einen festen Grundstock an durchzuführenden Alternativen – beispielsweise nach dem Vorbild des sog. „Werdenfelser Weg“ – zur Fixierung umfassen, sondern auch einen standardisierten Ablauf von Deeskalationsstrategien aufzeigen sollte. Auf diese Weise können die konfligierenden Aspekte der unverzichtbaren Rechtsstaatlichkeit und größtmöglichen Praktikabilität im Rahmen eines ganzheitlichen Konzepts in einen ausgewogenen und den Interessen der Beteiligten jeweils entsprechenden Ausgleich gebracht werden.

5. Kapitel: Fazit

Der vorliegenden Arbeit liegt die komplexe Thematik des Grundrechtsschutzes im psychiatrischen Krankenhaus gemäß § 63 StGB zugrunde, die aus dem Blickwinkel der übergeordneten Frage nach der Funktionstüchtigkeit des Richtervorbehalts im Anwendungsbereich des § 33 Abs. 2, 5 StrUG NRW unter den spezifischen Bedingungen des psychiatrischen Maßregelvollzugs umfassend beleuchtet worden ist. Dazu wurde zunächst untersucht, welche Funktion das Rechtsschutzinstrument des Richtervorbehalts bei absehbar nicht nur kurzfristigen Fixierungen nach Maßgabe von § 33 Abs. 2, 5 StrUG NRW erfüllt. Dabei konnten drei wesentliche und das Instrument insgesamt maßgeblich prägende Funktionen identifiziert werden, die aus einer Kontroll-, Grundrechtssicherungs- sowie Disziplinierungsfunktion bestehen. Mit diesen Funktionen korrespondiert die verfassungsrechtliche Verpflichtung des Richters zu einer einzelfallbezogenen und sorgfältigen Prüfung. Im Sinne der Funktion des Richtervorbehalts als intensiver Form der Grundrechtssicherung konnte die damit einhergehende Verpflichtung zur Ermittlung des vollständigen Sachverhalts, zur Überprüfung der die Zwangsmaßnahme rechtfertigenden Tatsachen sowie vorgetragenen Bewertungen der Unterbringungseinrichtung als Gebot der eigenen richterlichen Sachaufklärung charakterisiert werden, sodass der Eingriff insgesamt messbar, kontrollierbar und stets berechenbar bleibt (1. Kapitel).

Um dem Gesamtzusammenhang des in Rede stehenden Settings in ausreichendem Maße Rechnung zu tragen, wurden sodann die tatsächlichen und rechtlichen Rahmenbedingungen der psychiatrischen Unterbringung gemäß § 63 StGB dargestellt und eine Einordnung der Maßregeln der Besserung und Sicherung in das System der Zweispurigkeit vorgenommen, sodass auf dieser Grundlage neben den Grundprinzipien bei der Anwendung des Maßregelvollzugsrechts auch die Anordnungsvoraussetzungen des § 63 StGB aufgezeigt werden konnten. Ein besonderes Augenmerk galt in diesem Zusammenhang auch der Darstellung von rechtstatsächlichen Erkenntnissen zur Zusammensetzung der Patientenpopulation (2. Kapitel).

Daran anknüpfend wurde nunmehr die besondere Sicherungsmaßnahme der Fixierung in den Mittelpunkt der Betrachtung gestellt. Während zunächst der Untersuchungsgegenstand mithilfe einer Abgrenzung der Zwangsmaßnahme zur Zwangsbehandlung näher konkretisiert werden konnte, wurde in der Folge anhand der durch vereinzelte Bundesländer zur Verfügung gestellten Daten im Hinblick auf die Anzahl und Dauer der jeweils durchgeführten Fixierungen im Rahmen des psychiatrischen Maßregelvollzuges die rechtstatsächliche Bedeutung der in Rede stehenden Zwangsmaßnahme einer eingehenderen Analyse unterzogen. In diesem Zusammenhang war die Erkenntnis unumgänglich, dass sich eine allgemeingültige

https://doi.org/10.1515/9783111347868-008

Aussage im Hinblick auf die quantitative Bedeutung der Zwangsmaßnahme der Fixierung im psychiatrischen Maßregelsetting aufgrund verschiedener Einflussfaktoren anhand der vorgestellten Daten nicht formulieren lässt. Da sich die systematische und fundierte Auseinandersetzung mit der Frage der quantitativen Rechtswirklichkeit der Fixierung als ein für mehrere Disziplinen höchst interessantes Themengebiet darstellt, ist der Forderung nach einer möglichst einheitlichen Erfassung solcher Daten auf Bundesebene wiederholt Ausdruck zu verleihen. Als erste These konnte jedoch an dieser Stelle herausgestellt werden, dass auch (und gerade) die weiter fortschreitende Vergesetzlichung der forensischen Psychiatrie bereits zu einer gewissen Sensibilisierung der Justiz und Rechtspraxis, der Beschäftigten des psychiatrischen Maßregelvollzuges sowie der Öffentlichkeit geführt hat, die auf der Grundlage von vermehrter Transparenz und Publizität nunmehr Möglichkeiten und Chancen im Hinblick auf die Vermeidung von rechtswidrigen Zwangsmaßnahmen bietet. Nicht unberücksichtigt bleiben darf dabei jedoch die Erkenntnis, dass es sich angesichts des vorhandenen Verbesserungspotentials hierbei lediglich um das Fundament einer insoweit wünschenswerten vollumfänglichen gesellschaftlichen Sensibilisierung handeln kann. Im weiteren Verlauf konnte das Hauptaugenmerk auf eine dezidierte Auseinandersetzung mit der nordrhein-westfälischen Ermächtigungsgrundlage des § 33 StrUG NRW gelegt werden, wobei die tatbestandliche Eingriffsschwelle sowie die verfahrensrechtliche Ausgestaltung im Vordergrund der Betrachtung standen. Herausgearbeitet werden konnte vor allem, dass der Gesamtzusammenhang der Norm im Hinblick auf ihre Entstehungsgeschichte sowie ihren zugrunde liegenden Sinn und Zweck insgesamt eine grundrechtsschonende Interpretation der Tatbestandsvoraussetzungen erforderlich macht, sodass auf der einen Seite entscheidend sein muss, dass zur (endgültigen) Schadensabwehr ein unmittelbares Handeln in Gestalt von sofortigen Abwehrmaßnahmen notwendig geworden ist (zeitlicher Faktor); auf der anderen Seite ist ein besonderes Gewicht der drohenden Schädigung durch eine Gefährdung besonders gewichtiger Rechtsgüter, einen besonders großen Umfang oder eine besondere Intensität des drohenden Schadens zwingend vorauszusetzen (qualitativer Faktor). Zudem ist unter Berücksichtigung der verfassungsrechtlich garantierten allgemeinen Handlungsfreiheit sowie der damit verbundenen Willenshoheit im Sinne einer Freiheit zur Krankheit eine Fixierung der untergebrachten Person bei einer drohenden Selbstgefährdung nur dann zuzulassen, wenn die Fähigkeit zu einer freien Willensbildung ausgeschlossen ist und der Betroffene daher des besonderen staatlichen Schutzes bedarf (subjektiver Faktor in Gestalt der Freiverantwortlichkeit der Entscheidung). Als vorzugswürdige Lesart der Norm des § 33 Abs. 2 StrUG NRW hat sich folgerichtig herauskristallisiert, dass eine Fixierung der untergebrachten Person nur dann angeordnet werden darf, wenn dies zur Abwehr einer gegenwärtigen erheblichen Selbstgefährdung oder einer von der untergebrachten Person ausgehenden erheblichen sowie *gegenwärtigen* Gefährdung bedeutender Rechtsgüter anderer unerlässlich ist und nach ihrem Verhalten oder aufgrund ihres Zustandes andere, weniger einschneidende Maßnahmen zur Abwendung der Gefahr als nicht ausreichend erscheinen. Nicht aus den Augen verloren werden darf dabei, dass sich die im Einzelfall drohende Gefahr stets auf das aktuelle Verhalten des Untergebrachten sowie seinen gegenwärtigen Zustand zurückführen lassen muss. Das bloße Vorhandensein von Risikofaktoren in Form der zu behandelnden Grunderkrankung der untergebrachten Person kann folglich nicht zu einer Rechtfertigung von besonderen Sicherungsmaßnahmen wie einer Fixierung herangezogen werden. Besonders Rechnung zu tragen ist darüber hinaus dem Grundsatz der Verhältnismäßigkeit, sodass die Fixierung lediglich das letzte Mittel der Krisenintervention und damit stets nur *ultima ratio* sein darf. Es konnte ebenfalls gezeigt werden, dass die verfahrensrechtliche Ausgestaltung von besonderer Bedeutung für die Grundrechtsgewährleistung innerhalb des psychiatrischen Maßregelvollzuges ist. So ist im Hinblick auf die Anordnungs- und Delegationsbefugnis zwingend erforderlich, dass bei Gefahr im Verzug der anstelle des Richters entscheidenden Person eine vergleichbare Kompetenz hinsichtlich der psychiatrischen Qualifikation und des medizinischen Kenntnisstandes zukommt. Dies zur Voraussetzung nehmend, konnte sodann herausgearbeitet werden, dass die Neufassung des StrUG NRW dem schmalen Grat zwischen der Sicherstellung einer größtmöglichen Handlungsfähigkeit in Krisensituationen unter gleichzeitiger Berücksichtigung einer möglichst umfassenden Grundrechtsgewährleistung des Betroffenen in einem verfassungsrechtlich vertretbaren Maß gerecht geworden ist. Angesichts der verletzlichen Rechtssphäre der untergebrachten Person war in diesem Zusammenhang noch die Regelung des § 33 Abs. 4 S. 1 StrUG NRW hervorzuheben, wonach eine Fixierung erst nach vorheriger ärztlicher Inaugenscheinnahme und Stellungnahme von der therapeutischen Leitung angeordnet wird. Im Rahmen eines Exkurses wurde sodann der bekannten Problematik des Bundesverfassungsgerichts als „Ersatzgesetzgeber" nachgegangen und untersucht, inwiefern die detaillierten Vorgaben bezüglich der Ausgestaltung einer verfassungskonformen Ermächtigungsgrundlage sowie eines einheitlichen Verfahrensrechts mit dem gesetzgeberischen Entscheidungsspielraum (noch) in einen verfassungsrechtlichen Einklang gebracht werden können. In der Tendenz war hier zwar durchaus eine spürbare Verschiebung des verfassungsrechtlichen Kompetenzgefüges zu Lasten des parlamentarischen Gesetzgebers und zu Gunsten der Verfassungsgerichtsbarkeit zu erkennen. Daneben ist allerdings auch ersichtlich geworden, dass das verfassungsrechtlich vorgesehene Zusammenspiel der Gewalten vor allem im Hinblick auf einen möglichst umfassenden Grundrechtsschutz der von einer besonderen Sicherungsmaßnahme betroffenen untergebrachten Person funktioniert: Das Bundesverfassungsgericht ist vor dem Hintergrund der besonderen

deren Intensität des Eingriffs und der außerordentlichen Grundrechtssensibilität der Thematik als Hüter der Verfassung ausdrücklich dazu berufen, die widerstreitenden Interessen in einen verfassungskonformen Ausgleich zu bringen, wenn dem Gesetzgeber die Entwicklung eines eigenen praktikablen Lösungsmodells im Vorfeld – wie vorliegend – selbst nicht gelungen ist (3. Kapitel).

Auf dieser breiten Erkenntnisgrundlage konnte sodann die Frage der Funktionstüchtigkeit des Richtervorbehalts im Anwendungsbereich des § 33 Abs. 2, 5 StrUG NRW beleuchtet werden. Dazu wurden die auf das Setting des psychiatrischen Maßregelvollzuges zugeschnittenen strukturellen, berufsorganisatorischen sowie psychologisch bedingten Mängel des Richtervorbehalts ursachenbezogen in die Kategorien „einseitige Entscheidungsgrundlage", „unzureichende Prüfung durch den Richter", „Verlust einer klaren Verantwortungszuweisung", „Entscheidungskompetenz bei Gefahr im Verzug" und „kurzfristiger Interventionsbedarf in Krisensituationen" unterteilt und einer abschließenden Bewertung zugeführt. Unter Berücksichtigung alternativer Rechtsschutzkonzeptionen sowie eines möglichen Korrektur- und Verbesserungsbedarfs in der Praxis konnte sodann die maßgebliche Frage der Funktionstüchtigkeit des Richtervorbehalts im Anwendungsbereich des § 33 Abs. 2, 5 StrUG NRW unter den spezifischen Bedingungen des psychiatrischen Maßregelvollzuges final beantwortet werden. Fundamentaler Aspekt der Schlussfolgerung ist dabei, dass der Richtervorbehalt in der Praxis des psychiatrischen Maßregelvollzuges auch auf tatsächlicher und nicht bloß theoretischer Ebene für signifikante Veränderungen sorgen kann. Die mithilfe des Richtervorbehalts geschaffene Kontrolle des Systems Psychiatrie durch die Justiz ist hier als von außen gesetzter Handlungsimpuls einzuordnen, der einen Prozess der steten Verbesserung und Weiterentwicklung der strukturellen Voraussetzungen des Versorgungssystems psychisch kranker Menschen in Gang gesetzt hat. Erkennbar sind hier folglich mehrere Effekte auf gleich mehreren Ebenen: Zunächst einmal ist die insoweit angestoßene Sensibilisierung der Rechtspraxis, Wissenschaft und Forschung, der Beschäftigten in der Psychiatrie sowie der Öffentlichkeit für Zwangsmaßnahmen im rechtlich-psychiatrischen Spannungsfeld zwischen dem Wohl und der Selbstbestimmung des Patienten erneut zu betonen. Auf diese Weise konnte ein bisweilen nur unzureichend beleuchtetes Themengebiet in den Fokus der Öffentlichkeit gerückt und diskussionsfähig gemacht werden. Zum anderen sind der Gesetzgeber, die Politik sowie die Praxis auf Regelungs- und Umsetzungsdefizite im Hinblick auf die Grundrechtsgewährleistung bei Zwangsfixierungen innerhalb psychiatrischer Unterbringungen aufmerksam gemacht worden, sodass die Möglichkeit der Neuorientierung und Neujustierung des eigenen tradierten Selbstverständnisses geschaffen werden konnte.[990] Ein solcher Prozess im Sinne eines selbstlernenden Systems, an dessen Ende das wünschenswerte Überdenken und Ändern von eigenen Handlungsmustern und (bisher) gängiger Praxis steht, kann in einer sehr nachhaltigen Art und Weise zu einer Stärkung der prinzipiell sehr verletzbaren Rechtssphäre der von Zwangsmaßnahmen Betroffenen innerhalb einer psychiatrischen Unterbringung führen. Gerade der funktionale Aspekt der Rolle des Richters als Repräsentant und verlängerter Arm der Justiz vermag in diesem Zusammenhang zudem ein Mehr an Rechtsstaatlichkeit und Rechtssicherheit zu bedingen. Dennoch muss auch an dieser Stelle zwingend hervorgehoben werden, dass die strukturellen Defizite und tatsächlichen Rahmenbedingungen der richterlichen Tätigkeit weiter aufzuarbeiten sind. Von essentieller Bedeutung ist daneben ein praktisch umsetzbares Prüfungsprogramm für die am Entscheidungsvorgang beteiligten Akteure in Gestalt einer Leitlinie mit Handlungsempfehlungen für die Praxis des psychiatrischen Maßregelvollzuges, die einen festen Grundstock an durchzuführenden Alternativen nach dem Vorbild der hier vorgestellten Möglichkeiten, insbesondere zum Beispiel nach dem Modell „Werdenfelser Weg“, empfehlenswerten Vorgehensweisen unter Berücksichtigung der berechtigten Belange und Befindlichkeiten der untergebrachten Person sowie Deeskalationsstrategien aufzeigen sollte. Der erforderliche Balanceakt zwischen den Aspekten des Grundrechtsschutzes von untergebrachten Personen, der Handlungsfähigkeit der Beteiligten sowie auch der Sicherheit der Bevölkerung ist zusammenfassend betrachtet durch die Einführung der Rechtsschutzkonzeption des Richtervorbehalts im Anwendungsbereich des § 33 Abs. 2, 5 StrUG NRW in einem lediglich punktuell verbesserungsbedürftigen, insgesamt aber durchaus annehmbaren und damit zufriedenstellenden Maße erreicht worden (4. Kapitel).

---

990 Vgl. dazu auch die erklärten Ziele der Stellungnahme des Deutschen Ethikrates, *Deutscher Ethikrat,* Hilfe durch Zwang? Professionelle Sorgebeziehungen im Spannungsfeld von Wohl und Selbstbestimmung, S. 7.

6. Kapitel: Ausblick

Werden die vorangegangenen Ausführungen nun rekapituliert und weitergeführt, so sollte im Rahmen eines Ausblicks der Blick noch einmal dafür geschärft werden, dass über dem Kernthema der Funktionstüchtigkeit des Richtervorbehalts im Anwendungsbereich des § 33 StrUG NRW aufgrund der besonderen Grundrechtssensibilität der Materie und der Vulnerabilität des Untergebrachten naturgemäß stets die Frage der möglichst weitreichenden Grundrechtsgewährleistung im Rahmen der psychiatrischen Unterbringung steht. Die der Unterbringung gemäß § 63 StGB zugrunde liegende Erkrankung des Betroffenen wird von der Rechtsprechung als schicksalhaft und die aus ihr abzuleitende Gefährlichkeit als nicht beherrschbares Persönlichkeitsmerkmal betrachtet, sodass dem Untergebrachten ein Sonderopfer im Interesse der Allgemeinheit auferlegt wird.[991] Für diejenigen Untergebrachten, die die rechtswidrige Anlasstat im Zustand der Schuldunfähigkeit gemäß § 20 StGB begangen haben und demzufolge nicht die Möglichkeit hatten, das Unrecht ihrer Handlung zu erkennen oder entsprechend dieser Einsicht zu handeln, wird teilweise sogar von einem noch erhöhten Sonderopfer gesprochen.[992] Die daraus folgende Konsequenz ist, dass der Maßregelvollzug ebenso wie der Strafvollzug auf das Ziel der Resozialisierung des Betroffenen ausgerichtet sein muss, sodass den Staat von Anfang an die Verpflichtung trifft, geeignete Konzepte bereitzustellen, um die Gefährlichkeit des Untergebrachten für die Allgemeinheit nach Möglichkeit zu beseitigen und ihn auf ein Leben in Freiheit angemessen vorzubereiten.[993] Mit dem Freiheitsentzug des Betroffenen korrespondiert folglich die Notwendigkeit, eine Verhaltensänderung durch gezielte Behandlung der psychosozialen Verhaltensgrundlagen zu erzielen, um die Unterbringung im psychiatrischen Maßregelvollzug so kurz wie möglich zu halten und die Gefährlichkeit des Täters so schnell wie möglich zu beseitigen.[994] Vor dem Hintergrund des erzwungenen Freiheitsentzugs in einer totalen Institution, in der die Verhaltensmöglichkeiten des Betroffenen von vornherein durch die Klinikleitung vorgegeben sind und es sich um eine Situation des Unterwerfens aufgrund der einseitigen Machtverteilung handelt, ist jedoch ein idealtypisches Behandlungsverhältnis von Arzt und Patient, das durch

991 Vgl. dazu bereits die umfangreichen Nachweise in Fn. 126 f. sowie BVerfG, Beschluss des Zweiten Senats vom 27. März 2012 – 2 BvR 2258/09, Rn. 54 m. w. N.

992 OLG Hamm, Beschluss vom 28.07.2015 – 1 Vollz (Ws) 260/15, Rn. 27. Dies ist angesichts der generellen Losgelöstheit des § 63 StGB von Fragen der Schuldvergeltung durchaus diskussionswürdig, soll hier mangels weitergehender Relevanz aber nicht vertieft werden.

993 Vgl. dazu BVerfG, Beschluss des Zweiten Senats vom 27. März 2012 – 2 BvR 2258/09, Rn. 55 mit Verweis auf BVerfGE 109, 133 (151); 128, 326 (377).

994 *Grünebaum/Volckart*, Maßregelvollzug, Einl. Rn. 4.

https://doi.org/10.1515/9783111347868-009

Vertrauen und Ebenbürtigkeit gekennzeichnet ist und dem Patienten die jederzeitige Möglichkeit einräumt, sich aus freien Stücken der Behandlung zu entziehen, völlig realitätsfern, sodass es sich innerhalb der Unterbringung nicht um ein wünschenswertes horizontales, sondern vielmehr um ein vertikales Verhältnis handelt.[995] Anschaulich wurde diese Antinomie von *Kröber* auf den Punkt gebracht: „Wie soll ein Gefangener Vertrauen aufbauen zu jemandem, der entscheidende Machtbefugnisse über ihn hat, dessen Votum – ohne gerichtliche Überprüfung – eine Verlängerung der Freiheitsentziehung um Jahre bewirken kann: Wie viel kann man dem über sich verraten, über eigene problematische Anteile, Wünsche oder Handlungen, und wie ungeschönt? Es bedarf einer ständigen, bewussten Anstrengung seitens der Institution, in dem enormen vertikalen Machtgefüge dieser Einrichtungen so etwas wie horizontale Plattformen zu schaffen, auf denen eine respektvolle, wertschätzende Begegnung stattfinden kann."[996] Im Hinblick auf die möglichst weitreichende Grundrechtsgewährleistung im Rahmen der psychiatrischen Unterbringung stellt sich daher zwangsläufig die Frage, wie eine sinnvolle Behandlung unter diesen Voraussetzungen überhaupt aussehen kann.[997] Nach *Kröber* kann nur „eine solche auf das Wohlergeben und die Entwicklung prosozialer Fähigkeiten ausgerichtete, bereichernde Behandlung (…) psychotherapeutisch wirkungsvoll werden; eine reine kriminaltherapeutische Dressur, die nicht das Wohl des Straffälligen selbst im Auge hat, wird mit hoher Wahrscheinlichkeit wenig nachhaltig sein. Die Konsequenz sollte sein, möglichst viel an vertrauensbildenden Maßnahmen ins Werk zu setzen, aus denen hervorgeht, dass die Haftanstalt und die Maßregelklinik respektvoll mit dem Verurteilten umgehen, ihn nicht demütigen und nicht gängeln wollen, ihm alle vertretbare Entscheidungsfreiheit lassen und sein Verantwortungsbewusstsein trainieren wollen."[998] Erfreulich ist daher die Regelung des § 3 Abs. 1 StrUG NRW, wonach jede untergebrachte Person in ihrer Würde und in ihrer persönlichen Integrität zu achten und zu schützen und das Leben im Rahmen der Unterbringung den allgemeinen Lebensverhältnissen anzupassen ist, soweit Sicherheitsbelange nicht entgegenstehen. Zudem ist der untergebrachten Person Raum und Gelegenheit zu geben, ihre Individualität erhalten und entwickeln zu können. Nach § 3 Abs. 3 StrUG NRW soll die untergebrachte Person laufend durch Anregung und Förderung zur Behandlung motiviert werden.

---

995 *Kröber*, Forens Psychiatr Psychol Kriminol 13 (2019), 1.

996 A. a. O., 2.

997 Zu methodischen Herausforderungen bei der Untersuchung zur Wirksamkeit des Strafvollzugs und seiner Behandlungsmaßnahmen bzw. zur Evidenzbasierung des Strafvollzugs vgl. *Suhling*, Strafvollzug, S. 558 ff.

998 *Kröber*, Forens Psychiatr Psychol Kriminol 13 (2019), 1, 2; dazu auch *Leygraf*, Forens Psychiatr Psychol Kriminol 12 (2018), 91.

Die Einrichtung hat zudem in geeigneter Weise auf vertrauensbildende Maßnahmen hinzuwirken. Welche Auswirkungen ein positives therapeutisches Umfeld auf die Notwendigkeit von Zwangsmaßnahmen haben kann bzw. wie eine an die individuellen Bedürfnisse des Untergebrachten angepasste Behandlung innerhalb der Unterbringungseinrichtung zur Vermeidung von Zwang[999] theoretisch aussehen könnte, soll im Rahmen dieses Ausblicks skizziert werden. Die Bedeutung der empirischen Überprüfung von Behandlungsmaßnahmen im Straf- und Maßregelvollzug und ihrer Wirksamkeit für die Rückfallprävention kann in diesem Zusammenhang jedoch nicht oft genug betont werden,[1000] sodass diese Thematik für die Zukunft vielversprechende Möglichkeiten umfassender (weiterer) Evaluationen bietet.[1001]

---

999 Die Ausgestaltung der Behandlungssituation wird bewusst als ein wichtiger Faktor von mehreren auslösenden Faktoren zur Vermeidung von Zwang und Gewalt bezeichnet. Aggressives Verhalten innerhalb einer psychiatrischen Einrichtung ist jedoch regelmäßig das Ergebnis einer Wechselwirkung von zahlreichen Faktoren und resultiert häufig aus dem Zusammenspiel des individuellen Erlebens und des Verhaltens sowohl auf Mitarbeiter- als auch auf Patientenseite, der situativen Merkmale und einer Eskalationskomponente, vgl. dazu *Deutsche Gesellschaft für Psychiatrie und Psychotherapie, Psychosomatik und Nervenheilkunde e. V.* (Hrsg.), S3-Leitlinie, S. 67 m. w. N. Die individuellen und institutionellen Bedingungen der Entstehung von aggressivem Verhalten und damit von eigen- und fremdgefährdendem Verhalten als Voraussetzung einer Zwangsmaßnahme wie die Fixierung stellen sich damit als vielschichtiges und komplexes Themengebiet dar, das im Rahmen dieser Arbeit jedoch nicht abschließend behandelt werden kann.

1000 Vgl. dazu auch *Oberlader/A. F. Schmidt/Banse*, Methodische Herausforderungen in der Evaluation von Straftäterbehandlungsprogrammen, S. 314.

1001 Da es sich lediglich um einen Ausblick und nicht um den eigentlichen Kern der vorliegenden Arbeit handelt, soll im Folgenden nicht der überaus streitigen Frage nachgegangen werden, welcher Behandlungsbegriff für die Therapie im psychiatrischen Maßregelvollzug zugrunde gelegt werden sollte. Für ein besseres Verständnis der folgenden Ausführungen ist jedoch anzumerken, dass sowohl der juristische Krankheitsbegriff als Grundlage der §§ 20, 21 StGB als auch der überholte psychiatrische bzw. medizinisch-somatische Krankheitsbegriff für die Gestaltung der Behandlungsansätze im psychiatrischen Krankenhaus unbrauchbar sind. Handhabbare Kriterien für Therapie und Behandlung im Maßregelvollzug bietet hingegen grundsätzlich die von *Rasch* entwickelte strukturell-soziale Krankheitsdefinition, nach der Krankheit bedeutet, dass das Verhalten des Betroffenen in Form des Erlebens und Erleidens der Persönlichkeit von überindividuellen und damit krankheitseigenen Gesetzmäßigkeiten bestimmt wird, sodass sich unter diesem Blickwinkel der Krankheitsdefinition am Einzelfall prüfen lässt, in welchem Maße die strukturellen Elemente einer Krankheit ausgeprägt sind und welchen Einfluss dies auf das soziale Dasein des Betroffenen hat, vgl. dazu *Rasch*, NStZ 2 (1982), 177, 182; sowie *Lindemann*, Behandlung, S. 127 Rn. D6.

I. Behandlungsgrundsätze

Nach den durch eine interdisziplinäre Arbeitsgruppe erarbeiteten Standards gemäß dem aktuellen Stand der Wissenschaft für die Behandlung im Maßregelvollzug muss diese eindeutig auf die Ziele einer Verringerung der Rückfallgefahr, einer Entlassung des Patienten in die Freiheit als realistische Möglichkeit sowie einer Verringerung der Dauer des Freiheitsentzugs auf das unbedingt erforderliche Maß ausgerichtet sein. Dazu ist ein hoher Grad an Betreuung auf der Grundlage einer Behandlungsuntersuchung (sog. Eingangsdiagnostik) erforderlich, die nicht nur unverzüglich, sondern auch umfassend entsprechend dem wissenschaftlichen Stand zu erfolgen hat. Auf dieser Grundlage wird sodann ein individuell auf den Patienten zugeschnittener Behandlungsplan entwickelt, der im Einzelfall beschreiben muss, mithilfe welcher Maßnahmen die Motivation der betroffenen Person gezielt gefördert werden kann, um Risikofaktoren zu verringern und sog. protektive Faktoren zu stärken.[1002] In ethischer Hinsicht ist zu beachten, dass der Behandelnde im psychiatrischen Maßregelvollzug zwar nicht nur Verantwortung für den individuellen Patienten trägt, sondern auch für die Sicherheitsinteressen der Gesellschaft; das Vertrauensverhältnis in der therapeutischen Beziehung ist jedoch besonders schutzwürdig und grundsätzlich als vorrangig gegenüber gesellschaftlichen Ansprüchen anzusehen.[1003] Auch die Aufklärung über die doppelte Verantwortung des Behandelnden für die Patienten und die Sicherheitsinteressen der Allgemeinheit ist unverzichtbarer Bestandteil einer erfolgversprechenden Behandlung.[1004] Dem behandelnden Arzt kommt in diesem Fall ein Doppelmandat zu, da er dem individuellen Wohl seines Patienten sowie dem Gemeinwohlinteresse verpflichtet ist.[1005]

1002 Zitiert nach *J. L. Müller et al.*, Forens Psychiatr Psychol Kriminol 12 (2018), 93, 96 f.

1003 „Die ethischen Prinzipien des Respekts vor der Selbstbestimmung des Patienten, der Fürsorge, Gleichheit und Gerechtigkeit sowie des Nichtschadens sind auch im psychiatrischen Maßregelvollzug grundlegend für jede Behandlung und die therapeutische Beziehung.“, *J. L. Müller et al.*, Forens Psychiatr Psychol Kriminol 12 (2018), 93, 97.

1004 *J. L. Müller et al.*, Forens Psychiatr Psychol Kriminol 12 (2018), 93, 97.

1005 *Bruns et al.*, Überlegungen aus klinisch-ehischer Perspektive, S. 106 f., sprechen in diesem Zusammenhang auch von einer „Gratwanderung zwischen der medizinisch besten Behandlung des psychisch kranken Patienten auf der einen Seite und der gesellschaftlichen Kontrolle sozial auffälliger Menschen zum Schutze Dritter auf der anderen Seite“; *Kammeier,* Zur Weiterentwicklung des Maßregelvollzugs, S. 200 f., spricht von einer Spannung in der Dichotomie zwischen Besserung und Sicherung, da das therapeutische Personal gleichzeitig „Helfer des Patienten“ und „Sachwalter von Sicherheitsinteressen der Öffentlichkeit“ sei.

II. Behandlungsmodelle

Wie bereits im Rahmen des zweiten Kapitels gezeigt worden ist, stellt die schizophrene Störung im psychiatrischen Maßregelvollzug gemäß § 63 StGB nach den Daten des Ministeriums für Arbeit, Gesundheit und Soziales des Landes Nordrhein-Westfalen[1006] mit 68 % die häufigste und die Persönlichkeitsstörung mit 14 % die zweithäufigste Diagnosegruppe dar. Nach den Daten von *Passow*, *Prinz* und *Bastert* sowie *Stolpmann* und *Müller* soll ein Großteil der untergebrachten Personen mehrere psychiatrische Diagnosen aufweisen.[1007] Die Therapieplanung hat insbesondere zu berücksichtigen, dass die psychische Erkrankung häufig chronisch ist und die komorbiden Störungen ein zum Teil schwer überwindbares Entlassungshindernis darstellen, Behandlungsversuche in der Vergangenheit erfolglos waren und die Fähigkeit des Patienten zum Risikomanagement in der Regel defizitär ist.[1008] Aufgrund dieser Erkenntnisse benötigen die Patienten zweifellos entsprechend ihrer Bedürfnisse individuell ausgestaltete Behandlungsmethoden.[1009] Wird der bereits dargestellte Zweck der psychiatrischen Maßregel, der im Schutz der Allgemeinheit zu erblicken ist, konsequent auf diese Schlussfolgerung übertragen, so wird deutlich, dass sich die Behandlungsangebote zur Kompensation des Sonderopfers an den Ursachen der individuellen Gefährlichkeit des Patienten zu orientieren haben.[1010] Im Folgenden sollen zwei anerkannte Rehabilitationsmodelle vorgestellt und hinsichtlich der eingangs vorgestellten Fragen untersucht werden.[1011]

1006 Vgl. dazu die Nachweise in Fn. 426.

1007 Vgl. dazu Fn. 427.

1008 *Stolpmann/J. L. Müller*, Forensische Psychiatrie und Psychotherapie, S. 830.

1009 Vor diesem Hintergrund ist das Zitat von *Polaschek*, Legal and Criminological Psychology 2012, 1, 5 „No theory—no matter how well crafted—can be all things to all people." treffend.

1010 *Kammeier*, Nach 30 Eickelborner Fachtagungen: alte Fragen, neue Antworten?!, S. 88 f.

1011 Gelungene Ausführungen zu Therapiemöglichkeiten in Bezug auf die einzelnen Krankheitsbilder im Maßregelvollzug finden sich bei *de Tribolet-Hardy/Habermeyer*, Forens Psychiatr Psychol Kriminol 10 (2016), 265, 266 ff.; speziell zur Therapie von Persönlichkeitsstörungen *Lau*, Therapie der Persönlichkeitsstörungen im Maßregelvollzug, S. 171; allgemein zu den Therapiemethoden mit Beispielen und Nachweisen auch *Lindemann*, Behandlung, S. 135 ff.; zu den räumlichen und personellen Rahmenbedingungen sowie verschiedenen Modellen auch *J. L. Müller et al.*, Forens Psychiatr Psychol Kriminol 12 (2018), 93, 98 ff.; Leitlinien zur Behandlung forensisch relevanter psychischer Störungen finden sich in tabellarischer Form bei *Passow/Prinz/Bastert*, Behandlung im Erwachsenen-Maßregelvollzug, S. 439.

1. „Risk-Need-Responsivity"-Prinzip

Therapeutische Interventionen im psychiatrischen Maßregelvollzug müssen in Anbetracht der vorstehenden Ausführungen multimodal, umfassend, intensiv und interdisziplinär sein.[1012] Ein erfolgversprechendes und zugleich nachweislich wirksames Modell stellt dafür das von *Andrews* und *Bonta* entwickelte „Risk-Need-Responsivity"-Prinzip (Risiko-Bedürfnis-Ansprechbarkeitsprinzip bzw. RNR-Prinzip) dar.[1013] Das stark vom Gedanken des Risikomanagements geprägte Prinzip orientiert sich im Hinblick auf die Intensität der notwendigen Interventionen an der Höhe des individuellen Rückfallrisikos (risk), sodass bei einem hohen Risiko entsprechend viele therapeutische Maßnahmen eingesetzt werden.[1014] Dabei ist das Ziel dieser Intervention der kriminogene Bedarf (need), also eine Behandlung derjenigen dynamischen Risikofaktoren,[1015] die in kausaler Beziehung zum kriminellen Verhalten der Person stehen und somit maßgeblich zur Deliktsentstehung beigetragen haben.[1016] Die Art und Weise der Intervention passt sich den relevanten Persönlichkeitseigenschaften und kognitiven Fähigkeiten und damit den individuellen Lern- und Erlebnisstilen (responsivity) an.[1017] Für eine erfolgreiche Straftäterrehabilitation sind nach *Andrews und Bonta* neben einer strukturierten Erfassung der behandlungsrelevanten dynamischen Risikofaktoren im Sinne einer Delikthypothese sowie einer darauf aufbauenden umfassenden Risikobeurteilung die folgenden acht Dimensionen von maßgeblicher Bedeutung: Hochwertige Beziehungsarbeit (1), anschauliches und effektives Erklären, um Schwierigkeiten aufzeigen und Verhalten entsprechend belohnen zu können (2), Verstärken von Äußerungen und gewünschtem Verhalten (3) sowie sofortige Ablehnung von unerwünschtem Verhalten (4), angemessener Gebrauch von Autorität über die Behandlung im Sinne von „firm but fair" bzw. „hart aber fair" (5), strukturiertes Lernen von Selbstmanagementfähigkeiten (6), motivierende Gesprächsführung durch das Ausdrücken von Empathie und das Vermitteln

---

1012 *Stolpmann/J. L. Müller,* Forensische Psychiatrie und Psychotherapie, S. 830.

1013 S. dazu das bereits in der fünften Auflage erschienene Werk von *Andrews/Bonta,* The psychology of criminal conduct.

1014 *Kammerer,* BewHi 66 (2019), 197, 198; *Lindemann,* Behandlung, S. 135 Rn. D34.

1015 Entsprechende Risikofaktoren – sog. Central Eight – sind die kriminelle Vorgeschichte, prokriminelle Einstellungen und prokriminelle Bezugspersonen, antisoziale Persönlichkeitsmuster, konfliktträchtige Familien- und Partnerbeziehungen mit geringer sozialer Bindung, unzureichende Schulbildung sowie unzureichende Leistung in Schule und Arbeit, Substanzmissbrauch und prosoziale Freizeitgestaltung („big four" und „moderate four"), vgl. dazu *A. F. Schmidt,* BewHi 66 (2019), 211, 213; *Polaschek,* Legal and Criminological Psychology 2012, 1, 3.

1016 *Kammerer,* BewHi 66 (2019), 197, 198; *A. F. Schmidt,* BewHi 66 (2019), 211, 213; *Stolpmann/J. L. Müller,* Forensische Psychiatrie und Psychotherapie, S. 831 f.

1017 Auch „how of intervention", *Polaschek,* Legal and Criminological Psychology 2012, 1, 3; *A. F. Schmidt,* BewHi 66 (2019), 211, 213.

von Hoffnung (7) sowie kognitive Restrukturierung, sodass der Patient in die Lage versetzt wird, risikobehaftete Situationen erkennen und weniger riskante Gedanken erproben zu können (8).[1018] Übergreifende Prinzipien sind zudem der Respekt vor der Person und dem normativen Kontext (a), das Aufbauen des Programms auf empirisch validen psychologischen Theorien (b) sowie die Wichtigkeit von Kriminalitätsvermeidungsprogrammen (c).[1019]

Kritisiert wird jedoch zum einen die einseitige Fokussierung auf Risikofaktoren und Vermeidungsziele und die damit verbundene Vernachlässigung von Stärken und Annäherungszielen.[1020] Der Schwerpunkt der Behandlung sollte daher nicht ausschließlich auf der Reduzierung von Risikofaktoren, sondern auf der Vermittlung von Stärken und notwendigen Fähigkeiten zur Erreichung primärer Lebensgüter liegen, um so den Menschen und seine Grundbedürfnisse in den Fokus zu rücken. Zum anderen wird das Ansprechbarkeitsprinzip als eine „catch-all category"[1021] bezeichnet, da es zwar eine theoretische Liste von wesentlichen Faktoren für eine erfolgreiche Rehabilitation beinhaltet, aber keine ausreichenden Maßstäbe dafür bietet, wie dies in die Behandlung konkret implementiert werden kann.[1022] Darüber hinaus wird auch die methodische Qualität einzelner Studien und Meta-Analysen kritisiert, da häufig keine Tests zu der Frage durchgeführt wurden, inwiefern ermittelte Unterschiede zwischen erfolgreichen und weniger erfolgrei-

1018 *Andrews/Bonta*, zitiert nach *Kammerer*, BewHi 66 (2019), 197, 200 f.

1019 Dazu *Kammerer*, BewHi 66 (2019), 197, 201; *Polaschek*, Legal and Criminological Psychology 2012, 1, 4.

1020 Versinnbildlicht wurde die Kritik von Ward und Stewart mit der Metapher eines Nadelkissens: „A metaphor that captures the central thrust of the risk-need model is that of a pincushion: Offenders are essentially collections of discrete risk factors (i. e., „pins") that are embedded in their lifestyles, environments, and personalities. The task of the therapist is to remove each risk factor, or pin, from an offender (i. e., target the criminogenic needs) and by doing so reduce the offender's overall level of risk. However, the danger is that when the primary focus of treatment is on individual risk factors, individuals are viewed as disembodied bearers of risk rather than as integrated agents. Just as removing all the pins from a pincushion leaves only holes, treating offenders strictly according to this model leaves them with gaps in their lives. What may not be addressed is the need to understand the primary human goods associated with the commission of an offense and the need to ensure that these goods are met in more socially acceptable and individually satisfying ways.", *Ward/Stewart*, Professional Psychology: Research and Practice 34 (2003), 353, 354 f.

1021 So *Polaschek*, Legal and Criminological Psychology 2012, 1, 8.

1022 *A. F. Schmidt*, BewHi 66 (2019), 211, 216 f. mit weiteren Kritikpunkten und Nachweisen; vgl. auch die kritische Analyse der Schwachstellen des RNR-Prinzips bei *Ward/Willis*, Responsivity Dynamic Risk Factors and Offender Rehabilitation, S. 182: „We conclude that the RNR rehabilitation framework, or theory, is not a coherent rehabilitation framework and collapses into a loose patchwork of practices, guidelines, and norms."

chen Behandlungsprogrammen tatsächlich auf Programmunterschiede zurückzuführen sind oder vielmehr auf methodischen Defiziten[1023] beruhen.[1024]

2. „Good Lives Model“

Vor dem Hintergrund der Schwachstellen des RNR-Prinzips erscheint es angebracht, den primär risikoorientierten Ansatz um das sog. „Good Lives Model“ (GLM) von *Ward* und *Stewart* (2003)[1025] sowie *Ward* und *Maruna* (2007)[1026] zu ergänzen, um so die vorhandenen Stärken der untergebrachten Person in die Behandlungsgestaltung einbeziehen zu können.[1027] Dieser humanistische und stärkenbasierte Ansatz integriert die Lebensziele, Interessen und Ressourcen der untergebrachten Person in die Behandlung und basiert auf der zentralen Grundannahme, dass sich erneutes deliktisches Verhalten durch eine postdeliktisch zufriedene Lebensführung im Sinne einer verbesserten Lebensqualität vermeiden lässt.[1028] Es wird davon ausgegangen, dass alle Menschen nach bestimmten wichtigen Lebensgütern wie Leben (einschließlich Gesundheit und physischer Funktionsfähigkeit), Wissen (und Verstehen), hervorragenden Leistungen in Sport bzw. Freizeit und Arbeit (einschließlich Erfolgserlebnissen), eigener Entscheidungsfreiheit (d. h. Autonomie und Selbstbestimmung ohne Beeinträchtigung durch andere), innerem Frieden (d. h. Freiheit von emotionalen Turbulenzen und Stress), Freundschaft und Verbundenheit (einschließlich intimer, romantischer und familiärer Beziehungen), Gemeinschaft (Zugehörigkeit zu sozialen Gruppen, die die eigenen Werte, Sorgen und Interessen teilen), Spiritualität (im weitesten Sinne also einen Sinn und Zweck im

---

1023 Folgende Aspekte sollten berücksichtigt werden, um aussagekräftige Ergebnisse erzielen zu können: „(1) die Festlegung einer adäquaten Kontrollbedingung, in der vergleichbare Rahmenbedingungen vorliegen und (2) Störeinflüsse durch eine ausreichend große Stichprobe weitestgehend kontrolliert werden, (3) die Gewährleistung der Behandlungsintegrität durch die Standardisierung des Vorgehens, wobei zur Untersuchung von allgemeinen Wirkfaktoren auch Behandlungsprinzipien vorgegeben werden können, (4) der Einschluss aller relevanten Straftäterpopulationen, für die eine Behandlung zukünftig angewendet werden soll, (5) die Einbeziehung von Therapieabbrechern in die Datenanalyse und (6) die Auswahl eines aussagekräftigen Erfolgskriteriums.“, zitiert nach *Oberlader/A. F. Schmidt/Banse*, Methodische Herausforderungen in der Evaluation von Straftäterbehandlungsprogrammen, S. 326 f.

1024 Dazu *A. F. Schmidt*, BewHi 66 (2019), 211, 217 m. w. N.

1025 *Ward/Stewart*, Professional Psychology: Research and Practice 34 (2003), 353.

1026 *Ward/Maruna*, Rehabilitation.

1027 So auch *Lindemann*, Behandlung, S. 136 Rn. D34.

1028 *A. F. Schmidt*, BewHi 66 (2019), 211, 217; *Stolpmann/J. L. Müller*, Forensische Psychiatrie und Psychotherapie, S. 832.

Leben zu finden) sowie Glück und Kreativität[1029] als Grundbedürfnisse für ein gutes Leben streben (sog. primary goods, Primärgüter) und zu diesem Zweck bestimmte Möglichkeiten zur Sicherung dieser Güter wählen (sog. secondary goods, Sekundärgüter).[1030] Das Streben nach dieser Bedürfnisbefriedigung, das im Erfolgsfalle mit einem hohen Maß an persönlicher Zufriedenheit verbunden ist, wird als natürliche Eigenschaft aller Menschen bezeichnet.[1031] Kriminelles Verhalten entsteht danach, wenn unangemessene oder inadäquate Mittel zur Erreichung der Lebensgüter eingesetzt werden, wenn ein Mangel an Spielraum besteht, also der Rahmen zu stark auf wenige Lebensgüter eingeengt ist, sodass andere Lebensgüter gänzlich fehlen, wenn die Fähigkeit zu realistischer Planung, zum Umsetzen dieser Pläne oder der Anpassung an neuerliche Umstände fehlt oder die Lebensziele miteinander konfligieren bzw. das Streben nach mehreren Lebensgütern unvereinbar ist.[1032] Ziel des „Good Lives Model" ist es daher, dem Straftäter die internen und externen Ressourcen zu vermitteln, um diese individuell unterschiedlich priorisierten Lebensgüter[1033] auf einem gesellschaftlich und sozial akzeptiertem Wege erreichen zu können.[1034] Dazu sind die für das Individuum relevanten Lebensgüter zunächst zu identifizieren und zu gewichten, die internen und externen Rahmenbedingungen zu ermitteln, welche die untergebrachte Person auf der einen Seite bereits aufweist und auf der anderen Seite noch benötigt, um die ausgewählten Lebensgüter zu erreichen (sog. „Good Life" Plan), es sind die kriminogenen Bedürfnisse zu identifizieren, die der Erreichung dieser Lebensgüter im Wege stehen könnten (Schnittstelle zum RNR-Prinzip), um sodann die Ressourcen im Rahmen eines Interventionsplans nutzbar zu machen und die inneren und äußeren

---

1029 Im Original: „We offer the following list of nine primary human goods: life (including healthy living and functioning), knowledge, excellence in play and work (including mastery experiences), excellence in agency (i. e., autonomy and self-directedness), inner peace (i. e., freedom from emotional turmoil and stress), friendship (including intimate, romantic, and family relationships), community, spirituality (in the broad sense of finding meaning and purpose in life), and happiness and creativity.", *Ward/Stewart*, Professional Psychology: Research and Practice 34 (2003), 353, 356.

1030 *Ward/Stewart*, Professional Psychology: Research and Practice 34 (2003), 353, 356.

1031 *Von Franqué/Briken*, Forens Psychiatr Psychol Kriminol 7 (2013), 22, 23.

1032 *Beech/Davies*, Forensic Psychology, S. 676 ff.; *Ward/Stewart*, Professional Psychology: Research and Practice 34 (2003), 353, 356, *von Franqué/Briken*, Forens Psychiatr Psychol Kriminol 7 (2013), 22, 24.

1033 Zu diesem Selektionsprozess zur Bildung einer persönlichen Identität findet sich ein passendes Beispiel bei *von Franqué/Briken*, Forens Psychiatr Psychol Kriminol 7 (2013), 22, 24: „So könnte bspw. eine Person ihr Bedürfnis nach Verbundenheit (primäres, zentrales Gut) durch den Aufbau einer eigenen Familie (sekundäres Gut) stillen. Durch das Engagement hierfür könnte sich die praktische Identität eines Familienvaters herausbilden, die ihrerseits das starke Engagement für die Familie stabilisieren würde."

1034 *Ward/Stewart*, Professional Psychology: Research and Practice 34 (2003), 353, 356.

Hindernisse überwinden zu können.[1035] Wesentlicher Kritikpunkt dieses Rehabilitationsmodells ist die schwache und damit (noch) unzureichende empirische Validierung, da es bisher nur wenige Studien mit geringen Stichprobenumfängen gibt.[1036] Problematisch ist dabei, dass Evaluationen zur Effektivität eines solchen Modells ausreichend Zeit benötigen, da zunächst eine Behandlung des Straftäters erfolgen muss, um ihn sodann entlassen und seine Legalbewährung in Freiheit überprüfen zu können.[1037]

III. Zusammenfassung der Erkenntnisse zur Behandlungsgestaltung

In Anbetracht der Resonanz in der Literatur handelt es sich bei den vorgestellten Modellen unbestreitbar um bedeutsame Errungenschaften der modernen Straftäterrehabilitation. Unter Einbeziehung ihrer wesentlichen Aussagen sowie der dargestellten Vor- und Nachteile sind das „Risk-Need-Responsivity"-Prinzip und das „Good Lives Model" nicht als sich gegenseitig ausschließende, sondern vielmehr als sich wechselseitig ergänzende Rehabilitationsmodelle der Risikoreduzierung und Bedürfnisbefriedigung zu begreifen, die ihre volle Leistungskraft erst durch eine Kombination beider Ansätze und dem damit verbundenen Ausgleich der jeweiligen Schwächen voll entfalten können.[1038] Die Fokussierung auf Risikofaktoren ist folglich zwar ein notwendiges, nicht aber ein ausreichendes Behandlungsziel, sodass daneben vor allem die aufzubauende Veränderungsmotivation des Patienten im Vordergrund stehen sollte, um die Wünsche und Bedürfnisse des straffällig gewordenen Menschen in die Behandlung einbeziehen und aktiv daran arbeiten zu können, diese Bedürfnisse zukünftig in einer prosozialen und gesellschaftlich akzeptierten Art und Weise erfüllen zu können.[1039]

Für eine erfolgversprechende Behandlung ist neben der Wahl eines geeigneten Rehabilitationsmodells aber auch das Setting von besonderer Bedeutung.[1040] Nach

---

1035 *Kammerer*, BewHi 66 (2019), 197, 206.

1036 *Kammerer*, BewHi 66 (2019), 197, 208; *von Franqué/Briken*, Forens Psychiatr Psychol Kriminol 7 (2013), 22, 26.

1037 Zu dieser Problematik *A. F. Schmidt*, BewHi 66 (2019), 211, 219, der davon ausgeht, dass ein solcher Zeitraum schnell 15 Jahre überschreiten könne.

1038 Eine solche Kombination war zudem das ersichtliche Ziel der Autoren: „We propose that the risk-need model be used in conjunction with the good lives framework, which essentially grounds the risk-need model and deals more systematically with the issue of offender motivation and responsivity.", *Ward/Stewart*, Professional Psychology: Research and Practice 34 (2003), 353, 357.

1039 *Von Franqué/Briken*, Forens Psychiatr Psychol Kriminol 7 (2013), 22, 26.

1040 Zu den Faktoren, die Einfluss auf die Therapiemotivation haben, vgl. auch *Leygraf/Heinz*, Stationäre psychiatrische Behandlung psychisch kranker Rechtsbrecher, S. 48 ff.

dem Expertenkonsens der S3-Leitlinie zur Verhinderung von Zwang soll die Behandlung im psychiatrischen Krankenhaus möglichst so ausgestaltet sein, dass die Einschränkung der Bewegungsfreiheit durch permanent oder zumindest zeitweise offene Türen[1041] möglichst gering ist, wobei dieses Ziel jedoch nicht zu Lasten von Autonomie und Sicherheit realisiert werden soll, sodass ein Gesamtkonzept des möglichst weitgehenden Verzichts auf Restriktionen entscheidend ist.[1042] Die Vorteile der sog. offenen Psychiatrie in Gestalt von weniger Gewalt und insbesondere weniger Zwangsmaßnahmen, einer höheren Akzeptanz bei Patienten und Angehörigen sowie weniger Stigmatisierung zeigen auch *Zinkler* und *Nyhuis* auf.[1043] Auch *Lang, Borgwardt, Walter* und *Huber* ziehen in ihrem Beitrag das Fazit, dass auf geschlossenen Stationen im Vergleich zu offenen Stationen ein hohes Aggressionsniveau und ein bedrohliches Stationsklima herrscht, mehr Zwangsmaßnahmen und insgesamt rigide Stationsregeln, weniger Mitsprache über den Ablauf der Behandlung, eine schwache Einbeziehung der Patienten und eine geringe emotionale Ansprechbarkeit der Bezugspersonen vorzufinden sind, sodass eine Öffnung der Psychiatrien bei Einhaltung konzeptioneller Maßnahmen zu einer Intensivierung der wichtigen Beziehungsarbeit ohne ein erhöhtes Risiko führen kann.[1044] Ebenfalls positive Erfahrungen wurden mit der Öffnung der Türen auf Akutstationen im Rahmen des sog. Weddinger Modells, das 2010 in der Psychiatrischen Universitätsklinik der Charité im St.-Hedwig-Krankenhaus als „ein aus der stationären Praxis heraus entwickeltes Recoveryorientiertes Behandlungsmodell“[1045] implementiert wurde, erzielt. Die nach diesem Modell erfolgende Behandlung der Patienten zielt insgesamt auf Veränderungen in den Lebenswelten ab und richtet sich am individuellen Krankheits- und Gesundheitskonzept aus, sodass die indivi-

1041 Zu verschiedenen Konzepten der offenen Türen, zu möglichen Problemen und der Handhabung in anderen Ländern äußern sich *Steinert et al.*, Nervenarzt 90 (2019), 680, 685 mit folgendem Fazit: „Anhand der ausgewerteten Literatur ist eine abschließende Schlussfolgerung, in welchem Umfang eine generell offene Psychiatrie praktikabel ist und mit welchen Risiken sie einhergeht, nicht möglich.“; zum Konzept der offenen Türen in der Allgemeinpsychiatrie, also in der öffentlich-rechtlichen und die betreuungsrechtlichen Unterbringung, auch *Henking*, R&P 35 (2017), 68; mögliche Ursachen für die Beobachtung, dass es bei dem Konzept der offenen Türen zu einer Reduktion von Zwangsmaßnahmen kommt, diskutieren auch *Lang et al.*, R&P 35 (2017), 72; konzeptionelle Überlegungen zur Türöffnung in der Akutpsychiatrie finden sich bei *Gather/Nyhuis/Juckel*, R&P 35 (2017), 80; aus der Praxis von über 20 Jahren Erfahrung mit offenen Türen in der Psychiatrischen Klinik Heidenheim berichten ausführlich *Mayr/Waibel*, Offene Türen verhindern Gewalt, S. 159 ff.

1042 *Deutsche Gesellschaft für Psychiatrie und Psychotherapie, Psychosomatik und Nervenheilkunde e.V.* (Hrsg.), S3-Leitlinie, S. 83.

1043 *Zinkler/Nyhuis*, R&P 35 (2017), 63, 63 ff. m.w.N.

1044 *Lang et al.*, R&P 35 (2017), 72, 76.

1045 *Mahler et al.*, Nervenarzt 90 (2019), 700, 702.

duellen Behandlungsziele der Betroffenen in den Vordergrund gestellt werden.[1046] Die damit einhergehende „Politik der offenen Tür" führte zu einer signifikanten Reduktion der Entweichungsraten sowie der Aggression, die zur Anwendung von Zwangsmedikationen führte.[1047] Aktuelle Befragungen Betroffener haben zudem zeigen können, dass sich neben dem Eingehen auf Ängste und Bedürfnisse der untergebrachten Person vor allem auch Rückzugsmöglichkeiten, eine gemeinsame Entscheidungsfindung sowie das Gewähren von Bedenkzeit als hilfreich zur Vermeidung von Zwangsmaßnahmen erwiesen haben.[1048] Die fehlende Integration der Patientenperspektive in den Entscheidungsfindungsprozessen erhöht das Risiko für Zwangsmaßnahmen, sodass eine partizipative Entscheidungsfindung einen wesentlichen Beitrag nicht nur zur Stärkung der Patientenautonomie und Selbstbestimmung leisten kann, sondern auch zu einer patientenzentrierten Behandlung führt.[1049]

Für den Umgang mit aggressiven Untergebrachten ist zudem eine auf Vermeidung von Zwang ausgerichtete Grundstimmung und -haltung erforderlich, die sich durch intensive Beziehungsarbeit als zentralem Aspekt innerhalb der psychiatrischen Behandlung in jedem Stadium der Erkrankung und auch bei jedem Schweregrad auszeichnet. Auch das psychodynamische Verständnis der Funktionalität der Symptome (zum Beispiel Angst als Ursache von Gewalt und Aggression) ist essentiell. Konsequenz dieser Erkenntnisse ist die Gestaltung und Anwendung einer den aktuellen und individuellen Bedürfnissen der untergebrachten Person angepassten Behandlung.[1050] Die Beziehungsarbeit als „Schwerpunktaufgabe psychiatrischer Pflege"[1051] stellt folglich einen maßgeblichen Faktor für eine erfolgreiche Behandlung dar. *Dziopa* und *Ahern* haben neun Bestandteile einer therapeutischen Beziehung herausgearbeitet, die auch für die Behandlung im psychiatrischen Maßregelvollzug nach

---

1046 *Mahler et al.*, Nervenheilkunde 34 (2015), 249, 250. In dem Beitrag werden zudem die Erfahrungen mit Peer-Beratern als integraler Teil der multiprofessionellen Bezugstherapeutenteams auf den Akutstationen der psychiatrischen Universitätsklinik der Charité im St. Hedwig-Krankenhaus vorgestellt.

1047 *Mahler et al.*, Nervenarzt 90 (2019), 700, 701: „Von zentraler Bedeutung in dem Weddinger Modell ist die gegenseitige Beeinflussung von Strukturen und Haltung im psychiatrischen stationären Setting. Alle strukturellen Änderungen des Weddinger Modells (…) haben also nicht nur zum Ziel, die Organisation der alltäglichen Arbeit hinsichtlich Transparenz, Partizipation, Individualisierung und Effizienz zu verändern, sondern auch eine therapeutische Haltung zu etablieren, die die Strukturveränderung überhaupt ermöglicht."

1048 *Von Haebler/Montag*, Forens Psychiatr Psychol Kriminol 13 (2019), 22, 25 m. w. N.

1049 *Mahler et al.*, Nervenheilkunde 34 (2015), 249, 250.

1050 Ausführlich dazu *von Haebler/Montag*, Forens Psychiatr Psychol Kriminol 13 (2019), 22, 24.

1051 So *Deutsche Gesellschaft für Psychiatrie und Psychotherapie, Psychosomatik und Nervenheilkunde e. V.* (Hrsg.), S3-Leitlinie, S. 84 f. m. w. N.

Maßgabe des § 63 StGB von Bedeutung sind: Verständnis und Empathie aufbringen, um dem Patienten ein Gefühl von Wichtigkeit zu vermitteln (1), Individualität akzeptieren, um den Menschen unabhängig von seiner Erkrankung kennenzulernen (2), Unterstützung anbieten, damit der Patient sich stets sicher und wohlfühlen kann (3), da sein bzw. zur Verfügung stehen, um dem Patienten zu zeigen, dass (genügend) Zeit in ihn investiert wird (4), authentisch sein, sodass eine transparente Atmosphäre entsteht (5), auf gleicher Augenhöhe sein, um dem Patienten Partizipation und Teilhabe zu ermöglichen (6), respektvoll sein, damit der Patient als Person und auch sein Anliegen ernst genommen werden (7), Aufrechterhaltung klarer Grenzen zum Schutz von Patient und Behandler (8) sowie Selbstbewusstsein haben und zeigen, also Schwächen einer Person erkennen, reflektieren und so Professionalität entwickeln (9).[1052]

Für ein erfolgreiches Setting ist zudem nach *Kröber* eine respektvolle und wertschätzende Behandlungsatmosphäre erforderlich.[1053] Es sollten nicht nur die Wünsche sowie der kulturelle Hintergrund der untergebrachten Person Eingang in die Behandlung finden, sondern darüber hinaus sollte die gesamte Situation so empathisch und transparent wie möglich sein.[1054] Wie eingangs bereits gezeigt wurde, ist gemäß § 3 Abs. 1 S. 1 StrUG NRW jede untergebrachte Person in ihrer Würde und in ihrer persönlichen Integrität zu achten und zu schützen. Auch sollten negative Zuschreibungen und Etikettierungen wie die Bezeichnung als „Straftäter" vermieden werden.[1055] Die Begründung für ein solches Postulat wird unter Berücksichtigung der sog. „self-fulfilling prophecy" der Kriminalisierungstheorie des „labeling approach"[1056] besonders deutlich: Danach macht sich der Betroffene eine

---

1052 Diese Merkmale wurden zugunsten einer besseren Handhabung für die Darstellung übersetzt. Im Original lauten sie „conveying understanding and empathy, accepting individuality, providing support, being there/ being available, being genuine, promoting equality, demonstrating respect, maintaining clear boundaries and having self awareness", *Dziopa/Ahern*, The Internet Journal of Advanced Nursing Practice 10 (2009), 1, 2 ff.; dazu auch *Deutsche Gesellschaft für Psychiatrie und Psychotherapie, Psychosomatik und Nervenheilkunde e. V.* (Hrsg.), S3-Leitlinie, S. 85 ff.

1053 S. dazu Fn. 994.

1054 *Von Franqué/Briken*, Forens Psychiatr Psychol Kriminol 7 (2013), 22, 25.

1055 *Richards/Jones*, Beating the perpetual incarcerationmachine: overcoming structuralimpediments to re-entry, 201, 202: „For example, we do not use the terms 'inmates' or'offenders', as these words suggest statistical categories, and are used bycorrectional authorities to dehumanize persons. We prefer prisoners,convicts and persons convicted of criminal offences."

1056 Als ursprüngliche Quelle wird vielfach das Werk von *Tannenbaum* aus dem Jahr 1938 genannt, vgl. dazu *Tannenbaum*, Crime and the Community: „The young delinquent becomes bad because he is defined as bad and because he is not believed if he is good", S. 17 f. Nachfolgend sind als Wegbereiter des Etikettierungsansatzes auch *Lemert* aus dem Jahr 1951 mit seinem Werk „Social pathology: a systematic approach to the theory of sociopathic behavior", S. 75 f. sowie *Becker* mit seinem Werk „Outsiders. Studies in the Sociology of Deviance" von 1963 zu nennen. Auf S. 9 schreibt (gesellschaftliche) Zuschreibung im Rahmen eines Etikettierungsprozesses so zu eigen, dass er das Attribut „kriminell“ bzw. die Bezeichnung des „Straftäters“ als Eigenschaft seiner Persönlichkeit und so die zugedachte Rolle in sein Selbstbild übernimmt.[1057] Um folglich eine Identifizierung der Person mit einem Ereignis aus der Vergangenheit zu vermeiden und die Chancen für eine langfristige Änderung zu erhöhen, sollte von vornherein eine Begegnung auf Augenhöhe ohne stigmatisierende Zuschreibungen stattfinden.[1058]

Eine weitere Hilfe zur Gestaltung der Behandlung kann zudem die sog. Milieutherapie darstellen, wonach ein therapiefreundlicheres Umfeld[1059] auch durch die baulich-technische Ausstattung der Unterbringung, die Organisationsstruktur sowie die Freizeitgestaltung geschaffen werden kann, um so den Zugang zum Patienten und zu seiner Erkrankung maßgeblich zu erleichtern.[1060] Die für das Gesamtverständnis der Milieutherapie wichtige Grundannahme der ökologischen Psychologie basiert darauf, dass sich der Mensch in stetiger Interaktion mit der ihn umgebenden Umwelt befindet, sodass Wahrnehmung und Verhalten maßgeblich durch Umweltreize beeinflusst werden.[1061] Vor diesem Hintergrund ist es Sinn und Zweck der Milieugestaltung, die Behandlung mit individuellen, auf den konkreten Patienten und seine Bedürfnisse abgestimmten Maßnahmen zu ergänzen, um dessen Ressourcen bestmöglich zu nutzen und eine Teilhabe des Patienten zu fördern.[1062] In diesem Zusammenhang hat eine Studie gezeigt, dass architektonische Verbesserungen und insgesamt positivere bauliche Rahmenbedingungen wahrscheinlich dazu beitragen können, die Anwendung von Zwangsmaßnahmen zu reduzieren, da durch die Verbesserung der subjektiven Befindlichkeit von Patienten und Personal sowie deren sozialen Beziehungen das eine Zwangsmaßnah-

Becker dazu: „Deviance is not a quality of the act the person commits, but rather a consequence of the application by others of rules and sanctions to an ‘offender.’ The deviant is one to whom the label has successfully been applied; deviant behavior is behavior that people so label.“

1057 S. dazu bereits die Nachweise in Fn. 1055; vgl. auch *Sack*, Kritische Kriminologie, S. 277 ff.

1058 *Von Franqué/Briken*, Forens Psychiatr Psychol Kriminol 7 (2013), 22, 25.

1059 Ein erfolgreiches Konzept in sozialen Einrichtungen zur Tiefenentspannung und zum Ausblenden störender Umwelteinflüsse ist das in den Niederlanden entwickelte sog. „Snoezelen“. Auf der Internetseite der Deutschen Snoezelen Stiftung wird dieses Prinzip wie folgt beschrieben: „Snoezelen wird als Freizeitangebot, multisensorische Reizeinwirkung, Anregung der Sinne, gezielte Förderung, strukturierte Therapie, pädagogische Intervention oder als Milieu für verschiedene Methoden der Physio- bzw. Psychotherapie genutzt. Snoezelen ist heute auf dem Weg, ein fester Bestandteil pädagogischer und therapeutischer Einflussnahme für Menschen mit den verschiedensten Auffälligkeiten und Störungen zu werden.“, http://www.snoezelen-stiftung.de/.

1060 *Lindemann*, Behandlung, S. 139 Rn. D42.

1061 *Kramer*, Gestaltung therapeutischer Settings, S. 242.

1062 *Kolbe*, „Milieu ist das was wirkt und als wirksam erlebt wird“, S. 248.

me regelmäßig auslösende eigen- und fremdgefährdende Verhalten vermutlich verringert werden kann.[1063]

Es darf jedoch nicht unberücksichtigt bleiben, dass die Rehabilitationsmodelle im Hinblick auf ihre Zielsetzung primär auf die Zeit *nach* der Freiheitsentziehung abzielen, indem sie anknüpfend an den Gedanken des Risikomanagements eine Einwirkung auf die dynamischen Risikofaktoren vorsehen, die unmittelbar zur Deliktsentstehung beigetragen haben. Denn nicht nur nach dem „Risk-Need-Responsivity"-Prinzip, sondern auch nach dem „Good Lives Model" ist zunächst eine Delikthypothese im Rahmen der Eingangsdiagnostik erforderlich, die vor dem Hintergrund der Indexstraftat und der Biographie des Patienten relevante Risikofaktoren und damit das individuelle Risiko ausweist.[1064] Es ist jedoch ebenfalls in den Blick zu nehmen, dass die erstrebte Veränderung des Patienten maßgeblich an das gegenwärtige Verhalten und seine gegenwärtigen Bedürfnisse anknüpft. Der erste Schritt der Erprobung findet damit zwangsläufig innerhalb der Unterbringung im psychiatrischen Krankenhaus statt, sodass sich ausschließlich hier die anfänglichen Behandlungserfolge in Form der Reduzierung von Gewalt und Aggression und damit auch der Vermeidung von Zwang manifestieren können. Auf diese Weise wird durch die multimodale, umfassende, intensive und interdisziplinäre Behandlung des Betroffenen im Rahmen der Unterbringung auch eine postdeliktische Veränderung der Einstellung und Motivation des Patienten für die Zeit nach der Unterbringung bezweckt, sodass im Optimalfall eine Veränderung des Patienten *nach* der Freiheitsentziehung durch die Behandlung *während* der Freiheitsentziehung erreicht wird. Es zeigt sich folglich, dass der Erfolg einer Behandlungsmaßnahme im psychiatrischen Maßregelvollzug maßgeblich von den institutionellen Rahmenbedingungen und der therapeutischen Gestaltung abhängig ist und so das Einfallstor für die Vermeidung von Zwang und Gewalt innerhalb und außerhalb der Unterbringung bildet. Die Einhaltung der wesentlichen ethischen Prinzipien muss dabei die Grundlage einer menschenwürdigen und insgesamt vertrauensvollen therapeutischen Beziehung bilden. Auch in Zeiten knapper Haushaltskassen erscheint es unabdingbar, für diese Aufgabe ausreichend finanzielle, sachliche und personelle Ressourcen und Mittel zur Verfügung zu stellen.[1065] Eine Studie zum

1063 *Rohe et al.*, Nervenarzt 88 (2017), 70, 73 ff. am Beispiel der Klinik für Psychiatrie und Psychotherapie des Universitätsklinikums Tübingen.

1064 *Von Franqué/Briken*, Forens Psychiatr Psychol Kriminol 7 (2013), 22, 25.

1065 Zu den Begriffen der Ökonomie und Ethik sowie ihrer Zusammenhänge im Maßregelvollzug äußert sich eindrucksvoll *Gaudernack*, Ökonomie und Ethik im Maßregelvollzug, S. 243 f., 247, 252, die zutreffend darauf hinweist, dass es die ökonomischen Aspekte sind, die einen ethischen Maßregelvollzug vermeintlich erschweren. Wenn aber der Staat einem Menschen durch die freiheitsentziehende Verwahrung die Möglichkeit zu eigener Versorgung und medizinischer Behandlung

Einfluss des psychiatrischen Behandlungskonzepts „Weddinger Modell“ auf mechanische Zwangsmaßnahmen hat bereits gezeigt, dass ein multiprofessionelles und patientenzentriertes Behandlungskonzept zu einer Reduktion der Anzahl der von Patienten erlebten Fixierungen und zu einer Verkürzung von Isolierungen führen konnte. Es wurde zwar kein Unterschied hinsichtlich des prozentualen Vorkommens mechanischer Zwangsmaßnahmen festgestellt, aber es konnte im Rahmen eines Vergleichs der Situationen vor und nach Einführung des Weddinger Modells ein Unterschied zugunsten des Modells im Hinblick auf die durchschnittliche Anzahl von erlebten Fixierungen pro betroffenem Fall nachgewiesen werden, sodass insgesamt die kumulative Dauer der Fixierungen reduziert werden konnte.[1066]

Zusammenfassend lässt sich daher festhalten, dass dem psychisch kranken Straftäter aufgrund des durch seine anhaltende Gefährlichkeit für die Allgemeinheit auferlegten Sonderopfers einer gerichtlich angeordneten Freiheitsentziehung ein Anspruch auf Gewährung einer adäquaten Behandlung zusteht, der wegen des totalen Charakters der psychiatrischen Unterbringung in einem vertikalen Machtgefüge zu seiner effektiven Durchsetzung einer besonderen Ausgestaltung auf Vollzugsebene bedarf, um die noch immer eher schwache Rechtsposition der untergebrachten Person nachhaltig zu stärken.[1067] Einen wichtigen Beitrag dazu leistet die bereits an einigen Stellen zitierte Norm des § 3 StrUG NRW, die diesen Anspruch auf Behandlung gesetzlich verankert und mit Pflichten der Unterbringungseinrichtung weiter konkretisiert. Zu beachten gilt es dabei, dass sich die untergebrachte Person keiner Pflicht zur Behandlung ausgesetzt sieht, sodass der Behandlungsbegriff vor dem Hintergrund des Sonderopfers bei einer Behandlung gegen den Willen des Untergebrachten eng verstanden werden muss und somit nur die Behandlung der Anlasskrankheit erfassen kann, die der Herstellung der Entlassungsreife des Untergebrachten gemäß § 67d Abs. 2 StGB dient.[1068] Diese Kategorisierung ist insbesondere deshalb zwingend, da der psychiatrische Maßregel-

---

nimmt, muss ihm der Staat zumindest eine gewisse Grundversorgung zukommen lassen. Sie zieht insgesamt das auch für die hiesige Arbeit Geltung beanspruchende Fazit, dass sich der Maßregelvollzug den Fragen und Anforderungen des modernen Qualitätsmanagements öffnen muss und der Wille zur Transparenz weiter gefördert werden sollte.

1066 *Czernin et al.*, Psychiatr Prax 47 (2020), 242, 246 f.

1067 *Lindemann,* Die Sanktionierung unbotmäßigen Patientenverhaltens, S. 334.

1068 So zutreffend *Lindemann,* Behandlung, S. 129 Rn. D14 mit dem wichtigen Hinweis, dass der weite Behandlungsbegriff ein modernes Repressionsinstrument geworden ist und sich auf diese Weise Disziplinierung und Therapie nicht mehr unterscheiden lassen.

vollzug gerade keine „therapeutische Rechtswohltat“[1069] darstellt. Eine Kombination der oben skizzierten Rehabilitationsmodelle sowie die Beachtung der maßgeblichen Voraussetzungen im Hinblick auf ein geeignetes und patientenzentriertes Behandlungssetting vermögen jedoch einen substanziellen Beitrag zu einer weitergehenden Vermeidung von unnötigem Zwang sowie einer insgesamt möglichst umfassenden Grundrechtsgewährleistung innerhalb der psychiatrischen Unterbringung leisten.

1069 Vgl. dazu *Jäger/Jacobsen*, MSchKrim 73 (1990), 305; sowie als Antwort darauf *Gretenkord*, MSchKrim 74 (1991), 124. Grundlegend zu dieser Terminologie auch *Eickhoff*, NStZ 7 (1987), 65, 65 ff.; vgl. auch *Pollähne*, NK 27 (2015), 25, 28, 35; NK-StGB-*Pollähne*, § 63 StGB Rn. 40.

Literaturverzeichnis

Adorjan, Kristina / Steinert, Tilman / Flammer, Erich / Deister, Arno / Koller, Manfred / Zinkler, Martin / Herpertz, Sabine C. / Häfner, Sibylle / Hohl-Radke, Felix / Beine, Karl Heinz / Falkai, Peter / Gerlinger, Gabriel / Pogarell, Oliver / Pollmächer, Thomas, Zwangsmaßnahmen in deutschen Kliniken für Psychiatrie und Psychotherapie: Eine Pilotstudie der DGPPN zur Erprobung eines einheitlichen Erfassungsinstrumentes, Nervenarzt 88 (2017), 802 – 810.

AK-StVollzG, s. unter *Feest, Johannes / Lesting, Wolfgang / Lindemann, Michael.*

Amelung, Knut, Entwicklung, gegenwärtiger Stand und zukunftsweisende Tendenzen der Rechtsprechung zum Rechtsschutz gegen strafprozessuale Grundrechtseingriffe, in: Claus-Wilhelm Canaris, Andreas Heldrich, Klaus J. Hopt et al. (Hrsg.), 50 Jahre Bundesgerichtshof, Festgabe aus der Wissenschaft, München 2000, S. 911 – 932 (zit. als *Amelung*, Rechtsprechung zum Rechtsschutz gegen strafprozessuale Grundrechtseingriffe).

Amelung, Knut, Die Entscheidung des BVerfG zur „Gefahr im Verzug" i.S. des Art. 13 II GG, NStZ 21 (2001), 337 – 343.

Amtsrichterverband Münster, Eildienst an den Amtsgerichten, Münster 26. 10. 2018, https://amtsrichterverband.net/files/theme/downloads/Eildienst%20Schreiben%20an%20JM%2026.10.18.pdf (zuletzt aufgerufen am 25. 01. 2024).

Amtsrichterverband Münster, Bereitschaftsdienst an den Amtsgerichten, Münster 09. 12. 2019, https://amtsrichterverband.net/files/theme/downloads/news/2019-12-09%20Bereitschaftsdienst%20Schreiben%20an%20JM%20NRW.pdf (zuletzt aufgerufen am 25. 01. 2024).

Andrews, Donald A./Bonta, James, The psychology of criminal conduct, 5. Auflage, Albany, N.Y. 2010 (zit. als *Andrews/Bonta*, The psychology of criminal conduct).

Asbrock, Bernd, „Zum Mythos des Richtervorbehalts" als wirksames Kontrollinstrument im Zusammenhang mit besonderen polizeilichen Eingriffsbefugnissen, KritV 80 (1997), 255 – 262.

Asbrock, Bernd, Der Richtervorbehalt – prozedurale Grundrechtssicherung oder rechtsstaatliches Trostpflaster?, ZRP 31 (1998), 17 – 19.

Aschmann, Tjark Erich, Der Richtervorbehalt im deutschen Polizeirecht, Zugl.: Würzburg, Univ., Diss., 1998, Würzburger rechtswissenschaftliche Schriften 11, Würzburg 1999 (zit. als *Aschmann*, Der Richtervorbehalt).

Backes, Otto / Gusy, Christoph / Begemann, Maik-Carsten, Wer kontrolliert die Telefonüberwachung?, Eine empirische Untersuchung zum Richtervorbehalt bei der Telefonüberwachung, Bielefelder Rechtsstudien 17, Frankfurt am Main 2003 (zit. als *Backes/Gusy/Begemann*, Wer kontrolliert die Telefonüberwachung?).

Baer, Martin Sebastian, Gefahrenabwehrrechtliche Denkfiguren im Straf- und Maßregelvollzugsrecht, NStZ 29 (2009), 529 – 538.

Barley, Katarina / Gaier, Reinhard / Robbers, Gerhard, Die Kontrolle parlamentarischer Gesetzgebungsakte durch das Bundesverfassungsgericht, Rechtspolitisches Forum (71), Trier 2014 (zit. als *Barley/Gaier/Robbers*, Kontrolle parlamentarischer Gesetzgebungsakte).

Barton, Stephan, Einführung in die Strafverteidigung, Studium und Praxis, München 2007 (zit. als *Barton*, Einführung in die Strafverteidigung).

Bauer, Fritz, Entscheidungsspielräume in Verwaltung und Rechtsprechung, rescriptum 5 (2014), 98 – 101.

Baumgärtel, Gottfried, Gleicher Zugang zum Recht für alle, Ein Grundproblem des Rechtsschutzes, Prozeßrechtliche Abhandlungen 43, Köln 1976 (zit. als *Baumgärtel*, Gleicher Zugang zum Recht für alle).

https://doi.org/10.1515/9783111347868-010

Baur, Alexander, Das neue Recht der Unterbringung in einem psychiatrischen Krankenhaus und seine Konsequenzen für die Praxis, JR 2017, 413–419.

Baur, Alexander, Aus der Balance geraten? Zur zunehmenden Verrechtlichung des Maßregelvollzugs, Forensische Psychiatrie und Psychotherapie 25 (2018), 244–254.

Baur, Alexander, Vollzugsgrundlagen, Organisation und Finanzierung, in: Heinz Kammeier, Helmut Pollähne (Hrsg.), Maßregelvollzugsrecht, Berlin, Boston 2018, S. 83–124 (zit. als *A. Baur*, Vollzugsgrundlagen, Organisation und Finanzierung).

Baur, Alexander, Anmerkung zu OLG Frankfurt am Main, Beschluss vom 13.11.2018 – 3 Ws 847/18, R&P 37 (2019), 116–119.

Baur, Alexander, Anmerkung zu LG Göttingen, Beschluss vom 29.05.2019 – 52 StVK-Vollz25/19 (Zulässigkeit von Fesselungen bei Ausführungen), R&P 37 (2019), 256–258.

Baur, Alexander, Stellungnahme zur öffentlichen Anhörung des Ausschusses für Recht und Verbraucherschutz des deutschen Bundestages am 8. Mai 2019 zu dem Entwurf eines Gesetzes zur Stärkung der Rechte von Betroffenen bei Fixierungen im Rahmen von Freiheitsentziehungen der Fraktionen CDU/CSU und SPD (BT-Drs. 19/8939), Hamburg 06. Mai 2019, https://kripoz.de/wp-content/uploads/2019/05/stellungnahme-baur-fixierungen.pdf (zuletzt aufgerufen am 25.01.2024).

Baur, Alexander, Die bundesrechtlichen Neuregelungen für Fixierungen im Straf- und Maßregelvollzug, NJW 72 (2019), 2273–2277.

Baur, Alexander / Cirener, Gabriele / Hubrach, Jutta, Strafgesetzbuch, Leipziger Kommentar, Band 5: §§ 56–68 g StGB, 13. Auflage, Berlin 2022 (zit. als LK StGB-*Bearbeiter*).

Baur, Fritz Rolf, Anmerkungen zum gegenwärtigen Zustand des Maßregelvollzuges – Größenordnungen, Zuständigkeiten, Organisation, Defizite, in: Günter Blau (Hrsg.), Straftäter in der Psychiatrie, Situationen und Tendenzen des Maßregelvollzuges, Kriminologie Nr. 20, München 1984 (zit. als *F. Baur*, Anmerkungen zum gegenwärtigen Zustand des Maßregelvollzuges).

Becker, Howard Saul, Outsiders. Studies in the Sociology of Deviance, New York, 1963.

Beck'scher Onlinekommentar BVerfGG, Kommentar, 16. Auflage, hrsg. von Christian Walter, Benedikt Grünewald, München 01.12.2023 (zit. als BeckOK BVerfGG-*Bearbeiter*).

Beck'scher Onlinekommentar FamFG, 48. Auflage, hrsg. von Meo-Micaela Hahne, Jürgen Schlögel, Rolf Schlünder, München 01.11.2023 (zit. als BeckOK FamFG-*Bearbeiter*).

Beck'scher Onlinekommentar Grundgesetz, 56. Auflage, hrsg. von Volker Epping, Christian Hillgruber, München 15.08.2023 (zit. als BeckOK Grundgesetz-*Bearbeiter*).

Beck'scher Onlinekommentar GVG, 21. Auflage, hrsg. von Jürgen Graf, München 15.11.2023 (zit. als BeckOK GVG-*Bearbeiter*).

Beck'scher Onlinekommentar StGB, 59. Auflage, hrsg. von Bernd von Heintschel-Heinegg, München 01.11.2023 (zit. als BeckOK StGB-*Bearbeiter*).

Beech, Anthony R. / Davies, Graham M., Forensic Psychology, Crime, Justice, Law, Interventions, 3. Auflage, BPS Textbooks in Psychology Ser, Newark 2017 (zit. als *Beech/Davies*, Forensic Psychology).

Beichel, Stephan / Kieninger, Jörg, „Gefahr im Verzug" auf Grund Selbstausschaltung des erreichbaren, jedoch „unwilligen" Bereitschaftsrichters?, NStZ 23 (2003), 10–13.

Bernsmann, Klaus, Maßregelvollzug und Grundgesetz, Einige Anmerkungen zum Verhältnis von Verfassung und strafrechtlicher Unterbringung in einem psychiatrischen Krankenhaus, in: Günter Blau (Hrsg.), Straftäter in der Psychiatrie, Situationen und Tendenzen des Maßregelvollzuges,

Kriminologie Nr. 20, München 1984, S. 142–161 (zit. als *Bernsmann*, Maßregelvollzug und Grundgesetz).

Best, Dominik, Das Rückwirkungsverbot nach Art. 103 Abs. 2 GG und die Maßregeln der Besserung und Sicherung (§ 2 Abs. 6 StGB), ZStW 114 (2002), 88–129.

Bitzigeio, Christian, Der Richtervorbehalt im Spannungsfeld normativer Anforderungen und polizeilicher Praxis, Zugl.: Bochum, Univ., Masterarb., 2015, Polizei & Wissenschaft, Frankfurt am Main 2015 (zit. als *Bitzigeio*, Der Richtervorbehalt im Spannungsfeld normativer Anforderungen und polizeilicher Praxis).

Blau, Günter, Schuld und Gefährlichkeit des psychisch abnormen Täters, Strafrechtsgeschichtliche, kriminologische und rechtsvergleichende Aspekte, in: Günter Blau (Hrsg.), Straftäter in der Psychiatrie, Situationen und Tendenzen des Maßregelvollzuges, Kriminologie Nr. 20, München 1984, S. 1–16 (zit. als *Blau*, Schuld und Gefährlichkeit des psychisch abnormen Täters).

Bleijlevens, Michel H. C. / Wagner, Laura M. / Capezuti, Elizabeth / Hamers, Jan P. H., Physical Restraints: Consensus of a Research Definition Using a Modified Delphi Technique, J Am Geriatr Soc 64 (2016), 2307–2310.

Bonin, Irina, Grundrechtsschutz durch verfahrensrechtliche Kompensation bei Maßnahmen der polizeilichen Informationsvorsorge, Schriften zum Recht der Inneren Sicherheit – Band 20, Stuttgart 2012 (zit. als *Bonin*, Grundrechtsschutz durch verfahrensrechtliche Kompensation).

Borbé, Raoul, Behandlungsvereinbarungen, Vorsorgevollmachten und Patientenverfügungen, in: Martin Zinkler, Klaus Laupichler, Margret Osterfeld (Hrsg.), Prävention von Zwangsmaßnahmen, Menschenrechte und therapeutische Kulturen in der Psychiatrie, Köln 2016, S. 198–208 (zit. als *Borbé*, Behandlungsvereinbarungen, Vorsorgevollmachten und Patientenverfügungen).

Bremischer Richterbund (Hrsg.), Ergebnisse der landesweiten Umfrage des Bremischen Richterbundes zur beruflichen Belastung der Richterinnen und Richter, Staatsanwältinnen und Staatsanwälte, 2017, https://www.richterbund-bremen.de/fileadmin/Bremischer-Richterbund/Dokumente/Handout_-_Umfrage_des_Bremischen_Richterbundes_zur_beruflichen_Belastung_der_Richterinnen_und_Richter.pdf (zuletzt aufgerufen am 25.01.2024).

Brilla, Andreas / Lust, Dominik, Richtervorbehalt bei Fixierungen nach PsychKHG, BVerfG, Urt. v. 24.07.2018 – 2 BvR 309/15 und 2 BvR 502/16, jM 2019, 27–29.

Brocke, Holger / Herb, Gregor, Richtervorbehalt und Gefahr im Verzug bei Blutentnahmen gem. § 81a StPO – Zugleich eine Erwiderung auf Fickenscher/Dingelstadt, NStZ 2009, 124 ff. –, NStZ 29 (2009), 671–677.

Brosey, Dagmar, „... zum Wohl des Betreuten"!?, Freiheit zur Krankheit und die Garantenstellung von Betreuerinnen und Betreuern – ein Spannungsfeld, Soziale Psychiatrie 04/2012, 9–13.

Brüning, Janique, Der Richtervorbehalt – ein zahnloser Tiger?, Über die verfassungsrechtliche Notwendigkeit des Richtervorbehalts und seine Ineffizienz in der Praxis, ZIS 1/2006, 29–35.

Brüning, Janique, Der Richtervorbehalt im strafrechtlichen Ermittlungsverfahren, Zugl.: Kiel, Univ., Diss., 2003–2004, Kieler rechtswissenschaftliche Abhandlungen N.F., 49, Baden-Baden 2005 (zit. als *Brüning*, Der Richtervorbehalt).

Brunn, Bernd, Prognosen mit rechtlicher Bedeutung, Höchstrichterliche Rechtsprechung zu Prognoseentscheidungen durch Gesetzgeber, Verwaltungen und Gerichte, NVwZ 33 (2014), 494–495.

Bruns, Henrike / Gather, Jakov / Henking, Tanja / Vollmann, Jochen, Überlegungen aus klinisch-ethischer Perspektive, in: Tanja Henking, Jochen Vollmann (Hrsg.), Zwangsbehandlung psychisch kranker Menschen, Ein Leitfaden für die Praxis, Berlin 2015, S. 91–116 (zit. als *Bruns* et al., Überlegungen aus klinisch-ethischer Perspektive).

Bublitz, Jan Christoph, Habeas Mentem? Psychiatrische Zwangseingriffe im Maßregelvollzug und die Freiheit gefährlicher Gedanken, Zugleich Besprechung von BVerfG, Beschl. v. 23. 3. 2011 – 2 BvR 882/09, ZIS 6 (2011), 714 – 733.

Chryssogonos, Kostas, Verfassungsgerichtsbarkeit und Gesetzgebung, Zur Methode der Verfassungsinterpretation bei der Normenkontrolle, Zugl.: Hannover, Univ., Diss., 1987, Schriften zum öffentlichen Recht 522, Berlin 1987 (zit. als *Chryssogonos*, Verfassungsgerichtsbarkeit und Gesetzgebung).

Czernin, Klara / Bermpohl, Felix / Heinz, Andreas / Wullschleger, Alexandre / Mahler, Lieselotte, Auswirkungen der Etablierung des psychiatrischen Behandlungskonzepts „Weddinger Modell" auf mechanische Zwangsmaßnahmen, Psychiatr Prax 47 (2020), 242 – 248.

de Tribolet-Hardy, Fanny / Habermeyer, Elmar, Forensische Psychiatrie zwischen Therapie und Sicherung, Forens Psychiatr Psychol Kriminol 10 (2016), 265 – 273.

Dellwing, Michael, Zur Aktualität von Erving Goffman, Aktuelle und klassische Sozial- und Kulturwissenschaftler/innen, Wiesbaden 2014 (zit. als *Dellwing*, Zur Aktualität von Erving Goffman).

Dessecker, Axel, Straftäter und Psychiatrie, Eine empirische Untersuchung zur Praxis der Maßregel nach § 63 StGB im Vergleich mit der Maßregel nach § 64 StGB und sanktionslosen Verfahren, Kriminologie und Praxis 21, Wiesbaden 1997 (zit. als *Dessecker*, Straftäter und Psychiatrie).

Dessecker, Axel, Gefährlichkeit und Verhältnismäßigkeit, Eine Untersuchung zum Maßregelrecht, Strafrechtliche Abhandlungen. Neue Folge – Band 155, Berlin 2011 (zit. als *Dessecker*, Gefährlichkeit und Verhältnismäßigkeit).

Detter, Klaus, Zum Strafzumessungs- und Maßregelrecht, NStZ 27 (2007), 206 – 211.

Detter, Klaus, Zum Maßregelrecht, NStZ 39 (2019), 128 – 135.

Deutsche Gesellschaft für Psychiatrie und Psychotherapie, Psychosomatik und Nervenheilkunde e.V. (Hrsg.), S3-Leitlinie „Verhinderung von Zwang: Prävention und Therapie aggressiven Verhaltens bei Erwachsenen", 10. 09. 2018.

Deutscher Anwaltverein, Stellungnahme des Deutschen Anwaltvereins durch den Ausschuss Strafrecht zu dem Gesetz zur Verbesserung des Rechtsschutzes bei Fixierungen im Justiz- und Maßregelvollzug und bei öffentlich-rechtlichen Unterbringungen in psychiatrischen Einrichtungen des Landes Nordrhein-Westfalen (Drs. 17/5011), Berlin April 2019.

Deutscher Ethikrat, Hilfe durch Zwang? Professionelle Sorgebeziehungen im Spannungsfeld von Wohl und Selbstbestimmung, Stellungnahme, Berlin 2018.

Deutscher Richterbund, Stellungnahme des Deutschen Richterbundes zu dem Referentenentwurf des BMJV für ein Gesetz zur Stärkung der Rechte von Betroffenen bei Fixierungen im Rahmen von Freiheitsentziehungen, Berlin März 2019, https://www.drb.de/fileadmin/DRB/pdf/Stellungnahmen/2019/DRB_190301_Stn_Nr_2_Fixierungen.pdf (zuletzt aufgerufen am 25. 01. 2024).

Diekjobst, Rouven, Zu den verfassungsrechtlichen Anforderungen an die Fixierung, BVerfG, Urt. v. 24. 07. 2018 – 2 BvR 309/15, 2 BvR 502/16, RUB RR 2019, 1–6.

Disselkamp, Theresa Regina, Der Richtervorbehalt bei der Blutprobenentnahme gemäß § 81a Abs. 2 StPO, Münsterische Beiträge zur Rechtswissenschaft. Neue Folge Band 49, Baden-Baden 2019 (zit. als *Disselkamp*, Der Richtervorbehalt bei der Blutprobenentnahme gemäß § 81a Abs. 2 StPO).

Dölling, Dieter / Duttge, Gunnar / König, Stefan / Rössner, Dieter (Hrsg.), Gesamtes Strafrecht, StGB, StPO, Nebengesetze: Handkommentar, 5. Auflage, Baden-Baden 2022 (zit. als HK-Strafrecht-*Bearbeiter*).

Dollinger, Bernd / Schmidt, Holger, Zur Aktualität von Goffmans Konzept „totaler Institutionen", Empirische Befunde zur gegenwärtigen Situation des „Unterlebens" in Gefängnissen, in: Marcel Schweder (Hrsg.), Handbuch Jugendstrafvollzug, Weinheim 2015, S. 245 – 259 (zit. als *Dollinger/ H. Schmidt,* Zur Aktualität von Goffmans Konzept „totaler Institutionen").

Dreier, Horst (Hrsg.), Grundgesetz, Kommentar, 3. Auflage, Tübingen 2018 (zit. als Dreier-*Bearbeiter*).

Dudeck, Manuela, Der Maßregelvollzug als totalitäres System, in: Manuela Dudeck, Florian Steger, Raphaela Basdekis-Jozsa et al. (Hrsg.), Ethik in der Forensischen Psychiatrie und Psychotherapie, Berlin 2018, S. 11 – 16 (zit. als *Dudeck,* Der Maßregelvollzug als totalitäres System).

Dürig, Günter / Herzog, Roman / Scholz, Rupert, Grundgesetz-Kommentar, Band VI Art. 87a-106b GG, 102. Auflage, München 2024 (zit. als Dürig/Herzog/Scholz-*Bearbeiter).*

Dziopa, Fiona / Ahern, Kathryn J., What Makes a Quality Therapeutic Relationship in Psychiatric/Mental Health Nursing: A Review of the Research Literature, The Internet Journal of Advanced Nursing Practice 10 (2009), 1 – 9.

Eickhoff, Rudolf, Die Benachteiligung des psychisch kranken Rechtsbrechers im Strafrecht, NStZ 7 (1987), 65 – 67.

Eisenberg, Ulrich, Die Maßregel der Unterbringung in einem psychiatrischen Krankenhaus gemäß § 63 StGB und so genannte „Nicht-Therapiegeeignetheit", NStZ 24 (2004), 240 – 248.

Eser, Albin, Zur Entwicklung von Maßregeln der Besserung und Sicherung als zweite Spur im Strafrecht, in: Guido Britz (Hrsg.), Grundfragen staatlichen Strafens, Festschrift für Heinz Müller-Dietz zum 70. Geburtstag, München 2001, S. 213 – 236 (zit. als *Eser,* FS Müller-Dietz).

Eucker, Sabine / Müller-Isberner, Rüdiger, Die Unterbringung im psychiatrischen Krankenhaus, in: Rüdiger Müller-Isberner, Petra Born, Sabine Eucker et al. (Hrsg.), Praxishandbuch Maßregelvollzug, Grundlagen, Konzepte und Praxis der Kriminaltherapie, 3. Auflage, Berlin 2017, S. 147 – 148 (zit. als *Eucker/Müller-Isberner,* Die Unterbringung im psychiatrischen Krankenhaus).

Feest, Johannes / Bammann, Kai, Jugendstrafvollzugsgesetze: Anspruch und Umsetzung, in: Bernd Dollinger, Henning Schmidt-Semisch (Hrsg.), Handbuch Jugendkriminalität, Wiesbaden 2011, S. 535 – 543 (zit. als *Feest/Bammann,* Jugendstrafvollzugsgesetze: Anspruch und Umsetzung).

Feest, Johannes / Lesting, Wolfgang / Lindemann, Michael, StVollzG, Kommentar zum Strafvollzugsgesetz (AK-StVollzG), 8. Auflage, Köln 2021 (zit. als AK-StVollzG-*Bearbeiter*).

Fickenscher, Guido / Dingelstadt, Andreas, Der Richtervorbehalt nach § 81a II StPO bei Trunkenheitsfahrten, NStZ 29 (2009), 124 – 129.

Fickenscher, Guido / Dingelstadt, Andreas Richterlicher Bereitschaftsdienst „rund um die Uhr"?, NJW 62 (2009), 3473 – 3476.

Fischer, Thomas, Strafgesetzbuch mit Nebengesetzen, 71. Auflage, Beck'sche Kurz-Kommentare Band 10, München 2024 (zit. als *Fischer,* StGB).

Flammer, Erich / Steinert, Tilman, Das Fallregister für Zwangsmaßnahmen nach dem baden-württembergischen Psychisch-Kranken-Hilfe-Gesetz: Konzeption und erste Auswertungen, Psychiatr Prax 46 (2019), 82 – 89.

Fogel, Deborah / Steinert, Tilman, Aggressive und gewalttätige Patienten – Fixierung, Lege artis 2 (2012), 28 – 33.

Fölsch, Peter / Grotkopp, Jörg, Fixierung im Justizvollzug im Fokus der Gesetzgebung, DRiZ 2019, 84 – 87.

Frajo-Apor, Beatrice / Stippler, Maria / Meise, Ullrich, „Etwas Erniedrigenderes kann dir eigentlich in der Psychiatrie nicht passieren", Psychiatr Prax 38 (2011), 293 – 299.

Frisch, Wolfgang, Die Maßregeln der Besserung und Sicherung im strafrechtlichen Rechtsfolgensystem, Straftheoretische Einordnung, inhaltliche Ausgestaltung und rechtsstaatliche Anforderungen, ZStW 102 (1990), 343 – 393.

Frisch, Wolfgang, Schuldgrundsatz und Verhältnismäßigkeitsgrundsatz, NStZ 33 (2013), 249 – 256.

Frister, Helmut, Der strafrechtsdogmatische Begriff der Schuld, JuS 53 (2013), 1057 – 1065.

Frister, Helmut, Überlegungen zu einem agnostischen Begriff der Schuldfähigkeit, in: Georg Freund (Hrsg.), Grundlagen und Dogmatik des gesamten Strafrechtssystems, Festschrift für Wolfgang Frisch zum 70. Geburtstag, Schriften zum Strafrecht Bd. 244, Berlin 2013, S. 535 – 554 (zit. als *Frister*, FS Frisch).

Fugger, Gernot / Gleiss, Andreas / Aigner, Martin / Kasper, Siegfried / Frey, Richard, Emotionen psychiatrischer Patienten während der Fixierung, Journal für Neurologie, Neurochirurgie und Psychiatrie 19 (2018), 20 – 26.

Gather, Jakov / Nyhuis, Peter W. / Juckel, Georg, Wie kann eine „offene Psychiatrie" gelingen?, Konzeptionelle Überlegungen zur Türöffnung in der Akutpsychiatrie, R&P 35 (2017), 80 – 85.

Gaudernack, Dorothea, Ökonomie und Ethik im Maßregelvollzug, in: Manuela Dudeck, Florian Steger, Raphaela Basdekis-Jozsa et al. (Hrsg.), Ethik in der Forensischen Psychiatrie und Psychotherapie, Berlin 2018, S. 243 – 253 (zit. als *Gaudernack*, Ökonomie und Ethik im Maßregelvollzug).

Gietl, Andreas, Zu den verfassungsrechtlichen Anforderungen an die Fixierung von Patienten in der öffentlich-rechtlichen Unterbringung, NZFam 5 (2018), 724 – 741.

Gietl, Andreas, Anhörung im Rechtshilfeweg (Unterbringung), Anmerkung zu BGH, Beschl. v. 13. 5. 2020 – XII ZB 541/19, BeckRS 2020, 12799 (LG Ansbach), NZFam 7 (2020), 833.

Goerdeler, Jochen, Richtervorbehalt und 1:1-Betreuung für Fixierungen, Anmerkung zum Urteil des BVerfG v. 24. 7. 2018 – 2 BvR 309/15, 2 BvR 502/16, R&P 36 (2018), 199 – 205.

Götz, Andreas / Schneider, Lina, Das Bundesverfassungsgericht als Ersatzgesetzgeber, Methodische Bemerkungen zu dem Urteil des Bundesverfassungsgerichts vom 07. 09. 2011 in Sachen Finanzhilfen für Griechenland und Euro-Rettungsschirm, DVBl 2012, 145 – 148.

Graumann, Sigrid, Pro: Hilfe durch Zwang? Professionelle Sorgebeziehungen im Spannungsfeld von Wohl und Selbstbestimmung. Eine Verteidigung der Stellungnahme des Deutschen Ethikrats, Ethik Med 31 (2019), 175 – 179.

Gretenkord, Lutz, Der Maßregelvollzug mag zwar keine „Rechtswohltat" sein, aber ..., MSchKrim 74 (1991), 124 – 125.

Große Strafrechtskommission des deutschen Richterbundes, Gutachten zum Thema: Das Verhältnis von Gericht, Staatsanwaltschaft und Polizei im Ermittlungsverfahren, strafprozessuale Regeln und faktische (Fehl-?)Entwicklungen, Im Auftrag des Bundesministeriums der Justiz, Miltenberg vom 28. Juli – 02. August 2008, https://krimpub.krimz.de/frontdoor/deliver/index/docId/189/file/Gutachten_der_Gro%c3%9fen_Strafrechtskommission.pdf (zuletzt aufgerufen am 25. 01. 2024).

Grotkopp, Jörg / Fölsch, Peter, Richtervorbehalt bei Fixierungen birgt Herausforderungen, DRiZ 2018, 326 – 329.

Grotkopp, Jörg / Fölsch, Peter, Das neue Fixierungsgesetz – Auswirkungen auf die betreuungsgerichtliche Praxis, NJW 72 (2019), 3409 – 3414.

Grünebaum, Rolf / Volckart, Bernd, Maßregelvollzug, Das Recht des Vollzuges der Unterbringung nach §§ 63, 64 StGB in einem psychiatrischen Krankenhaus und in einer Erziehungsanstalt, 8. Auflage, Köln 2015 (zit. als *Grünebaum/Volckart*, Maßregelvollzug).

Gusy, Christoph, Parlamentarischer Gesetzgeber und Bundesverfassungsgericht, Zugl.: Hagen, Fernuniv., Habil.-Schr., 1983, Schriften zum öffentlichen Recht 482, Berlin 1985 (zit. als *Gusy*, Parlamentarischer Gesetzgeber und Bundesverfassungsgericht).

Gusy, Christoph, Freiheitsentziehung und Grundgesetz, NJW 45 (1992), 457 – 463.

Gusy, Christoph, Überwachung der Telekommunikation unter Richtervorbehalt – Effektiver Grundrechtsschutz oder Alibi?, ZRP 36 (2003), 275 – 278.

Gusy, Christoph, Rechtsgrundlagen der Richtervorbehalte nach § 100b StPO, GA 2003, 672 – 692.

Habermehl, Kai, Das neue Polizeirecht in Nordrhein-Westfalen, JA 1990, 331 – 338.

Haisch, Jochen / Frey, Dieter, Die Theorie sozialer Vergleichsprozesse, in: Dieter Frey (Hrsg.), Kognitive Theorien der Sozialpsychologie, Bern 1980, S. 75 – 96 (zit. als *Haisch/D. Frey*, Die Theorie sozialer Vergleichsprozesse).

Hartmann, Annegret, Umfang und Grenzen ärztlicher Zwangsbehandlung im psychiatrischen Maßregelvollzug, Zugl.: Göttingen, Univ., Diss., 1997, Europäische Hochschulschriften Reihe 2, Rechtswissenschaft 2175, Frankfurt am Main, Berlin 1997 (zit. als *Hartmann*, Umfang und Grenzen ärztlicher Zwangsbehandlung).

Hauer, Judith, Anmerkungen und Gedanken zum Fall Mollath – Verschwörung oder Gleichgültigkeit?, ZRP 46 (2013), 209 – 213.

Hauer, Judith, Der Fall Mollath – Weil nicht sein kann, was nicht sein darf., NJ 67 (2013), 456 – 460.

Haußleiter, Martin, FamFG – Gesetz über das Verfahren in Familiensachen und in den Angelegenheiten der freiwilligen Gerichtsbarkeit, Kommentar, 2. Auflage, München 2017 (zit. als Haußleiter, FamFG-*Bearbeiter*).

Helmken, Dierk, Reform des Richtervorbehalts: Vom Palliativum zum effektiven Grundrechtsschutz, StV 23 (2003), 193 – 198.

Henking, Tanja, Patientenrechte in der Psychiatrie im Kontext von Zwang, R&P 34 (2016), 155 – 163.

Henking, Tanja, Das Konzept der offenen Türen – offen und doch geschlossen?, R&P 35 (2017), 68 – 71.

Henking, Tanja / Mittag, Matthias, Rechtliche Rahmenbedingungen, in: Tanja Henking, Jochen Vollmann (Hrsg.), Zwangsbehandlung psychisch kranker Menschen, Ein Leitfaden für die Praxis, Berlin 2015, S. 29 – 90 (zit. als *Henking/Mittag*, Rechtliche Rahmenbedingungen).

Hesse, Konrad, Verfassungsrechtsprechung im geschichtlichen Wandel, JZ 50 (1995), 265 – 273.

Heumann, Kolja / Bock, Thomas / Lincoln, Tania M., Bitte macht (irgend)was! Eine bundesweite Online-Befragung Psychiatrieerfahrener zum Einsatz milderer Maßnahmen zur Vermeidung von Zwangsmaßnahmen, Psychiatr Prax 44 (2017), 85 – 92.

Hirsch, Günter / Gerhardt, Rudolf, „Wer nur das Recht versteht, versteht auch das nicht recht“, Menschliche Probleme müssen bei der Auslegung des Rechts bedacht werden, ZRP 46 (2013), 188 – 189.

Hirsch, Sophie / Steinert, Tilman, Measures to Avoid Coercion in Psychiatry and Their Efficacy, Deutsches Ärzteblatt International 116 (2019), 336 – 343.

HK-Strafrecht, s. unter *Dölling, Dieter / Duttge, Gunnar / König, Stefan / Rössner, Dieter.*

Höffler, Katrin / Stadtland, Cornelis, Mad or bad?, Der Begriff „psychische Störung“ des ThUG im Lichte der Rechtsprechung des BVerfG und des EGMR, StV 2012, 239 – 246.

Höflacher, Rainer, Zwangsmedikation: Ultima Ratio oder No-Go?, in: Martin Zinkler, Klaus Laupichler, Margret Osterfeld (Hrsg.), Prävention von Zwangsmaßnahmen, Menschenrechte und therapeutische Kulturen in der Psychiatrie, Köln 2016, S. 53 – 62 (zit. als *Höflacher*, Zwangsmedikation: Ultima Ratio oder No-Go?).

Hofmann, Manfred, Der „unwillige“ Bereitschaftsrichter und Durchsuchungsanordnungen wegen Gefahr im Verzug, NStZ 23 (2003), 230 – 232.

Hömig, Dieter / Wolff, Heinrich Amadeus, Grundgesetz für die Bundesrepublik Deutschland, Handkommentar, 13. Auflage, Baden-Baden 2022 (zit. als Hömig/Wolff-*Bearbeiter*).

Horn, Hans-Jürgen, Der Maßregelvollzug im Spannungsfeld zwischen Besserung und Sicherung, in: Hans-Jürgen Kerner (Hrsg.), Kriminologie, Psychiatrie, Strafrecht, Festschrift für Heinz Leferenz zum 70. Geburtstag, Heidelberg 1983, S. 485 – 493 (zit. als *Horn*, FS Leferenz).

Hüls, Silke, Polizeiliche und staatsanwaltliche Ermittlungstätigkeit, Machtzuwachs und Kontrollverlust, Zugl.: Bielefeld, Univ., Diss., 2006, Strafrechtswissenschaft und Strafrechtspolitik 18, Berlin 2007 (zit. als *Hüls*, Polizeiliche und staatsanwaltliche Ermittlungstätigkeit).

Hüls, Silke, Der Richtervorbehalt – seine Bedeutung für das Strafverfahren und die Folgen von Verstößen, ZIS 4 (2009), 160 – 169.

Hummelsheim-Doß, Dina, Kriminalitätsfurcht in Deutschland: fast jeder Fünfte fürchtet, Opfer einer Straftat zu werden, ISI 55 (2016), 6 – 11.

Jäger, Burkard / Jacobsen, H.-Folke, „Rechtswohltat" oder unkalkulierbare Einzelfallentscheidung?, Vollzugsentscheidungen bei Sexualstraftätern in der forensischen Psychiatrie im Vergleich zur rechtlichen Vorgabe und zum Strafvollzug, MSchKrim 73 (1990), 305 – 320.

Jahn, Matthias, Strafprozessuale Eingriffsmaßnahmen im Lichte der aktuellen Rechtsprechung des BVerfG, – Unter besonderer Berücksichtigung der in BVerfGK 1 – 5 veröffentlichten Entscheidungen –, NStZ 27 (2007), 255 – 265.

Jahn, Matthias, Strafprozessrecht: Ausgestaltung des strafrichterlichen Bereitschaftsdienstes bei nächtlicher Wohnungsdurchsuchung, JuS 59 (2019), 822 – 824.

Jakovljevic, Anna-Karina / Wiesemann, Claudia, Zwangsmaßnahmen in der forensischen Psychiatrie: Aktuelle Behandlungspraxis im Maßregelvollzug aus medizinethischer Perspektive, Nervenarzt 87 (2016), 780 – 786.

Jarass, Hans D. / Kment, Martin / Pieroth, Bodo, Grundgesetz für die Bundesrepublik Deutschland, Kommentar, 17. Auflage, München 2022 (zit. als Jarass/Pieroth-*Bearbeiter*).

Jung, Heike, Was ist Strafe?, Ein Essay, Baden-Baden 2002 (zit. als *Jung*, Was ist Strafe?).

Jürgens, Andreas (Hrsg.), Betreuungsrecht, Kommentar, 7. Auflage, München 2023 (zit. als Jürgens, Betreuungsrecht-*Bearbeiter*).

Jürschik, Corina / Schulte, Henrike, Der verfassungsrechtliche Schutz der Unfreien – was künftig bei der Fixierung zu beachten ist!, NVwZ 37 (2018), 1695 – 1696.

Kaehler, Friederike / Petit, Marc, Zwangsfixierungen im Straf- und Maßregelvollzug, Zu den Fernwirkungen der Entscheidung des BVerfG v. 24. 7. 2018 in Bezug auf Straf- und Maßregelvollzug, FamRZ 2019, 164 – 168.

Kammeier, Heinz, Zur Weiterentwicklung des Maßregelvollzugs – Aspekte sozialethischer und rechtspolitischer Überlegungen, in: Günter Blau (Hrsg.), Straftäter in der Psychiatrie, Situationen und Tendenzen des Maßregelvollzuges, Kriminologie Nr. 20, München 1984, S. 192 – 216 (zit. als *Kammeier*, Zur Weiterentwicklung des Maßregelvollzugs).

Kammeier, Heinz, Nach 30 Eickelborner Fachtagungen: alte Fragen, neue Antworten?!, in: Nahlah Saimeh, Norbert Beck, Wilhelm Bloch et al. (Hrsg.), Straftäter behandeln, Therapie, Intervention und Prognostik in der Forensischen Psychiatrie, Eickelborner Schriftenreihe zur Forensischen Psychiatrie, Berlin 2016, S. 83 – 93 (zit. als *Kammeier*, Nach 30 Eickelborner Fachtagungen: alte Fragen, neue Antworten?!).

Kammeier, Heinz, Stellungnahme zum Gesetzentwurf der Fraktionen der CDU/CSU und SPD: „Entwurf eines Gesetzes zur Stärkung der Rechte von Betroffenen bei Fixierungen im Rahmen von Freiheitsentziehungen", BT-Drs. 19/8939 v. 02. 04. 2019, Münster 06. Mai 2019, https://kripoz.de/wp-content/uploads/2019/05/stellungnahme-kammeier-fixierungen.pdf (zuletzt aufgerufen am 25. 01. 2024).

Kämmerer, Jörn Axel / Kotzur, Markus, Grundgesetz, Kommentar, 7. Auflage, bearb. von Ingo von Münch, Philip Kunig, München 2021 (zit. als von Münch/Kunig-*Bearbeiter*).

Kammerer, Ralf, RNR und GLM – welche Fragen stellen sich der Bewährungshilfe in Deutschland?, BewHi 66 (2019), 197 – 210.

Karlsruher Kommentar zur Strafprozessordnung, Mit GVG, EGGVG, EMRK, 9. Auflage, hrsg. von Christoph Barthe und Jan Gericke, München 2023 (zit. als KK StPO-*Bearbeiter*).

Kasiske, Peter, Anforderungen an die Begründung von Unterbringungsentscheidungen, NJW-Spezial 10 (2013), 632 – 633.

Kaspar, Johannes, Die Zukunft der Zweispurigkeit nach den Urteilen von Bundesverfassungsgericht und EGMR, ZStW 127 (2015), 654 – 690.

Kaspar, Johannes / Schmidt, Philipp, Engere Grenzen nur in engen Grenzen – zur Novellierung des Rechts der Unterbringung gem. § 63 StGB, ZIS 11 (2016), 756 – 762.

Kassebaum, Eike, Die Gefährlichkeitsprognose bei Taten im Rahmen einer Unterbringung, Zugleich Anmerkung zu BGH, Beschluss vom 24.10.2019 – 5 StR 410/19 –, NStZ 40 (2020), 253 – 258.

Kett-Straub, Gabriele, Unterbringungsbedingte Anlasstaten, NStZ-RR 25 (2020), 138 – 140.

Kindhäuser, Urs / Neumann, Ulfrid / Paeffgen, Hans-Ullrich / Saliger, Frank, Strafgesetzbuch, 6. Auflage, Baden-Baden 2023 (zit. als NK-StGB-*Bearbeiter*).

Kinzig, Jörg, Unterbringung im psychiatrischen Krankenhaus und Verhältnismäßigkeit, in: Manuela Dudeck, Florian Steger, Raphaela Basdekis-Jozsa et al. (Hrsg.), Ethik in der Forensischen Psychiatrie und Psychotherapie, Berlin 2018, S. 207 – 214 (zit. als *Kinzig*, Unterbringung im psychiatrischen Krankenhaus und Verhältnismäßigkeit).

Klatt, Matthias / Meister, Moritz, Der Grundsatz der Verhältnismäßigkeit, Ein Strukturelement des globalen Konstitutionalismus, JuS 54 (2014), 193 – 199.

Kohlrausch, Eduard, Sicherungshaft, Eine Besinnung auf den Streitstand, ZStW 44 (1924), 21 – 34.

Kolbe, Harald, „Milieu ist das was wirkt und als wirksam erlebt wird“, in: Mathias Bertram, Harald Kolbe (Hrsg.), Dimensionen therapeutischer Prozesse in der Integrativen Medizin, Ein ökologisches Modell, Wiesbaden 2016, S. 247 – 259 (zit. als *Kolbe*, „Milieu ist das was wirkt und als wirksam erlebt wird“).

Kolz, Alexander, Einwilligung und Richtervorbehalt, Zugl.: Frankfurt (Main), Univ., Diss., 2006, Frankfurter kriminalwissenschaftliche Studien 95, Frankfurt am Main 2006 (zit. als *Kolz*, Einwilligung und Richtervorbehalt).

Koop, Gerd, Justizvollzug zwischen Zwang und Selbstbestimmung, Forens Psychiatr Psychol Kriminol 13 (2019), 47 – 54.

Kraft, Anna, Die Blutentnahme nach § 81a StPO, JuS 51 (2011), 591 – 595.

Kramer, Michael, Gestaltung therapeutischer Settings, Möglichkeiten der Milieutherapie, in: Mathias Bertram, Harald Kolbe (Hrsg.), Dimensionen therapeutischer Prozesse in der Integrativen Medizin, Ein ökologisches Modell, Wiesbaden 2016, S. 231 – 246 (zit. als *Kramer*, Gestaltung therapeutischer Settings).

Krehl, Christoph, Richtervorbehalt und Durchsuchungen außerhalb gewöhnlicher Dienstzeiten, NStZ 23 (2003), 461 – 464.

Kriminologisches Forschungsinstitut Niedersachsen e.V. (KFN), Kriminalitätsfurcht, Strafbedürfnisse und wahrgenommene Kriminalitätsentwicklung, Ergebnisse von bevölkerungsrepräsentativen Befragungen aus den Jahren 2004, 2006 und 2010, Forschungsbericht Nr. 117, Hannover 2011 (zit. als *KFN*, Kriminalitätsfurcht, Strafbedürfnisse und wahrgenommene Kriminalitätsentwicklung).

Kröber, Hans-Ludwig, Selbstbestimmung und Zwang in der Behandlung, Forens Psychiatr Psychol Kriminol 13 (2019), 1 – 3.

Krüger, Fabian / Schüßler, Marc, Typische Probleme des Betreuungsrechts aus Sicht der Rechtsbeschwerde, NJW 73 (2020), 430 – 435.

Krumm, Carsten, Verfassungsrechtliche Vorgaben für den richterlichen Bereitschaftsdienst, Anmerkung zu BVerfG, Beschluss vom 12. 3. 2019 – 2 BvR 675/14, NJW 72 (2019), 1428 – 1433.

Krümpelmann, Justus, Die Neugestaltung der Vorschriften über die Schuldfähigkeit durch das Zweite Strafrechtsreformgesetz vom 4. Juli 1969, ZStW 88 (1976), 6 – 39.

Kühne, Hans-Heiner, Strafprozessrecht, Eine systematische Darstellung des deutschen und europäischen Strafverfahrensrechts, 9. Auflage, Lehr- und Handbuch, Heidelberg 2015 (zit. als *Kühne*, Strafprozessrecht).

Kury, Helmut / Obergfell-Fuchs, Joachim, Zur Punitivität in Deutschland, in: Helmut Kury (Hrsg.), Härtere Strafen – weniger Kriminalität? Zur Verschärfung der Sanktionseinstellungen, Soziale Probleme, Zeitschrift für soziale Probleme und soziale Kontrolle 17 (2006), Heft 2, S. 119 – 154.

Lackner, Karl / Kühl, Christian / Heger, Martin, Strafgesetzbuch, Kommentar, 30. Auflage, München 2023 (zit. als Lackner/Kühl/Heger-*Bearbeiter*).

Landau, Herbert, Die jüngere Rechtsprechung des Bundesverfassungsgerichts zu Strafrecht und Strafverfahrensrecht, NStZ 35 (2015), 665 – 671.

Landeskommission Berlin gegen Gewalt, (Un-)Sicherheitsgefühle und subjektive Sicherheit im urbanen Raum, Berliner Forum Gewaltprävention (BFG), Nr. 70, Heft 2, Berlin 2020, 21. Jahrgang.

Lang, Undine E. / Borgwardt, Stefan / Walter, Marc / Huber, Christian G., Einführung einer „Offenen Tür Politik“ – Was bedeutet diese konkret und wie wirkt sie sich auf Zwangsmaßnahmen aus?, R&P 35 (2017), 72 – 79.

Lau, Steffen, Therapie der Persönlichkeitsstörungen im Maßregelvollzug, in: Matthias Lammel (Hrsg.), Forensische Begutachtung bei Persönlichkeitsstörungen, Place of publication not identified 2015, S. 171 – 180 (zit. als *Lau*, Therapie der Persönlichkeitsstörungen im Maßregelvollzug).

Laufs, Adolf / Kern, Bernd-Rüdiger / Rehborn, Martin, Handbuch des Arztrechts, Zivilrecht, Öffentliches Recht, Vertragsarztrecht, Krankenhausrecht, Strafrecht, 5. Auflage, München 2019 (zit. als Laufs/Kern/Rehborn ArztR-HdB).

Lechner, Hans / Zuck, Rüdiger, Bundesverfassungsgerichtsgesetz, Kommentar, 8. Auflage, 2019 (zit. als Lechner/Zuck-*Bearbeiter*).

Leitner, Werner / Rosenau, Henning (Hrsg.), Wirtschafts- und Steuerstrafrecht, Baden-Baden 2017 (zit. als Leitner/Rosenau-*Bearbeiter*).

Lembcke, Oliver, Über das Ansehen des Bundesverfassungsgerichts, Ansichten und Meinungen in der Öffentlichkeit 1951 – 2001, Schriften des Hellmuth-Loening-Zentrums für Staatswissenschaften e.V., Jena 17, Berlin 2006 (zit. als *Lembcke*, Über das Ansehen des Bundesverfassungsgerichts).

Lemert, Edwin M., Social pathology: a systematic approach to the theory of sociopathic behavior, New York, McGraw-Hill Book Company, 1951.

Leygraf, Norbert, Behandlung im Maßregelvollzug, Forens Psychiatr Psychol Kriminol 12 (2018), 91 – 92.

Leygraf, Norbert / Heinz, Gunter, Stationäre psychiatrische Behandlung psychisch kranker Rechtsbrecher, in: Günter Blau (Hrsg.), Straftäter in der Psychiatrie, Situationen und Tendenzen des Maßregelvollzuges, Kriminologie Nr. 20, München 1984, S. 44 – 57 (zit. als *Leygraf/Heinz*, Stationäre psychiatrische Behandlung psychisch kranker Rechtsbrecher).

Lindemann, Michael, Zur Vereinbarkeit gesonderter Longstay-Abteilungen im Maßregelvollzug mit den geltenden (verfassungs-)rechtlichen Vorgaben, R&P 20 (2002), 8 – 16.

Lindemann, Michael, Die Sanktionierung unbotmäßigen Patientenverhaltens, Disziplinarische Aspekte des psychiatrischen Maßregelvollzuges, Berlin, Boston 2004 (zit. als *Lindemann*, Die Sanktionierung unbotmäßigen Patientenverhaltens).

Lindemann, Michael, Keine Rechtsgrundlage für Disziplinarmaßnahme im Berliner Maßregelvollzug, Anmerkung zu LG Berlin Beschluss vom 07.06.2017 – 594 StVK 137/17 Vollz, R&P 35 (2017), 259–261.

Lindemann, Michael, Behandlung, in: Heinz Kammeier, Helmut Pollähne (Hrsg.), Maßregelvollzugsrecht, Berlin, Boston 2018, S. 125–203 (zit. als *Lindemann,* Behandlung).

Lindemann, Michael, Die Zweispurigkeit des deutschen Sanktionensystems, Rechtliche Grundlagen und Konsequenzen für die Vollzugsgestaltung, FS 2019, 99–105.

Lisken, Hans / Mokros, Reinhard, Richter- und Behördenleitervorbehalte im neuen Polizeirecht, NVwZ 10 (1991), 609–614.

LK StGB, s. unter *Baur, Alexander / Cirener, Gabriele / Hubrach, Jutta.*

Lübbe-Wolff, Gertrude / Lindemann, Michael, Neuere Rechtsprechung des BVerfG zum Vollzug von Straf- und Untersuchungshaft und zum Maßregelvollzug, NStZ 27 (2007), 450–461.

Mahler, Lieselotte / Heinz, Andreas / Jarchov-Jàdi, Ina / Bermpohl, Felix / Montag, Christiane / Wullschleger, Alexandre, Therapeutische Haltung und Strukturen in der (offenen) Akutpsychiatrie: das Weddinger Modell, Nervenarzt 90 (2019), 700–704.

Mahler, Lieselotte / Jarchov-Jàdi, Ina / Gervink, Andreas / Ayilmaz, H. / Wilfer, Antje / Sischka, Kerstin / Wullschleger, Alexandre / von Peter, Sebastian, Mehrperspektivität und Peers auf psychiatrischen Akutstationen, Nervenheilkunde 34 (2015), 249–252.

Marschner, Rolf, Aktuelle Rechtsprechung und Gesetzgebung zur Zwangsbehandlung, in: Martin Zinkler, Klaus Laupichler, Margret Osterfeld (Hrsg.), Prävention von Zwangsmaßnahmen, Menschenrechte und therapeutische Kulturen in der Psychiatrie, Köln 2016, S. 101–114 (zit. als *Marschner,* Aktuelle Rechtsprechung und Gesetzgebung zur Zwangsbehandlung).

Mavrogiorgou, Paraskevi / Brüne, Martin / Juckel, Georg, Ärztlich-therapeutisches Vorgehen bei psychiatrischen Notfällen, Deutsches Ärzteblatt International 118 (2011), 222–230.

Mayr, Werner / Waibel, Michael, Offene Türen verhindern Gewalt, in: Martin Zinkler, Klaus Laupichler, Margret Osterfeld (Hrsg.), Prävention von Zwangsmaßnahmen, Menschenrechte und therapeutische Kulturen in der Psychiatrie, Köln 2016, S. 159–172 (zit. als *Mayr/Waibel,* Offene Türen verhindern Gewalt).

Mazur, Szymon, Rechtliche Grundlagen für Fixierungen in Krankenhäusern und Pflegeeinrichtungen, GuP 9 (2019), 121–126.

Mazur, Szymon, Fesselung eines Untergebrachten im Maßregelvollzug, NStZ 39 (2019), 365–367.

Meier, Bernd-Dieter, Richtervorbehalt bei der Blutprobe: Verzichtbare Belastung aller Verfahrensbeteiligten?, ZRP 43 (2010), 223–226.

Ministerium der Justiz des Landes Nordrhein-Westfalen, Bereitschaftsdienst bei den Amtsgerichten, Ihr Schreiben vom 9. Dezember 2019, Düsseldorf 02.04.2020, https://amtsrichterverband.net/files/theme/downloads/news/2020-04-02%20Bereitschaftsdienst%20Schreiben%20JM.pdf (zuletzt aufgerufen am 25.01.2024).

Moldenhauer, Gerwin / Wenske, Marc, Aktuelle Entwicklungen der Rechtsprechung zur Gefahr in Verzug, JA 49 (2017), 206–210.

Möllers, Christoph, Nachvollzug ohne Maßstabbildung: richterliche Rechtsfortbildung in der Rechtsprechung des Bundesverfassungsgerichts, Zum Beschluss des BVerfG vom 15.1.2009 – 2 BvR 2044/07, JZ 64 (2009), 668–673.

MTG Malteser Trägergesellschaft gGmbH (Hrsg.), Klinisches Ethikkomitee, Ein Beratungsinstrument für werteorientierte Unternehmen im Gesundheitswesen, Köln 2007.

Muckel, Stefan, Zwangsmaßnahmen in einer privatisierten Maßregelvollzugsanstalt, JA 44 (2012), 396–399.

Muckel, Stefan, Medizinische Zwangsbehandlung eines im Maßregelvollzug Untergebrachten, JA 45 (2013), 953–954.

Muckel, Stefan, Fixierung von Patienten in der öffentlich-rechtlichen Unterbringung als besonders intensiver Eingriff in die Freiheit der Person, JA 50 (2018), 794–797.

Muckel, Stefan, Grundrechtliche Anforderungen an den richterlichen Bereitschaftsdienst für die Anordnung von Wohnungsdurchsuchungen, Anmerkung zu BVerfG, Beschluss vom 12.3.2019 – 2 BvR 675/14, BeckRS 2019, 4521, JA 51 (2019), 471–474.

Müller, Jürgen L. / Saimeh, Nahlah / Briken, Peer / Eucker, Sabine / Hoffmann, Klaus / Koller, Matthias / Wolf, Thomas / Dudeck, Manuela / Hartl, Christian / Jakovljevic, Anna-Karina / Klein, Verena / Knecht, Guntram / Müller-Isberner, Rüdiger / Muysers, Jutta / Schiltz, Kolja / Seifert, Dieter / Simon, Alfred / Steinböck, Herbert / Stuckmann, Werner / Weissbeck, Wolfgang / Wiesemann, Claudia / Zeidler, Robert, Standards für die Behandlung im Maßregelvollzug nach §§ 63 und 64 StGB, Forens Psychiatr Psychol Kriminol 12 (2018), 93–125.

Münchener Kommentar zum Bürgerlichen Gesetzbuch, Band 10: Familienrecht II, §§ 1589–1921, SGB VIII, 8. Auflage, hrsg. von Dieter Schwab, Tobias Fröschle, Heike Hennemann, 2020 (zit. als MüKo BGB-*Bearbeiter*).

Münchener Kommentar zum FamFG, Gesetz über das Verfahren in Familiensachen und in den Angelegenheiten der freiwilligen Gerichtsbarkeit (FamFG) mit Internationalem und Europäischem Zivilverfahrensrecht in Familiensachen (IZVR, EuZVR), 3. Auflage, hrsg. von Thomas Rauscher, 2018 (zit. als MüKo FamFG-*Bearbeiter*).

Münchener Kommentar zum Strafgesetzbuch, Band 1: §§ 1 – 37 StGB, 4. Auflage, hrsg. von Bernd von Heintschel-Heinegg, München 2020 (zit. als MüKo StGB-*Bearbeiter*).

Münchener Kommentar zum Strafgesetzbuch, Band 2: §§ 38 – 79b StGB, 4. Auflage, hrsg. von Bernd von Heintschel-Heinegg, München 2020 (zit. als MüKo StGB-*Bearbeiter*).

Münchener Kommentar zum Strafgesetzbuch, Band 6: §§ 298 – 358 StGB, 4. Auflage, hrsg. von Olaf Hohmann, München 2022 (zit. als MüKo StGB-*Bearbeiter*).

Münchener Kommentar zur Strafprozessordnung, Band 3/2: GVG, EGGVG, EMRK, EGStPO, EGStGB, ZSHG, StrEG, JGG, G 10, AO, hrsg. von Christoph Knauer, München 2018 (zit. als MüKo StPO-*Bearbeiter*).

Nedopil, Norbert / Dittmann, Volker, Forensische Psychiatrie, Klinik, Begutachtung und Behandlung zwischen Psychiatrie und Recht, München 1996 (zit. als *Nedopil/Dittmann*, Forensische Psychiatrie).

Neitzke, Gerald / Riedel, Annette / Brombacher, Lilo / Heinemann, Wolfgang / Herrmann, Beate, Empfehlungen zur Erstellung von Ethik-Leitlinien in Einrichtungen des Gesundheitswesens, Ethik Med 27 (2015), 241–248.

Neitzke, Gerald / Riedel, Annette / Dinges, Stefan / Fahr, Uwe / May, Arnd T., Empfehlungen zur Evaluation von Ethikberatung in Einrichtungen des Gesundheitswesens, Ethik Med 25 (2013), 149–156.

Nelles, Ursula, Kompetenzen und Ausnahmekompetenzen in der Strafprozeßordnung, Zur organisationsrechtlichen Funktion des Begriffs „Gefahr im Verzug“ im Strafverfahrensrecht, Zugl.: Münster (Westfalen), Univ., Diss., 1979, Strafrechtliche Abhandlungen N.F., 36, Berlin 1980 (zit. als *Nelles*, Kompetenzen und Ausnahmekompetenzen in der Strafprozeßordnung).

Nenadić, Igor / Schmidt-Recla, Adrian, Anmerkung zu BVerfG, Urt. v. 24. Juli 2018 – 2 BvR 309/15, 2 BvR 502/16 (OLG München), MedR 2019, 55–58.

Niese, Werner, Narkoanalyse als doppelfunktionale Prozeßhandlung, ZStW 1951, 199–228.

NK-StGB, s. unter *Kindhäuser, Urs / Neumann, Ulfrid / Paeffgen, Hans-Ullrich.*

Nomen Nominandum, Zwangsmaßnahmen bei Psychose und die Bedeutung des Erlebten, Bericht einer Psychiatrieerfahrenen, die mithilfe ihrer Krankenakte ihre Erinnerungen ergänzt., Psychosoziale Umschau 32 (2017), 11–13.

Oberlader, Verena / Schmidt, Alexander F. / Banse, Rainer, Methodische Herausforderungen in der Evaluation von Straftäterbehandlungsprogrammen, in: Maria Walsh, Benjamin Pniewski, Marcus Kober et al. (Hrsg.), Evidenzorientierte Kriminalprävention in Deutschland, Ein Leitfaden für Politik und Praxis, Wiesbaden 2018, S. 313–332 (zit. als *Oberlader/A. F. Schmidt/Banse*, Methodische Herausforderungen in der Evaluation von Straftäterbehandlungsprogrammen).

Oelbermann, Jan, Rechtsschutz, in: Heinz Kammeier, Helmut Pollähne (Hrsg.), Maßregelvollzugsrecht, Berlin, Boston 2018, S. 455–488 (zit. als *Oelbermann*, Rechtsschutz).

Ollinger, Thomas, Die Entwicklung des Richtervorbehalts im Verhaftungsrecht, Von den Anfängen bis zur Paulskirchenverfassung, Zugl.: Trier, Univ., Diss., 1996–1997, Schriften zur europäischen Rechts- und Verfassungsgeschichte 22, Berlin 1997 (zit. als *Ollinger*, Die Entwicklung des Richtervorbehalts im Verhaftungsrecht).

Ostendorf, Heribert / Brüning, Janique, Die gerichtliche Überprüfbarkeit der Voraussetzungen von „Gefahr im Verzug" – BVerfG, NJW 2001, 1121, JuS 41 (2001), 1063–1067.

Osterfeld, Margret, Contra: Der Ruf aus dem Elfenbeinturm, Ethik Med 31 (2019), 181–185.

Passow, Daniel / Prinz, Enrico / Bastert, Eva, Behandlung im Erwachsenen-Maßregelvollzug, in: Frank Hässler, Norbert Nedopil, Wolfram Kinze (Hrsg.), Praxishandbuch Forensische Psychiatrie, Grundlagen, Begutachtung, Interventionen im Erwachsenen-, Jugendlichen- und Kindesalter, 2. Auflage, Berlin 2015, S. 437–454 (zit. als *Passow/Prinz/Bastert*, Behandlung im Erwachsenen-Maßregelvollzug).

Peglau, Jens, Das neue Recht der strafrechtlichen Unterbringung in einem psychiatrischen Krankenhaus, NJW 69 (2016), 2298–2302.

Peglau, Jens, Rechtsprechungswandel: Erheblichkeit (i. S. v. § 63 StGB) von in der Unterbringung begangenen rechtswidrigen Taten, Anmerkung zu BGH 5. Strafsenat, Beschluss vom 24.10.2019 – 5 StR 410/19, jurisPR-StrR 1 2020.

Petit, Marc, Stellungnahme zu dem „Entwurf eines Gesetzes zur Stärkung der Rechte von Betroffenen bei Fixierungen im Rahmen von Freiheitsentziehungen" (BT-Drucksache 19/8939), Lübeck 06. Mai 2019, https://www.bundestag.de/resource/blob/640534/97e83f3728cbcf026fbf500c5df2db6a/petit-data.pdf (zuletzt aufgerufen am 25.01.2024).

Pfister, Wolfgang, Die Beurteilung der Schuldfähigkeit in der Rechtsprechung des Bundesgerichtshofs, NStZ-RR 13 (2008), 161–167.

Pfister, Wolfgang, Die Beurteilung der Schuldfähigkeit in der Rechtsprechung des Bundesgerichtshofs, NStZ-RR 24 (2019), 233–237.

Polaschek, Devon L., An appraisal of the risk–need–responsivity (RNR) model of offender rehabilitation and its application in correctional treatment, Legal and Criminological Psychology 2012, 1–17.

Pollähne, Helmut / Lange-Jost, Christa (Hrsg.), Forensische Psychiatrie – selbst ein Behandlungsfall? – Maßregelvollzug (§ 63 StGB) zwischen Reform und Abschaffung, Schriftenreihe des Instituts für Konfliktforschung, Band 37, Münster 2015.

Pollähne, Helmut, Maßregelvollzug (§ 63 StGB) im Reformstau, Forensische Psychiatrie – ein Behandlungsfall?, NK 27 (2015), 25–47.

Pollähne, Helmut, Verfassungsrechtliche Grundlagen und Menschenrechte, in: Heinz Kammeier, Helmut Pollähne (Hrsg.), Maßregelvollzugsrecht, Berlin, Boston 2018, S. 31–82 (zit. als *Pollähne*, Verfassungsrechtliche Grundlagen und Menschenrechte).

Pollmächer, Thomas, Zur Legitimität fremdnützigen Handelns in der Medizin und speziell in der Psychiatrie, Forens Psychiatr Psychol Kriminol 13 (2019), 4 – 12.

Prechtel, Günter, Das Verhältnis der Staatsanwaltschaft zum Ermittlungsrichter, Eine kritische Betrachtung der Mitwirkung des Richters im Ermittlungsverfahren, insbesondere zur Bedeutung des § 162 StPO, Zugl.: München, Univ., Diss., 1995, Rechtswissenschaftliche Forschung und Entwicklung 488, München 1995 (zit. als *Prechtel*, Das Verhältnis der Staatsanwaltschaft zum Ermittlungsrichter).

PricewaterhouseCoopers Aktiengesellschaft, Gutachten PEBB§Y-Fortschreibung 2014, Fortschreibung der Basiszahlen zur Personalbedarfsbemessung für die Ordentliche Gerichtsbarkeit und die Staatsanwaltschaften, 2015, https://www.drb.de/fileadmin/DRB/pdf/Belastung/150410_PEBBSY_Hauptband.pdf (zuletzt aufgerufen am 25. 01. 2024).

Prütting, Hanns / Helms, Tobias, FamFG: Gesetz über das Verfahren in Familiensachen und in den Angelegenheiten der freiwilligen Gerichtsbarkeit, Buch 3. Verfahren in Betreuungs- und Unterbringungssachen, 6. Auflage, Köln 2023 (zit. als Prütting/Helms-*Bearbeiter*).

Rabe von Kühlewein, Malte, Rechtsschutz gegen erledigte richterliche Durchsuchungsanordnung, NStZ 18 (1998), 580 – 583.

Rabe von Kühlewein, Malte, Der Richtervorbehalt im Polizei- und Strafprozeßrecht, Zugl.: Hannover, Univ., Diss., 2000, Schriften zum Strafrecht und Strafprozeßrecht 50, Frankfurt am Main 2001 (zit. als *Rabe von Kühlewein*, Der Richtervorbehalt).

Rabe von Kühlewein, Malte, Normative Grundlagen der Richtervorbehalte, GA 149 (2002), 637 – 658.

Rabe von Kühlewein, Malte, Verstoß gegen Richtervorbehalt – Gewährleistung richterlichen Eildienstes zur Nachtzeit, NStZ 30 (2010), 165 – 169.

Rasch, Wilfried, Angst vor der Abartigkeit, Über einen schwierigen Begriff der §§ 20, 21 StGB, NStZ 2 (1982), 177 – 183.

Richards, Stephen C. / Jones, Richard S., Beating the perpetual incarcerationmachine: overcoming structuralimpediments to re-entry, in: Russell Immarigeon, Shadd Maruna (Hrsg.), After crime and punishment, Pathways to offender reintegration, Cullompton, Portland, Or 2004, S. 201 – 231 (zit. als *Richards/Jones*, Beating the perpetual incarcerationmachine: overcoming structuralimpediments to re-entry).

Rieß, Peter, Die Prüfungskompetenz des Ermittlungsrichters, NStZ 11 (1991), 513 – 517.

Robbers, Gerhard, Für ein neues Verhältnis zwischen Bundesverfassungsgericht und Fachgerichtsbarkeit, Möglichkeit und Inhalt von „Formeln“ zur Bestimmung von verfassungsgerichtlicher Kompetenzweite, NJW 51 (1998), 935 – 941.

Rodenbusch, Vincent, Die Fixierungsentscheidung des Bundesverfassungsgerichts vom 24. Juli 2018 und ihre Folgen für parallele Anordnungsfälle, NStZ 39 (2019), 10 – 16.

Rohe, Tim / Dresler, Thomas / Stuhlinger, Monika / Weber, Markus / Strittmatter, T. / Fallgatter, Andreas J., Bauliche Modernisierungen in psychiatrischen Kliniken beeinflussen Zwangsmaßnahmen, Nervenarzt 88 (2017), 70 – 77.

Rzepka, Dorothea, Sicherungsmaßnahmen, in: Heinz Kammeier, Helmut Pollähne (Hrsg.), Maßregelvollzugsrecht, Berlin, Boston 2018, S. 363 – 424 (zit. als *Rzepka*, Sicherungsmaßnahmen).

Sachs, Michael, Grundrechte: Körperliche Unversehrtheit und Selbstbestimmung, Medizinische Zwangsbehandlung von im Maßregelvollzug Untergebrachten, JuS 51 (2011), 1047 – 1049.

Sachs, Michael, Staatsorganisationsrecht: Funktionsvorbehalt und Privatisierung, Verfassungsmäßigkeit der Übertragung von Aufgaben des Maßregelvollzugs auf formell privatisierte Träger, JuS 52 (2012), 668 – 671.

Sachs, Michael, Grundgesetz, Kommentar, 9. Auflage, München 2021 (zit. als Sachs-*Bearbeiter*).

Sachs, Michael, Grundrechte: Freiheitsentziehung, Verfassungsrechtliche Anforderungen an die Fixierung Untergebrachter, JuS 59 (2019), 86 – 89.

Sachs, Michael, Grundrechte: Richtervorbehalt bei Wohnungsdurchsuchung, Umfang der verfassungsrechtlichen Pflicht, die Erreichbarkeit eines Ermittlungsrichters zur Anordnung von Wohnungsdurchsuchungen zu sichern, JuS 59 (2019), 1039 – 1040.

Sack, Fritz, Kritische Kriminologie, in: Günther Kaiser (Hrsg.), Kleines kriminologisches Wörterbuch, 3. Auflage, Uni-Taschenbücher Rechtswissenschaft, Sozialwissenschaft Bd. 1274, Heidelberg 1993, S. 277 – 286 (zit. als *Sack*, Kritische Kriminologie).

Sagan, Adam, „Rufbereitschaft" als Arbeitszeit im Sinne der Arbeitszeitrichtlinie, NJW 71 (2018), 1073 – 1076.

Saimeh, Nahlah, Was ist Maßregelvollzug, in: Jürgen Hammerstein, Hans-Ludwig Kröber, Martin Möllhoff-Mylius (Hrsg.), Medizinrechtliche Probleme des Maßregelvollzugs, Berlin 2010, S. 3 – 10 (zit. als *Saimeh*, Was ist Maßregelvollzug).

Saimeh, Nahlah, Dark Rooms – ist die Forensik eine Gefahr für psychisch kranke Menschen?, Eine Psychiatrie-feuilletonistische Replik, in: Nahlah Saimeh (Hrsg.), Mit Sicherheit behandeln, Diagnose, Therapie und Prognose, Eickelborner Schriftenreihe zur Forensischen Psychiatrie Bd. 2, s.l. 2015, S. 77 – 89 (zit. als *Saimeh*, Dark Rooms – ist die Forensik eine Gefahr für psychisch kranke Menschen?).

Saimeh, Nahlah, Alles ist schief gelaufen – Behandlungsfehler in der Forensik und ihre Auswirkungen, in: Nahlah Saimeh, Norbert Beck, Wilhelm Bloch et al. (Hrsg.), Straftäter behandeln, Therapie, Intervention und Prognostik in der Forensischen Psychiatrie, Eickelborner Schriftenreihe zur Forensischen Psychiatrie, Berlin 2016, S. 247 – 254 (zit. als *Saimeh*, Alles ist schief gelaufen).

Schauf, Jana, Distanzierung von der Rechtsprechung zum „Tatort Institution", Anmerkung zu BGH, Beschluss vom 24.10.2019 – 5 StR 410/19, R&P 38 (2020), 106 – 110.

Schemmel, Jakob, Das Recht auf effektive Strafverfolgung bei rechtswidriger Zwangsfixierung, Ermittlungsintensität und Kontrolldichte im Klageerzwingungsverfahren, NJW 73 (2020), 651 – 654.

Schepker, Renate / Frank, Udo, Juristische Terminologie zur Schuldfähigkeit, in: Frank Hässler, Norbert Nedopil, Wolfram Kinze (Hrsg.), Praxishandbuch Forensische Psychiatrie, Grundlagen, Begutachtung, Interventionen im Erwachsenen-, Jugendlichen- und Kindesalter, 2. Auflage, Berlin 2015, S. 89 – 92 (zit. als *Schepker/Frank*, Juristische Terminologie zur Schuldfähigkeit).

Schiemann, Anja, Novellierung des Rechts der Unterbringung in einem psychiatrischen Krankenhaus, ZRP 49 (2016), 98 – 101.

Schiemann, Anja, Weg mit dem Schwachsinn – zur längst überfälligen Ersetzung der Begriffe „Schwachsinn" und „Abartigkeit" in § 20 StGB und der verpassten Chance einer umfassenden Reform der Schuldfähigkeitsfeststellung, KriPoZ 2019, 338 – 346.

Schlaich, Klaus / Korioth, Stefan, Das Bundesverfassungsgericht, Stellung, Verfahren, Entscheidungen, 12. Auflage, Juristische Kurz-Lehrbücher, München 2021 (zit. als *Schlaich/Korioth*, Das Bundesverfassungsgericht).

Schmidt, Alexander F., Ein kritischer Vergleich des Risk-Need-Responsivity Ansatzes und des Good Lives Modells zur Straftäterrehabilitation, BewHi 66 (2019), 211 – 223.

Schmidt-Bleibtreu, Bruno / Klein, Friedrich / Bethge, Herbert, Bundesverfassungsgerichtsgesetz, Kommentar, 63. Auflage, hrsg. von Theodor Maunz, Bruno Schmidt-Bleibtreu, Friedrich Klein, Herbert Bethge u. a., München 2023 (zit. als Schmidt-Bleibtreu/Klein/Bethge-*Bearbeiter*).

Schnarr, Karl Heinz, Zur Verknüpfung von Richtervorbehalt, staatsanwaltschaftlicher Eilanordnung und richterlicher Bestätigung, NStZ 11 (1991), 209 – 216.

Schneider, Angie, Freiheitsentziehende Maßnahmen nach § 1906 IV BGB, Auswirkungen des Urteils des BVerfG v. 24.7.2018 auf die zivilrechtliche Betreuung, FamRZ 2019, 89 – 94.

Schneider, Frank / Frister, Helmut / Olzen, Dirk / Antonow, Katrin, Begutachtung psychischer Störungen, Mit Beispielgutachten, Heidelberg 2006 (zit. als *F. Schneider* et al., Begutachtung psychischer Störungen).

Schoch, Friedrich, Die Unverletzlichkeit der Wohnung nach Art. 13 GG, Jura 32 (2010), 22 – 31.

Schönke, Adolf / Schröder, Horst, Strafgesetzbuch, Kommentar, 30. Auflage, München 2019 (zit. als Schönke/Schröder-*Bearbeiter*).

Schüler-Springorum, Horst, Strafvollzug im Übergang: Studien zum Stand der Vollzugsrechte, Zugl.: Hamburg, Univ., Habil.-Schr., 1967 u. d. T.: Schüler-Springorum, Horst: Die Rechtsstellung des Gefangenen, Göttinger rechtswissenschaftliche Studien 72, Göttingen 1969 (zit. als *Schüler-Springorum*, Strafvollzug im Übergang).

Schulte-Kellinghaus, Thomas, Bereitschaftsdienst bei den Amtsgerichten – Welche Interessen verfolgen die Landesjustizverwaltungen?, NJW 57 (2004), 477 – 480.

Schulz, Werner / Hauß, Jörn, Familienrecht, Handkommentar, 3. Auflage, Baden-Baden 2018 (zit. als Schulz/Hauß-*Bearbeiter*).

Schünemann, Bernd, Die deutschsprachige Strafrechtswissenschaft nach der Strafrechtsreform im Spiegel des Leipziger Kommentars und des Wiener Kommentars, 2. Teil: Schuld und Kriminalpolitik, GA 1986, 293 – 369.

Schünemann, Bernd, Der Richter im Strafverfahren als manipulierter Dritter? Zur empirischen Bestätigung von Perseveranz- und Schulterschlußeffekt, StV 20 (2000), 159 – 165.

Schwind, Hans-Dieter / Böhm, Alexander / Jehle, Jörg-Martin / Laubenthal, Klaus, Strafvollzugsgesetze, Bund und Länder, 7. Auflage, Berlin 2020 (zit. als S/B/J/L-*Bearbeiter*).

Seifert, Dieter / Leygraf, Norbert, Entwicklung und Stand des psychiatrischen Maßregelvollzugs (§ 63 StGB), Forens Psychiatr Psychol Kriminol 10 (2016), 233 – 242.

Söhner, Felicitas / Fangerau, Heiner / Becker, Thomas, Der Weg zur Psychiatrie-Enquete: Rekonstruktion der politischen Vorbereitung der ersten Enquetekommission des Deutschen Bundestags, Nervenarzt 89 (2018), 570 – 578.

Stadler, Thomas, Der Richtervorbehalt – ein stumpfes Schwert oder ein rechtsstaatlich gebotenes Instrument?, ZRP 46 (2013), 179 – 180.

Steck-Bromme, Gabriele, Verteidigung im Maßregelvollzug des § 63 StGB, in: Eberhard Kempf (Hrsg.), Strafverteidigung vor neuen Aufgaben, 33. Strafverteidigertag, Köln, 26.2 – 1.3.2009, Schriftenreihe der Strafverteidigervereinigungen Bd. 33, Berlin 2010, S. 181 – 217 (zit. als *Steck-Bromme*, Verteidigung im Maßregelvollzug des § 63 StGB).

Steiner, Udo, Der Richter als Ersatzgesetzgeber – Richterliche Normenkontrolle – Erfahrungen und Erkenntnisse, NJW 54 (2001), 2919 – 2924.

Steinert, Tilman, Zwangsmaßnahmen aus der Perspektive der klinischen Psychiatrie: Evidenz und Good Clinical Practice, in: Tanja Henking, Jochen Vollmann (Hrsg.), Zwangsbehandlung psychisch kranker Menschen, Ein Leitfaden für die Praxis, Berlin 2015, S. 1 – 18 (zit. als *Steinert*, Zwangsmaßnahmen aus der Perspektive der klinischen Psychiatrie).

Steinert, Tilman, Epidemiologie von Zwangsmaßnahmen, in: Martin Zinkler, Klaus Laupichler, Margret Osterfeld (Hrsg.), Prävention von Zwangsmaßnahmen, Menschenrechte und therapeutische Kulturen in der Psychiatrie, Köln 2016, S. 86 – 100 (zit. als *Steinert*, Epidemiologie von Zwangsmaßnahmen).

Steinert, Tilman, Zwangsbehandlung, Isolieren oder Festbinden? Ein ethisch-rechtliches Dilemma, in: Manuela Dudeck, Florian Steger, Raphaela Basdekis-Jozsa et al. (Hrsg.), Ethik in der Forensischen

Psychiatrie und Psychotherapie, Berlin 2018, S. 117 – 122 (zit. als *Steinert*, Zwangsbehandlung, Isolieren oder Festbinden? Ein ethisch-rechtliches Dilemma).

Steinert, Tilman / Birk, Michael / Flammer, Erich / Bergk, Jan, Subjective Distress After Seclusion or Mechanical Restraint: One-Year Follow-Up of a Randomized Controlled Study, Psychiatric Services 64 (2013), 1012 – 1017.

Steinert, Tilman / Schmid, Peter, Zwangsmaßnahmen in psychiatrischen Kliniken in Deutschland: Gegenwärtige Praxis (2012), Nervenarzt 85 (2014), 621 – 629.

Steinert, Tilman / Schreiber, Lisa / Metzger, Florian G. / Hirsch, Sophie, Offene Türen in psychiatrischen Kliniken: Eine Übersicht über empirische Befunde, Nervenarzt 90 (2019), 680 – 689.

Steinlechner, Susanne / Stöhr, Christiane / Oschinsky, Arndt Michael, Spannungsfeld in der Akutpsychiatrie, Wie nehmen Patienten und Personal Fixierungsmaßnahmen wahr?, Pflegewissenschaft 71 (2018), 52 – 55.

Stern, Klaus, Verfassungskonforme Gesetzesauslegung, Anmerkung zu BVerfG, Beschluss vom 11. 6. 1958 – 1 BvL 149/52, NJW 11 (1958), 1435.

Sternal, Werner, FamFG, Gesetz über das Verfahren in Familiensachen und in den Angelegenheiten der freiwilligen Gerichtsbarkeit: Kommentar (vormals Keidel), 21. Auflage, 2023 (zit. als Sternal FamFG-*Bearbeiter*).

Stolpmann, G. / Müller, J. L., Forensische Psychiatrie und Psychotherapie, in: Tilman Sauerbruch (Hrsg.), Therapie-Handbuch, Jahrbuch 2018, German Medical Collection Bd. 115, München, Deutschland 2018, S. 826 – 838 (zit. als *Stolpmann/J. L. Müller*, Forensische Psychiatrie und Psychotherapie).

Streng, Franz, Der Strafzweck der Sicherung und die neue Punitivität, in: Axel Dessecker, Werner Sohn (Hrsg.), Rechtspsychologie, Kriminologie und Praxis, Festschrift für Rudolf Egg zum 65. Geburtstag, Kriminologie und Praxis Bd. 65, Wiesbaden 2013, S. 495 – 515 (zit. als *Streng*, FS Egg).

Streng, Franz, Sanktionseinstellungen bei Jura-Studenten im Wandel, in: Helmut Kury (Hrsg.), Härtere Strafen – weniger Kriminalität? Zur Verschärfung der Sanktionseinstellungen, Soziale Probleme, Zeitschrift für soziale Probleme und soziale Kontrolle 17 (2006), Heft 2, S. 210 – 231.

Suhling, Stefan, Strafvollzug, in: Maria Walsh, Benjamin Pniewski, Marcus Kober et al. (Hrsg.), Evidenzorientierte Kriminalprävention in Deutschland, Ein Leitfaden für Politik und Praxis, Wiesbaden 2018, S. 557 – 582 (zit. als *Suhling*, Strafvollzug).

Talaska, Claudia Elisabeth, Der Richtervorbehalt, Ein sinnvolles Element des Grundrechtsschutzes?, Zugl.: Köln, Univ., Diss., 2006, Strafrecht in Forschung und Praxis 85, Hamburg 2007 (zit. als *Talaska*, Der Richtervorbehalt).

Tannenbaum, Frank, Crime and the Community, New York, NY 1938 (zit. als *Tannenbaum*, Crime and the Community).

Teifke, Nils, Das Prinzip Menschenwürde, Zur Abwägungsfähigkeit des Höchstrangigen, Zugl.: Kiel, Univ., Diss., 2010, Studien und Beiträge zum öffentlichen Recht 8, Tübingen 2011 (zit. als *Teifke*, Das Prinzip Menschenwürde).

Thewes, Ulrich, Richterlose Freiheitsentziehung nach dem FamFG – Verfassungsverstoß oder grundgesetzmäßige Rechtsanwendung?, FGPrax 20 (2014), 189 – 192.

Thomas, Sven, Der Ermittlungsrichter – Norm und Wirklichkeit, AnwBl 1992, 354 – 355.

Trost, Andrea / Rogge, Stefan, Umgang mit Menschen im Maßregelvollzug, Basiswissen 31, Köln 2016 (zit. als *Trost/Rogge*, Umgang mit Menschen im Maßregelvollzug).

Trück, Thomas, Mündliche Entscheidung des Ermittlungsrichters ohne Akten? – Überlegungen zu Zweck und Tragweite des strafprozessualen Richtervorbehalts am Beispiel von Durchsuchung und Blutprobenentnahme, JZ 65 (2010), 1106 – 1118.

Trute, Hans-Heinrich, Die Erosion des klassischen Polizeirechts durch die polizeiliche Informationsvorsorge, in: Wilfried Erbguth, Friedrich Müller, Volker Neumann (Hrsg.), Rechtstheorie und Rechtsdogmatik im Austausch, Gedächtnisschrift für Bernd Jeand'Heur, Schriften zum öffentlichen Recht Bd. 796, Berlin 1999, S. 403 – 428 (zit. als *Trute*, GS Jeand'Heur).

Vahle, Jürgen, Richtervorbehalt und Bereitschaftsdienst, Anmerkungen zum Beschluss des BVerfG vom 12.3.2019 – 2 BvR 675/14, Kriminalistik 2019, 383 – 385.

Venzlaff, Ulrich, Ist die Restaurierung eines „engen" Krankheitsbegriffs erforderlich, um kriminalpolitische Gefahren abzuwenden?, ZStW 88 (1976), 57 – 65.

von Franqué, Fritjof / Briken, Peer, Das „Good Lives Model" (GLM), Ein kurzer Überblick, Forens Psychiatr Psychol Kriminol 7 (2013), 22 – 27.

von Haebler, Dorothea / Montag, Christiane, Selbstbestimmung mit Nebenwirkungen: Erfahrungen und Desiderate für eine zwangsarme Psychiatrie, Forens Psychiatr Psychol Kriminol 13 (2019), 22 – 35.

von Mangoldt, Hermann / Klein, Friedrich / Starck, Christian, Grundgesetz, Kommentar, 7. Auflage, München 2018 (zit. als von Mangoldt/Klein/Starck-*Bearbeiter*).

von Münch / Kunig, s. unter *Kämmerer, Jörn Axel / Kotzur, Markus.*

Vorländer, Hans, Regiert Karlsruhe mit? Das Bundesverfassungsgericht zwischen Recht und Politik, APuZ 61 (2011), 15 – 22.

Vorstand der Akademie für Ethik in der Medizin e.V., Standards für Ethikberatung in Einrichtungen des Gesundheitswesens, Ethik Med 22 (2010), 149 – 153.

Voßkuhle, Andreas, Theorie und Praxis der verfassungskonformen Auslegung von Gesetzen durch Fachgerichte, Kritische Bestandsaufnahme und Versuch einer Neubestimmung, AöR 125 (2000), 177 – 201.

Voßkuhle, Andreas, Stabilität, Zukunftsoffenheit und Vielfaltssicherung – Die Pflege des verfassungsrechtlichen „Quellcodes" durch das BVerfG, JZ 64 (2009), 917 – 924.

Voßkuhle, Andreas, Der präventive Richtervorbehalt – „Königsweg" für den präventiven Grundrechtsschutz oder „rechtsstaatliches Trostpflaster"?, in: Ivo Appel, Georg Hermes, Christoph Schönberger (Hrsg.), Öffentliches Recht im offenen Staat, Festschrift für Rainer Wahl zum 70. Geburtstag, Schriften zum öffentlichen Recht Bd. 1187, Berlin 2011, S. 443 – 460 (zit. als *Voßkuhle*, FS Wahl).

Walter, Florian, Die Maßregel der Unterbringung in einem psychiatrischen Krankenhaus, JA 47 (2015), 87 – 93.

Walter, Tonio, „Beyond Mollath" – Strafrechtliche Unterbringung in der Psychiatrie, ZRP 47 (2014), 103 – 106.

Walther, Harald, Aktuelles zum richterlichen Bereitschaftsdienst in Hessen, „STAND BY (ME) JUDGE", Hessische Mitteilungen, 2/2018, S. 6 – 9.

Ward, Tony / Maruna, Shadd, Rehabilitation: Beyond the Risk Paradigm, Routledge, London 2007 (zit. als *Ward/Maruna*, Rehabilitation).

Ward, Tony / Stewart, Claire A., The treatment of sex offenders: Risk management and good lives, Professional Psychology: Research and Practice 34 (2003), 353 – 360.

Ward, Tony / Willis, Gwenda M., Responsivity Dynamic Risk Factors and Offender Rehabilitation: A Comparison of the Good Lives Model and the Risk-Need Model, in: D. Richard Laws, William O'Donohue (Hrsg.), Treatment of Sex Offenders, Strengths and Weaknesses in Assessment and Intervention, Cham, s.l. 2016, S. 175 – 190 (zit. als *Ward/Willis*, Responsivity Dynamic Risk Factors and Offender Rehabilitation).

Weyand, Raimund, Prüfungskompetenz des Ermittlungsrichters, Anmerkung zu LG Saarbrücken, Beschluss vom 13.09.1988 – 8 Qs 182/88, NStZ 9 (1989), 132 – 133.

Whitecross, Fiona / Seeary, Amy / Lee, Stuart, Measuring the impacts of seclusion on psychiatry inpatients and the effectiveness of a pilot single-session post-seclusion counselling intervention, Int J Ment Health Nurs 22 (2013), 512 – 521.

Wiesneth, Christian, Der amtsgerichtliche Bereitschaftsdienst, 2. Auflage, Köln 2013 (zit. als *Wiesneth*, Der amtsgerichtliche Bereitschaftsdienst).

Wildhagen, Lars, Persönlichkeitsschutz durch präventive Kontrolle, Schriften zum öffentlichen Recht 1192, Berlin 2011 (zit. als *Wildhagen*, Persönlichkeitsschutz).

Winckler, Peter / Foerster, Klaus, Schwere seelische Abartigkeit – Pädophilie, NStZ 19 (1999), 126 – 128.

Wolf, Thomas, Maßregelvollzug aus der Sicht des Gerichts, in: Rüdiger Müller-Isberner, Petra Born, Sabine Eucker et al. (Hrsg.), Praxishandbuch Maßregelvollzug, Grundlagen, Konzepte und Praxis der Kriminaltherapie, 3. Auflage, Berlin 2017, S. 3 – 29 (zit. als *Wolf*, Maßregelvollzug aus der Sicht des Gerichts).

Zinkler, Martin / Nyhuis, Peter W., Offene Türen in der Allgemeinpsychiatrie: Modelle und Standards, R&P 35 (2017), 63 – 67.

Zinkler, Martin / Waibel, Michael, Auf Fixierungen kann in der klinischen Praxis verzichtet werden – ohne dass auf Zwangsmedikation oder Isolierungen zurückgegriffen wird, Psychiatr Prax 46 (2019), S6 – S10.